职场关键能力

安世全 ◇ 主编

周伟 ◇ 副主编

陈仲华 王欣 李文豹 吕永生 ◇ 编

高等院校素质教育课程"十二五"规划教材

U0650927

人民邮电出版社

北京

图书在版编目（ＣＩＰ）数据

职场关键能力 / 安世全主编. -- 北京 ：人民邮电
出版社，2012.4（2016.8 重印）
高等院校素质教育课程"十二五"规划教材
ISBN 978-7-115-27526-4

Ⅰ．①职… Ⅱ．①安… Ⅲ．①职业社会学－高等学校
－教材 Ⅳ．①C913.2

中国版本图书馆CIP数据核字（2012）第022522号

内 容 提 要

　　本书围绕双体系教育核心教学内容之一的"职场关键能力"进行讲解，对在校学生进入社会前应当了解的职场规则、需要调整的职场心态以及必须具备的职场能力等方面进行了介绍。本书富有鲜明的时代特征，创新性、实用性和针对性较强，全书案例丰富、结构清晰，内容逐步深入，易于学生学习、掌握。本书不仅可以作为高等院校"就业指导"、"职场能力"等课程的授课教材，还可作为各类培训机构的培训教材，同时也可供广大在校学生参考。

高等院校素质教育课程"十二五"规划教材

职场关键能力

- ◆ 主　　编　安世全
- 　　副主编　周　伟
- 　　　　编　陈仲华　王　欣　李文豹　吕永生
- 　　责任编辑　刘　博

- ◆ 人民邮电出版社出版发行　　北京市丰台区成寿寺路 11 号
- 　　邮编　100164　　电子邮件　315@ ptpress. com. cn
- 　　网址　http://www. ptpress. com. cn
- 　　固安县铭成印刷有限公司印刷
- ◆ 开本：787×1092　1/16
- 　　印张：17.25　　　　　　2012 年 4 月第 1 版
- 　　字数：430 千字　　　　2016 年 8 月河北第 10 次印刷

ISBN 978-7-115-27526-4

定价：35.00 元

读者服务热线：**(010)81055256**　印装质量热线：**(010)81055316**
反盗版热线：**(010)81055315**
广告经营许可证：京东工商广字第 **8052** 号

前　言

　　近年来，由于高校的不断扩招，高校毕业生的就业形势一直相对紧张。虽然当前我国经济发展的总体趋势是好的，但国际形势继续发生着深刻复杂的变化，我国经济发展面对诸多可以预见和难以预见的风险挑战。在宏观就业形势方面，就业总量压力和结构性矛盾并存。2011年全国普通高校毕业生达 660 万人，预计"十二五"期间应届毕业生年平均规模将近 700 万人，高校毕业生的就业形势依然严峻。同时，很多权威机构的调查数据都反映出大学生在求职方面依然存在着期望值过高、缺乏求职技巧、缺乏就业培训机会等问题。职场能力的缺失使得一方面企业难以聘到合适的员工，而另一方面高校毕业生就业要寻找到合适的企业也很困难。

　　为使大学生在学好专业知识的同时具备企业需要的职场关键能力，实现人才培养与市场需求的无缝对接，重庆邮电大学移通学院全面引进双体系教育模式。双体系教育是中国大学生软件实训的领导品牌，由中科院研究生院计算与通信工程学院和知名教育机构天地英才联合创办的"技术实战+职场关键能力"两套系统并行的全新教育模式，面向在校学生提供精品实训课程，是为了解决 IT 企业招聘难题及大学生就业难题而采用的教育体系模式。双体系教育模式教授最新的主流软件开发技术，通过真实项目让学生从软件系统的需求分析开始一直到系统测试，体验真实、完整的项目过程；同时通过职场关键能力课程的教授，将职场规则、系统思考、有效沟通、团结协作、正确的工作态度、执行力等企业对员工能力的要求内容融入到人才培养的全过程，促进大学生的高质量就业。

　　本书共 11 章，分别从职场关键能力准备内容、职场关键能力基础内容及技巧、职场关键能力进阶内容及技巧、职场关键能力与就业四个部分来进行讲述，其中职场关键能力准备内容部分包括了第一章职场关键能力概述、第二章职业规划、第三章职场心态；职场关键能力基础内容及技巧部分包括了第四章有效沟通、第五章职业思考力、第六章赢在执行；职场关键能力进阶内容及技巧部分包括了第七章自我管理、第八章学会说话；职场关键能力与就业部分包括了第九章职场礼仪、第十章自我营销、第十一章准备，赢得一切。本书富有鲜明的时代特征，创新性、实用性和针对性较强，内容逐步深入，易于学生学习、掌握，可用作各个高校讲授"职场关键能力"、"大学生就业指导"等课程时使用。

　　希望本书能够成为广大学生成长道路上的良师益友，帮助大学生在学好专业技术知识的同时掌握职场关键能力，打造就业核心竞争力和未来职场的可持续发展能力，真正成为"精技术、有经验、明职场"的现代精英人士，为促进国家经济建设和社会发展贡献力量。

目　录

第一章 职场关键能力概述

21世纪，随着社会的发展，职业化的能力已成为每个人立足于社会的第一竞争力，大学应届毕业生职业化素养的缺失，成为了他们与企业之间的一道鸿沟。大学应届毕业生要真正达到企业的要求，就必须要具备良好的职业化素养和较强的职场关键能力。本章着重讲述职业化与职场关键能力的含义，影响职业化的心态以及职业化的有效方法等与职场关键能力相关的内容。

第一节 职 业 化

一、职业化的含义

职业化就是一种工作状态的标准化、规范化和制度化。即在合适的时间、合适的地点、用合适的方式，说合适的话，做合适的事；使知识、技能、观念、思维、态度、心理等都符合职业规范和标准。

职业化，就是用理性的态度对待工作。

职业化，就是以职业为生并精于此道。

职业化，就是将工作中的细微之处做得专业。

职业化，就是要不断增强自己在职场的不可替代性。

职业化，就是在工作上能够以最小的成本获取最大的效益。

二、职业化的重要性

人才是指具有一定的专业知识或专门技能，进行创造性劳动并对社会作出贡献的人，是人力资源中能力和素质较高的劳动者。传统观念里，我们把饱读诗书、博学多才之人称为人才；而现代竞争社会对人才有了新的认识与界定，是否拥有职业素质成了人才的一个基本标志。

原网通总经理田溯宁和UT斯达康总经理吴鹰，在做客中央电视台《对话》栏目时，主持人列出了八个类型的人才，让这两位老总选择其中三种。八个类型的人才分别是：勇敢但做事不计后果；点子多但不听话；踏实但无创意；有本事但过于谦虚；听话却没有原则；能力强但不懂合作；机灵但不踏实；有将才，也有野心。

最终这两位老总所选的三种人中，有两种人是相同的：第一种是勇敢，做事不计后果；第二种是有将才，也有野心。每个公司的选才都自有其独到之处，但是由这个例子你会发现，他们往往也有惊人的相似之处。这种选择也许可以代表大公司的选才之道，那么，规模较小的企业的老板喜欢什么样的人才呢？根据相关的调查显示：规模较小的公司的选人标准为肯学、肯干、会干、忠诚、协调、能力与协作、专业、敬业、敬人等。

因此，在现代社会，每个企业的用人标准中都对员工的职业素养提出了很高的要求，而职业素养正是实现职业化的基础。大学生只有不断的培养自己的职业素养，提高自己的职业化能力，才能让自己不断贴近企业的用人要求，逐步实现自己在职场的远大理想。

三、职业化的标准

一般来说，企业衡量员工是否职业化的标准有如下几点：

1. 是否具有积极的工作态度

对企业用人需求的调查结果表明：工作态度及敬业精神，是企业遴选人才时优先考虑的条件。对企业忠诚和工作积极主动的人是企业最欢迎的，而随便跳槽、耐心不足、不虚心、不踏实的人，则是企业最不欢迎的人。

一般来说，人的智力相差不大，工作成效的高低往往取决于对工作的态度，以及勇于承担任务及责任的精神。在工作中遇到挫折仍不屈不挠、坚持到底的员工，其成效必然较高，同时也因此受到公司老板器重和同事们的信赖。

2. 是否具有爱岗敬业的精神

爱岗，就是要热爱自己的工作岗位，热爱自己从事的职业；敬业就是以恭敬、严肃、负责的态度对待本职工作，一丝不苟，兢兢业业。爱岗敬业是职业道德的核心，是从业者基本的价值观和信条，是对从业者工作态度的普遍要求，它表现在重业、乐业、勤业和精业上。

一个人一旦爱上自己的职业，他就是全世界最幸福的人。因为这样的人会把工作当成一种享受，他的整个身心都会融入工作中，焕发出无限的热情和动力。

在经济生活中，职业首先是一种谋生的方式，是许多人养家糊口的手段，这也是人最基本的生存需求。人们努力工作，为了不在竞争中被淘汰，是为了谋生而敬业。但根据马斯洛的五大需求层次理论，当人们满足了一定的生存需要，就会产生更高层次的需求：对尊重和自我实现的需求，就会成为人们更加重要的需求。每个人要通过所从事的事业实现自己人生价值，得到更高层次精神需求的满足。当人们从工作的社会价值和意义来审视自己的职业的时候，工作的动力才会更大，敬业的程度才会提升。

3. 是否具有诚实守信的素养

诚实守信是处理人与人之间关系和经济活动关系的一项最基本的行为规范。诚实就是要言行一致，表里如一，不弄虚作假；守信就是要言而有信，一诺千金，不背信违约。在职业活动中，特别是在市场经济条件下的职业活动中，诚实守信具有十分重要的意义。

一个留学德国的计算机专业博士生毕业后，雄心勃勃地开始找工作。当时以他的专业和毕业学校，他非常自信能在德国的大公司找到一份不错的工作。他每次面试后用人单位似乎对他都很满意，但总是没有下文。他不知道是什么环节出了问题。大公司没有希望，他就开始向小公司投简历，但结果还是一样。他百思不得其解，他的同学都在大公司找到了很好的工作，为什么他却不能。于是他就给曾经面试过他的人事部经理打电话询问原因。对方犹豫了一会儿，才告诉他，因为在他的个人档案中曾经有两次地铁逃票的记录。这位博士生万万没有想到，在德国人看来，这是很严重的诚信问题，而几个马克的地铁票就葬送了他的大好前程。

刚刚走上工作岗位的大学生经常出现令用人单位头疼的诚信问题，例如，总是抱着骑驴找马的心态，对工作心不在焉，随时准备跳槽，一旦找到其他工作，立刻走人，连招呼也不打。一位人事经理说："我现在对一些毕业生的做法非常反感，以前都是提前一个月通知不合格的毕业生离职，但结果是第二天就不见人影了。工作不交接不说，连单位的工服、资料也不还，打电话也不接。没办法，现在我只能当天通知，让他们当天办完手续走人。"

2002 年，上海复旦大学、同济大学等 50 所高校与上海资信有限公司签约，共建大学生信用档案。大学毕业生的个人信用报告将成为跟随其一生的诚信记录，有不良信用的大学毕业生在今后各类贷款如贷款买房、买车或购买保险时将遭到拒绝。目前，由于我们缺乏对不诚信行为的约束机制，致使一些是非判断能力不强的大学生也表现得心浮气躁。美国的社会信用体系的经验就很值得我国借鉴：美国公民，包括大学生，都有一个信用号码，找工作时，都必须出示这个信用号码，以便用人单位查询他的信用记录。没有信用号码的人找不到工作。未来中国要走向世界，与世界接轨，首先应加强诚信体系建设，与世界同步。因此可以想像，没有诚信的人在未来找工作的过程中将会到处碰壁。

信用就是遵守诺言，实践约定，从而取得别人对你的信任。信用等级的降低意味着你在职场上的路越走越窄，终将为不诚实付出巨大代价。诚信体现在日常的工作中，对于约会的不守时，无正当理由的爽约，不兑现承诺等都是非职业化的行为。既然承诺了，就要对其过程和结果负责任，这也是作为一个职业人必备的基本常识。

4. 是否具有高尚的道德品行

道德品质是一个人为人处事的根本，也是公司对人才的基本要求。一个再有学问、再有能力的人，如果道德品质不好，将会对企业造成极大的损害。现在，越来越多的企业在招聘员工的时候，非常重视应聘者的人品，在这方面表现差的员工很容易被淘汰。

5. 是否具有较高的学习潜力

所谓具有学习潜力，是指素质不错，有强烈的学习欲望和学习能力的人。现在越来越多的企业在选择人员时，同等情况下倾向于选用有学习潜力的人。而企业也越来越多地在招聘员工时加考逻辑以及综合素质方面的试题，其目的就在于测验应聘者在工作中的培养潜力。

6. 是否具有较强的反应能力

对问题分析缜密，判断正确而且能够迅速作出反应的人，在企业很受欢迎。他们在处理问题时比较容易成功，尤其是私营企业的经营管理面临诸多变化，几乎每天都处在危机管理之中，只有抢先发现机遇，准确掌握时机，妥善应对各种局面，才能立于不败之地。

一个分析能力很强，反应敏捷并且能迅速而有效地解决问题的员工将是企业十分重视而大有发展前途的人才。

7. 是否具有新事物的感知能力

现代社会，科学技术的发展日新月异，市场竞争瞬息万变，企业如要想持续进步，只有不断创新，否则，保持现状即意味着落后。企业所开展的一切工作都是以人为主体的，因此，拥有较强学习意愿、善于感知新事物、能够接受创新思想的员工，在企业的发展就必然比较迅速。

8. 是否具有有效的沟通能力

随着社会日趋开放和多元化，沟通能力已成为现代人们生活必备的能力。对一个企业的员工而言，必然有面对老板、同事、客户等对象的时候，同时他们可能还需要处理企业与股东、同行、政府、社区居民的关系，平时经常会有与其他单位或个人进行协调、解说、宣传等工作，沟通能力的重要性由此可见一斑。

9. 是否具有良好的团队精神

员工在个性特点上要具有集体主义精神或合群性，几乎已成为各种企业的普遍要求。个人英雄主义色彩太浓的人在企业里不太容易立足，因此想要做好一件事情，绝不能仅凭个人爱好独断专行。只有通过不断沟通、协调、讨论，优先从整体利益考虑，集合众人的智慧和力量，才能做出为大家接受和支持的决定，才能把事情办好。

团队协作是社会分工的必然，也是职业人的基本素质。一些企业在招聘时就采用了情景测试题，以考察应聘人团队协作的能力。如某外企让三名应聘者在一个房间里等候，但只放了两把椅子。被测者的反应不一，有的人看到只有两把椅子，就赶快占好座位。也有两个被测人互相谦让座位的情景。我们时常会看到有些团队成员之间缺乏合作精神，互相拆台，恶意攻击，导致团队的工作效率下降，工作任务不能按时完成等团队协作失败的例子。

团队中如果有一个协作欠佳的成员，就会增大团队的内部摩擦系数和内耗，如这样的成员超过一定数量，就会妨碍团队系统的正常运转，影响团队效率的发挥。优秀的职业人总是真诚地尊重和关心他人，善于沟通，工作中求同存异。这些人在团队中人际吸引力强，人际关系融洽，能促进团队的协作。

职业人应首先协调好内部的关系。在组织内部，职业人要面对上级、下级、同级和各级利益相关的人。与上级协作时，要服从指挥，支持上级的工作，用自己的业绩赢得上级的认可。与下级或同级协作时，要尊重对方，坚持原则，就事论事。

小贴士　　　　　　　　　　　**海尔集团的人才观**

一、"人人是人才，赛马不相马"——你能够翻多大跟头，给你搭建多大舞台

现在缺的不是人才，而是出人才的机制。管理者的责任就是要通过搭建"赛马场"为每个员工营造创新的空间，使每个员工成为自主经营的SBU。（注：SBU是strategy business unit的缩写，即战略事业单位。简单说：每个事业部，每个人都是一个SBU，集团总的战略落实到每一位员工，而每一位员工的策略创新又会保证集团战略的实现。）

海尔集团的赛马机制有三条原则：一是公平竞争，任人唯贤；二是职适其能，人尽其才；三是合理流动，动态管理。在用工制度上，实行一套优秀员工、合格员工、试用员工"三工并存，动态转换"的机制。在干部制度上，海尔集团对中层干部分类考核，每一位干部的职位都不是固定的，届满轮换。集团公司人力资源开发和管理的要义是，充分发挥每个人的潜在能力，让每个人每天都能感到来自企业内部和市场的竞争压力，又能够将压力转换成竞争的动力，这就是企业持续发展的秘诀。

在海尔，最让人感动的是，很多普普通通在平凡工作岗位上的员工，都能够用心去把自己的工作做好。管理者明白，每个人都希望得到别人的尊重，都希望自己的价值得到公司的承认。只要员工为客户创造了价值，公司就肯定他的价值，这就是管理的核心。

二、授权与监督相结合——充分的授权必须与监督相结合

海尔集团制定了三条规定：在位要受控，升迁靠竞争，届满要轮岗。

"在位要受控"有两个含义：一是干部主观上要能够自我控制、自我约束，有自律意识；二是集团要建立控制体系，控制工作方向、工作目标，避免犯方向性错误；三是控制财务，避免违法违纪。

"升迁靠竞争"是指有关职能部门应建立一个更为明确的竞争体系，让优秀的人才能够顺着这个体系上来，让每个人既感到有压力，又能够尽情施展才华，不至于埋没人才。

"届满应轮岗"是指主要干部在一个部门的时间应有任期，届满之后轮换到其他部门。这样做是防止干部长期在一个部门工作，思路僵化，缺乏创造力与活力，导致部门工作没有新局面。轮换制对于年轻的干部还可增加锻炼机会，成为多面手，为企业今后的发展培养更多的人力资源。

三、人材、人才、人财

张瑞敏首席执行官对何为企业人才进行了分析,他提出企业里人才大致可由低到高分为如下三类:

人材——这类人想干,也具备一些基本素质,但需要雕琢,企业要有投入,其本人也要有成材的愿望。

人才——这类人能够迅速融入工作、能够立刻上手。

人财——这类人通过其努力能为企业带来巨大财富。

对海尔集团来说,好用的人就是"人才"。

"人才"的雏形,应该是"人材"。这是"人才"的毛坯,是"原材料",需要企业花费时间去雕琢。但在如今堪称"生死时速"的激烈市场竞争中,企业没有这个时间,还要靠本人努力上进,把自己打造成人才。

"人才"的发展是"人财"。"人才"是好用的,但是好用的人不等于就能为企业带来财富;作为最起码的素质,"人才"认同企业文化,但有了企业文化不一定立刻就能为企业创造价值。光有企业文化还不行,还要能为企业创造财富,这样的人方能成为"人财"。

无论是经过雕琢、可用的"人材",还是立刻就能上手的、好用的"人才"都不是我们的最终目的;我们要寻求的是能为企业创造财富和价值的"人财"!

只有"人财"才是顶尖级人才!来了就可以为企业创造财富、创造价值!企业要想兴旺发达,就要充分发现、使用"人财"。

四、今天是人才,明天未必还是人才

人才的定义,就要看为社会创造价值的大小,每一位海尔人都应该而且能够成为人才,为社会创造更大的价值。

人才是一个动态的概念,现在市场竞争非常激烈,今天是人才,明天就未必还是人才。海尔人明白只有不断自我超越,不断提高自身素质,才能做一个永远的人才。

海尔集团倡导所有海尔人,一定要有自己的理想、自己的目标!如果没有坚定的目标,在提高自身素质、自我挑战的过程中就会彷徨、动摇,就不能做一个永远的人才。每个海尔人都要有自己的梦想,而这个梦想一定要和海尔创造世界名牌的大目标结合起来。

第二节 如何做到职业化

一、影响职业化的消极心态

要做到职业化,就必须在不断提高自身能力的同时摒弃一些不好的心态。那么到底哪些是影响我们实现职业化的消极心态呢?具体如下:

1. 推卸责任

每个员工都负责着公司的一部分工作,都承担着一部分责任,但有些人却习惯于推卸责任,不是抱怨上级没有把工作交待清楚,就是责备下属能力不强,唯独自己没有一点责任。

殊不知作为一项工作的负责人,只要工作没有做好,责任就是自己的。上级没有交待清楚,在接受任务的时候为什么不问清楚?下属能力不强,为什么在组建团队的时候不解决?负责工作就应该勇于承担责任。一个连责任都不敢承担的人,上级怎么能够信任,委以重任呢?

2. 打工心态

在职场中，很多人都把自己当成打工者，事实上也没有错误，大多数人是在打工，但打工也有两种不同的种类。如果认为是为别人打工，那就真的是在打工了；如果是当作为自己打工，坚持下来，离成功的日子就不远了。

做一份工作，不仅仅是为了那份薪水，为了生活，更重要的是为了增长才干、提升个人价值。今天打工是为了明天不打工；今天甘心打工，明天有没有工打亦未可知。

所以，当一天和尚撞一天钟，这样的心态是不可取的，要真正把自己当作主人，以老板的心态打工，才能终有所成。

3. 清高孤傲

如今的世界已经大不同了，单枪匹马、单打独斗就能成功的日子已经一去不复返了，现在竞争的是团队的力量。工作千头万绪，一个人无论个人能力有多强，也难以全部应付。一个人要成功，必须融入团队，只有团队成功个人才有可能成功，失败的团队里没有成功的个人。

所以，足够优秀的员工要与自己的团队融合到一起。也就是说，你可以影响你的团队，你可以培训你的团队，但你绝不可以孤芳自赏，游离于团队之外。

4. 消极被动

《论语》有言"君子不器"，意思是说不要把自己当作工具、器皿。的确，人是有主动性的，要善于运用大脑思考，如果人云亦云，永远都只能是别人让做什么就做什么，那就真的变成工具了，这样的人在竞争中只能是失败者。

如果你有好主意、好点子，却舍不得与大家分享，不愿表现。结果别人也不知道，对工作也起不了有益的作用，这也是一种浪费。要主动去表现自己，有能力表现出来大家才会知道，领导才会给你机会，你才会有用武之地。

聪明的员工总是"不在其位而谋其政"，而且会站在领导者的立场去思考问题、分析问题、解决问题。具有领导思维，永远多走一步，才会不断进步，才能成为优秀的自己。主动去思考，主动去改变，主动去行动，职位才会升，薪水才会涨。

5. 独善其身

有的人事不关己，就高高挂起，只坚守自己的工作范围，自己份内的工作做好了就绝不再多关注外界的变化；看到同事工作出了错误，就幸灾乐祸，这种心态和做法已经与现代职场格格不入了，拿这种心态处世，拿这种态度工作，是无法被团队接纳的，是不可能在竞争中胜出的。

6. 缺乏危机意识

有一个很著名的温水煮青蛙实验：把青蛙扔进滚烫的水中，青蛙能够立即跳出滚水，避免灭顶之灾。但如果把青蛙放在温水里，慢慢加热去煮，在温水中逍遥自在的青蛙，等到水煮沸了，生命受到威胁了，却发现再也没有力气逃命了。

图 1.1 著名的青蛙实验

这个实验告诉我们：每个员工都要有危机感，要有竞争意识，不要做温水中的青蛙，在安逸的环境里习惯了，等到形势改变，就会在激烈的竞争面前茫然无措，最后能收获的就只有失败和淘汰。

二、促进职业化的积极心态

要真正实现职业化，光摒弃以上那些不良心态是不够的，我们还需要积极调整心态，做到以下几点：

1. 保持对领导的尊重

人的性格不同，表现也不同。有的领导比较内向，不爱说话；有的领导比较张扬，性格外露。但无论哪种性格的领导，他在这个位子上，就说明他有优秀的一面，有能力坐这个位子，作为下属，一定要对他保持应有的尊重。

同时，只有当领导成功了，下属才有机会跟着成功，也就是说领导有机会了，下属才会有机会。失败的团队里没有成功的个人，领导代表整个团队，下属尊重领导就是尊重团队，支持领导就是支持团队。

2. 超预期完成工作任务

既然选择了工作，就要热爱它，全身心投入其中，对工作要主动，不要企图依赖别人。领导交办的工作，无论份内还是份外，都要尽心尽力去做，而且要做到最好。有的人可能会觉得，如果是份内的工作这样去做就应该，如果是份外的工作就不必了吧？这种想法是不对的，领导把工作交给自己，说明信任自己，这份信任也值得认真把工作做好。

因此，面对领导的信任，不仅要把工作一丝不苟做好，还要尽量做到最好，超出领导的期望，超出领导的想象。

3. 包容性格不同的同事

每个人性格不同，处世的哲学也不同，别人做事不符合自己的标准或原则是正常的，对此不能拿自己的标准去要求别人，更不能因此闹得不愉快而影响工作，要学会宽容和包容，融入到团队中去。

4. 尽力帮助团队的成员

做完自己的工作之后要主动帮助别的同事完成工作，要主动观察公司里还有什么自己能够做的事情，每个人都这么想了，这么做了，团队就会更融洽、更强大，公司也就更强大。

有的人做工作喜欢拖，2 个小时的工作一定要拖到 4 个小时做完，生怕提前做完被分派其他工作。其实做不同的工作是对个人能力的锻炼，工作做得少，锻炼的机会就少，能力提升就慢。

帮助他人是一种储蓄，一种情感的储蓄、一种爱的储蓄，储蓄总是会有回报的。一个人帮助他人越多，就会有越多的人帮助自己。

5. 寻找与他人的差距

每个人都有缺点和不足，而自己往往会对自己的优点和过人之处非常清楚，对不足之处却未必清楚。不要总觉得自己非常优秀，没有缺点。要设定一个综合目标，主动寻找自己的不足之处，不断提高、不断完善。

6. 积极显示自己的才能

一个人的价值的大小与他所创造的价值成比例，他创造的价值大，他的价值也大。个人创造价值需要两个条件：能力和机会。

一身才能而无用武之地自然无法创造价值，有才能的人只有别人知道了才会为他创造机会。因此要勇于表现自己的才能，不断提高自己的技能，这样才会不断有机会施展，才能充分体现自己的价值。

三、实现职业化的方法

大学生可能对职业化这个概念没有已经进入企业的人理解得深刻，在调整好自己的心态之后可以采用以下方法来帮助自己实现职业化：

1. 成功暗示

自我暗示又称自我肯定，是对某种事物的有力、积极的叙述，这是对一种我们正在想象的事物坚定和持久的表达方式进行肯定的练习，能让我们开始用一些更积极的思想和概念来替代我们过去陈旧的、否定性的思维模式。无论现在在什么位置，可能现在没有成功，要想象自己成功的情景，用成功暗示自己。这种成功的潜意识会不断激励自己，无论什么艰难坎坷都坚持下来，最后一定能成功。这是一种强有力的技巧，一种能在短时间内改变我们对生活的态度和期望的技巧。

成功暗示可以默不作声地进行，也可以大声地说出来，还可以在纸上写下来，更可以歌唱或吟诵，每天只要十分钟有效的肯定练习，就能抵消我们许多年的思想习惯。自然，我们越经常性地意识到我们正在告诉自己的一切，选择积极、扩张的语言和概念，我们就越能够容易地创造出一个积极的现实。

2. 情绪管理

情绪管理是指通过研究个体和群体对自身情绪和他人情绪的认识、协调、引导、互动和控制，充分挖掘和培植个体和群体的情绪智商、培养驾驭情绪的能力，从而确保个体和群体保持良好的情绪状态，并由此产生良好的管理效果。简单地讲，个人情绪管理方法如下：

（1）体察自己的情绪

需要时时提醒自己注意：我现在的情绪是什么？例如：当你因为朋友约会迟到而对他冷言冷语，问问自己：我为什么这么做？我现在有什么感觉？如果你察觉你已对朋友三番两次的迟到感到生气，你就可以对自己的生气做更好的处理。有许多人认为：人不应该有情绪，所以不肯承认自己有负面的情绪，要知道，人一定会有情绪的，压抑情绪反而带来更不好的结果，学着体察自己的情绪，是情绪管理的第一步。

（2）表达自己的情绪

以朋友约会迟到的例子来看，你之所以生气可能是因为他让你担心，在这种情况下，你可以婉转地告诉他："你过了约定的时间还没到，我好担心你在路上发生意外"。试着把你担心的感觉传达给他，让他了解他的迟到会带给你什么感受。什么是不适当的表达呢？例如：你指责他："每次约会都迟到，你为什么都不考虑我的感觉？"当你指责对方时，也会引起他负面的情绪，他会变成一只刺猬，忙着防御外来的攻击，没有办法站在你的立场为你着想，他的反应可能是："路上塞车嘛！有什么办法，你以为我不想准时吗？"如此一来，两人就开始吵架，更别提什么愉快的约会了。如何适当表达情绪，是一门艺术，需要用心的体会、揣摩。

（3）舒解自己的情绪

舒解情绪的方法很多，有些人会痛哭一场，有些人找三五好友诉苦一番，有些人会逛街、听音乐、散步或逼自己做别的事情以免老想起不愉快，比较糟糕的方式是喝酒、飙车，甚至自杀。舒解情绪的目的在于给自己一个理清想法的机会，让自己好过一点，也让自己更有能量去面对未来。如果舒解情绪的方式只是暂时逃避痛苦，尔后需承受更多的痛苦，这便不是一个合适的方式。有了不舒服的感觉，要勇敢地面对，仔细想想，为什么这么难过、生气？我可以怎么做，将来才不会再重蹈覆辙？怎么做可以降低我的不愉快？这么做会不会带来更大的伤害？根据这几个角度去选择适合自己且能有效舒解情绪的方式，你就能够控制情绪，而不是让情绪来控制你。

　　管理好自己的情绪，不要让情绪成为失败的导火索。不管是成功还是失败，只要从正面去看，失败也是一种成功，失败是成功的阶梯。只要管理好情绪，不断自我激励，每天不断进步就会迈向成功。

　　3. 习惯养成

　　美国心理学巨匠威廉·詹姆斯有一段对习惯的经典注释："种下一个行动，收获一种行为；种下一种行为，收获一种习惯；种下一种习惯，收获一种性格；种下一种性格，收获一种命运。"

　　习惯是一种长期形成的思维方式、处世态度，习惯是由一再重复的思想行为形成的，习惯具有很强的惯性，像转动的车轮一样。人们往往会不由自主地启用自己的习惯，不论是好习惯还是不好的习惯，都是如此。可见习惯的力量——不经意会影响人的一生。

　　一般来说，习惯可以在有目的、有计划的训练中形成，也可以在无意识状态中形成。而良好的习惯必须在有意识的训练中形成，不可能在无意识中自发的形成，这是好习惯与不良习惯的根本区别。相对于其他习惯而言，不良习惯形成以后，要改变它是十分困难的，俗话说："江山易改，本性难移。"从根本上说，任何一个好习惯的养成都不会是轻而易举的。

　　要培养一个好习惯，首先必须要研究它的重要性，因为只有明白了它的重要性，才会有培养这个习惯的强烈愿望。

　　其次是要对所培养的习惯进行必要性、可行性的分析，从某种意义上说，克服一个坏习惯，培养一个好习惯是人生最难的，而又是对人生最有价值的。因此，要培养一个习惯，开始前的可行性的分析很重要，这样使你建立在理智和科学的基础上。否则，头脑一热，盲目去做，常常会半途而废。

　　再次是要统筹安排，逐一击破。我们知道，人的习惯实现是一个庞大的体系，它像一棵大树一样，有干、有枝、有叶。它可以是我们工作方面的习惯，也可以是学习方面的，健康方面的，感情方面的。也可以是与人相处方面的各种习惯，也可以是思维方式的习惯，也可以是行为方式习惯。因此当我们明白习惯对人生和命运的重要性后，要对准备培养的习惯作统筹安排。这样可以分清主次，明确先后，然后有步骤地去培养，就会更有成效。

　　从根本上说，任何一个好习惯的培养都不会是轻而易举的，因此，我们一定要循序渐进，由浅入深，由近及远。尤其开始时我们要宁少勿多、宁简勿繁、宁易勿难。先找一个比较容易做到的，做起来有兴趣的，很快就能尝到甜头的，而且能不断受到自己和周围人激励的习惯开始，而且下的功夫要大一些，花的时间要长一些，这样就容易成功。

　　4. 备忘排序

　　要善于使用备忘录，按照重要性排列做事的顺序。好记性不如烂笔头，随时把客户的意见、领导的要求、同事的建议等记录下来，先做重要的、影响大的事情。

　　在工作中，有时候你在忙着这件事的时候很容易把另一件需要做的事情忘记了，但是，如果你有使用"日常备忘录"的习惯，把所有要处理的事情都记到备忘录里，做起事来才会既有条不紊又有效率，就不会出现这样的遗漏。你是不是认为自己的记性好得不得了，所以从不把重要的事情写下来，最后你常会发现自己总会忘记一些事情？

　　有些人常常会心中窃笑那些习惯使用备忘录的人，特别是看到有人把很容易记住的小事也记到备忘录上时，简直就认为这样的人是一个大笨蛋。他们的理由是："自己记性那么好，干嘛要把事情记到纸片上呢"。

　　还有一点，他们过分自信自己的记性是因为他们还没有为此付出刻骨铭心的代价。一个人的记性即使再好，也不可能长时间地记住那么多复杂的事，终究一些事会随着时间的流逝而淡忘了，造成损失已经不可避免了。

其实，善于使用备忘录，不但能使你的工作有条不紊地进行、提高你的办事效率，而且还会改善你的形象、使你容易获得上司的青睐、赢得加薪和晋升的机会。

公司召开例会的时候，有些员工会很认真地做会议记录。在工作中一听到重要的信息，有的员工会马上从口袋里拿出备忘录，把重点记下来……这是一种很好的工作习惯。可有些人却对此不屑一顾，"不就是那么点事情嘛，我早就记在脑子里了，何必再动手呢。"于是，在开会的时候，他们要么心不在焉地做着小动作，要么就疲倦地打着盹儿。

对于这两种截然不同的反应，老板自然是看在眼里、记在心里。相对来讲，老板都会喜欢并重用认真做记录的员工，因为他们认真负责的工作态度让老板放心。久而久之老板就会自然地对你说："你做事我放心！"

对于领导的口头指示或指令，即使是很简单的一件事，也应该记录下来。即使这些事情你是一定记得的，但是对于发布命令的领导来说，总还是担心属下忘记或是遗漏某一部分。所以，这时候如果能记录下来的话，领导不仅很安心，而且对你的认真态度也会留下深刻的印象，把你列为优秀员工的行列，待日后有职位需要提拔时，他会优先考虑你的。

虽然只是做了一下记录，但是在写的同时，很自然地就会在脑海里加深一遍印象，起到了提醒的作用。所以有人说："备忘录就是为了要把事情忘记才写的，这样就不会因为要记一下繁琐的事而费脑伤神了。"

备忘录除了具有防止遗忘和塑造好形象的作用外，它还具有核对的功能。当领导指示完工作后，你可以参考你的记录重复指示的要点，以核对你听到的和领导交代的有无差距。在日后的工作中，你还可以根据记录的备忘录自我检查自己的工作状况与工作进度是否正确，确保没有遗漏的工作项目。

另外，这些事虽然不难记住，但也很容易忘记。有时候，领导安排的工作会从你的脑子里"溜走"。当领导问你做得如何时，你才会猛然想起，可这时已经晚了。有时，你也许要过很长时间，才会想起一件早就应该做的事。所以说，你千万不要过于相信自己的记性，有时它也会"偷懒"。

同时，如果你记录了领导交代事项的重点，还可以避免日后在工作中产生"有没有交代"、"有没有听到"之类的纠纷，让你更加高效地工作。

只要你放弃自己的小聪明，养成使用备忘录的习惯，你一定会体会到使用备忘录给你带来的好处。

5. 持续学习

社会在发展，知识在更新，学历再高的人也需要不断地学习。每个人都要清楚，不只是挂着学校牌子的地方才是学校，才能学习。社会也是学校，企业也是课堂，同事也是同学，只要心态放低，到处都有可以学习的知识，要学会随时随地地学习，持续地学习，不断地进步，才能扣住时代的脉搏。

机会永远是给有准备的人的。无论如何，请记住，持续学习是你成长道路上的最根本的要求。不持续学习的人最终要吞下自己种的苦果，丧失做人的意义。没有良好的学习精神，最终会成为你成长道路上的绊脚石，阻止你快步前进！

6. 全力以赴

对工作要全力以赴，切忌三心二意、一心两用。可能很多工作边聊天边做一样可以做好，但一定不如全心全意投入做出来的质量高，也就是说要超出别人的期望就要全力以赴，做到最好。

孔子有一名学生叫做冉求，有一天，冉求来给孔子说："老师啊，不是我不喜欢你教授的为人处世之道，是因为我自身力量不足啊。"孔子就慨叹说："力量不足的人，是做到中途发现自己力量真的不足时才会停止不做，而你现在还没有开始做就说自己力量不足，这是你自己给自己划断了界限啊。"

很多时候，并不是我们没有获取成功的能力，而是不够自信，轻易地否定自己的才能，把自己拒绝在成功的门外。

美国成功学家格兰特纳说过这样话："如果你有自己系鞋带的能力，你就有上天摘星星的机会。"可见，能否取得成功，不在于有多聪明、有多高的学历、多优越的背景，而在于能否全力以赴地工作。

有一位年轻人即将出远门闯一番事业，临行之前，他去向一位老者讨教应该如何做，老者简单地告诉他："全力以赴地工作。去吧，二十年后，你再回来找我。"年轻人带着老者的话上路了，他一直都按照老者的指点，一直都全力以赴地工作，经历了很多起伏跌宕，高峰低谷，事业上还是颇有成就。二十年后，他如约回去再次向老者讨教。老者还是简单地告诉他："尽力地工作。去吧，十年之后，你再回来找我。"年轻人又继续尽力地工作，也经历了很多大风大浪，经过十年的努力，他取得了很大的成就。十年之后，他又如约去拜见老者。

这时，老者已经到了古稀之年，年轻人也两鬓斑白。见到年轻人前来，老者说道："看来你真的已经很成功了。在我年轻的时候，别人都告诉我，要尽力而为，所以我在年轻的时候碌碌无为、一事无成，当我年近中年的时候，别人告诉我应全力以赴，可是我发现我已经精力不足了。所以我就想，要是把这个顺序调换过来，会不会有不一样的结果。所以当你来见我的时候，我就告诉你年轻的时候一定要全力以赴，看来你真的成功了。"

两位不同的人，因为工作的态度不同，他们的人生也就截然不同了。

很多对工作不负责任、没有全力以赴的人，总是为自己的失败找借口："不会这项工作"、"太难了"、"我没有经验"等，结果与成功失之交臂。

《为学》一文里面记载一个故事：蜀国边境有一贫一富两个和尚。一天，穷和尚对富和尚说："我想要到南海去，你看怎么样？"富和尚说："您凭借什么去呢？"穷和尚说："我只需要一个盛水的水瓶、一个盛饭的饭碗就足够了。"富和尚说："我几年来想要雇船沿着长江下游而去南海，尚且没有成功。你凭借着什么去！"到了第二年，穷和尚从南海回来了，把到过南海的这件事告诉富和尚。富和尚的脸上露出了惭愧的神情。四川距离南海，不知道有几千里路，富和尚不能到达，可是穷和尚到达了。

成功属于那些全力以赴的人。只有不怕险阻的人，才能登上山的巅峰；只有不怕困难的人，才能解决困难。全力以赴精神所到之处，困难也会让开道路。

第三节　职场关键能力

一、职场关键能力的定义

职场关键能力，就是在职业生涯过程中，除了专业技能外，影响每个人个人发展的综合能力。如：明晰职场相关规则、具备职场所需要的沟通技巧、时间管理、系统思考、心态调整、团队合作等能力。

二、职场关键能力的内容

人们常说，职场其实犹如一个大舞台，职场中的每个人都是这个大舞台上的演员。于是，每个人在进入职场时都会被赋予一个角色，由于每个人的家庭背景、学历、专业、个人素质等综合因素的影响，造成了不同的人会有不同的角色差异。而不同的人在扮演不同角色时的表现也就是他们在职场的表现，而职场关键能力的高低则是影响职场表现的最重要的因素。职场关键能力主要体现在以下两个方面：

1. 精神层面

精神层面主要包括自信心、宽容心、诚实守信、忠诚务实、自动自发等积极乐观的心态。很多企业在招聘的时候，对精神层面的职业能力是非常看重的，其重视程度有时甚至是超过了职业技能。

2. 能力层面

能力层面主要包括执行能力、思考能力、沟通能力、组织管理能力、语言表达能力、社交活动能力、公关谈判能力等，它是每个现代职业人士都需要具备的能力。

三、缺乏职场关键能力的表现

1. 少年得志型

毕业 1-3 年的职场人中有一些人在很多方面要强于同龄人，比如性格外向，经历丰富，交际能力强，从小到大一直是同龄人中的佼佼者；但他们也不是完美的，顺利的生长环境或多或少地造就了他们心高气傲，自尊心强，心理承受能力差和害怕失败等问题。而职场是瞬息万变的，一旦他们在其中遭遇挫折或者走错了几步，就感觉职场太现实，这个社会背叛了他，开始对现实生活心灰意冷，无法接受现实，或者自暴自弃，浪费着时间，消耗着青春，却让自己的聪明才智付诸东流。

章明大学毕业后到某贸易公司就职，任销售主管助理。在实习期间，章明性格沉稳，做事积极，对同事们也很友善，深得同事及领导的赞赏。一年后，由于章明做事认真积极，连续 9 个月以月销售排名第一的业绩晋升销售主管。章明的顶头上司王猛是个沉默寡言的人，性格较孤僻，很少与下属打交道。在王猛的领导下，章明感到很压抑，于是章明开始想办法挤走王猛，借着与同事关系不错，章明在很多场合有意把王猛孤立起来；在工作上，章明也是越俎代庖，在权力上"架空"王猛，弄得王猛很不高兴。矛盾不可避免，总会有爆发的时候。两人关系公然破裂是在一次会议上，面对王猛的指责，章明立即予以还击，两人关系更加恶化。最后的结果是，章明被迫辞职。原因是，王猛是该公司的创业元老之一，章明的作法也不光明正大，上级领导为维护王猛的权威，章明不得不辞职。

章明的做法无异于以卵击石，一个很重要的原因是他不知道职场的错综复杂。在不了解情况的前提下就贸然行动，必将导致失败。另外，他失败的一个很重要的原因是，群众基础薄弱，一个下属岂会拿着自己的前途去跟领导斗。要知道，晋升的道路有很多条，做好本职工作，以公平、合理的竞争手段取得晋升才不失为一个明智的做法。

2. 自以为是型

每天梦想着成为职场主角，却从未想过大部分主角都是由配角转化而来。自己活在了别人的口中，别人说这个好或不好都可以对自己有着决定性的影响。相反，每天抱着想做主角的梦想发呆，在自己心情不好的时候可以拿这个梦想慰藉下自己那颗脆弱的心灵，认为自己并不是失意，只是暂时没有成功。于是上网发帖子倾诉，和朋友诉苦，希望哪天能遇到一位独具慧眼的伯乐，发现自己这匹沉寂数年的千里马。他们的生活就像进入了一个迷宫，他们不停幻想，不停地寻找，不停地赶路，却始终转不出自己思想的迷宫，从未想过自己是否已经具备了主角的能力，自己在各方面和主角还差多远，最终的结果是思想一日千里，能力还停留在原点。

昨天的销售会议开得很僵，原因是林安"搅局"了，导致领导很难堪。会议中途结束了。事情是这样的：林安半年前到公司实习，任销售代表一职。刚大学毕业的林安满腹经纶，谈论起来更是滔滔不绝。在走访市场及销售业务中，林安对市场的操作及销售管理都有自己的独特认识，但给上级的建议从未被采纳，领导认为林安历练少，以他的建议不切实际，难以操作为由拒绝了。这让林安很恼火，明明自己的想法对公司好，为什么公司不采纳呢？他便以为领导是故意为难他。终于，在昨日的销售会议上，上级领导以月销量下滑表示不满，要求大家做检讨。林安立即表态，说明如果按照他的方法去实施根本不会这样，责任在于领导。就这样，领导很难堪，又不好发作，所以销售会议不欢而散。

林安的失误在于认为上级不能欣赏自己，不能正确处理与上级的关系。林安的做法无异于给上级这样的印象，一是哗众取宠，爱表现自己；二是对领导不满，不尊重领导。无论是哪一种，领导都是不会喜欢这样的员工的。人都是爱面子的，更何况是领导呢？假如，林安平日工作时，摆平心态，谦虚好学。常与领导沟通及请教，适当的时机提出自己的见解，这恐怕就是另一番风景了。

3. 毫无主见型

在我们身边常发生这样的事，有些人看到别人买什么，自己也买什么；别人干什么，自己也干什么，毫无自己的主见。

人要有主见，要学会自己支配自己，不要让别人牵着你的鼻子走。人一旦失去了主见，就会像那拉磨的驴一样，只知道绕着石磨不停地转，只能受别人的支配。我们不但要有主见，而且要敢于说出自己的主见，记得曾看过这样一则报道：有一位教授曾对不同的学生问了同一个问题，问他们"0"是什么？小学生们回答是零，初中生们回答是欧，而高中、大学的学生却闭口不答。但当他问幼儿园的小朋友时，他们的回答却各不相同。有的说是皮球，有的说是鸡蛋，有的说是土豆，有的说是地球等，那些大学生难道不知道吗？难道他们没有自己的主见吗？不是的，他们是受了周围环境的影响。当我们对同一事物得出不同的结论时，请保留自己独到的见解并把它说出来，或许那还是一个很有价值的发现呢！

主见犹如是黑暗的夜晚中的照明灯，照亮我们前进的道路，希望我们每一个人都能有自己的主见。

小王到某公司已经3年多了，其管辖的区域做得不愠不火，月销量一直在10万元左右徘徊，作为重点开发的乡镇市场，上级区域经理心里很着急，曾多次找小王谈话，又是批评又是培训。可销量一直在原地踏步。对于领导的批评，小王也是战战兢兢，每日按照领导的要求去做，所以在客户和领导之间，小王处理得模棱两可，对客户更是极力妥协。客户看小王如此，更是不把他放在眼里，更不用说按他说的去做了。久而久之，对客户的掌控便处于放任的状态下，销量也自然不会好到哪。最后，在末位淘汰制的管理下，小王被淘汰出局。

小王职场失败的主要原因在于对上级经验生搬硬套，在实际工作上不会灵活运用。在客户处理上，没有自己的主见。对两方关系处理得模棱两可说明他对自己的定位不清，没有一个明确的意识。

以上各种情况的出现，很大程度上都是由于自身心态未调节好而导致的，而心态调整能力是职场关键能力中非常重要的一部分。新人从进入职场到成熟是一个长远的过程，学习职场关键能力，对当代大学生起着非常重要的作用。

四、具备职场关键能力的好处

为什么看上去学历背景、工作技艺等都差不多的人，有的在职场上几年如一日，而有的却能用更短的时间就翻开新的场面、拓展新的人脉、取得新的时机呢？这些都是职场关键能力在悄然地起作用。具备职场关键能力的好处主要如下：

1. 具备较强的职场关键能力可增加走向成功的机会；
2. 具备较强的职场关键能力有利于工作的更好完成；
3. 具备较强的职场关键能力有利于良好人际关系的形成；
4. 具备较强的职场关键能力有利于得到领导更好的赏识；
5. 具备较强的职场关键能力有利于自身素养的不断提高。

本 章 小 结

1. 职业化就是一种工作状态的标准化、规范化和制度化。即在合适的时间、合适的地点、用合适的方式，说合适的话，做合适的事；使知识、技能、观念、思维、态度、心理等都符合职业规范和标准。

2. 企业衡量员工是否职业化的标准为：是否有积极的工作态度、是否具有爱岗敬业的精神、是否具有诚实守信的素养、是否具有高尚的道德品行、是否具有较高的学习潜力、是否具有较强的反应能力、是否具有对新事物的感知能力、是否具有有效的沟通能力、是否具有良好的团队精神。

3. 实现职业化的具体方法为：成功暗示、情绪管理、习惯养成、备忘排序、持续学习、全力以赴。

4. 职场关键能力，就是在职业生涯过程中，除了专业技能外，对于每个人的个人发展和社会发展都至关重要的能力。如：明晰职场相关规则、具备职场所需要的沟通技巧、时间管理、系统思考、心态调整、团队合作等能力。

课 后 练 习

1. 请结合本章内容，谈谈你是怎么理解职业化的？
2. 在工作中面临压力和困境的时候，你如何调整自己的心态？
3. 请谈谈职场关键能力对在校大学生的重要性。

第二章　职　业　规　划

不论是在校学生或是职场中人，职业规划都有着极其重要的作用，职业规划的好坏将直接影响职业生涯的发展。本章着重讲述目标与职业生涯的关系、职业规划的相关理论与重要意义，以及进行职业规划的有效方法。

第一节　人生目标与职业生涯

每个人都有属于自己的人生，它是一段丰富多彩的历程：5 岁的时候，也许睁大好奇的眼睛，向大人们问这问那；10 岁的时候，也许幻想着长大后从事什么工作；20 岁的时候，也许会为象牙塔外的纷繁复杂而迷茫痛苦；30 岁的时候，也许正奔波在家庭与工作之间；40 岁的时候，也许正苦苦思索，到底能为这个社会做点什么？

不同的阶段，每个人有不同的愿望、不同的需求。

每个人都希望能实现自己的愿望、满足自我的需求、主宰自己的命运，而职业生涯在实现愿望、满足需求、主宰命运的人生之路中，是最为重要的组成部分。

一、职业与职业生涯

职业是人们在社会中所从事的作为谋生手段的工作；从社会角度看，职业是劳动者获得的社会角色，劳动者为社会承担一定的义务和责任，并获得相应的报酬；从国民经济活动所需要的人力资源角度来看，职业是指不同性质、不同内容、不同形式、不同操作的专门劳动岗位。

职业生涯是一个人一生中所有与职业相联系的行为与活动，以及相关的态度、价值观、愿望等连续性经历的过程，也是一个人一生中职业、职位的变迁及工作理想的实现过程。

简单说，职业生涯就是一个人终生的工作经历。职业生涯开始于任职前的职业学习和培训，终止于退休。每个人选择什么职业作为自己的工作，这对于每个人的重要性都是不言而喻的。

首先，未来的衣食住用行等各种需要，包括许多年轻人梦想的出国旅游、买房、买车，几乎都要通过工作来满足；同时，现代人大部分时间是在社会组织中度过的。在毕业后到退休前的几十年中，几乎每天都要和自己的工作打交道，因此，自己从事的工作，自己是否喜欢？是否适合？是否觉得这份工作很有意义？对自己同样非常重要。一位总裁曾经说过："在我看来，世界上最大的悲剧莫过于，有太多年轻人从来没有发现自己真正想做什么。想想看，一个人在工作中只能赚到薪水，其他的一无所获，这是一件多么可悲的事情啊！"

所以，在选择职业的时候，应该慎重的对待。中国的古话"男怕入错行，女怕嫁错郎"，在一定程度上也反映了职业对于每个人的重要性。

二、职业生涯规划的重要性

职业生涯规划是指个人和组织相结合,在对一个人职业生涯的主客观条件进行测定、分析、总结研究的基础上,对自己的兴趣、爱好、能力、特长、经历及不足等各方面进行综合分析与权衡,结合时代特点,根据自己的职业倾向,确定其最佳的职业奋斗目标,并为实现这一目标做出行之有效的安排。

先来看一个例子:小张 18 岁的时候,他的有些同学已经在外为生活四处漂泊奔波,他却上了大学,什么事都挺顺当。在这分开的十年里,他和同学们几乎每隔两三年见一次面。每一次同学们都喜欢问他同一个问题:你将来的目标是什么?

得到的答案总是不相同。下面记录的是小张每次谈及目标的原话:

18 岁,高中毕业典礼上:我发誓要当李嘉诚第二! 我要当中国首富!

20 岁,春节老同学团聚会上:我想创立自己的公司,30 岁时拥有资产 2000 万。

23 岁,在某工厂当技术员,第二职业是炒股:我正在为离开这家工厂而奋斗,因为在这里工作太没前途了。我将全力炒股,三年内用 5 万炒到 300 万元。

25 岁,炒股失意而情场得意,开始准备结婚:我希望一年后能有 10 万元,让我风风光光地结婚。

26 岁,不太风光的结婚典礼上:我想生一个胖小子,不久的将来当个车间主任就行,别的不想了。

28 岁,所在的工厂效益下滑,偏偏正是妻子怀胎十月的时候:我希望这次下岗名单里千万不要有我的名字。

从这个案例可以看出,小张显然没有对自己的人生进行合理的规划,刚开始的时候当技术员,但他没有去细心研究技术,而是去炒股,想赚到 300 万,后来炒股失败忽而又想当车间主任,最后可能技术也不是很精通,担心下岗名单中不要有他的名字。他这样一个没有规划的人生,显然是很容易失败的。

实际上我们要想在未来职业生涯中获得成功,首先应该确定一个切合实际的职业定位和职业目标,并且把目标进行分解,然后设计出合理的职业生涯规划图,并且付诸行动,经过不断努力和调整,直到最后实现我们的职业发展目标,获得人生的最大成功。

美国的成功学大师安东尼·罗宾曾经提出过一个成功的万能公式:成功 = 明确目标 + 详细计划 + 马上行动 + 检查修正 + 坚持到底。从这个公式可以看出,要想成功,首先要制定可实现的目标和详细的计划。在职业生涯领域也是同样,首先要选择一个最适合我们发展的行业和工作,然后确定目标,同时对整个职业生涯进行初步规划,付诸行动。而在随后执行规划的过程中经常的对自己的目标和计划进行检查修正,最后坚持到底,定能获得职业生涯的成功。

三、职业生涯规划的意义

职业生涯规划是针对决定个人职业选择的主观和客观因素进行分析和测定,确定个人的奋斗目标和职业目标,并对自己的职业生涯进行合理规划的过程。

职业生涯规划要求你根据自身的"职业兴趣、性格特点,能力倾向,以及自身所学的专业知识技能"等自身因素,同时考虑到各种外界因素,经过综合权衡考虑,来把自己定位在一个最能发挥自己长处的位置,以便最大限度地实现自我价值。一个职业目标与生活目标相一致的人是幸福的,职业生涯规划实质上是追求最佳职业生涯的过程。

哈佛大学的爱德华·班菲德博士对美国社会进步动力的研究发现，那些成功的人往往都是有长期时间观念的人。他们在做每天、每周、每月活动规划时，都会用长期的观点去考量。他们会规划五年、十年，甚至二十年的未来计划。他们分配资源或做决策都是基于他们预期自己在几年后的地位而定。这一研究成果，对于刚刚跨入社会的职场人士有着重要的启示作用。

在沈阳市的一次大型招聘会上，毕业于某名牌高校的小何向浙江一家汽车公司申请一个机械工程师的岗位。他学的是机械专业，在大学期间各门功课都优秀，毕业后的五六年时间里，从事过医药、空调、摩托车等产品的销售、品质主管，换了六七个工作，但是没有机械方面的工作经历。招聘者看了他的情况后认为，如果他毕业后稳定从事过机械方面工作，则正是公司需要的人选，但是因为没有这方面的工作经验，公司无法录用他。

小何的例子表明了很多大学生盲目就业，给自己所带来的危害。由于没有长远打算，很多大学生年轻时只是随波逐流地换工作，到了 30 多岁还没有职业定位。这种情况之下，继续下去出路不大，重新定位又要费很大力气，不得不陷入一种尴尬的境地。

持久性改变是人生力量的积累，这需要一种"长期的时间观念"。以销售为例，你销售生涯的涵义是，一般情况下，你必须愿意投入三五年以上的时间，才能蜕变成一个真正的销售精英。这种长期的承诺将完全改变你对训练、日常工作、客户、自己、社区，以及其他工作的态度。日本寿险的推销之神原一平，刚开始做业务的时候，前七个月也没有推销出一张保单，而不得不每天饿肚子，晚上在公园里面睡长椅。

优秀的人对于自己以及生活，一般都会有长远规划。对职业生涯的长期眼光，是未来的事业能够有所成就的重要保证。

成功是要付出代价的。不管做的是哪一行，你若想出类拔萃，就一定要有全身心投入至少三五年的心理准备。你要花很长的时间才能培养出足够的专业能力，在竞争激烈的市场中走向成功。否则，如果我们经常地更换城市，更换我们从事的行业和从事的具体工作，那么随着我们变换工作，我们平时积累的相关的知识、技能、工作经验和圈内的人际关系，到时可能都将用不上，最终可能会像我们上面提到的那位小何一样，毕业许多年了，还没有真正的找到适合自己的职业，也没有真正建立起自己独特的竞争优势，而陷入一种在现有工作上继续下去出路不大，重新定位又要费很大力气的尴尬。

因此，职业生涯规划的作用在于帮助你树立明确的目标，运用科学的方法，切实可行的措施，发挥个人的专长，开发自己的潜能，克服生涯发展困阻，避免人生陷阱，不断修正前进的方向，最后获得事业的成功并实现自我价值。

四、目标与职业生涯

（一）制定目标的重要性

研究一些成功者的成功轨迹，就会发现他们走向成功之前大都有着自己的明确目标。美国成功学家拿破仑·希尔在《一年致富》中有这样一句名言：一切成就的起点是渴望。一个人追求的目标越高，他的才能发展就越快。一心向着自己目标前进的人，整个世界都给他让路。希尔认为，所有成功，都必须先确立一个明确的目标，当对目标的追求变成一种执着时，你就会发现所有的行动都会带领你朝着这个目标迈进。目标就是力量，奋斗才会成功。

古今中外凡在事业上有所成就的人，无不有着明确而坚定的目标。英国前首相本杰明·迪斯累里原本是一名并不成功的作家，出版数部作品却无一能给人留下深刻印象。后来迪斯累里涉足政坛，决心成为英国首相。他克服重重阻力，先后当选议员、下议院主席、高等法院首席法官，直至 1868 年实现既定目标成为英国首相。对于自己的成功，在一次简短的演说中他总结到："成功的秘诀在于坚持目标。"

明确而坚定的目标是赢得成功、有所作为的基本前提，因为坚定目标的意义，不仅在于面对种种挫折与困难时能百折不挠，抓住成功的契机，让梦想一步步变为现实，更重要的还在于身处逆境能产生巨大的奋进激情，使自己的潜能得到最大发掘与释放。

1. 美国哈佛大学的调查

美国哈佛大学有一个非常著名的关于目标对人生影响的跟踪调查。调查的对象是一群智力、学历、环境等条件都差不多的大学毕业生。结果是这样的：

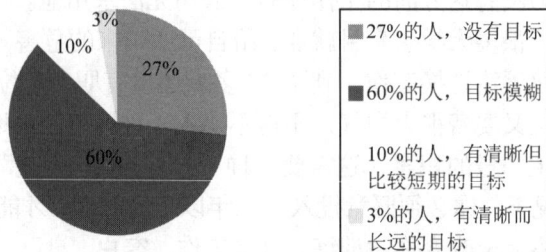

以后的 25 年，他们开始了自己的职业生涯。25 年后，美国哈佛大学再次对这群学生进行了跟踪调查。结果如下表所示：

25 年前	25 年后
3%有清晰而长远的目标的人	一直朝着同一个方向努力，成为社会各界的顶尖成功人士，他们不乏白手创业者、行业领袖、社会精英。
10%有清晰但比较短期的目标的人	他们生活在社会的上层，他们的短期目标不断达成，成为行业专业人士，有很好的工作，比如医生、律师、公司高级管理人员等。
60%目标模糊的人	他们生活在社会的中层或下层，尽管能够安稳的生活，但没有取得什么成绩。
27%没有目标的人	他们生活在社会底层，生活得十分不如意，不断抱怨社会和他人，经常失业，家庭也不幸福。

从表中可以看出：3%的人，25 年间他们朝着一个方向不懈努力，几乎都成为社会各界的成功人士，其中不乏行业领袖、社会精英；10%的人，他们的短期目标不断地实现，成为各个领域中的专业人士，大都生活在社会的中上层；60%的人，他们安稳地生活与工作，但都没有什么特别的成绩，几乎都生活在社会的中下层；剩下 27%的人，他们的生活没有目标，过得很不如意，并且常常抱怨他人，抱怨社会、抱怨这个"不肯给他们机会"的世界。其实，他们之间的差别仅仅在于：25 年前，他们中的一些人知道自己到底要什么，而另一些人则不清楚或不很清楚。

2. 比塞尔的故事

还有一个故事，同样说明了清晰的目标和方向，对我们人生成功的重要意义。

比塞尔是西撒哈拉沙漠中的一个小村庄，它靠在一块 1.5 平方公里的绿洲旁，可是在肯·莱文 1926 年发现它之前，这儿的人没有一个走出过大沙漠。肯·莱文作为英国皇家学院的院士，当然不相信这种说法。他用手语向这儿的人问其原因，结果每个人的回答都是一样：从这儿无论向哪个方向走，最后都还是要转到这个地方来。为了证实这种说法的真伪，他做了一次实验，从比塞尔向北走，结果三天半就走了出来。

比塞尔人为什么走不出来呢？肯·莱文非常纳闷，最后他只得雇一个比塞尔人，让他带路，看看到底如何？他们带了半个月的水，牵上两匹骆驼，肯·莱文收起指南针等现代化设备，只拄一根木棍在后面。10天过去了，他们走了数百英里的路程。第11天的早晨，一块绿洲出现在眼前。他们果然又回到了比塞尔。这一次肯·莱文终于明白了，比塞尔人之所以走不出沙漠，是因为他们根本没有认识北斗星。

在一望无际的沙漠里，一个人如果凭着感觉往前走，他会走出许许多多、大小不一的圆圈，最后的足迹十有八九是一把卷尺的形状。比塞尔村处在浩瀚的沙漠中间，方圆上千公里没有一点参照物，若没有认识北斗星又没有指南针，想走出沙漠，确实是不可能的。

肯·莱文在离开比塞尔时，带了一位叫阿古特尔的青年，这个青年就是上次和他合作的人，他告诉这位小伙子，只要白天休息，夜晚朝北面那颗最亮的星走，就能走出沙漠。阿古特尔跟着肯·莱文，3天之后果然来到了大漠的边缘。

现在比塞尔已是西撒哈拉沙漠中一颗明珠，每年有数以万计的旅游者来到这儿，阿古特尔作为比塞尔的开拓者，他的铜像被竖在小城中央。铜像的底座上刻着一行字：新生活是从选定方向开始的。

从以上案例可以看出：成功，需要明确的目标和方向。有无目标是成功者与平庸者的最大区别。用简单的数学知识来说，两点之间，直线最短。假设以相同的速度行进，如果一个人看到明确的目标，他就会和故事中的肯·文莱一样，努力以直线前进，而很快地到达他的目的地；而如果一个人没有看到目标，他就会像在浩瀚沙漠中完全凭着感觉在摸索的比塞尔人一样，漫无目的，曲折前行，而且最终可能发现，自己又回到了起点，或经过多年的辛勤努力后，却两手空空，一无所获。一个人无论他多大年龄，他真正的人生之旅，是从设定目标那一天开始的，以前的日子，只不过是在绕圈子而已。

3. 成功的职业生涯从制定合适的目标开始

目标，像分水岭一样，轻而易举地把资质相似的人们分成为少数的精英和多数的平庸之辈。前者主宰了自己的命运，后者随波逐流，枉度一生。当一个人下定决心之后，往往没什么能阻止他达到目标。一旦有了成功的渴求，就会产生强烈的使命感与责任感并为之拼搏。西方有句谚语：你想要的尽管拿去，只要付出相应的代价就行。有位哲人说："决心攀登高峰的人，总能找到道路。"强烈的动机可以驱使人超越诸多困境，无需扬鞭自奋蹄。如果你至今仍不清楚自己希望达到怎样的人生高度，那么请把你的目标写下来，矢志不渝地向着心中的目标拼搏进取，如此，你就会敏锐地捕捉到成功的契机，顺利抵达理想的境地。

只有给自己的人生设定了目标，自己内心深处那个勇敢、坚定、执着、不畏艰险的"我"才会走出来，才能最大限度地激发自己的潜能，更好地迎接人生路上的各种挑战。美国歌星玛利亚·凯莉有一首成名代表作《英雄》，歌词写的非常好：

"在你的内心深处/有一个英雄/你不必害怕自己是什么样的一个人/如果探索灵魂深处/你会发现答案/而所谓的痛苦便会消融/随后/英雄带着无穷的力量向你走来/让你抛开恐惧/确信困难终将被战胜/发掘自我/变得坚强/你会发现/英雄就在你心中……"

所以，我们要敢于梦想，敢于制定适合自己并富有挑战性的目标，这样，我们的潜能才能最大限度地激发出来，才更加容易在未来的职场上获得成功。

（二）制定目标的原则

制定目标是看似一件很简单的事情，每个人都有过制定目标的经历，但有些目标是不合理的，制定目标必须遵循 SMART 原则。SMART 是由五个英文单词的首字母组成的，分别代表不同的含义。具体如下表所示：

英文字母	代表词语	含　义
S	Specific	具体、明确
M	Measurable	可衡量
A	Achievable	可实现
R	Realistic	相关性
T	Time-based	时限性

1. 具体、明确（Specific）

所谓明确就是要用具体的语言清楚地说明要达成的行为标准。明确的目标几乎是所有成功人士的一致特点。很多人不成功的重要原因之一就因为目标定得模棱两可，或没有将目标有效地传达给自己。

示例：目标——"增强客户意识"。这种对目标的描述就很不明确，因为增强客户意识有许多具体做法，如：减少客户投诉，过去客户投诉率是 3%，现在把它降低到 1.5%或者 1%。提升服务的速度，使用规范礼貌的用语，采用规范的服务流程，也是增强客户意识的一个方面。

有这么多增强客户意识的做法，我们所说的"增强客户意识"到底指哪一块？不明确就没有办法评判、衡量。所以建议这样修改，例如：我们将在月底前把前台收银的速度提升至正常的标准，这个正常的标准可能是两分钟，也可能是一分钟，或分时段来确定标准。

2. 可衡量（Measurable）

衡量性就是指目标应该是明确的，而不是模糊的。应该有一组明确的数据，作为衡量是否达成目标的依据。

如果制定的目标没有办法衡量，就无法判断这个目标是否实现。比如领导有一天问"这个目标离实现大概有多远？"团队成员的回答是"我们早实现了"。这就是领导和下属对团队目标所产生的一种分歧。原因就在于没有给他一个定量的可以衡量的分析数据。但并不是所有的目标都可以衡量，有时也会有例外，比如说大方向性质的目标就难以衡量。

示例："为所有的老员工安排进一步的管理培训"。进一步是一个既不明确也不容易衡量的概念，到底指什么？是不是只要安排了这个培训，不管谁讲，也不管效果好坏都叫"进一步"？在什么时间完成对所有老员工关于某个主题的培训，并且在这个课程结束后，学员的评分在 85 分以上，低于 85 分就认为效果不理想，高于 85 分就是所期待的结果。这样目标变得可以衡量。

实施要求：目标的衡量标准遵循"能量化的量化，不能量化的质化"。使大家有一个统一的、标准的、清晰的、可度量的标尺，杜绝在目标设置中使用形容词等概念模糊、无法衡量的描述。对于目标的可衡量性应该首先从数量、质量、成本、时间、上级或客户的满意程度五个方面来进行，如果仍不能进行衡量，其次可考虑将目标细化，细化成分目标后再从以上五个方面衡量，如果仍不能衡量，还可以将完成目标的工作进行流程化，通过流程化使目标可衡量。

3. 可实现（Achievable）

目标是要可以让人实现、达到的。不应是不太可能达成的目标，如一大学生的目标为：我要十年内成为国家总统。这显然是不可能实现的。

实施要求：在制定目标的时候，可以制定出跳起来"摘桃"的目标，不能制定出跳起来"摘星星"的目标。

4. 相关性（Realistic）

目标的相关性是指实现此目标与其他目标的关联情况。如果实现了这个目标，但对其他的目标完全不相关，或者相关度很低，那这个目标即使被达到了，意义也不是很大。

因为毕竟工作目标的设定，是要和岗位职责相关联的，不能跑题。比如一个前台，你让她学点英语以便接电话的时候用得上，这时候提升英语水平和前台接电话的服务质量有关联，即学英语这一目标与提高前台工作水准这一目标直接相关。若你让她去考 6 级，就比较跑题了。

5. 时限性（Time-based）

目标的时限性就是指目标是有时间限制的。例如，我将在 2010 年 10 月 31 日之前完成某事。10 月 31 日就是一个确定的时间限制。上下级之间对目标轻重缓急的认识程度不同，上司着急，但下面不知道。到头来上司可能暴跳如雷，而下属觉得委屈。这种没有明确的时间限定的方式也会带来考核的不公正，伤害工作关系，伤害下属的工作热情。

实施要求：目标设置要具有时间限制，根据工作任务的权重、事情的轻重缓急，拟定出完成目标项目的时间要求，定期检查项目的完成进度，及时掌握项目进展的变化情况，以方便对下属进行及时的工作指导，以及根据工作计划的异常情况变化及时地调整工作计划

总之，无论是制定团队的工作目标，还是个人目标，都必须符合上述原则，五个原则缺一不可。制定目标的过程也是自身能力不断增长的过程。

（三）制定目标的方法（5what 法）

5what 法一共有 5 个问题，具体如下表：

What are you?	我是谁？
What you want?	我想干什么
What can you do?	我能干什么？
What can support you?	环境支持或允许我干什么？
What you can be in the end?	最终的职业目标是什么？

一个人回答了这 5 个问题，找到他们的共同点，就有了自己的生涯目标。该方法尤其适合即将毕业的大学生。

1. What are you? 我是谁？

我们应该对自己进行一次深刻的反思，有一个比较清醒的认识，包括自己的自然条件、性格特点、优点和缺点等都应该一一列出来。

2. What you want? 我想干什么？

这是对自己职业发展的一个心理趋向的检查，同时也是对自己人生价值观的分析。

3. What can you do? 我能干什么？

这是对自己能力与潜力的全面总结，一个人职业的定位最根本的还是要归结于他（她）的能力，而其职业发展空间的大小则取决于自己的潜力。一个人的能力和潜力包括：智商、情商、逆商以及学习能力、知识迁移能力、交际沟通能力等。

4. What can support you? 环境支持或允许我干什么?

环境一方面指的是就业地域和行业的大环境,主要包括经济发展、人事政策、企业制度、职业发展空间等,另一方面指的是家庭和个人的小环境,主要包括家庭经济情况、父母亲属的人脉关系、男(女)朋友的影响等。

5. What you can be in the end? 最终的职业目标是什么?

这是对自己最终目标的确认。

小贴士　　　　　　　　　　　**日本推销之神原一平**

原一平,在日本寿险业,他是一个声名显赫的人物。日本有近百万的寿险从业人员,其中很多人不知道全日本 20 家寿险公司总经理的姓名,却没有一个人不知道原一平。他的一生充满传奇,从被乡里公认为无可救药的小太保,最后成为日本保险业连续 15 年全国业绩第一的"推销之神",最穷的时候,他连坐公车的钱都没有,可是最后,他终于凭借自己的毅力,成就了自己的事业。

1904 年(明治 37 年)9 月 27 日原一平出生在日本长野县。1924 年(大正 13 年)21 岁,私立东京商业专科学校毕业。1926 年(大正 15 年)23 岁,担任日本观光旅行协会营业部经理。1930 年(昭和 5 年)27 岁,进入明治保险公司。1936 年(昭和 11 年)33 岁,业绩名列全国第二。1937 年(昭和 12 年)34 岁,与久蕙小姐结婚。1939 年(昭和 14 年)36 岁,业绩全国第一。1948 年(昭和 23 年)45 岁,再次夺得全国第一,而后继续维持了 15 年。1949 年(昭和 24 年)46 岁,担任明治保险公司日本桥地方部长。1962 年(昭和 37 年)59 岁,成为美国百万元圆桌会议会员,协助设立全日本寿险推销员协会,并担任会长至 1967 年。因对日本寿险学的卓越贡献,荣获日本政府颁赠"绀绶褒章"。1963 年(昭和 38 年)60 岁,荣任日本绩优寿险推销员俱乐部名誉会长。1964 年(昭和 39 年)61 岁,担任明治保险公司理事,并兼任总公司直辖地方部长。荣获美国人协会颁赠的学术奖章。1968 年(昭和 43 年)65 岁,成为美国百万元圆桌会议终身会员。1974 年(昭和 49 年)71 岁,成为美国百万元圆桌会议远东地区会长。1976 年(昭和 51 年)73 岁,因努力提高保险推销员地位的卓越贡献,荣获日本天皇颁赠"四等旭日小绶勋章"。1984 年(昭和 59 年)81 岁,4 月正式退休。8 月 15 日,因病逝世。

原一平的"三恩主义":社恩、佛恩、客恩

原一平是明治保险公司推销员,今日能成为保险巨人,并被尊称为"推销之神",他并没有傲慢自大,反而谦冲为怀,口口声声感谢公司的栽培,没有公司就没有今日的他,原一平十分尊敬公司,晚上睡觉却不敢朝向公司之方向。这就是"社恩"。

原一平一生成长的历程,除了自己刻苦奋斗外,还有贵人串田董事长、阿部常董功不可没。不过,他内心里最感谢的是启蒙恩师吉田胜逞法师、伊藤道海法师,因为没有他们的一语道破及指点迷津,或许原一平还只是一名推销的小卒呢! 这就是"佛恩"。

谈到"客恩",就是对参加的客户心怀感谢之心。对每位客户有感谢的胸怀,才能对客户做无微不至的服务。据原一平自称:他的所得除 10%留为己用外,其余皆回馈给公司及客户。

就是在这"三恩主义"的指导之下,原一平才取得了那么多的成就。推销是一条孤寂而寂寞的路,遭到的白眼和冷遇都远远超过其他行业,然而,独一无二的原一平用自己的汗水和勤奋、韧力和耐心走过了这条荆棘路,创造了世界奇迹,成为所有人为之敬佩的"推销之神"。这种精神,值得所有后来人学习和敬仰!

第二节　职业生涯发展理论

一、舒伯职业生涯发展理论

在职业生涯规划和职业咨询中，职业生涯发展理论是自"特质—因素"理论之后重要的生涯理论突破。这项理论使职业咨询从关心当前的职业适应，发展为着眼整个职业生涯的规划，从此，职业咨询从就业指导走向生涯规划辅导。其代表人物舒伯成为职业生涯规划辅导历史上自帕森斯之后又一位里程碑式的大师。

（一）舒伯职业生涯发展理论形成概况

舒伯、金斯伯格、格林豪斯、施恩、加里德斯勒等都对职业生涯发展的过程进行了专门的研究，将人们生命周期中的职业生涯划分为不同的发展阶段，假设每一个阶段都有自己独特的问题和任务，并提出了解决这些问题、完成这些任务的方法与对策。然而，舒伯是这一理论的集大成者；他是美国生涯辅导理论的大师，其生涯发展理论综合了差异心理学、发展心理学、人格心理学以及职业社会学的长期研究结果，系统地提出了有关生涯发展的观点。

（二）舒伯职业生涯发展理论的主要观点

关于职业生涯的核心观点是自我概念。自我概念是对"我是谁"以及"我看来像什么"的主观知觉，包括：身体、社交、性、感情、喜好、理智、职业、价值观和人生哲学。他认为，职业选择的历程就是自我概念实践的历程。人有一种驱动力，不断地将理解到的自己融入工作中，在工作中实践自我。他的观点总结为14项：

1. 人们在能力、人格、需求、价值、兴趣和自我概念等个人特质上存在差异。

2. 具有独特本质的个体，适合从事某些特定的职业范畴。

3. 每种职业对应相应的一组个人特质，职业和个体之间有一定的选择自由度。

4. 个体特质（职业偏好、能力、生活）、工作环境以及自我概念，都会随时间的推移而改变。自我概念会在青少年晚期后逐渐稳定和成熟，在职业生涯选择与适应上持续发挥影响力。

5. 个体的职业生涯可归纳为一系列的生命阶段，包括成长、探索、建立、维持以及衰退几个人生发展阶段。每一个阶段之间的转换经常受到环境或个人各种不稳定因素的影响。然而，不确定的转换会带来新的成长、再探索、再建立的历程。

6. 影响职业生涯类型（包括所有任职水平、谋职的次序、频率、持续时间）的因素有：个体的社会经济地位、心理能力、教育、技巧、特质（需求、价值、兴趣、与自我概念）、生涯成熟及机遇。

7. 在各阶段，个人能否成功地适应环境和个人需求，主要取决于他的准备情况，即职业成熟程度。职业成熟是由个人生理、心理、社会特质等组成的整体状态。

8. 职业生涯成熟是一假设性概念，如同智力的概念一样，很难界定其操作性定义。但可以确定的是，生涯成熟度并非单一维度的特质。

9. 个人职业生涯的发展可以被引导：一方面促进个人能力和兴趣的成熟，一方面指导个人实践、形成自我概念。

10. 生涯发展的实质，就是自我概念的发展、形成。自我概念是个人的遗传、身体状况、观察和扮演不同角色、评估角色、与他人互相学习等活动交互作用的产物。

11. 个人在自我概念和现实之间的心领神会或退让妥协,是一个角色扮演和反馈的学习过程。这些学习的场所包括游戏、生涯咨询、教室、打工场所以及正式的工作等。

12. 个人工作和生活满意的程度取决于如何为自身的能力、需求、价值、兴趣、人格特质与自我概念寻找适当的出口。

13. 个人从工作中所获取的满意程度与其体验到的自我实现程度成正比例关系。

14. 工作和职业,对大多数人来说,提供了个性发挥的条件。对某些人来说,这只是处于生命的边缘位置,甚至是微不足道的,而其他角色,如休闲活动和家庭照顾,居于核心。社会传统,诸如性别角色的刻板形象、楷模学习、种族偏见、环境机会结构及个别差异等,决定了个人对工作者、学生、休闲者、持家者以及公民等角色的偏好。

（三）舒伯职业生涯发展理论的阶段模型

舒伯职业生涯发展理论的阶段模型,经过二十多年的大量实验研究,是依据发展心理学和社会学对各种职业行为的分析,以年龄阶段分析生涯发展的过程。他将职业生涯分成五个主要阶段,每个阶段都有其独特的发展任务。

1. 成长阶段

（1）年龄范围

0～14 岁,属于认知阶段。儿童通过家庭和学校中关键人物的影响并加以认同,发展自我概念。此阶段早期,需要和幻想占统治地位,随着参与社会和了解现实的增加,兴趣和能力也变得更加重要。

（2）主要任务

发展自我概念,也就是认识自己是个什么样的人,建立对工作世界的正确态度,并了解工作的意义。

（3）阶段细分

① 幻想期（4～10 岁）:需要支配一切,在幻想中扮演自己喜爱的职业角色。

② 兴趣期（11～12 岁）:喜好成为个人职业期望和活动的主要决定因素。

③ 能力期（13～14 岁）:能力的重要性逐渐增加,开始考虑自己的能力及工作要求。

2. 探索阶段

（1）年龄范围

15-24 岁,属于学习打基础阶段。通过学校学习、休闲活动和短期工作,进行自我考察、角色鉴定和职业探索。

（2）主要任务

使职业偏好逐渐具体化、特定化并实现职业偏好;形成事实相符的自我概念,学习开创生涯机会。

（3）阶段细分

① 尝试期（15～17 岁）:考虑兴趣、需要、能力、价值观以及就业机会,通过幻想、讨论、课外工作等方式,尝试着选择职业,判断可能适合自己的职业领域和层次。主要任务是明确自己的职业偏好。

② 过渡期（18～21 岁）:进入就业市场或接受职业培训,更重视现实,发展自我概念。主要任务是将一般性的职业偏好转化为明确的职业倾向。

③ 初步试验承诺期（22～24 岁）:初步确定了职业选择,探索其成为终身职业的可能。必要时会重新选择,再次探索。主要任务实现职业偏好。

3．建立阶段

（1）年龄范围

25～44 岁，属于选择、安置阶段。找到合适的职业领域，努力建立巩固的地位。以后发生的变化将主要是职位、工作内容的变化，而不是职业的变化。

（2）主要任务

找到机会从事自己喜欢的职业；学习处理人际关系；巩固地位，力争提升；稳定地发展职业生涯。

（3）阶段细分

① 承诺和稳定期（25～30 岁）：在选择的职业上安顿下来，可能因满意程度的差别略有调整。

② 晋升期（31～44 岁）：致力于职业生涯的稳定；大多数人在此时期富有创造性，在工作中作出好的业绩，资历、辈份攀升。

4．维持阶段

（1）年龄范围

45～64 岁，属于专精和升迁阶段。个人不断地付出努力来获得生涯的发展和成就，避免产生停滞感。面对新人的挑战，全力应对；很少或不去寻求在新领域中的发展。

（2）主要任务

接受自身的局限性；找出需要解决的新问题；开发新技能；专注于最重要的活动；维持并巩固既得的职业地位。

5．衰退阶段

（1）年龄范围

65 岁以后，属于退休阶段。随着身心逐步衰退，从原有工作中退出。完成角色转换，从有选择的参与者转换为完全退出工作领域的旁观者。退休后，个体还必须找到满意感的其他来源，以减缓身心上的衰退，持续生命力。

（2）主要任务

缩减工作投入，发展非职业角色，为退休做准备，做一直期望做的事。

（3）阶段细分

① 衰减期（65～70 岁）。按照自身能力的下降，减缓工作节奏，转移责任，以兼职代替全职。

② 退休期（71 岁以后）。完全退休或转为部分时间工作、义工或休闲活动。

职业规划理论的阶段模型认为，阶段之间可能有交叉重叠，并不完全受年龄的限制，也不存在严格的界限。同时，在个人生涯的不同时期，都可以经历由这五个阶段构成的"小循环"。

二、职业锚理论

职业锚，又称为职业系留点。锚，是使船只停泊定位用的铁制器具。职业锚，实际就是人们选择和发展自己的职业时所围绕的中心，是指当一个人不得不做出选择的时候，他无论如何都不会放弃的职业中的那种至关重要的东西或价值观。

职业锚理论产生于在职业生涯规划领域具有"教父"级地位的美国麻省理工大学斯隆商学院、美国著名的职业指导专家埃德加 H.施恩（EdgarH.Schein）教授领导的专门研究小组，是对该学院毕业生的职业生涯研究中演绎成的。斯隆管理学院的 44 名 MBA 毕业生，自愿形成一个小组接受施恩教授长达 12 年的职业生涯研究，包括面谈、跟踪调查、公司调查、人才测评、问卷等多种方式，最终分析总结出了职业锚（又称为职业定位）理论。

职业锚以员工习得的工作经验为基础，产生于早期职业生涯。员工的工作经验进一步丰富发展了职业锚。1978 年，美国埃德加 H.施恩教授提出的职业锚理论包括五种类型：技术职能型职业锚、管理能力型职业锚、创业型职业锚、自由独立型职业锚、安全型职业锚。

个人在职业生涯中应具备三种技能：概念技能、技术技能、人际技能。不同的员工需要这三种技能的程度不同。技术人员需要有较高的技术技能、少量的概念技能和人际技能；基层管理者要求有较高的技术技能和人际技能、少量的概念技能；高层管理者要求有较高的概念技能和人际技能，但对专业技术技能不做过多要求；创造型人员要求有极高的概念技能和较高的技术技能，但对人际技能不做过多要求；自由独立型人员要求有极高的概念技能和技术技能，人际技能也要求较高；安全型人员只需要有一般的技术技能和人际技能，对概念技能不做要求。

个人在做职业规划时一定要考虑这些因素，如果个人不擅长某项技能而且在这方面不可能有长足的进步，就要回避需要这种技能的职业。而各管理者在因岗用人时也要充分考虑员工各项技能的掌握程度，要发挥员工的优势，扬长避短。职业生涯的五种发展方向的特点如下表所示：

职业生涯发展方向	特　　点
技术型	少量概念技能、少量人际技能
管理型	较高概念技能、较高人际技能
创造型	极高概念技能、一般人际技能
自由独立型	极高概念技能、较高人际技能
安全型	较低概念技能、一般人际技能

（一）技术型：少量概念技能、少量人际技能

持有这类职业定位的人出于自身个性与爱好考虑，往往并不愿意从事管理工作，而是愿意在自己所处的专业技术领域发展（如高级软件开发工程师、专家、教授等）。在我国过去不培养专业经理的时候，经常将技术拔尖的科技人员提拔到领导岗位，但他们本人往往并不喜欢这个工作，更希望能继续研究自己的专业，走上管理岗位后反而不能发挥其专业优势。

（二）管理型：较高概念技能、较高人际技能

这类人有强烈的愿望去做管理人员，同时经验也告诉他们自己有能力达到高层领导职位，因此他们将职业目标定为有相当大职责的管理岗位（如公司里的部门主管、部门经理等）。成为高层经理需要的能力包括三方面：

1. 分析能力：在信息不充分或情况不确定时，判断、分析、解决问题的能力；

2. 人际能力：影响、监督、领导、应对与控制各级人员的能力；

3. 情绪控制力：有能力在面对危急事件时，不沮丧、不气馁，并且在承担重大的责任时，不被其压垮的能力。

（三）创造型：极高概念技能、一般人际技能

这类人需要建立完全属于自己的东西，或是以自己名字命名的产品或工艺，或是自己的公司，或是能反映个人成就的私人财产。他们对新生事物和市场需求较敏感，认为只有把这些实实在在的事物创造出来才能体现自己的才干。

（四）自由独立型：极高概念技能、较高人际技能

这些人更喜欢独来独往，希望随心所欲安排自己的工作方式、工作习惯和生活方式。不愿像在大公司里那样彼此依赖，很多有这种职业定位的人同时也有相当高的技术型职业定位。但是他们不同于那些简单技术型定位的人，他们并不愿意在组织中发展，而是宁愿做一名咨询人员，或是独立从业，或是与他人合伙开业。其他自由独立型的人往往会成为自由撰稿人，或是开一家小的零售店。

（五）安全型：较低概念技能、一般人际技能

这些人最关心的是职业的长期稳定性与安全性，他们为了安定的工作，稳定的收入，优越的福利与养老制度等付出努力。目前我国绝大多数的人都选择这种职业定位，很多情况下，这是由于社会发展水平决定的，而并不完全是本人的意愿。相信随着社会的进步，人们将不再被迫选择这种缺乏自我挑战性的工作。

需要说明的是，这五种类型不是截然独立的，对于个人需要综合划分。我们应该根据自己的实际情况，确定出自己的职业生涯发展方向。

小贴士　　　**我国的职业生涯理论发展**

职业生涯管理理论源于 20 世纪初美国职业指导运动的兴起。从学科历史发展角度看，职业生涯管理理论的演进，经历了从静态到动态研究的历程。在我国，职业生涯管理理论也经历了不同的发展过程。特别是改革开放以后，我国经济的飞速发展，凸显出各种专业型人才需求的日益紧缺，但同时又存在着大量人员无法找到工作的"结构性失业"状况。为解决这些问题，对不同的群体进行科学合理的职业导引，职业生涯管理理论的研究在我国迅速发展起来。

1908 年，"职业辅导之父"——美国波士顿大学教授帕森斯创办了波士顿职业指导局，从事职业指导工作，这也成为人们公认的职业指导工作的滥觞。1909 年，帕森斯撰写了《选择职业》，该书第一次运用了"职业辅导"这一专门学术用语，建构了帮助青少年了解自己、了解职业、以及人职相配的职业指导模式，标志着职业指导活动的历史性开端。帕森斯的这三个步骤包含了"知己、知彼与决策"的三重涵义，其理论成为以后职业指导理论的基石。

1939 年，美国学者威廉姆逊出版了《怎样咨询学生》一书，进一步拓展了帕森斯的特质因素理论。他将职业指导分为分析、整理、诊断、预测、咨询（处理）、追踪六个步骤，形成了一套独特的指导方法，被称为"明尼苏达辅导学派"。该理论在 20 世纪 30～40 年代占据了职业指导的主导地位。1942 年罗杰斯所著的《心理咨询和心理疗法》一书出版，提出应以当事人为中心，尊重人自我选择的能力及自由发展的权力。同时，罗杰斯以"人性善"和"人的本质潜能的可信赖性"为依据，创立了"当事人中心"的非指导学派。

1951 年，金斯伯格等人出版了《职业选择》一书，通过对不同家庭背景的大学生职业选择过程及期间所遇到的问题进行研究，提出了"职业发展是一个与人身心发展相一致的过程"，向动态的职业生涯管理理论迈出了一步。1953 年，舒伯提出了生涯发展理论，重在对个人的职业倾向和职业选择过程本身进行研究。他以差异心理学和现象学作为解释职业选择的理论基础，提出个体生涯发展中成长、探索、建立、维持和衰退五个阶段以及不同阶段的发展任务。这一思想把职业指导上升到更高的层面，不仅以个人的发展为着眼点，同时也兼顾社会的需要和利益，从个体发展和整体生活的高度来考察个人与职业、个人与社会的关系。舒伯生涯发展理论的提出被认为是职业生涯管理理论形成的标志。

20世纪60年代至今，职业生涯管理理论继续得到了发展，具有代表性的为霍兰德的类型论与吉列特等的生涯决定论。霍兰德把人和环境区分为实际型、研究型、艺术型、社会型、企业型以及传统型六大类型，以此为依据，把人的特质和这种特质所适合的工作联系起来。吉列特等的生涯决定理论则以"个体职业生涯发展过程是不断面临生涯决定的过程"为逻辑起点，提出了职业生涯管理中的预测系统、价值系统以及决策系统。这些理论在一定程度上标志着职业生涯管理理论又向前迈出了一大步。

对于中国而言，职业生涯管理理论则是一种地道的"舶来品"。职业生涯管理理论在中国的发展，经历了初步引进、停滞与恢复发展的历程。

我国对职业生涯管理理论的引介始于民国时期。该理论的引入，与辛亥革命以后至20世纪30年代我国民族资本主义工商业的兴衰密切相关，也深刻反映了当时我国教育发展的内在逻辑。大量新式人才的紧缺和大批学校毕业生"毕业即失业"的现实，成为职业指导理论被引入中国的直接动因。

1916年，中华职业教育社主办的刊物《教育与职业》第15期专门刊出《职业指导》专号，进行宣传和推介。同年，清华学校校长周寄梅为了指导学生择业，发起了择业演讲活动，聘请名人、专家进校演讲，指导学生填写工作志愿，以预测就业趋势，并为确定职业指导学科提供依据，此次活动可谓开创了我国指导就业的先河。

此后，在20世纪20~30年代，一系列有关职业指导的著作不断出版。早在1923年，国外职业指导的理论研究也刚刚起步不久，邹恩润就编译了《职业指导》一书。该书通过对职业指导范围的界定，指出了职业指导的效用和方法，该书是我国首次系统论述职业指导的著作，堪称我国职业指导理论研究的开创性著作。其后，喻鉴清和陈重寅的《中小学升学及职业指导》，江恒源的《如何办理职业指导》，何清儒的《职业指导学》，潘文安的《职业指导》等，对我国职业指导理论和实践的研究，都具有一定的理论价值。此后，欧美和日本的职业指导理论又相应地被介绍到中国来。由中华职业教育社主办的《教育与职业》杂志，几乎每期都要涉及到职业指导问题。而黄炎培、蔡元培、胡适等当时的教育界名流积极投身到对职业指导和职业教育的讨论中去，则使得职业指导理论蔚为思潮，对20世纪20年代的学制改革、教育改革实践活动和教育理论的丰富发展产生过重要影响。但由于当时局势动荡，职业指导理论并没有真正普遍地应用到实践中去。

20世纪30年代中期开始，随着民族危机的加剧和抗战胜利后内战的爆发，职业指导理论也逐步退出历史舞台。

新中国成立以后的相当长时间内，各行各业建设人才奇缺，由于实行计划经济体制，国家对各级各类的人才在配置方式上长期使用"统包统分"的政策，使得职业生涯管理理论没有用武之地。加之以后十年动乱，使职业生涯管理理论一度在中国处于停滞状态。

改革开放以后，社会主义市场经济体制的形成和发展，促使国家就业政策也逐步向"自主择业"的方向演变，经过近30年的发展，职业生涯管理理论已经得到了长足的发展。

一方面，职业生涯管理理论的宏观研究蔚为大观。在职业生涯管理理论研究的初步阶段，具有代表性的有1996年出版的朱启臻的《职业指导理论与方法》、俞文钊主编的《职业心理与职业指导》等。朱启臻主要从职业指导的学科类型，职业指导的功能和原则，职业指导和其他学科的关系以及职业指导的基本途径和研究方法等方面对职业指导理论进行了研究和梳理，该书对于改革开放以后中国大陆职业指导理论的启动和发展具有筚路蓝缕之功。俞文钊主编的《职业心理与职业指导》，则以心理学为基础，全面介绍并评价了职业心理和职业指导的各种理论，以及国外各种职业指导和职业咨询的情况，旨在帮助求职者获得具体的方法和技能、以及如何达到对未来职业的适应等。从出版年代上看，这些著作是随着我国就业政策向"自主择业"政策的转变应运而生的。其后至今，一大批关于大学生职业生涯管理理论的宏观论著也相继出版，为当今就业政策和实践提供了坚实的理论支持。

另一方面，具体到大学生职业指导方面的研究成果也相继面世。尚志平针对中等职业学校学生主编的《职业指导与职业教育》从就业政策与法规、职业素质及养成方法、就业途径、创业意识与创业教育等方面，阐释了促使中等职业学校学生掌握职业指导和创业教育的内容和掌握实现自身人生价值的技巧。熊志梅的《大学生职业指导教程》一书，则是在全国高校毕业生实行了双向选择，自主择业的情况下，针对一些学生对这种形式无所适从而做。她把多种学说运用到该教程中来，厘清了学生择业、就业以及创业方面的若干问题，具有较强的教育性、针对性和可操作性。此外，大学生职业指导和职业道德关系的一些专题性论著的相继出版，则是通过职业价值取向角度对学生职业生涯规划工作所做的一个指导。

总体上说，改革开放以后职业生涯管理理论论著的相继出版，对于推进中国社会主义市场经济体制下自主择业政策的进一步深化和落实，以及帮助缓解当今各类求职人员和大学毕业生就业困难的事实，都具有重要的理论和现实意义。

第三节 大学生的职业生涯规划

一、职业生涯规划六步法

1. 自我评估

自我评估包括对自己的兴趣、特长、性格的了解，也包括对自己的学识、技能、智商、情商的测试，以及对自己思维方式、思维方法、道德水准的评价等。自我评估的目的，是认识自己、了解自己，从而对自己所适合的职业和职业生涯目标做出合理的抉择。

有许多学生毕业找工作的时候，经常出现的情况是：找工作时只考虑工作与专业对不对口，至于自己所学的专业和要从事的工作是否到底适合自己，从来就不曾考虑；或者是不分企业、不分行业、不分工作，盲目发送求职简历；或者是在求职简历的"求职意向"一栏，写着技术、销售、部门经理等许多职位，而对自己没有一个明确的定位；也有的同学在就业压力下，只要碰到一个单位想录用自己，则不管该行业和该工作是不是适合自己，赶紧签了就业协议书，而且可能一下就签了三五年。

当然，许多时候，迫于就业压力，以上的种种做法也可以理解。但同时应看到，以上种种做法都带有一定的盲目性，没有很全面并且站在一个长远角度来考虑就业问题。如果找工作之前没有经过详细分析就盲目地进行了选择，那么三五年之后，很可能发现自己仍然面临着选择的困境：那就是继续做现在的工作，又觉得该工作不太适合自己，甚至感觉工作的每一天都很沉闷或痛苦，工作了几年也没做出太大的成绩；如果辞职重新选择别的行业或职业，那么很可能意味着放弃现在积累的一些专业知识、行业背景和人际关系，不得不付出极高的"机会成本"。

而实际上，比较科学理性的做法是：在开始找工作以前，应该对自身的情况进行一下全面了解和详细分析，而从自身的角度讲，了解和分析的主要因素应该包括：

（1）我喜欢做什么（主要包括职业兴趣、职业价值观等）；

（2）我适合做什么（主要包括职业性格、气质、天赋才干、智商情商等）；

（3）我能够做什么（主要包括自己掌握的的专业知识、技能和工作经验等）；

（4）我擅长做什么（主要包括职业能力倾向，比如言语表达、逻辑推理、数字运算等）。

2. 环境评估

环境评估，主要是评估周边各种环境因素对自己职业生涯发展的影响。在制定个人的职业生涯规划时，要充分了解所处环境的特点、掌握职业环境的发展变化情况、明确自己在这个环境中的地位以及环境对自己提出的要求和创造的条件等。只有对环境因素充分了解和把握，才能做到在复杂的环境中避害趋利，使你的职业生涯规划具有实际意义。环境因素评估主要包括：组织环境、政治环境、社会环境、经济环境。短期的规划比较注重组织环境的分析，长期的规划要更多地注重社会环境的分析。

3. 确定职业发展目标

俗话说："志不立，天下无可成之事。"立志是人生的起跑点，反映着一个人的理想、胸怀、情趣和价值观。在准确地对自己和环境做出了评估之后，我们可以确定适合自己、有实现可能的职业发展目标。在确定职业发展的目标时要注意自己性格、兴趣、特长与选定职业的匹配，更重要的是考察自己所处的内外环境与职业目标是否相适应，不能妄自菲薄，也不能好高骛远。合理、可行的职业生涯目标的确立决定了职业发展中的行为和结果，是制定职业生涯规划的关键。

4. 选择职业发展路线

在职业目标确定后，向哪一路线发展，是走技术路线，还是管理路线，是走技术＋管理，即技术管理路线，还是先走技术路线、再走管理路线等，此时要做出选择。由于发展路线不同，对职业发展的要求也不同。因此，在职业生涯规划中，必须对发展路线做出抉择，以便及时调整自己的学习、工作以及各种行动措施，沿着预定的方向前进。

5. 制定职业生涯行动计划与措施

在确定了职业生涯的终极目标并选定职业发展的路线后，行动便成了关键的环节。这里所指的行动，是指落实目标的具体措施，主要包括工作、培训、教育、轮岗等方面的措施。对应自己行动计划可将职业目标进行分解，即分解为短期目标、中期目标和长期目标，其中短期目标可分为日目标、周目标、月目标、年目标；中期目标一般为3～5年；长期目标为5～10年。分解后的目标有利于跟踪检查，同时可以根据环境变化制定和调整短期行动计划，并针对具体计划目标采取有效措施。职业生涯中的措施主要指为达成既定目标，在提高工作效率、学习知识、掌握技能、开发潜能等方面选用的方法。行动计划要对应相应的措施，要层层分解、具体落实，细致的计划与措施便于进行定时检查和及时调整。

下面是一个市场营销专业大学毕业生的职业生涯行动计划：

职业目标：在 2012 年的时候，成为一家中小型企业的市场部经理						
阶段	开始时间	终止时间*	职业	所需掌握的知识	所需掌握的技能	能力和经验的积累
1	2007 年 7 月	2010 年 6 月	销售代表	销售知识、产品知识	销售技巧	如何谈客户
2	2010 年 7 月	2012 年 6 月	所在公司的销售主管	领导下属的艺术	如何激励下属	团队领导能力
3	2012 年 7 月	2014 年 6 月	所在公司销售经理	市场营销方面的知识	如何制定市场营销目标计划	如何把一个地区的业务迅速做大

6. 评估与回馈

影响职业生涯规划的因素很多，有的变化因素是可以预测的，而有的变化因素难以预测。在此状态下，要使职业生涯规划行之有效，就必须不断地对职业生涯规划执行情况进行评估。首先，要对年度目标的执行情况进行总结，确定哪些目标已按计划完成，哪些目标未完成。然后，对未完成目标进行分析，找出未完成原因及发展障碍，制定相应解决障碍的对策及方法。最后，依据评估结果对下年的计划进行修订与完善。如果有必要，也可考虑对职业目标和路线进行修正，但一定要谨慎考虑。

二、大学阶段职业生涯规划实施策略

大学期间虽然短暂，但它在整个人生生涯规划中占有重要地位，它是生涯规划的起点，同时也是职业生涯发展的准备期。大学期间我们学习了专业知识，塑造了价值观、人生观，培养了能力，拓展了素质。根据每一年大学生的学习重点与心理特征，结合生涯规划的步骤，按照自然年限划分，将大学期间分为事业探索期、定向准备期、实践提升期、冲刺收获期四个阶段。

1. 适应探索期

大学一年级为适应探索期，这一时期的阶段目标为：适应大学生活与自我探索。

具体实施方案：实现由高中生到大学生的角色转变，适应大学学习特点，打牢专业基础知识，加强英语学习；开始接触职业和职业生涯的概念，特别要重点了解自己未来所希望从事的职业或与自己所学专业对口的职业，进行初步的职业生涯设计。在职业探知方面可以向高年级同学，尤其是大四的毕业生询问就业情况；熟悉环境，建立新的人际关系，提高交际沟通能力；如果有必要，为可能的转系、获得双学位、留学计划做好资料收集及课程准备，为将来的就业选择打下良好的基础；运用测评工具，了解自己的性格、兴趣、价值观、能力。

2. 定向准备期

大学二年级为定向准备期，这一时期的阶段目标为：初步确定毕业方向以及相应能力与素质的培养。

具体实施方案：为自己选定生涯发展路线，确定毕业方向——直接找工作、考研、留学、公务员或自主创业等；清楚不同发展方向所需基本素质和能力，通过参加学生会或社团等组织，培养和锻炼自己相应的能力。如打算创业的同学可加入创业学院的团队，考公务员的可以参加演讲协会等，同时检验自己的知识技能；可以开始尝试兼职、社会实践活动，最好能在课余时间从事与自己未来职业或本专业有关的工作，提高自己的责任感、主动性和受挫能力，并从不断的总结分析中得到职业经验；增强英语口语能力，通过英语等级考试，并开始有选择地辅修其他专业的知识充实自己。

3. 实践提升期

大学三年级为实践提升期，这一时期的阶段目标为：根据不同毕业方向，进行不同的实践活动，提升自身能力。

具体实施方案：如是毕业后直接工作的，可以考取与目标职业有关的职业资格证书或通过相应的职业技能鉴定；如毕业后准备考研的，可报名参加考研辅导班；如毕业后准备留学的可多接触留学顾问，参与留学系列活动，准备 TOEFL、GRE 的考试，注意留学信息等；如毕业后准备考公务员的可参加公务员考试培训；如毕业后准备自己创业的，可参加大学生创业大赛，了解大学生创业的相关优惠政策。

4. 冲刺收获期

大学四年级为冲刺收获期，这一时期的阶段目标为：最后努力，实现梦想。

具体实施方案：毕业后直接工作的就要开始准备简历，学习求职技巧，进行模拟面试等训练，搜集就业信息，积极参与招聘活动等；毕业后准备考研、留学和考公务员的需要参加相应考试，并做好面试准备；毕业后准备自主创业的需要撰写创业计划书，找风险投资等。

三、有效的职业生涯规划案例

1. 陈立淑的成长之路

陈立淑（化名）25 岁，本科，基金公司职员，一个活泼开朗的女孩子。她说自己不是一个理想的采访对象，"我很平凡，没有很高的事业期望，职业生涯就是这样一步一步走过来的，似乎水到渠成，但是我相信成功就是做最好的自己。"

她的职业生涯路似乎很平坦，从财政局到证券公司，再转行到现在的基金公司。但是"做最好的自己"，正是陈立淑毕业 3 年后就取得了一份满意工作的重要原因。她从海运学院财会专业毕业后，没有像同学那样把目光只投向海运、物流行业，因为学校的背景更加适合这样的选择。陈立淑希望专门从事金融行业的工作，她把简历更多地投向了这样的行业和部门。

毕业后陈立淑的第一份工作是在某区财政局，工作有点枯燥乏味，并不太适合性格活泼的她，陈立淑最初的收入也不高，月薪只有 2000 元左右。但是陈立淑并没有就此消沉，而是积极地做好自己的本职工作。陈立淑是个很有责任心的人，即使工作不是很理想，她觉得尽心尽力完成工作也是很必要的，"我觉得无论如何要对得起自己获得的薪水，尽力地付出，终归会有回报"，同时陈立淑也在静心等待着机会的来临。

半年后，陈立淑的同学推荐她去一家证券公司面试一份行政助理的工作，陈立淑认真的工作态度，良好的专业素养，让她在数十名竞争者中脱颖而出。在证券公司的工作，让她受益匪浅，但是她也感到了很大的职业压力，因为证券公司对从业人员的要求很高，很多同事的学历和资历也高于自己，做行政助理需要处理很多繁琐的事情，陈立淑也经常遇到超越自己学识的情况，而不知道如何应付。但她依然坚持着"做最好的自己"的信念，在认真完成自己的工作的同时，也不断地完善自己、提高自己，她回忆时说到："那时候真的是顶着很大的压力，对自己也是一种挑战"。但工作中陈立淑没有退缩，没有被困难击倒，遇到自己不懂、不擅长的地方，陈立淑就认真地向同事请教。她的亲和力和良好的人际关系也使同事们愿意给予陈立淑建议和帮助。此外陈立淑还在业余时间里不断从专业书籍和相关杂志报纸中汲取知识，提高自己的专业能力。很快陈立淑就消除了最初的压力感，开始逐步胜任工作，凭着认真负责的工作态度和优秀的工作成绩，陈立淑的月薪也从初进公司的 4000 元上升到了 6000 元。

一次偶然的机会，陈立淑接到了一家中外合资的基金公司的面试电话，基金公司从招聘网站上选中了陈立淑的简历，陈立淑的证券行业经验正是公司所需要的。基金公司给陈立淑提供的是基金销售的职位，这对陈立淑来说既是机遇，又是挑战。基金公司是金融界的新生力量，基金公司职员也成为金融界的"新宠"，很多证券从业人员都愿意跳到基金公司。虽然这份工作与陈立淑所有工作经历有着很大差别，是从内部管理的岗位转到了外部销售的位置，但她还是抱着以往对待工作的乐观态度。

陈立淑的新工作是面向机构投资者，主要是一些大企业和上市公司，在证券公司的从业经验给她创造了比较好的关系网和业务基础，加上良好的沟通技巧，她总能完成预定的销售计划。在别人看来，她是个幸运儿。对此，陈立淑看得很平淡，"踏踏实实地走好每一步，总会有机会的，事业是这样，生活也是这样”。

陈立淑马上就要参加一个国际 MBA 的课程了，“做最好的自己”是这个脸上一直挂着微笑的年轻白领的信条。

点评：陈立淑顺利的职业生涯路和高薪的获得，实际上是建立在个人勤奋踏实的工作态度和良好的人际关系网这一基础上的。年轻人在工作中不能忽视个人关系网的建立和维护，良好的人际关系是获得高薪职位的一个重要因素。陈立淑的亲和力和对人际关系的重视，不仅为她带来了自身能力的提高，更多的工作机会，也为她带来了高薪。她现在所从事的基金公司的职位和收入的提高就是基于她前两份工作建立起的“人脉基础”上的。陈立淑珍视工作，踏实认真，努力学习的态度正是很多年轻人所缺少的品质，这也是她获得高薪机会的重要原因。

2. 诸葛亮的个人“职业生涯规划”

东汉三国时期，群雄逐鹿，人杰辈出！与绝大多数怀才不遇者的思维定势相反：长期隐居南阳草庐的诸葛亮一出山就投靠了当时最为势单力薄的刘备集团并终生为其奔走效力。在为刘备集团做出杰出贡献基础上，诸葛亮实现了个人事业的成功——这归根结底取决于诸葛亮近乎圆满的职业选择策划！

首先，诸葛亮的个人职业发展定位非常清晰。诸葛亮自幼胸怀大志，始终以春秋战国时期两位著名的最高参谋管仲、乐毅为个人楷模，立誓要成为他所处时代杰出的“谋略大师”，为光复汉室贡献力量；同时，诸葛亮也非常清楚：他自己长期积累的才干已具备了实现职业目标的可能！

其次，从应聘对象选择上看，诸葛亮也独具慧眼：曹操已经统一了半个中国，实力雄厚，最有资格挑战全国统治权；孙权只求偏安自保；而势力最为弱小的刘备集团却具备快速成长、与曹操、孙权三足鼎立乃至在此基础上一统天下的可能性。

原因在于：第一，刘备始终坚持光复汉室的理想并在全国赢得了相当一批支持者——这与诸葛亮的个人价值观吻合；第二，刘备品性坚韧顽强，敢于与任何强大的敌人对抗；第三，刘备待人宽厚谦和，团队凝聚力超强；第四，刘备是汉朝皇族后裔，具备名正言顺继承“大统”的资格——以上条件恰恰是刘备增值潜力最大的资源且其他诸侯很难模仿和替代的。此外，还有一个非常重要的原因：到赤壁之战前夕时，曹操和孙权两大集团都已人才济济、颇具规模，诸葛亮若去投奔，最多也只能成为一名“中层管理人员”；而刘备集团当时主要由一些武将构成，高级参谋人才奇缺，诸葛亮完全有可能被破格提拔进入最高领导层！

再次，在应聘准备和应聘实施方面，诸葛亮更是做得登峰造极！

在个人推销方面，诸葛亮通过躬耕陇亩给外界留下踏实肯干的印象；同时，他还自作了一篇《梁父吟》，含蓄地表明心志；此外，诸葛亮在与外人言谈中每每自比管仲、乐毅，一方面宣传了个人的卓越才华，另一方面也表明了他对“和谐双赢”的君臣关系的向往——诸葛亮个人才能和求职意向等重要信息最终通过各种渠道传递到了刘备那里。

在应聘临场发挥方面，诸葛亮在完全私密性的“隆中对”时，通过逻辑严谨的精彩表述充分展现个人对国内军事、政治形势以及刘备集团未来发展战略的全面深入思考，令刘备对这个 27 岁的年轻人大为叹服！此后，刘备始终待诸葛亮为上宾，全部重大决策都要与其共同协商探讨，甚至在临终之时还有托孤让位之举；诸葛亮也始终对刘备忠诚一心，鞠躬尽瘁！深厚的君臣情谊是刘备集团后来事业蓬勃发展，最终与曹操、孙权三足鼎立的重要因素并传为千古佳话！

诸葛亮是昔日乱世中的一个孤儿，若非正确的职业选择助力，很可能就淹没在历史的尘埃之中，永不为人所知！但积极进取且颇有心计的诸葛亮通过在职业选择上的完美谋划，彻底改变了自己的命运。

四、职业生涯规划范文

本范文以重庆邮电大学移通学院一名计算机科学与技术专业大一学生为例,介绍如何进行大学生职业生涯规划。

一、自我评估

性格:稳重、老练、性格偏外向、善于与人打交道。

兴趣:喜欢用自己所学知识改写游戏程序,同时也喜欢管理方面的工作。

价值观:有很高的社会地位,得到他人尊重。

能力:现在是学校学生会干部,口才能力佳,组织沟通能力较强。

二、环境评估

行业和社会环境:人类迈入了21世纪!这是一个知识、能力、信息、机遇和挑战的时代,更是一个现代信息技术与科学技术飞速发展的时代!目前就业市场上最火爆的专业当属于 IT 行业相关的计算机、通信、电子、网络信息科学类专业。但计算机专业竞争非常激烈,除了每年毕业的博、硕、本、专等毕业生外,还有大批 IT 培训机构推向市场的从业人员。

家庭环境:家住城镇,父母都是一般工人,经济条件不好。

学校环境:学校的学生就业率和就业质量比较不错。

三、职业目标

毕业十年后成为某大型游戏软件开发公司的技术总监。大学四年的目标是毕业后能进入一家大型的游戏软件开发公司。

四、生涯路线

基于以上的分析,生涯路线是:技术+管理生涯路线,毕业直接参加工作,刚开始侧重于技术发展,后面侧重于向管理层发展。

五、行动计划

为了能顺利实现大学四年的目标,特制订如下计划表:

计划名称	时间跨度	目 标	实施策略
专业知识学习计划	大学期间	打牢基础、拓展知识领域	大学一年级以适应大学学习生活为主,大学二年级以多了解计算机方面知识,对各种软件有所了解,大学四年级多多实践,将知识灵活运用
英语学习计划	大学期间	英语过国家六级	大学一年级通过英语四级,大学二年级通过英语六级,大学三年级大四练口语,达到流利对话
辅修专业计划	大学二年级、大学三年级	获得管理学双学位	利用业余时间系统学习管理学课程,为将来走向管理岗位打下理论基础
社会工作计划	大学一年级、大学二年级、大学三年级	锻炼组织、协调、沟通能力,培养团队合作精神	大学一年级担任班级干部,大学二年级进入学生会,主要向高年级同学学习;大学三年级担任学生会主要职务,组织一项有影响力的活动,锻炼组织、协调、沟通能力,培养团队合作精神
实习生计划	大学三年级暑期	体验职场生活,积累工作经验	大学三年级下学期,联系实习单位,暑假到实习单位进行实习,了解各部门运营情况,熟悉岗位工作职责及工作流程
求职面试计划	大学四年级	成功就业	搜集就业信息,准备简历及求职信,参加面试技巧培训,参加招聘会

六、评估与回馈

每年针对目标完成情况进行评估，并及时修正。

本 章 小 结

1. 职业生涯是一个人一生中所有与职业相联系的行为与活动，以及相关的态度、价值观、愿望等连续性经历的过程，也是一个人一生中职业、职位的变迁及工作理想的实现过程。

2. 职业生涯发展方向有技术型、管理型、创造型、自由独立型、安全型五种。

3. 职业生涯规划的六个步骤：自我评估、环境评估、确定职业发展目标、选择职业发展路线、制定职业生涯行动计划与措施、评估与回馈。

课 后 练 习

1. 请思考目标与人生的关系。

2. 舒伯职业生涯发展理论的阶段模型中的五个阶段各自有什么特点？

3. 结合本章知识，做一个详细的个人职业生涯规划。

第三章　职场心态

职场心态是指人们在面对职场或在职场工作时的心态，它对每个职业人的工作状态与工作成效有着重要的影响。具备良好的职业心态，才能取得成功，良好的职业心态已经成为现代职业人士必须具备的技能。本章主要讲述职场心态中最为重要的工作主动性的培养、细节的把握、方法的寻找、习惯的养成四个方面的内容。

第一节　为自己工作

大千世界，生机勃勃，每种生物都在以自己的方式为生存而忙碌着：蜜蜂采蜜，猫捉老鼠，蜘蛛织网……上天似乎对每个物种的职责都做了安排，而我们人类的天职就是工作。应该说，对于任何有劳动能力的人而言，劳有所得是天经地义的，不劳而获是无法赢得尊重的。

我们有双手，有大脑，应该在工作中付出自己的劳动来得到自己想要的，而且也只有凭劳动获取想要的东西，我们才会心安理得，才会受到尊重。世界上收获最多的人，往往是付出最多的人。那些有双手却不勤劳、有大脑却不思考、不想付出、只想索取的人，终将一无所获。自然法则是——不播种就没有果实，天下没有免费的午餐。

一、工作的好处

（一）工作带来生活保障

人要生存和生活就必须获得一定的物质基础，没有钱，一切都无从谈起。而通过工作，人们获得了金钱和生活保障，这是一个社会人最为直观、最为基础的自我满足。

很多人都感觉自己为了养活自己、为了生存而工作是一件令人沮丧的事情。但事实上，还有什么比养活自己、比让自己生活得舒服自在更重要的呢？

一个人一天 24 个小时，除了睡觉、吃饭、上厕所的时间，剩下的大部分时间都在工作。工作是人类生存的一种方式，或者说，工作是生活乐趣的源泉。它让我们不仅获得了物质上的满足，还获得了精神上的满足。当你拥有自己的工作，甚至拥有一份令人羡慕的工作时，那么，在任何场合你都可以理直气壮地向别人传达关于你工作的信息。工作是有意义的，它让工作者在工作的过程中实现了自我满足。

（二）工作带来能力提升

工作，是一个包含了诸多智慧、热情、想象和创造力的词。我们只有去工作，才能获得更多宝贵的工作经验，使自己获得更多的技能。

在踏入社会前，可能会经常听到有人这样告诫："遇到一位好老板，要忠心为他工作；假如第一份工作就有很高的薪水，那算你的运气好，要努力工作以感恩惜福；万一薪水不理想，就要懂得在工作中磨炼自己的技艺。"一份工作即使不那么理想，但它让我们收获的可能比失去的更多。工作让我们学会技能，并让我们的个人能力得到了提升。

美国福特公司有一台大型电机发生故障，专家会诊几个月也没有结果，公司便请来了法国电机专家斯坦因门茨。他听了听电机运行的声音，经过研究和计算，用粉笔在电机上画了一条线，说："打开电机，把画线处的线圈减去 16 圈。"结果，这台电机很快恢复正常运行。他开价酬金 1000 美元。老板惊讶地说："为什么画一条线竟然要这么高的价钱？"斯坦因门茨坦然地说："画一条线值 1 美元，但知道在哪里画线值 999 美元。"老板被折服了，不仅付给他报酬，还重金聘用了他。

为什么画线，在哪里画线，这就是工作经验带来的知识。仅凭运行声音就能判定故障原因，这就是在不断地工作中练就的技能。要掌握知识和技能，最好的方法就是通过工作来学习和积累，而这 999 美元就是斯坦因门茨凭借自己的能力所创造的价值回报。

在任何一家公司中，只有通过工作获取了珍贵的经验与技术，才能为自己将来的发展打下基础，一次次的工作历程是每个人生命中最宝贵的财富。同时，即使你还只是一名普通员工，也不要气馁。只要你努力工作，在积累了一定的工作经验后，就能在不知不觉中得到能力的提升，为企业创造价值！

（三）工作带来人脉汇聚

人脉是经由人际关系而形成的人际脉络，也就是人际关系、人际网络，体现人的人缘、社会关系。大学生从学校刚刚步入社会，没有工作之前，是没有太多人脉的，但是随着时间的积累和工作经验的增多，就会在这个领域认识更多的人。因此可以说，工作是大学生拓展人脉的平台。

1. 人脉就是知识

只有走过路的人，才能告诉你路该怎么走，只有成功过的人，才能告诉你，成功需要付出怎样的代价。人脉是一面镜子，通过它不仅可以了解自己、了解社会和了解人生，还可以从四周的人身上学到很多东西。当你进入某个行业时，你的上司、你的同事、你身边的人可能会告诉你这个行业各个方面的知识与现实情况，这些都将成为你最真实、最珍贵、最实用的知识。在某种程度上来说，人际关系等同于丰富的工作经验。

人脉法则中有一句话：你要想知道今天究竟值多少钱，你就找出身边最要好的 3 个朋友，他们收入的平均值，就是你应该获得的收入。因此可以这么说，有时候生活和工作的质量的好坏，并不一定是因为你能做什么，而是因为你认识了谁。

2. 人脉就是资源

很多时候成功是自己的努力加上别人给予的机会或帮助而获取的，而在这之中人际关系是至关重要的。人脉就是资源，而工作为获取这种资源提供了一个平台。

比尔·盖茨创立微软公司的时候，只是一个无名小卒，但是在他 20 岁的时候，签到了一份大单。这份合约是与当时世界第一强电脑公司 IBM 签的。当时，他还是一名在校大学生，没有太多的人脉资源，他怎能签到这么大的单？原来，比尔·盖茨之所以可以签到这份合约，中间有一个中介人——他的母亲。比尔·盖茨的母亲是 IBM 的董事会董事，妈妈介绍儿子认识董事长，这不是顺理成章的事情吗？假如当初比尔·盖茨没有签到 IBM 这个单，相信他今天有可能不会拥有几百亿美元的个人资产。之后，比尔·盖茨为了开拓日本的市场，结交了一位日本的朋友——彦西。他为比尔·盖茨讲解了很多日本市场的特点，并帮他找到了第一个日本个人电脑项目，以此开辟了日本市场。

比尔·盖茨是一个非常聪明的人，因为他充分利用了周边的资源，使他们为微软贡献着自己的聪明才智。

所以，在公司工作最大的收获不只是赚了多少钱，积累了多少经验，而更重要的是认识了多少人，结识了多少朋友，积累了多少人脉资源。它是终身受用的无形资产和潜在财富。

这种人脉资源不仅在公司工作时有用，即使以后离开了这家公司，依然还会是你工作、生活中的宝贵财富。

3. 先工作，然后才有人脉

如果不进入职场，不进入圈子，不去和更多的同事交流、交往，就不会有自己的人脉资源。人脉必须建立在职场交往的基础上，工作中会不可避免地与同事进行合作，不可避免地进行各种复杂的人际交往，换言之，工作可以产生人脉。学会充分利用在工作中积累资源和建立人脉关系，往往会使自己有更大的收获。

工作中的同事、上级、合作伙伴，甚至竞争对手都是人脉大树上的一个分支。处理好与他们之间的关系，就会建立起自己的关系网络，培养自己的个人魅力，以此来影响周围的人，结识更优秀的人才。只有这样，才能在职场中立于不败之地。当然，开拓人脉的途径并不见得只有工作，开拓人脉的渠道的确比较宽广，但主要还是与工作有关。例如，接洽媒体，和各类客户打交道，参加各种品牌活动等，都是很好的途径。

因此，只有身在职场，积极参加企业组织的各项活动和社会商业活动，才能通过工作这一平台来结交更多的职场朋友，才能对今后的事业有所帮助。

（四）工作带来经验积累

几乎所有的经验都是在工作中不断积累起来的。工作时间越长，工作经验就越多；工作越专业，经验就越丰富；而经验的积累将帮助你从容面对职场的各种变化。可以这么说，在职场中，工作能带来丰富的工作经验，反过来，丰富的经验也会帮你保住手中的工作。

美国一家公司的总裁曾说："如果员工桌子上一台价值2000美元的台式计算机不见了，公司可能不会对此事展开调查。但是如果一位掌握着各种客户关系、年薪10万美元的经理被竞争对手挖走，就一定会展开调查。"

如果没有专业技能和经验，在职场就是可有可无的人，说不定什么时候就有别人来顶替你的位置。但是如果你拥有了别人没有的工作经验，你就将增强在企业的不可替代性，在企业中寻求到稳定的发展机会。

芳芳是某著名制药公司的高级管理人员，平日里仗着自己名牌大学博士生的学历，非常看不起生产一线的管理人员。一天，经理让芳芳深入车间一个月，从事质量监管的工作，这令芳芳十分苦恼。她从小就娇生惯养，没干过脏活累活，什么事都怕麻烦怕辛苦，于是她对每一道工序的质检都是得过且过。同时，几年的管理生涯将她学过的生产工艺技术全部丢到了一边，因此，她工作起来很吃力。工人也会反过来"欺负"她，导致她监管的区域经常出现药品质量不合格的情况。芳芳备感压力，每天都显得心事重重。这些情况经理都看在眼里。一个月后，经理将芳芳召回，问及她这一个月的感受，她选择了沉默。经理说："现在你还瞧不起那些比你地位低的员工吗？学历并不能代表工作能力，只有在工作中不断实践，才能不断超越自我。"

在家休息了两天后，芳芳主动请缨重回车间。这次她一改从前的工作作风，深入生产一线，工作中一丝不苟，亲自动手去做、去摸索、去总结、去提高。渐渐地，她熟悉了生产环境，掌握了各道生产工序的关键点，遇到问题能够分析，能够带领员工一起现场解决生产上遇到的问题，提高了产品的质量稳定性和生产效率，并在员工当中树立了一定的威信。

一切的经验都是在实践中积累起来的。我们每一个人都要在实践中敢于探索，不断总结过去的经验，清晰思路，明确方法，在实践中让自己不断地变"强"，工作起来就会感到轻松，一切难题也会迎刃而解。

职业经验犹如陈年老酒，越陈越香，而客人也会寻着酒香而来。同样，职业经验越丰富，就越如陈年老酒般受人青睐，也就是说丰富的工作经验将会成为纵横职场的镀金名片。然而要明白的是，酒一定要纯才能越陈越香，工作中要专业精深，职业经验才越有价值。

工作的确能带来丰富的工作经验，但是并不是所有的工作经验都能成为职场名片。比如，别人问你是做什么的，你会回答自己是做培训，或做设计，或做记者等。当别人又问你之前是做什么的时候，你就需要明白，别人是在问你的职业经验。在这种时候，如果你回答"我一直在培训界做事，已经有十来年了"，或"我一直以来都在做记者"等，那么你的专业度与权威度便会被人们很快地信任。如果你回答"先是做了一年的餐饮，后来做了两年的销售，现在做后勤"，得到这样的回答，你的"客人"将会很失望，或许会淡淡地回一句"这样啊"，更礼貌点的回应会是"没想到你的工作经历这么丰富"。但是要注意的是，这里是说"工作经历"丰富，并不是工作经验丰富。

有这么一个故事：有一只身材修长的兔子，跳远是它最擅长和喜爱的，而且赢得了许多场跳远比赛。最终，它在森林国度赢得了"跳远王"的美称，兔子为此感到无比的自豪和光荣。一天，森林国王宣布，要举办运动会，于是兔子就报名参加了最拿手的跳远。果然，兔子又赢得了冠军。

后来有一天，一只老狗告诉兔子："兔子啊，其实依你的资质和体力，不只跳远能夺冠的，经过努力练习，你会得到好多金牌的啊！"

"真的？我真的可以吗？"兔子欣喜地大喊道。"是的，只要你拜我为师，好好学习游泳、举重、跳高……都不会有问题的啊！"老狗说。于是在老狗的怂恿下，兔子开始练习游泳，游累了，又开始练举重，之后，又赶快练跳高……它决定即使自己挂着拐杖也要往前冲了，因为它有着远大的志向：在游泳、举重、跳远等比赛中夺魁。

第二届运动大会来了，兔子在很多项目中都报了名，可是非常让人失望，游泳、举重、跳高、推铅球、马拉松……兔子没有一项能够入围，更令人伤心的是，它最拿手的跳远项目在初赛就被淘汰了。

在职场中也是一样，很多人并不是一心一意在做一件事，而是今天看这个好，想做这个，明天看那个很火，又想做那个。但因为他始终没有积累在某个特定行业或岗位上的经验，最后，他只能成为三脚猫，在任何一个行业中都不能崭露头角。

二、对待工作的态度

（一）热爱工作的全部

工作会带来多种好处，同时，工作也会给生活带来一些影响。如：不能睡懒觉、少了和家人在一起的时间、要面对各种复杂的人际关系……但是，可以因为有了这些坏处就不工作了吗？很多公司的员工，干工作的时候敷衍了事，做一天和尚撞一天钟，从不愿意多做一点，但在玩乐的时候却兴致高昂，得意的时候春风满面，领工资的时候争先恐后。他们似乎不懂得工作应该是要付出努力的，他们总想避开工作中棘手麻烦的事情，希望轻松地就拿到工资，享受工作的益处和快乐。而工作中棘手麻烦的事情却想极力的避开。

不可否认，人都有趋利避害、拈轻怕重的本性。但工作不是玩乐，既然选择了这个职业，选择了这个岗位，就必须接受它的全部，而不是只享受它带来的益处和快乐。就算是屈辱和责骂，那也是这个工作的一部分。如果说一个清洁工人不能忍受垃圾的气味，他能成为一名合格的清洁工吗？如果说一个推销员不能忍受客户的冷言冷语和脸色，他怎能创下优秀的销售业绩呢？

每一份工作都有他的辛劳之处。体力劳动者，会因为工作环境不佳而感到劳累；在高级办公室里工作的中层管理者，会因为忙于协调各种关系和矛盾而身心疲惫；居于高位的领导者，背负着公司内部管理和企业整体运营的压力……只想享受工作的益处和快乐的人，是一种不负责任的人，他们在喋喋不休地抱怨中不情不愿地应付工作。他们必然不能享受到工作的快乐，更无法得到升职加薪的快乐。

（二）学会为自己工作

"我是在为谁工作？"这是上班的第一天就应该想清楚的问题。这正如小时候经常听到老师问的那个问题："你是为谁学习的？"小时候，对于不爱学习的学生，老师经常说："你以为是在为我学习吗？现在是为你自己在学习。你学习好，将来有出息，会有个好前途。"许多学生可能当时不以为然，长大以后，在激烈的社会竞争中，方知当年读书少，渐渐深刻地领会到老师当年的教诲。可惜，有的人明白的时候已经太晚了，以致发出"少壮不努力，老大徒伤悲"的感叹，后悔不已。然而，当他们来到"社会课堂"上的时候，一些人在不知不觉当中又回到原来的错误认识上，认为是"为老板工作"、"为他人工作"。而老板就像当年的老师一样，苦口婆心地告诫他们："工作是为自己做的。"遗憾的是，仍然有人能应付就应付，能偷懒就偷懒。等到他终于明白"工作是为自己"的时候，恐怕人生已过了大半辈子，于是，也只能浑浑噩噩，得过且过，做一个平庸的人了。

当然，许多人从小受到的教育是："好好学习，将来为祖国、为人民而努力工作。"的确，我们努力工作，创造佳绩，对身边的人有好处，人们享受了一些服务；对企业有好处，企业增长了些许业绩；对祖国有好处，在 GDP 的增长中贡献了一点力量。可是，地球离了谁都会照样转，假如你不在这个岗位上，总会有别人来代替你。所以，努力工作最大的受益者是自己。因为你没有失业，你得到了报酬，你提高了能力，你的人生更充实了，你的生活更幸福了。一个人如果没有正确的观念，没有积极的态度，就会不断地重复犯错误。学习如此，工作如此，人生亦如此。因此，人生的各个阶段都要持有正确的观念，才会引导正确的行为，才能有正确的结果。当一个调皮捣蛋、学习不好的学生突然间学习成绩突飞猛进时，人们常说："这孩子终于开窍了。"是的，他"开窍了"，他知道了学习是为自己，于是，上课用心听讲，踊跃回答老师的提问，课后认真完成作业。他的积极性空前高涨，学习成绩自然会大幅度地提高。现在，人生的又一个重要的课堂摆在你的面前，那就是工作，但愿你能及早"开窍"，认识到"工作是为自己"，那么，你工作时就会更有主动性，更有激情，也会更有成果。毫无疑问，你会拥有幸福的人生和美好的未来。如果你错过了学习阶段，可能还有补救的机会，你可以自学，可以重新入校学习等。可是，要是你再错过了工作，那你将会错过整个人生。你不愿意在悔恨和遗憾中度过自己的一生吧？那好，请务必认识到：工作是为自己做的。

在日本，有一位留学生应聘了一份工作。老板要求他一个人在厨房里，把每个盘子刷 8 遍。老板给的薪水不低，这些薪水付完学费和房租后，还可以有些剩余寄回老家孝敬父母。留学生很高兴，他认真地把每一个盘子刷 8 遍，老板对他的工作也挺满意的。有一天，他似乎明白了一件事情："我给他打工，这个饭馆不是我的，他又看不见我干活儿，我怎么那么傻？我干吗非要把盘子刷 8 遍？我觉得盘子刷 4 遍也挺干净的，干脆减一半的工序，还拿原来的薪水，这不等于拿了 2 倍的薪水吗？相当于白领的收入了。"于是，他自作聪明地减少一半的工序，把每一个盘子刷 4 遍。老板没有发现，继续发给他原来的薪水，留学生更得意了。有一天，他又想："我干嘛要刷 4 遍盘子？刷 2 遍不也行吗？我们家的盘子刷 2 遍也挺干净的，再减一半的工序，还拿原来的薪水，这不等于 4 倍的收入了吗？"于是，他将刷盘子的次数减为 2 遍。这一次，盘子有些不干净，老板发现了，一检查，原来是他偷偷地减了许多工序。于是，老板把这个留学生开除了，同时通知他所有的朋友："这个留学生是不能被雇用的，因为他不诚实。"这个留学生以为糊弄的是老板，其实，老板离开他，饭馆的生意照样兴旺，而他却可能因此找不到工作了。也许你会说："难道饭馆老板会通知所有的老板吗？天下所有的老板都能被通知到吗？"好，就算有的老板没有被通知到，老板不知道那位留学生的过去而雇用了他。那位留学生最终也还会因为偷懒被开除的，因为他有一种观念是"我是给别人打工，能糊弄就糊弄。"要知道，所有的老板都是希望自己的员工干得好，再给高薪。有哪位老板希望员工干得少，还给高薪？又有哪位老板喜欢偷懒的员工呢？

现在有很多大学毕业生刚进入职场时，因为报酬不好、环境不好、公司不好、上司不好之类的理由而缺乏工作的热情，总会说诸如"我不干了"之类的话，可是，他们恰恰忘了，自己到底是为谁在工作？如果认为每天是在为老板打工，那么就大错特错！抱着这种心态工作，永远不会成长和发展，也将永无"出头之日"，更谈不上干一番事业！

生活中，一些人原本拥有丰富的知识、非凡的能力，却由于他们不断地抱怨，常常面临如何找到下一份工作的难题。这样的人随处可见，因为上面这些错误的观念而自毁前程，错失了人生中宝贵的机会的人不在少数。

小王是一家贸易公司的销售人员。刚进公司时，小王浑身充满了干劲，总是积极主动地为公司做更多的事情。但是，随着他与老板接触时间的增多，他渐渐发现老板太苛刻了，根本不值得他如此勤奋地为公司工作。同时，身边的同事也劝他说："工作嘛，又不是为自己，说得过去就行了，干嘛那么拼命！"小王认为同事说得很有道理，便改变了以往的工作态度，常常花费很多精力来逃避工作，却不愿花相同的精力来努力完成工作，每天"做一天和尚撞一天钟"。结果，等到公司年终总结时，小王不仅没有得到梦寐以求的升迁和奖励，还被公司以工作态度不端正为由辞退。

人生离不开工作，工作不仅能赚到养家糊口的薪水，同时工作中遇到的困难能锻炼我们的意志，新的任务能够开阔我们的视野，与同事的合作能够培养我们的人格，与客户的交流能够训练我们的品格。从某种意义上说，工作是为了自己。

大家其实不是在为环境工作，更不是在为上司工作，每个人都是在为自己工作，每一份付出和努力，都必将得到超值的回报。

有这么一个故事：一个上了年纪的建筑师准备退休了，雇主很感谢他多年的服务，问他能不能再建最后一栋房子。建筑师虽然答应了，但他的心思已经不在干活上了。他经常偷工减料，干活马马虎虎，用劣质的材料随便把房子盖好了。完工后，雇主拍拍建筑师的肩膀，诚恳地说："房子归你了，这是我送给你的礼物。"建筑师当时就傻眼了……

每个人都可能是这个建筑师，要知道，自己是命运的播种者，今天所做的一切，都会深深地影响到自己的命运。种瓜得瓜，种豆得豆；有几分耕耘，就有几分收获。从这个建筑师身上可以清楚地认识到"我只为别人工作"这种观念对自己利益的损害。

三、为自己工作的方法

（一）学会规矩

在企业里面，规章制度从表面上看是约束我们的行为，其实是保护我们的。这就好比十字路口的红绿灯，表面来看是约束车辆和行人的——"绿灯行，红灯停"，可它实际上是保护我们的。假如城市里所有的路口都没有了红绿灯，那么，傍晚下班后，大家开着车自由行驶，你争我抢，都堵在路口了，恐怕深夜也到不了家，正是由于红绿灯等严格的交通规则，才保证了大家安全出行、一路畅通。如果没有法律法规，可能谁也无法安心地工作和生活。

正是法律、制度、规则最大限度地保护了我们的利益，我们才能愉快地工作、幸福地生活，我们应该从内心喜欢它。而且，任何规章制度，如果你从心底里接受它，认为它的存在是必要的、合理的，那么，它对你来说就不是约束，而是保护。那些觉得制度让自己不自在、难受的人，都是因为从内心里抵触制度规则，所以才会感到别扭、痛苦。要知道：按时上班、着装整齐、尊重领导、关心同事……这些制度约束和道德规范将使我们成为更受欢迎的人，最终受益的还是我们自己。

学会规矩，这句话不难理解，但是真的要做到位又很难。中国几千年的文化给了我们很多智慧，有法家的规范行为、有儒家的导引人心、有墨家的兼爱天下、有道家的无为而治。其中法家所表述的内容就告诉我们：规范员工的行为，规范人的行为，社会才会太平。

同时，在没有人看见时，更需要自制、更需要遵守规矩。有一篇题为《无人看到的鞠躬》的文章，让人感触颇多。文章讲的是作者在东京坐小巴的经历。小巴司机是位娇小的日本女孩，穿着整洁的制服，乘客上车后，她就用温柔的声音说："欢迎乘车！"让乘客倍感温馨。路途中，女司机一边开车，一边不时地提醒车上的乘客："我们马上要转弯了，大家请坐好扶好。""我们前面有车经过，所以要稍等一下。""马上要到站了，要下车的乘客请提前做好准备。"最令人感动的是她在交接班后，作者发现她静静地在路边朝车行驶的方向深深地鞠躬，许久许久。而且那天还下着小雨，在一条安静的小路旁，一个瘦弱的女孩恭恭敬敬地对着她的乘客离去的方向深深地鞠躬。这一画面定格在了作者的记忆中。

小女孩的行为是从内心深处认识到自己鞠躬是对乘客的尊重，是对自己职业的尊重，她这样做的时候也会有一种幸福的感觉。一个人在工作中的表现，就是他在人生中的表现。即使没人看见，也要一丝不苟地履行职责，这样有自律、有修养、有操守的人正是职场所急需的，他的职业前景也一定会一片光明。相反，那些人前人后表现迥异、偷懒耍滑的自作聪明者是不会赢得好感的，其职业前景也会黯淡无光。

（二）学会忠职

所谓忠职就是"忠于职守"，即忠诚地对待自己的职业岗位。有人说："在每个人面前都有三种事情：一是想做的事；二是能做的事；三是应该做的事。每个人想做的事情有许多，能做的事情也不少，但是这些事情往往有些遥远，而如果想实现它们，则需要先从"第三种事情"也就是应该做的事情做起。那么，什么是应该做的事情呢？很简单，你的职责也就是你应该做的事情。在生活中，要完成你的角色任务：当一个好丈夫，让你的妻子享受美好的生活；做一个好父亲，让你的孩子接受最好的教育；做一个好儿子，孝敬父母，让他们拥有幸福的晚年……在工作中，要及时圆满地完成你的工作任务：如果你是一位清洁工，请把你负责的区域打扫干净；如果你是一位服务员，请让你的客人享受到宾至如归的优质服务……

海尔集团的首席执行官张瑞敏曾经说过一句话："领导的工作是做正确的事，员工的工作是正确地做事。"讲的是：企业主管的主要工作是做正确的决定，选择市场需要的产品，并制定好产品的生产标准；而在生产线上的员工则要按照岗位的要求来正确地做事，生产的产品质量要达到标准。假如这个产品符合质量标准，却根本没有买主、没有市场，那是因为企业的主管没有做好市场调研，导致决策失误。此种情况下，员工没有责任，而主管要负责任。可是，如果生产线上的员工生产出来的产品不合格，那是员工的责任。了解自己的职责所在，做好应该做的事情，这需要严谨的工作态度。

我们常听人说"受君之禄，忠君之事"，就是强调"在其位，负其责"。做好应该做的事情，不仅需要明确自己的职责所在，还需要在履行职责时要全心全意、尽心尽力，这样才能做到问心无愧。所以，如果工作没有完成，要首先问自己这样一个问题："我用心了吗？我尽力了吗？"如果尽心尽力了，没有人会指责你，大家会理解你的。

1968 年的一个漆黑而凉爽的夜晚，墨西哥城，第 19 届奥运会的马拉松比赛的颁奖仪式已经结束，观众纷纷退场回家，组委会已通知马拉松沿途的服务站开始撤离。此时，组委会却得到一个让所有人都吃惊的消息：有个选手还在跑！这个选手是坦桑尼亚的艾克瓦里。他在跑出不到 5 公里后因碰撞而摔倒，膝盖受伤，肩部脱臼，但他并未就此退出，而是一瘸一拐地继续向终点跑去。渐渐的，所有选手都将他远远甩在身后；渐渐的，围拢在街道两侧打气助威的人群已经散尽。所有人都觉得马拉松比赛已经结束了，只有艾克瓦里本人坚定地跑着，因为他觉得，自己的比赛远未结束。天色渐黑，艾克瓦里仍在继续。由于剧痛，他的速度很慢，他的膝盖不住地流淌鲜血，他的嘴角也痛苦地抽搐着。终于，他吃力地跑进了奥运体育场，此时，整个体育场几乎空无一人。艾克瓦里的双腿沾满血污，绑着绷带，他努力地绕完体育场一圈，跑到了终点。在体育场的一个角落，享誉国际的纪录片制作人格林斯潘远远看着这一切。接着，在好奇心的驱使下，格林斯潘走了过去，问艾克瓦里为什么要这么吃力地跑至终点。这位来自坦桑尼亚的年轻人轻声地回答说："我的国家从两万多公里之外送我来这里，不是让我在这场比赛中弃跑的，而是派我来完成这场比赛的。"艾克瓦里——这样一位垫底者，获得了比不少奥运会冠军更响亮的名声和更广泛、更深久的影响力，事到如今已过去 40 多年，很多事都时过境迁，但人们仍然忘不了他，他的名字被镌刻在奥林匹克名人录里，他曾被法国《队报》誉为"最美的垫底者"。在他的家乡坦桑尼亚，一个"艾克瓦里竞技基金会"正开足马力在运作，为那些家境贫寒但有运动潜力的田径新苗提供资助。做好应该做的事情，忠实地履行你的职责，即使你没有做出什么惊天动地的大事业，你仍然是有资格为自己而感到骄傲和自豪的，也会受到别人的尊敬——因为你已经尽心尽力了。

当年，有一位叫郭为的有志青年来到联想，他雄心勃勃地要大干一番。然而，安排给他的工作却是拉车门。郭为并没有抱怨说："我来这里是要干一番大事业的，我有文化有知识有理想，我要当经理，怎么能让我干这么简单的工作？"相反，他极其认真地对待这份不起眼的工作。他发现拉车门也并不简单，也要学习：要反应敏捷——不能车停半天，你还没上前，让领导急得自己开门；眼神还要好——总裁坐这边，你不能把那边车门拉开；还要细致入微——开门时，手要挡着上面，别让领导碰着头；行走时还要提醒："您小心，这有个台阶。"别绊着领导。他从这个简单的工作岗位上开始展现自己的才华，逐渐被提升为公关部经理、集团办主任、企划部总经理、财务部总经理、香港联想副总、联想科技总经理，最终成为神州数码总裁。柳传志曾形象地称联想的几大掌门人都是"先扎鞋垫，后做西服"——先在基层证明自己的实力，然后才能一步步升到高层。要知道，现在的优秀领导，大都是从基层干起的，而且，当年他们都是好员工。因此，你在基层是不是一个优秀的员工，这决定着你将来会不会成为一位好领导。

（三）学会专注

所谓"专注"，就是集中精力、全神贯注、专心致志。一个专注的人，往往能够把自己的时间、精力和智慧凝聚到所要干的事情上，从而最大限度发挥积极性、主动性和创造性，努力实现自己的目标。

　　有这么一个故事：一个父亲带着三个儿子到草原上猎杀野兔。到达目的地，一切准备妥当，开始行动前，父亲向三个儿子提出了一个问题："你们看到了什么？"老大回答说："我看到了我们手里的猎枪、在草原上奔跑的野兔，还有一望无际的草原。"父亲摇摇头说："不对！"老二回答说："我看到了爸爸、哥哥、弟弟、猎枪、野兔，还有茫茫无际的草原。"父亲还是摇摇头说："不对！"老三只回答了一句话："我只看到了野兔！"这时父亲才说："你答对了！"

　　眼里只有自己的目标，不受其它东西诱惑，这对于工作的完成和人生的发展是非常重要的。在非洲的大草原上，一望无际，一群兔子在草丛中欢快地嬉戏。突然，一头非洲猎豹扑向了兔群，兔群一下子像炸开了锅，兔子们开始四散奔逃。猎豹紧紧跟随着其中的一只兔子，穷追不舍。在追逐的过程中，猎豹超过了一只只在旁边惊恐观望的兔子，却没有向这些更近的猎物看上一眼。它只是全力以赴，疯狂地追逐那只早就选好的兔子，它们比速度、比耐力、比技巧。终于，猎豹扑倒了它的猎物，将它死死按在了爪下。在追逐兔子的过程中，猎豹就死盯着那一只猎物，对它紧追不舍。猎豹这么做的原因在于如果在途中改变目标，追追这只兔子，又追追那只兔子，很快就会变得疲惫不堪，容易被那些动作敏捷的兔子逃脱。那样做的结果，猎豹很可能会两手空空，一只也抓不到。所以，猎豹不会放弃已经被自己追累了的兔子，而去追其他的兔子。漫无目标或者目标过多，都会阻碍我们的前进。心无旁骛地追求自己设定的目标，才是明智的选择。

　　歌德说，一个人不能骑两匹马，骑上这匹，就要丢掉那匹。战略就是一种选择与放弃的学问，决定做这个，就必须放弃那个，鱼与熊掌不可兼得，否则一无所获。聪明人会把凡是分散精力的要求置之度外，只专心致志地去做一门，做一门就要把它做好。世界上最可怕的人就是认真的人，只要我们专注自己的目标，不受任何东西干扰，坚定不移地朝着目标努力，最终一定会有所收获。

小贴士　　　　　　蒙牛集团的企业文化

　　蒙牛乳业集团成立于 1999 年 1 月份，总部设在内蒙古呼和浩特市和林格尔县盛乐经济园区，总资产达 60 多亿元，职工 2.9 万人，乳制品生产能力达 330 多万吨/年。

蒙牛的用人原则

有德有才，破格重用；有德无才，培养使用；有才无德，限制录用；无德无才，坚决不用！

蒙牛的战略目标

以国际竞争的眼光来制定发展战略，强化学习型企业文化建设；用创新的方法，整合全球有效资源，用 5－10 年时间，成为中国和世界乳制品专业制造商的领导者。

2003 年：中国乳业领导品牌

2010 年：世界乳业领先品牌

蒙牛人的价值观

只有变化才是宇宙的真理，所以人要适应变化，并主动地去创造机会，在不断变化中，创造自己的人生价值。

（1）人的价值大于物的价值

（2）企业价值大于个人价值

（3）社会价值大于企业价值

蒙牛人的工作观

把生活和工作理解成一个学习、创新、创造意义的过程。

蒙牛企业文化的三个氛围

（1）制度氛围是保证

（2）物质氛围是基础

（3）情感氛围是核心

企业精神

学习沟通 自我超越

（1）学习沟通：每一位蒙牛人都要致力于在团队中减少相互之间的误解和被误解。

（2）自我超越：勇于跟自己较劲儿，把每一件小事情都要做完整、做到位。

企业宗旨

对用户：提供绿色乳品，传播健康理念

对客户：合作双赢 共同成长

对股东：高度负责 长效回报

对员工：学习培训 成就自我

对社会：注重环保 回馈大众

管理理念—科学化、市场化、系统化

人才理念—国际化、专业化、品牌化

质量理念—产品人性化、标准全球化

蒙牛的核心竞争力

以成功经营人心为终极目标，以双赢利益机制和学习创新的方法，整合全球有效资源，实现战略目标的能力。

蒙牛企业文化的具体表现

（1）诚信：百德诚为先，百事信为本，诚信是蒙牛文化的核心。

（2）感恩：滴水之恩，涌泉相报，感恩报恩是蒙牛做人的原则。

（3）尊重：建立相互尊重的蒙牛拇指文化，让人人都感到伟大和崇高，在工作中感受生命的意义。

（4）合作：二人为仁，三人为众，人字的结构就是相互支撑，在合作中共赢是蒙牛做事的原则。

（5）分享：一个人最大的智慧就是与别人分享的智慧，只有分享的思想才有力量，没有分享，就没有团队的成长。

（6）创新：创新是旧的资源新的整合，创新是蒙牛事业发展的灵魂，与时俱进是不断创新的关键。

蒙牛的独特节日

学习节：7月19日

将学习成果与半年工作成果总结相结合的一次团队分享共赢的节日。

感恩节：11 月份的最后一个周五

11 月份的最后一个周五是国际通行的感恩节。蒙牛将这一天做为一个特别重要的节日，

对我们的合作者、支持者、消费者进行真诚答谢和感恩活动。

蒙牛人的座右铭

（1）小胜凭智，大胜靠德。

（2）以蒙牛事业为己任，不以蒙牛利益为己有。

（3）当今社会，观念、思维方式的革命，远比技术、软件和速度的革命更重要。

（4）做正确的事情，然后把事情做正确。有所为有所不为。

（5）大道行简。把复杂的事情简单化，把简单的事情做完善。

（6）世界上没有奇迹，只有专注和聚焦的力量。

第二节　细节决定成败

一、细节的内涵

按照《现代汉语词典》的解释，细节指"细小的环节或情节"。1999 年版的《辞海》中，关于"细节"有两个说法，其一是"琐碎的事情；无关紧要的行为。"它引用了一个例子，《后汉书·班超传》："为人有志，不修细节。"其二是"文艺作品中细腻地描绘人物性格、事件发现、场景和自然景物的最小组成单位。"《辞海》修订版没有就第二个义项列举例句，但我们知道，细节描写是作家是否具有功底的标尺。也就是说，细节描写是否成功，是衡量一个作家是否有功底、作品是否成功的要素。作家李准就说过："搞小说创作，编故事容易，编细节难，因为细节只有深入生活才能发现，是编不出来的。没有许许多多真实的细节，你的作品就难以打动读者。"

欧洲战场上，国王查理三世准备拼死一战。里奇蒙德伯爵带领的军队正迎面扑来，这场战斗将决定谁统治英国。战斗进行的当天早上，查理派了一个马夫去备好自己最喜欢的战马。"快点给它钉掌，"马夫对铁匠说，"国王希望骑着它打头阵。""你得等等，"铁匠回答，"我前几天给国王全军的马都钉了掌，现在我得打点儿铁片来。""我等不及了。"马夫不耐烦地叫道，"国王的敌人正在攻打进来，我们必须在战场上迎击敌兵，有什么你就用什么吧，将就着点。"铁匠埋头干活，从一根铁条上弄下四个马掌，把它们砸平、整形，固定在马蹄上，然后开始钉钉子。钉了三个掌后，他发现没有钉子来钉第四个掌了。"我需要一两个钉子，"他说，"得需要点儿时间砸出两个。""我告诉过你我等不及了，"马夫急切地说，"我听见军号了，你能不能凑合着钉好马掌？""我能把马掌钉上，但是不能像其他几个那么结实。""能不能挂住？"马夫问。"应该能，"铁匠回答，"但我没把握。""好吧，就这样，"马夫叫道，"快点，要不然国王会怪罪到咱俩头上的。"两军交战，查理国王冲锋陷阵，鞭策士兵迎击敌人。"冲啊，冲啊！"国王喊着，率领部队冲向敌军。远远地，他看见在战场的另一头，自己的几个士兵正在后退。如果别人看见他们这样，也会跟着后退的，所以查理策马扬鞭冲向那个缺口，召唤士兵调转马

头继续战斗。他还没走到一半，一只马掌掉了，战马跌翻在地，查理也被掀翻在地上。国王还没有抓住缰绳，惊恐的马就跳起来逃走了。查理环顾四周，他的士兵们纷纷转身撤退，敌人的军队包围了上来。他在空中挥舞宝剑，"马！"他喊道，"一匹马，我的国家倾覆就因为这一匹马。"他没有马骑了，他的军队已经分崩离析，士兵自顾不暇。不一会儿，敌军俘获了查理，战斗结束了。所有的损失都是因为少了一个马掌钉。现实生活中的事件，有时候就如同多米诺骨牌一样，一点轻微的晃动就会导致整体系统的崩溃。或许只是一件产品不合格，就导致了工厂的倒闭，这绝对不是天方夜谭。因此，我们要关注每一个细节，才有可能保持最完美的状态。

从功能上说，细节是什么？毫无疑问，最后一颗马掌钉的有或无，决定战争的胜利或失败，这是一个决定性的因素。

由于细节是对微小事物的仔细观察与把握，因而它成为人生旅途中的成功伴侣。

早在500多年前，有一位名叫科尔迪的阿拉伯牧羊人无意中发现，有一只山羊异常兴奋，在那蹦来跳去尽情撒欢。他感到非常奇怪，决心弄清楚原因何在，于是便开始留意那只山羊，跟踪并注意它的一举一动。

通过一连几天的仔细观察，他发现那只与众不同的山羊特别爱吃山坡一棵树上的红浆果，吃后就兴奋起来。好奇心驱使他按捺不住也吃了那棵树上的一些红浆果，不一会儿的工夫，便体验到那种神情振奋的感觉，情不自禁地跳起了欢快的舞蹈。

从那以后，每次到山坡放牧，科尔迪都要品尝红浆果。有那么一次，他在吃红浆果时，凑巧被一位路过的欧洲传教士瞧见了。科尔迪将他的观察和体验如实道出，传教士听后当即采摘了一些红浆果。他回到住所之后，将红浆果清洗几遍，用水煮出汁味。他耐心地品尝，最初的感觉有点苦，随之而来的是神清气爽，浑身都焕发出一种活力。从那以后，他每天都要喝一壶红浆果饮料滋润自己。经过传教士的热心宣传，周围的群众也都如法炮制，一起分享着饮用后的振奋。实际上，那种红浆果就是现在我们很多人都喜欢喝的咖啡。

咖啡的妙用得到初步验证之后，传教士又向欧洲商人做了介绍，立刻引起了他们的高度重视。他们将咖啡树移植到本土，大面积地推广种植，并引导人们消费。

后来，传教士在自己的布道生涯中多次提到偶然发现咖啡妙用的经过，并说了这样一段颇有感触的话："一个人能否有所发现的关键，并不在于自己眼睛的大小，而在于是否善于用自己的眼睛观察。对微小事物的仔细观察，是艺术、科学、事业和生命获得成功的伴侣。"

可见，任何事都要从细节做起，否则就谈不上卓越的成就，更谈不上辉煌的人生。

二、细节的重要性

1. 成也细节

在现在这个社会，"不拘小节"的人越来越不受人欢迎，更无法获得成就大事的机会。只有那些对自己负责、做事情一丝不苟的人，才会受到命运的嘉奖。

某学校招聘教师，要通过面试从几名应聘者中选出一位。几位应试者都做了精心的准备。上课铃响之后，应聘者分别微笑着走上讲台，师生互相致意之后，开始讲课。导入新课、讲授正文、总结概括、复习巩固……为了避免出现差错，每个人都按照这个标准的讲课流程进行各项工作。一位应试者为了避免满堂灌，也效法前几位应试者设计了几道课堂提问。但由于题目设计得不高明，学生的反应并不是很好。下课时，这名应试者觉得相比前几位，自己的表现并不理想，几乎没有成功的可能。

谁知，第二天，这位认为自己没有希望的试讲者，却出乎意料地接到了录用通知。惊喜之余，他问校长为什么选中了他。校长微笑着说："说实话，论那堂课的精彩程度，你的表现的确逊色于其他人。但是在课堂提问时，你表现出来的一个细节，却足以令其他人自惭形秽。因为你叫的是学生的名字，而不是他们的学号，更不是用手指。如果一位老师不愿意了解自己的学生，不尊重自己的学生，那么他怎么可能把学生教育好呢？你是唯一一个喊出学生名字的人，所以你是唯一的入选者。"

成大事者拘小节。忽视小事，专做大事的人，他的成就往往不如做小事的人。相反，越注意细节，越"拘小节"，越容易成功。

一个相貌平平的女孩，从一所极普通的中专学校毕业，成绩也很一般。她到一家合资公司去应聘，外方的经理看了她的材料后，面无表情地拒绝了她。女孩收回自己的材料，站起来准备走。突然觉得自己的手被什么东西扎了一下，看了看手掌，上面渗出了一颗血珠。原来是凳子上一个钉子露在了外面。她见桌子上有一块镇纸石，便拿过来用力把小钉子压了下去。然后，她微微一笑，说声告辞就转身离去了。几分钟后，公司经理派人在楼下追上了她。她被公司破格录用了。

决定人生命运的往往是一些看似无关紧要的细节，而这些细节体现的恰恰是一个人的教养、人格和胸襟。就算你已经成了一个大人物，也不可忽视细节的作用。正如柏拉图所说："对于将军或政治家来说，如果他们只注重大事而忽略小节，他们的结果也不会太好；如果没有小石头，大石头也不会稳稳当当地矗立着。"

老子也曾说："天下难事，必做于易；天下大事，必做于细。"这精辟地指出了想成就一番事业，必须从简单的事情做起，从细微之处入手。20世纪世界最伟大的建筑师之一的密斯·凡·德罗，在被要求用一句话来描述他成功的原因时，他只说了五个字："魔鬼在细节。"他反复地强调，如果对细节的把握不到位，无论你的建筑设计方案如何恢弘大气，都不能被称为成功的作品。所谓"一树一菩提，一沙一世界"，生活的一切原来都是由细节构成的，如果一切归于有序，决定失败的必将是微若沙砾的细节，细节的竞争才是最高的竞争层面。

当零售业巨子沃尔玛以2198亿美元的年营业总额稳坐2002年美国乃至世界企业界的第一把交椅时，《财富》杂志记者不无惊叹地写道："一个卖廉价衬衫和鱼竿的摊贩怎么会成为美国最有实力的公司呢？"其实，沃尔玛成功没有秘密，仅仅是因为注重了细节，沃尔玛曾经以天天平价著称，但今天人们发现其实它的东西也并不便宜多少，但它的服务却是一流的。例如对于职员的微笑，沃尔玛规定，员工要对三米以内的顾客微笑，甚至还有个量化的标准："请对顾客露出你的八颗牙。"为提高服务水平，沃尔玛规定员工认真回答顾客的提问，永远不要说"不知道"，而且哪怕再忙，都要放下手中的工作，亲自带领顾客来到他们要找的商品前面，而不是指个大致方向就了事。正是注重了这些细节，沃尔玛帝国巍然屹立。

2. 败也细节

生活的溪流往往是由一些琐屑的事情、无足轻重的事件以及那些过后不留一丝痕迹的细微经验渐渐汇集而成的，正是它们才构成了生命的全部内涵。

曹植是天生的文学家，却不是合格的政治家。他做事像个孩子，只管做，不想后果，只顾眼前洒脱就行了。有一年，曹操带兵攻打东吴，留曹植守卫邺城，后来孙权投降，曹操得胜回邺城，一到家就有人状告曹植，称其"擅开司马门，且奔驰于驰道"。把曹操气坏了。原来"司马门"是魏宫正门，只有曹操本人车驾可以出入；而"驰道"是天子专用车道，极为雄伟，曹操比天子还"大牌"，也建造了"驰道"。曹操不在家，曹植得意忘形，玩疯了，其实，他哪儿有篡位的野心呢？但曹操可不这么想，"我还没死，就要取而代之？"曹植不只因为"擅开司马门，且奔驰于驰道"令曹操反感，还由于他对工作极为不认真，酗酒误事，更令曹操气愤。有一次曹仁被关羽围攻，曹植奉命援救。本来这是好好表现的机会，但曹植却没有控制住自己，因酗酒误了大事。至此曹操完全对曹植失去了信心。

有人认为，"行大事不拘小节"，就是说作为一名有志者，应当干大业、成大事，而不应拘泥于细微琐碎的小节，"小节无伤大雅，何必小题大做？"其实不然。任何事物都有一个从量变到质变的过程，小节问题同样具有潜移默化的作用，平时不拘小节，就有可能微恙成大疾，小问题演化成大问题。"千丈之堤，以蝼蚁之穴溃；百尺之室，以突隙之烟焚"、"不虑于微，始成大患；不防于小，终亏大德"，说的都是这个道理。

大事都是由一件件小事组成的，把这些小事认认真真地做好，不一定会取得惊人的结果，但如果对待小事马马虎虎，最终必然会影响大事。

就像财务人员填写支票或报表，你把每一项都认认真真地写好、填正确，并不是什么了不起的大事。但是如果你不小心，填错了一个数字，可能整张报表都要重填。如果填完没有核对，把这张错误的报表交给客户或其他机构，就可能会导致难以弥补的损失。

所以，认认真真做好小事是成就大事的必要条件，你这样做了，大事虽不一定成功——因为影响大事成功的还有很多因素，但是如果你没有这样做，则大事一定不成功。

德国人非常明白这个道理，所以德国人做事，不管事情多么微小都非常认真，从不马虎应付，每件事情都以做到最好的标准来要求自己。

坐过上海地铁的人，很容易感受到地铁一号线和二号线之间的差异。一号线站台宽阔，上下车非常方便。为了提醒乘客远离轨道，一号线把靠近站台50厘米内铺上金属装饰，又用黑色的大理石嵌了一条边，这样，当乘客走近站台边时，就会产生"警惕"意识，自觉远离危险区域。为了避免乘客不小心掉下站台，同时节省站台热量，一号线的设计者在每处都设计了相应的站台门，车来打开，车走关上，非常方便。

一号线的设计者在每个地铁出口处都设计了一个转弯，在室外出口设计了三级台阶，开始人们不理解这样设计的原因，这样做不是增加成本吗？直到缺少这些设施的二号线投入使用，人们才知道这样设计的必要。其实道理很简单，如果你家里开着空调，同时又开着门窗，你一定会心疼每月多支付的电费。在出口处增加一个转弯，可以大幅降低用电成本，节省开支。至于三级台阶的设计更体现出设计者的用心。上海地势较低，一到夏天，雨水经常会使一些建筑物受困。而在地铁口设计三级台阶，可以防止雨水倒灌，从而减轻地铁的防洪压力。

相比之下，二号地铁的设计者就显得过于粗枝大叶了。没有使用装饰线提示乘客危险，所以经常有乘客无意中靠近危险地带，地铁公司不得不安排专人提醒乘客注意安全；为了"节省成本"，二号线省掉了站台门，结果投入使用后，经常发生乘客不小心掉下站台的安全事故，而且到了冬天，站台内气温非常低，不得不开空调提高温度；二号线的出口都设计成直的，所以用电量比一号线多出很多；室外的三级台阶二号线也省掉了，结果经常在雨天被淹，造成巨大的经济损失。正是因为二号线的设计者不注意小的细节，所以二号线的运营成本比一号线高出很多。

一号线的设计者是德国人，而二号线的设计者是中国人。为什么一号线与二号线有如此大的差距呢？是中国人不如德国人聪明吗？不是，中国人绝不缺乏聪明才智，真正缺乏的是"精细"的精神。

无论是在工作还是生活中，做事认真仔细，才能把事做得尽善尽美。不论做什么事情，要想取得好的结果，不仅要有聪明才智，更重要的是要有精细的精神，踏踏实实用心去做，这样才能把事情做好。如果做事情马马虎虎，在小事上放松自己，最终结果是大事也无法做成。这正好印证了一句话："成也细节，败也细节"。

三、培养注重细节的方法

培养注重细节的好习惯，提高善抓细节的能力，才能把个人潜在的智慧和力量更有效地发挥出来，才能少走弯路，少出纰漏，在通往事业成功的道路上稳操胜券。培养注重细节的习惯，是个人与企业共同发展的必然要求，我们可以从以下几方面着手去培养：

1. 改变观念

不注重细节的人，在日常工作中往往对其他注重细节的人和事也不会正确对待，比如，他们会给精打细算的人冠以"斤斤计较、小家子气"的称谓，对善意的提醒会恶言相加，对关系自己生命安全的问题却常抱有侥幸心理，这都是主观上未对细节重视的行为体现。只有在思想上对细节足够重视了，才能对自己的行为严格要求。因此，要成为优秀员工，首先要改变旧观念，提倡细节决定成败的观念。

2. 集中注意力

一个人想同时追两只兔子，最后只会一无所获。有道是"十年磨一剑"，中国古代的铸剑师为了铸成一把好剑，必须在深山中潜心打造十几年。可见，专注能够保证工作效率的最大发挥。你必须远离那些使你分散注意力的事情，集中精力选准主攻目标，专心致志地做好每一件小事，这样才可能取得成功。

3. 自我控制

每个人都兼具感性与理性，对大小琐事都想用理智衡量是不可能的，而且大部分行为都是以感情为出发点的，这是人性真实的一面。通常因为别人的一句话，便耿耿于怀，动辄勃然大怒，血液充满脑部，根本无法自我控制，等到情绪过后，才懊悔当初，这是一般人的通病。因个人某方面致命的弱点或缺陷而归于失败的人不在少数。这样的人，一定要培养自我控制的能力，克服浮躁的情绪。要经常想到自己的弱点、自己的不足，既要自我崇尚、有信心，更要自我检查、随时修正，不断地自我完善、自我提高。只有能自我克制的人，才能不为外界环境所左右，静下心来的时候才能更加做好细节的小事。

4. 从小事做起

细节存在于我们身边的每一件小事之中。严格遵守工作时间，上班不要迟到，下班时不早退，不因私事影响工作，良好的工作态度是细节；节约一滴水、一张纸、一度电，养成随手关灯、关门窗的习惯是细节；所出具的数据、撰写的文章、产品的工艺指标都做到没有差错是细节；对经手的事，从时间、地点的确定，到准备什么、如何应对都有全盘考虑是细节；生活中对同事、朋友的一句问候、一声劝勉，累时端上一把椅子，渴时递上一杯水是细节；生产中减少跑、冒、滴、漏，实现安全无事故、设备无故障、装置长周期运行是细节；对每一个工艺指标的变化，每一台设备的维护及运行情况都做到心中有数，这些都是细节。当养成关注细节的习惯后，你就会发现，无论待人接物，还是工作进展，都会顺手许多，效率也会大大提高。

5. "苛刻"自己

养成任何好习惯，都要从严要求自己。每天做好工作计划，准备好备忘录，事无巨细一件一件地完成。正如人们所说的，完成一件小事比计划中的大事更有效。对上级下达的工作任务，要身先士卒，争取每一件事情都做到位，不能敷衍了事。只有在一系列细枝末节上对自己严格要求，才能在不知不觉中让一直困扰自己的粗心大意的毛病渐渐地销声匿迹。

6. 持之以恒

细节是一种思维与行动意识的高效组合。谁都想做好每件事，但有的人就是做不好，一件事不是这里出错就是那里出错。不能说他们不努力，但问题就是发生了，原因就是没有坚持细节习惯的培养，没有做到持之以恒。一段时间做到了认真执着，一段时间又懒散松懈，做事有头无尾，总是半途而废，这样就无法真正养成注重细节的好习惯。

培养习惯是经过"曲不离口，拳不离手"，经过"韦编三绝"，最终实现"百炼成钢"的一个过程。每一个成功者所具备的成功品质与能力，都是由无数个细节习惯的积累而成的。因此，一旦养成良好的细节习惯，就不会再被刻意坚持好习惯与纠正坏习惯的矛盾心情所累，让你于轻松中胜人一筹。

第三节　方法总比问题多

一个人在工作和生活中，不可能总是一帆风顺的，难免会遭受挫折甚至是失败。比如：你的想法得不到上司的支持，公司里有其他人阻挠你的工作，当你试图主动提建议时总遭到白眼……

有的人心理素质较差，意志力薄弱，经不起一点点的失败，在工作和生活中一遇到挫折，就会对自己渐渐地失去信心，认为自己这也不行，那也不行，一天到晚愁眉苦脸，怨天尤人，根本无法振作精神。即使有好的机会使问题出现转机，也被这拉长的苦脸给吓跑了。

相比之下，优秀的员工在困难来临时，总是努力寻找方法，寻求新的突破，这样的员工在职业生涯中会变得更加卓越，达到比别人更高的高度。

一、积极寻找方法的重要性

在我们的生活与工作中，你是否经常被各种应接不暇的问题弄得焦头烂额呢？你是否在面对问题的时候觉得进退维谷、束手无策呢？此时，你千万不能只坐在那里盯着问题发呆或是置之不理，而是应该积极地去思考解决问题的方法。正所谓："世上无难事，只怕有心人。"只要你努力地去想办法，相信问题就一定能有其解决之道。

只有时时处处找方法、随时注意方法，才能从成功的起点向前走，只有方法才能创造成功。只要找方法，处处都是成功的机会。

只有方法，才能让一个员工、一个企业有更大的舞台，才能在困境中生存，在困境中发展，也只有方法才能让我们走向更大的成功。

1. 积极找方法是个人和企业的生存之本

成功的秘诀之一就是善于用大脑想方法，用智慧把工作做好。在工作时，不仅要用手去做，更要用脑子去想。不管工作中遇到多大困难，都有必要停下来好好思考一下，不要以为事情就只能这样了，只有在工作中努力想办法，才能解决面对的困难。这样你才能成为公司中受欢迎的员工，才能使企业在市场经济竞争中立于不败之地。

1952 年，受经济低迷的影响，日本东芝电器公司积压了大批电扇。为此，公司相关部门的工作人员绞尽脑汁想了很多办法，但销售量就是上不去。看到这种情况，一个基层小职员也努力地想办法，几乎达到了废寝忘食的地步。一天，这位小职员看到街上很多小孩拿着五颜六色的小风车在玩，头脑里突然一亮：为什么不把风扇的颜色改变一下呢？这样既让年轻人和小孩子感到眼前一亮，又让成年人感觉彩色的电扇能为屋里增光添彩啊！

想到这里，小职员立马跑回公司向总经理提出这个建议，公司为此特地召开大会，经过仔细研究，决定采纳小职员的建议。第二年夏天，东芝公司推出了一系列的彩色风扇，一改以往一律黑色的面孔，受到人们的喜爱，并掀起一股抢购狂潮，在很短的时间内卖出了几十万台，至此大量积压的电扇成了抢手货，公司很快地走出了困境。这位小职员不但获得了公司 2% 的股份，同时也成为公司里受欢迎的人。

思考是人类特有的能力。不管遇到什么样的挫折，要学会多思考，用脑子去工作，培养善于找方法的良好习惯。所以，在工作中仅仅按上司的吩咐来完成工作是远远不够的，任何时候，我们都要做一个用头脑来想办法，把事情做得最好的员工。这样的人，才会在企业里受欢迎。

2. 积极找方法可以简化解决问题的过程

在日常工作、生活、学习中，不管遇到多大的困难，只要认真地找方法，所有问题都会得到解决。方法，对于解决问题是最简单、实用的。因为它不但能简化解决问题的过程，还能够让结果变得更完美。

在开始工作时或者做一件事情前，找出那些阻碍你成功的因素是非常有必要的，这样就可以有效减少工作中的阻力，但是要想在工作前把所有阻力都清除是极不现实的，如果你固执也坚持这一点，你的工作就永远都不可能开始。而且，优秀员工并非工作前就解决了所有问题，任何人都不可能做到这一点，因为随着工作的进展，问题是不断产生和变化的。事实上，优秀的员工不管从事什么行业，遇到麻烦都会立刻想办法解决，他们的这一行为就像前进中遇到沟壑毫不犹豫就跨过去一样自然。方法让艰难的问题变得简单，这样就简化了一个复杂的过程。

"在当今社会里，什么样的员工最受单位欢迎？"假如你是一位对自己的前途和命运负责的员工，我相信，这肯定也是你最关心的问题之一。因为如果你不了解这一点，你在职场的发展就可能会受到很大制约，要走很多的弯路。

有一位企业的老总在讲述自己故事的时候说到：10 多年前，他在一家建筑材料公司当业务员。当时公司最大的问题是如何讨账。产品不错，销路也不错，但产品销出去后，总是无法及时收到款。有一位客户，买了公司 10 万元产品，但总是以各种理由迟迟不肯付款，公司派了三批人去讨账，都没能拿到货款。当时他刚到公司上班不久，就和另外一位姓张的员工一起，被派去讨账。他们软磨硬磨，想尽了办法。最后，客户终于同意给钱，叫他们过两天来拿。两天后他们赶去，对方给了一张 10 万元的现金支票。他们高高兴兴地拿着支票到银行取钱，结果却被告知，账上只有 99920 元。很明显，对方又耍了个花招，他们给的是一张无法兑现的支票。第二天就要放春节假了，如果不及时拿到钱，不知又要拖延多久。

遇到这种情况，很多人可能就一筹莫展了。但是他突然灵机一动，于是拿出 100 元钱，让同去的小张存到客户公司的账户里去。这一来，账户里就有了 10 万元。他立即将支票兑了现。当他带着这 10 万元回到公司时，董事长对他大加赞赏。随后，他在公司里发展得越来越好，5 年之后当上了公司的副总经理，后来又当上了总经理。

这就是主动想办法的精神，故事中主人公的发展，与他的这种精神密切相关。在工作中，我们经常看到有与主人公相同的人，哪怕遇到再棘手的问题，他们首先想到的绝不是退缩，而是想办法解决。但与此相反，另外也还有一种人，尽管面临的问题很简单，但仍然找借口不去做，找理由为自己辩护。找借口的人，是不会主动想办法解决问题的，哪怕有现成的办法摆在他面前，他也难以接受，这就是一流员工与末流员工的根本区别。

美国职业篮球协会（NBA）著名球星杰森·基德，曾经讲述了一件影响他一生的小事：小时候，父亲常常带他去打保龄球。他打得不好，为此，他总是找各种理由。有一天，当他再一次为自己打得不好找借口的时候，父亲毫不客气地打断了他："别再找借口了。你打得不好，是因为你不练习，又不愿意总结方法。假如你好好做，你就不会这样讲了。"这句话给了他极大震动，此后，一发现自己的缺点，他便想尽办法纠正。不管是打保龄球还是打篮球，他都要求自己做到两点：第一比别人投入更多的时间和精力去练习；第二时刻总结经验教训，找出最好的方法提升。也正因为这两点，他成了最优秀的球员。

日本松下公司的企业文化中有这样一段话：

"如果你有智慧，请你贡献智慧；

如果你没有智慧，请你贡献汗水；

如果你两样都不贡献，请你离开公司。"

从这里可以看出，员工其实可以分为三种：

1. 具有敬业精神并能找方法的员工。他们拥有智慧并乐于奉献智慧，这份智慧必然会给企业创造财富。毫无疑问，这类员工，是最好的员工。

2. 敬业但是缺乏方法的员工。他们能够也只能奉献汗水，这种员工单位需要，但他们自身不会有太大的发展

3. 既不去找方法又不敬业的员工。他们什么也奉献不了，所以最终的结局只能是离开。

在此基础上，可以作这样的总结：一流员工既敬业又找方法；二流员工敬业但找不了办法；末流员工找借口。假如你想获得最大程度的发展，毫无疑问，你就应该力争做第一种员工。最优秀的人，是最重视找方法的人，他们相信凡事都会有方法解决，而且是总有更好的方法。

有人曾经对企业的 100 多名管理干部做了一个调查。调查的两个问题分别是：什么样的员工最不受欢迎？什么样的员工最受欢迎？调查结果如下：

最不受欢迎的员工	最受欢迎的员工
工作不努力而找借口的员工	没安排工作却能主动找事做的员工
损公肥私的员工	通过找方法加倍提升业绩的员工
过于斤斤计较的员工	从不抱怨的员工
华而不实的员工	执行力强的员工
受不得委屈的员工	坚强的员工

这一调查结果，进一步证实了凡事找借口的员工，一定是单位里最不受欢迎的员工；凡事主动找方法的员工，一定是单位里最受欢迎的金牌员工！

美国福特汽车公司是美国最早、最大的汽车公司之一。1956 年，该公司推出了一款新车。这款汽车式样、功能都很好，价钱也不贵，但是很奇怪，竟然销路平平，和当初设想的完全相反。公司的经理们急得就像热锅上的蚂蚁，但绞尽脑汁也找不到让产品畅销的办法。这时，在福特汽车销售量居全国末位的费城地区，一位毕业不久的大学生，对这款新车产生了浓厚的兴趣，他就是艾柯卡。

艾柯卡当时是福特汽车公司的一位见习工程师，本来与汽车的销售毫无关系。但是，公司老总因为这款新车滞销而着急的神情，却深深地印在他的脑海里。他开始琢磨：我能不能想办法让这款汽车畅销起来？终于有一天，他灵光一闪，于是径直来到经理办公室，向经理提出了一个创意，在报上登广告，内容为："花 56 元买一辆 56 型福特。"这个创意的具体做法是：谁想买一辆 1956 年生产的福特汽车，只需先付 20% 的车款，余下部分可按每月付 56 美元的办法逐步付清。

他的建议得到了采纳。结果，这一办法十分灵验，"花 56 元买一辆 56 型福特"的广告人人皆知。"花 56 元买一辆 56 型福特"的做法，不但打消了很多人对车价的顾虑，还给人创造了"每个月才花 56 元，实在是太合算了"印象。奇迹就在这样一句简单的广告词中产生了：短短 3 个月，该款汽车在费城地区的销售量，就从原来的末位一跃而为全国的冠军。这位年轻工程师的才能很快受到赏识，总部将他调到华盛顿，并委任他为地区经理。后来，艾柯卡不断地根据公司的发展趋势，推出了一系列富有创意的举措，最终坐上了福特公司总裁的宝座。

作为一个大学生，大家最关心的问题是走入社会后，怎样才能更快地脱颖而出？更好地得到大家的认可？而艾柯卡，给大家提供了最好的答案：主动帮单位解决问题的人最容易脱颖而出！能找到方法帮单位解决问题的人，最容易得到人们的认可！

学会成为一个不找借口找方法的人吧！学会做一个相信方法总比问题多的人吧！惟有这样，才能成为一个真正杰出的人！主动找方法才能让自己脱颖而出。

图 3.1 福特汽车公司前总裁艾柯卡

二、面对问题的态度

在这个快节奏时代，多的是"忙人"。他们每天在急急忙忙地上班，急急忙忙地说话、急急忙忙地做事，可到月底一盘算，却发现自己并没有做成几件像样的事情。他们往往以一个"忙"字作为自己努力的漂亮外衣。却没有想到，这种忙，只能是"穷忙"、"瞎忙"，没有给自己和单位带来效益。

这就需要做一个凡事讲方法的"忙人"，这样的忙，才会有效率、有价值！只要精神不滑坡，方法总比问题多。之所以不成功，就在于对问题屈服，无端地将问题放大，把自己看轻。其实，只要努力去找方法，怎么会找不到呢？越去找方法，便越会找方法。越会找方法，越能创造大的价值。这不仅提高了找方法的自信，而且越来越有找方法的窍门！

有这么一个故事：20 年前，在内蒙一个偏僻、贫困的小村庄里，有一位普普通通的年轻人。有一次，家人生了病，因为没有钱，根本请不起医生。万般无奈之下，年轻人想向乡亲借 2 元钱给家人看病，然而走遍了整个村子，也没能借到。不是乡亲们不愿意借，而是因为他们实在太穷了。

这件事，对年轻人刺激很大。他觉得，再这样在村里呆下去，肯定毫无希望。于是，在 19 岁那年，他带着 6 个窝窝头，骑着一辆破自行车，到 80 公里外的城里去谋生。城里的工作本来就不好找，加上他高中都没有毕业，学历低，要找一份好工作更是难上加难。

他好不容易在建筑工地上找到了一份打杂的小工。一天的工钱是 1.7 元，对他而言只够吃饭，但他还是想尽办法每天省下 1 元钱接济家人。尽管生活十分艰难，但他还是不断对自己说：

"绝对不会永远是这样"。他渴望自己出人头地，为此，他下决心付出比别人更多的努力。2 个月后，他被提升为材料员，工资加了 1 元钱。靠比别人多付出，他初步站稳了脚跟。之后，他就开始重视方法。他认为：要在新单位站稳脚跟，就得更多地得到大家的认可，甚至成为单位不可缺少的人。那么，怎样才能做到这点呢？冥思苦想之后，他终于想到了一个小点子：工地的生活十分枯燥，他想，能不能让大家的业余生活过得丰富一点呢？想到这点，他拿出自己省下来的一点钱，买了《三国演义》、《水浒传》等名著，认真阅读后，讲给大家听。这一来，晚饭后的时间，总是大家最开心的时间。每天工友们开心的笑声，都是对他的极大奖赏。 更没有想到的是，一天，老板来工地检查工作，发现了他有非常好的口才，于是决定将他提升为公关业务员。一个小点子付之实践后就能有这样的效果，他极受鼓舞。于是，他便将主动找方法的特长，运用到各个方面。对工地上的所有问题，他都抱着一种主人公的积极心态去处理。夜班工友有随地小便的习惯，怎么说都没有用，他想尽办法让大家文明上厕；一个工友性格暴躁，喝酒后与承包方要拼命，他想办法平息矛盾，做到使各方都满意……

别看这些都是小事，但领导都看在眼里。慢慢地，他成了领导的左膀右臂。最有意思的一个时刻来到了，由于他经常主动找方法，他等来了一个创业的良机——有一天，工地领导告诉他，公司本来承包了一个工程，但由于这样那样的原因，难度太大，决定放弃。作为一个凡事都爱想方法的人，他力劝领导别放弃。领导看着他充满热情，突然说了一句话："这个项目我没有把握做好。如果你看得准，可以由你牵头来做，我可以给你提供帮助。"他几乎不敢相信自己的耳朵：这不是给自己提供了一个可以自行创业的绝好机会吗？他毫不犹豫地接下了这个项目，然后信心百倍地干了起来。

但遇到的困难是出乎意料的，光要盖的公章就有 17 个，但他还是想尽办法，一个个都盖下来了，终于项目如期完成了。他掘到了人生的第一桶金。在他进城 5 周年的时候，他算了一下自己的家产，已经有整整 300 万元。这位年轻人尝到了用不懈地进取精神和不断想办法解决难题的益处，从此更加努力。他现在不仅拥有当地最大的建筑队，还是内蒙最大的草业经营者之一，每年有 1 万多户农民给他的企业提供玉米、草等饲料。拥有了很多财富的他，在贫困的故乡，建起了一个全世界最大的金霉素生产厂，其生产量占全球的 1/4，很多父老乡亲跟着他走上了脱贫致富的道路。这位创造了奇迹的人，他叫王东晓，是内蒙金河集团的董事长。

人的一生，是不断遭遇问题并与问题进行战斗的一生。问题会无穷无尽，假如我们不主动找方法解决，我们能够打赢这场"战争"吗？有些时候我们之所以不成功，就在于对问题屈服，无端地把问题放大，把自己看轻。其实，只要你努力去找方法，你怎么会找不到呢？而且找得越多你就越来越会找，当然是方法总比困难多了！

人的思维神经有如人的肌肉，只有不断锻炼，才会越来越强大。不练，好的肌肉也会萎缩。练习得好，即使原来基础不好，也能够通过逐步努力而提高。

越去找方法，便越会找方法。越会找方法，就能创造越来越大的价值，这不仅提高了找方法的自信，而且越来越明白找方法的窍门，就能找出更多更好的方法来！想办法是有办法的前提。如果让脑袋放假，即使天才遇到问题时也会一筹莫展。

人的智力提高是一个逐步的过程。只要你能够战胜对艰难的畏惧，并下决心去努力，你就能越来越多地找到解决问题的方法，并越来越智力超群！

开动你的脑筋想办法吧，别让你的智力机器生锈！

"实在是没办法！"、"一点办法也没有了！"这样的话，你是否熟悉？是否你的身边，经常有这样的声音？当你向别人提出某种要求时，得到这样的回答，你是不是会觉得很失望？当你的上级给你下达某个任务，或者你的同事、顾客向你提出某个要求时，你是否也会这样回答？当你这样回答时，你是否能够同样体验别人对你的失望？

一句"没办法"，我们似乎为自己找到了不做的理由。但也正是一句"没办法"，浇灭了很多创造之花，阻碍了我们前进的步伐！是真的没办法吗？还是我们根本没有好好动脑筋想办法？发动机只有发动起来才会产生动力，同样，想办法才会有办法！

几年前，北京申奥成功，举国沸腾。大家不仅为中国的国力得到承认而高兴，而且，也为北京得到这样一个经济发展的机会而自豪。但你是否知道：在 1984 年以前，奥运会并不是个个国家都想争取的香饽饽，相反，敢于申办奥运会的国家没有几个。因为在相当长的一段时期内，举办奥运会是赔钱的。如前苏联举办的莫斯科奥运会，就亏损了很大一笔资金。1984 年的美国洛杉矶奥运会是一个转折，这次奥运会，美国政府不但没有掏一分一文，反而盈利 2 亿多美元，创下了一个奇迹。而创造这一奇迹的人，名叫尤伯罗斯，是一个商人。开始时，他并不愿意接受这项任务，经不住再三相邀，他最终才答应。

图 3.2　1984 年洛杉矶奥运会组委会主席尤伯罗斯

尤伯罗斯将整个奥运活动与企业和社会的关系做了通盘的考虑，终于想出了很多点子让奥运会赚钱。其中最绝的点子是将奥运会实况电视转播权进行拍卖，这可是从来没有过的。

最初，工作人员提出的最高拍卖价是 1.52 亿美元，这在当时已是个天文数字了，但立即遭到了尤伯罗斯的否定，他说："这个数字太保守了！"他敏感地觉察到了人们对运动会的兴趣正在不断高涨，奥运会已经是全球关注的热点。电视台利用节目转播，已经赚了不少钱。假如采取直播权拍卖的方式，势必引起各大电视台之间的竞争，价钱会不断抬高。

果然不出所料，单电视转播权一项就为他筹集了 2 亿多美元资金。以往的奥运会万里长跑接力，都是由有名的人士担任，但尤伯罗斯一改这种做法，表示谁都可以跑，只要身体够棒，另外出钱就可，每 1 公里按 3000 美元收费。消息一公布，报名的人竟然蜂拥而至，1.5 万公里的路，共收费 4500 万美元！这次奥运会给尤伯罗斯带来了空前的声誉。回首成功，他感到非常自豪：有想法就有突破点。假如畏难，怎么能够创造出这样辉煌的业绩呢？

人的智力提高是一个逐步的过程。只要你能够战胜对艰难的畏惧，并下决心去努力，你就能越来越多地找到解决问题的方法，并越来越智力超群！只要不断开发自己的潜能，找方法的能力会越来越强。先把"不可能"放到一边，而只想自己是否竭尽全力。学会想尽一切办法、穷尽一切可能去努力，世界上没有"无法解决的问题"，只有不够努力而造成的失败和遗憾。

三、寻找方法的技巧

（一）把自己逼到到绝境

难，是拒绝努力的第一理由。但是如果将心灵的焦点对准"难"，头脑就会加速运转，找出千万个理由，证明真的很"难"，人就很容易屈服。因为，畏惧使人无法真正冷静地应对问题，甚至导致行动的瘫痪。

但是，假如你不问问题难不难，只问自己是否尽了最大努力，你就会轻装上路，尽力挖掘自己的潜能，反倒容易将问题解决。把自己逼到"非……不可"的境地，你会创造出难以想像的奇迹！

（二）从"尽力"的假象中解放自己

人之所以无法"竭尽全力"，往往来自于"我已尽力"的假象——我已经做到最好了，再也无法往前走一步了。其实，这不过是不愿意接受挑战的借口。

稻盛和夫被日本经济界誉为"经营之圣"。他所创办的京都陶瓷公司，是日本最著名的高科技公司之一。该公司刚创办不久，就接到著名的松下电子的显像管零件 U 型绝缘体的订单。这笔订单对于京都陶瓷公司的意义非同一般。但是，与松下做生意绝非易事，商界对松下电子公司甚至有这样的评价："松下电子会把你尾巴上的毛拔光。"

对待像京都陶瓷这样的新创办公司，松下电子虽然看中其产品质量好，给了他们供货的机会，但在价钱上却一点都不含糊，且年年都要求降价。对此，京都陶瓷的一些人很灰心，因为他们认为：我们已经尽力了，再也没有潜力可挖。再这样做下去的话，根本无利可图，不如干脆放弃算了。但是，稻盛和夫认为：松下出的难题，确实很难解决，但是，屈服于难，也许是给自己未足够挖掘潜力而找的借口。于是，经过再三摸索，公司创立了一种名叫"变形虫经营"的管理方式。其具体做法是将公司分为一个个的"变形虫"小组，作为最基层的独立核算单位，将降低成本的责任，落实到每个人。即使是一个负责打包的老太太，也都知道用于打包的绳子原价是多少，明白浪费一根绳会造成多大的损失。这样一来，公司的运营成本大大降低，即便是在满足松下电子的苛刻条件下，利润也甚为壮观。

有些问题的确非常顽固，想了许多办法，仍无法解决。于是有人便认为"已是极限"，再去努力也是白搭。其实，当你真正经过一番努力奋斗，就会知道所谓"难"，其实只是你自己的"心灵桎梏"。只要不断努力，开发的潜能就会越来越大。努力不够，你当然不知道自己的潜能到底有多大。我们所感觉到的"危险"、"恐惧"，往往是预先设置的、被歪曲的。预先的恐惧会扭曲事实真相，事情绝对没有想像的那样严重。问题的严重性往往是我们自己放大的，事情的"困难"也是如此。

只要努力面对恐惧，恐惧就会烟消云散。在工作中，大家是否遇到过这种情况：某一问题就像山一样摆在你面前，要克服它，似乎完全不可能。于是，一种说不出的恐惧不招自来，你很快就向像山一样高的问题屈服了。出现这样的情境并不奇怪，因为有些问题，的确有很大的难度。但是，由于对问题难度的恐惧，就放弃解决问题的努力，到底有多少合理性呢？

（三）强迫自己面对

著名将军巴顿曾经说过："如果勇敢便是没有畏惧，那么我从来不曾见过一位勇敢的人。"即使再勇敢的人，也有畏惧的时候。那么，怎样才能从恐惧中解放出来、培养真正的勇气呢？最有效的方法，莫过于强迫自己面对。

美国总统艾森豪威尔小时候有过这样一段经历：5 岁的时候，有一次去叔叔家玩。叔叔的房子后面养了一对大鹅,结果公鹅一见他就一边怪叫着一边向他扑来。他哪儿受得了这种恐吓!于是他拚命跑开,向大人哭诉。

受了几次惊吓后,叔叔找了个旧扫帚交给他,然后指着大鹅对他说:"你一定能战胜它!"。当鹅再次向他冲来时,他手里拿着扫帚,浑身不住地颤抖。猛然间,他鼓足勇气大吼一声,挥起扫帚向鹅冲去。鹅掉头便跑,他紧追不舍,最后狠狠地给了鹅一下,鹅惨叫着逃跑了。从那以后,鹅只要一见他,就会远远地躲开。从此,他懂得了一个道理:只要勇敢迎战,就能战胜对手。

有一段时间,他每天放学回家的时候,都被一个与他年龄相仿、粗壮好斗的男孩追赶。一天,这一幕正好被他父亲看见,于是冲他大喊:"你干嘛容忍那小子追得你满街跑?去把那小子给我赶走!"于是,他不得不停下来,面对自己很怕的对手。他开始猛烈地反击,这一招立刻把对手吓住了,慌忙夺路而逃。艾森豪威尔顿时勇气大增,一把将对手抓住,正颜厉色地警告他:"如果你再敢找我的麻烦,我就每天打你一顿。"通过这件事,他进一步悟出一个道理:别看有些人耀武扬威,其实不过是外强中干,唬人而已。

(四)树立足够的信心

遇到敌人和强硬的对手,恐惧是避免不了的。但是,不要忘记:你畏惧对手,对手可能也畏惧你,甚至比你对他的畏惧还要大。在这种情况下,谁更敢面对,谁就能获得胜利。在遇到困难的时候一定要树立起充分的信心,沉着面对困难,积极解决问题。

任何问题都有解决的方法,方法总比问题多,关键是我们对待问题的态度。当遇到问题时,平庸的人不是主动去找方法解决问题,而是千方百计找借口回避问题;而优秀的人则是把问题当成机遇,积极寻找解决问题的方法,在问题中发掘成功的契机。许多人有追求、有理想,但很多人只让自己的追求停留在梦想的层次,最后的结果不过是黄粱一梦。与此相反,有的人却总是让自己的每一个追求,通过踏踏实实的行动来实现,最后将许多人看来不可能实现的梦想,变为了现实。

> **小贴士**
>
> ### 美国前总统艾森豪威尔简介
>
> 德怀特·戴维·艾森豪威尔(Dwight David Eisenhower,1890 年 10 月 14 日—1969 年 3 月 28 日,七十九岁)美国第 34 任总统(1953 年 1 月 20 日——1957 年 1 月 20 日,1957 年 1 月 20 日——1961 年 1 月 20 日),陆军五星上将。在美军历史上,艾森豪威尔是一个充满戏剧性的传奇人物,他曾获得很多个第一。美军共授予 10 名五星上将,他是晋升得"第一快"、出身"第一穷";他是美军统率最大战役行动的第一人;他是第一个担任北大西洋公约组织盟军最高统帅;他是美军退役高级将领担任哥伦比亚大学校长的第一人;他是美国惟一一个当上总统的五星上将。
>
> 1969 年 3 月 28 日,艾森豪威尔在美国华盛顿病逝,终年 79 岁。主要著作有《远征欧陆》、《白宫岁月》和《艾森豪威尔的战争经历》。同年 4 月 2 日,在他的家乡阿比城,他的遗体下葬,在下葬遗体的时候,宣布了他的遗言。他的遗言有这么一句话:"我始终爱我的夫人!我始终爱我的儿子!我始终爱我的孙子!我始终爱我的祖国!"四个始终的"爱"。

第四节 成功人士的习惯

习惯对生活有很大的影响,因为它是一贯的,在不知不觉中,长年累月影响着人的品德、暴露出人的本性、左右着人的成败。古希腊哲学家亚里斯多德说过:"人的行为总是一再重复。"

人的品德基本上是由习惯组成的。俗语说：思想决定行动，行动决定习惯，习惯决定品德，品德决定命运。本节主要介绍了积极主动的习惯、以终为始的习惯、要事第一的习惯。

一、习惯的养成

美国著名教育家曼恩曾说："习惯就仿佛一条缆绳，我们每天为它缠上一股新索，不要多久就会变得牢不可破。"这句话的后半段我不敢苟同，我相信习惯可以养成，也可以打破，但决不是一蹴而就，而是需要长期的努力和无比的毅力。

太空人搭乘阿波罗 11 号太空船，首次登陆月球的刹那，的确令人叹为观止。但太空人得先摆脱地球强大的引力，才能飞往月球。因此在刚发射的几分钟，也就是整个任务一开始的几英里之内，是最艰难的时刻，所耗的力量往往超越往后的几十万英里。习惯也是一样，它具有极大的引力，只是许多人不加注意或不肯承认罢了。想要革除各种不良习性，若是缺乏意志力，不能大刀阔斧地改革，便难以实现目标。"起飞"需要极大地努力，然而一旦脱离重力的牵绊，我们便可享受前所未有的自由。

（一）习惯的定义

习惯是指积久养成的生活方式。泛指一地方的风俗、社会习俗、道德传统等，也指逐渐养成而不易改变的行为。广义的习惯不仅仅是动作性的、生活方式性的或社会风尚性的，还包括人类所有的优点。甚至包括"善良""仁爱"这样永恒的主题，也需要进行不断修炼，才会真正化为行动性的习惯。

习惯的养成，并非一朝一夕之事。而要改正某种不良习惯，也常常需要一段时间。根据专家的研究发现，21 天以上的重复会形成习惯，85 天的重复会形成稳定的习惯。所以一个观念如果被别人或者是自己验证了 21 次以上，它一定会变成你的信念。如下表所示：

阶　段	时　间	特　点
第一阶段	1-7 天	刻意，不自然
第二阶段	7-21 天	刻意，自然
第三阶段	21-85 天	不经意，自然

习惯的形成大致分成三个阶段：第一个阶段是头 1-7 天左右，这个阶段的特征是"刻意，不自然"。你需要十分刻意地提醒自己去改变，而你也会觉得有些不自然，不舒服。第二个阶段是 7-21 天左右，这一阶段的特征是"刻意，自然"，你已经觉得比较自然，比较舒服了，但是一不留意，你还会回复到从前，因此，你还需要刻意地提醒自己改变。第三阶段是 21～85 天左右，这个阶段的特征是"不经意，自然"，其实这就是习惯，这一阶段被称为"习惯性的稳定期"。一旦跨入这个阶段，你就已经完成了自我改造，这个习惯已成为你生命中的一个有机组成部分之后，它会自然而然地不停为你"效劳"。

改变习惯的过程可能很不好受，毕竟习以为常的事物比较能给人安全感。但为追求一生的幸福与成功，暂时牺牲眼前的安适与近利，也是值得的。经过一番努力与牺牲所换来的果实，将更为甜美。

（二）好习惯的培养

我们必须在实践中去养成习惯，要不断身体力行，使习惯成自然。陶行知先生的生活教育理论非常重视在做中学。因此，他主张在做中养成习惯，即在实践中养成习惯。他在《教育的新生》一文中写道："我们所提出的是：行是知之始，知是行之成。行动是老子，知识是儿子，创造是孙子。有行动之勇敢，才有真知的收获。"

著名教育家叶圣陶先生也认为，要养成某种好习惯，要随时随地加以注意，身体力行、躬行实践，才能"习惯成自然"，收到相当的效果。

什么是"习惯成自然"呢？叶圣陶是这样解释的："成自然就是不必故意费什么心，仿佛本来就是那样的意思。"他举例道："走路和说话是我们最需要的两种基本能力。这两种能力的形成是因为我们从小就习惯了，'成自然'了；无论哪一种能力，要达到习惯成自然的地步，才算我们有了那种能力。如果不达到习惯成自然的程度，只是勉勉强强地做一做，就说明我们还不具有那种能力。"

图3.3　著名教育家叶圣陶

通常说某人能力不强，就是说某人没有养成多少习惯的意思。比如说张三记忆力不强，就是张三没有把看见的、听见的一些事物好好记住的习惯。说李四表达能力不好，就是说李四没有把自己的思想和感情说出来的习惯。因此，习惯养成得越多，那个人的能力就越强。做人做事，需要种种能力，所以最要紧的是养成种种的习惯。

良好习惯形成的过程，是严格训练、反复强化的结果。现代控制论创始人、美国著名数学家维纳，在回忆父亲对他早期学习习惯的严格训练时说："代数对我来说没有什么困难，可父亲的教学方法，使我们精神不得安宁，每个错误都必须纠正。他对我无意中犯的错误，第一次是警告，是一声尖锐而响亮的'什么'，如果我不马上纠正，他会严厉地训斥我一顿，令我'再做一遍'。我曾遇到不止一个能干的人，可是他们到后来一事无成。因为这些人学习松懈，得不到严格纪律的约束。我从父亲那里得到的正是这种严厉的纪律训练。"父亲严格的训练，终于使维纳养成了良好的学习习惯，以后成为誉满全球的科学巨人。

图3.4　美国著名数学家维纳

二、积极主动的习惯

积极主动即采取主动，为自己过去、现在以及未来的行为负责，并依据原则及价值观，而非情绪或外在环境来下决定。积极主动的人是改变的催生者，他们扬弃被动的受害者角色，不抱怨别人。他们发挥了人类四项独特的禀赋——自觉、良知、想象力和自主意志，同时以由内而外的方式来创造改变，积极面对一切。他们选择创造自己的生命，这也是每个人最基本的决定。

如果你不向前走，谁又会推你走呢？因此，积极主动的态度，是实现个人愿景的原则。客观条件受制于人并不足惧，重要的是，我们有选择的自由，并且可以对现实环境进行积极主动的回应。人要对自己的生命负责，为自己创造有利的机会，做一个真正"操之在我"的人。其中最有份量的一句是"有选择的自由"。现代社会最重要的特征是：社会的个体拥有选择的自由。每个人都可以选择自己想要的生活，潜规则是不能妨碍他人选择的自由的。接着，个人必须为自己的选择导致的结果承担责任。当外界出现刺激时，积极主动的人必须能够根据自己的价值判断做出属于自己的选择，然后给出个人特色的回应。这种自由被视为"人类最终的自由"。即在任何环境中，人有能力选择自己的态度及回应的方式。这给很多还没有做出选择的人提供了一线光明和希望。

我们经常说:"我不小心忘记了……""我迟到,因为……","其实是有原因的……"我们每天都在不停地找借口或是抱怨,其实我们应该主动积极地创造未来,实现梦想。所以,有效能的人士为自己的行为及一生所做的选择负责,他们致力于实现有能力控制的事情,而不是被动地忧虑那些没法控制或难以控制的事情。他们通过努力提升效能,从而扩展自身的关切范围和影响范围,同时积极的心态能让你拥有"选择的自由"。

美国文学家及哲学家梭罗说过:"最令人鼓舞的事实,莫过于人类确实能主动努力以提升生命价值。"

积极主动是人类的天性,如若不然,那就表示一个人在有意无意间选择消极被动。消极被动的人易被自然环境所左右,在秋高气爽的时节里,兴高采烈;在阴霾晦暗的日子,就无精打采。积极主动的人,心中自有一片天地,天气的变化不会发生太大的作用,自身的原则、价值观才是关键。如果认定工作品质第一,即使天气再坏,依然不改敬业精神。

消极被动的人,如果受到礼遇,就愉快积极,反之则退缩逃避。心情好坏建立在他人的行为上,别人不成熟的人格反而是控制他们的利器。理智重于情感的人,则经过审慎思考,选定自己的原则、价值观,作为行为的原动力。他们与感情用事、陷溺于环境而无法自拔的人截然不同。不过,这并不表示积极主动的人对外来的刺激无动于衷。他们对外界的物质、精神与社会刺激仍会有所回应,只是如何回应完全掌握在自己手中。美国小罗斯福总统的夫人曾说:"除非你同意,任何人都不能伤害你。"

由此可见,不幸的遭遇固然会使人身心受伤,但是基本人格可以不受影响。愈是艰难痛苦的经验,反而愈能砥砺志节,坚强意志,提升面对未来考验的勇气,甚至于感召他人。

积极主动与消极被动有天壤之别,尤其再配合聪明才智,差距就更远了。想要生命的产能与产出平衡,进而追求圆满人生,主动精神实在不可缺少。我曾经参加过某个行业的每季业绩检讨会,记得当时正值景气落入谷底,那一行所受的打击尤其大。因此会议一开始,各厂商的士气都很低落。

习惯于消极被动的人,言语中就会流露出推卸责任的个性。例如:

"我就是这样。"仿佛是说:这辈子注定改不了。

"他使我怒不可遏!"意味:责任不在我,是外力控制了我的情绪。

"办不到,我根本没时间。"又是外力控制了我。

"要是某人的脾气好一点"。意思是:别人的行为会影响我的效率

"我不得不如此。"意味着:迫于环境或他人。

(一)言语态度对照表:

消极被动	积极主动
我已无能为力	试试看有没有其他可能性
我就是这样一个人	我可以选择不同的作风
他使我怒不可遏	我可以控制自己的情绪
他们不会接受的	我可以想出有效的表达方式
我被迫……	我能选择恰当的回应
我不能	我选择
我必须	我情愿
如果	我打算……

如上表所示：消极被动的人和积极主动的人在很多方面都存在巨大差异。消极被动的人总是认为自己受环境和他人的左右，如果别人不指点，环境不改变，自己就只有消极地生活下去。碰到问题的时候，消极被动的人总会找人帮着做决定，环境不好的时候，他们就会怨天尤人。他们总是在等待命运安排或贵人相助。对一件事情，他们总认为是事情找上他们，自己无法主导或推动事情的进展。

积极主动的人认为，无论在任何情况下，自己总有选择的权利。所以，他们对自己总是有一份责任感，因为命运操纵在自己的手里，而自己并不是环境或他人的附庸。对一件事情，他们总是认为，自己可以主导事情的发生、发展。

（二）积极主动的意义

30 年前，在工业社会里，每位员工是企业机器里的一个齿轮。因此这些公司最喜欢的人才是：一个有专业知识的、能够埋头苦干的人。

斗转星移，今天人们对人才的定义已经发生了很大的变化，因为在现代化的企业中，大多数人的工作不再是机械式的重复劳动，而是需要独立思考、自主决策的复杂过程。著名的管理学家彼得·德鲁克曾指出："未来的历史学家会说，这个世纪最重要的事情不是技术或网络的革新，而是人类生存状况的重大改变。在这个世纪里，人将拥有更多的选择，他们必须积极地管理自己。"所以，今天大多数优秀的企业对人才的期望是：积极主动、充满热情、灵活自信的人。

要想在现代化的企业中获得成功，就必须努力培养自己的主动意识：在工作中要勇于承担责任，主动为自己设定工作目标，并不断改进方式和方法；此外，还应当培养推销自己的能力，在领导或同事面前要善于表现自己的优点。

作为当代中国的青年一代，应该不再只是被动地等待别人告诉你应该做什么，而是应该主动去了解自己要做什么，并且规划它们，然后全力以赴地去完成。想想今天世界上最成功的那些人，有几个是唯唯诺诺、被动消极的人？对待自己的学业和研究项目，你需要以一个母亲对孩子那样的责任心全力投入、不断努力。只要有了积极主动的态度，没有什么目标是不能达到的。

其实，许多年轻人并不是没有积极主动的态度作出自己的决定，而是不习惯在重大问题上作出自己的决定。如果问一位中国的大学生："你最常作的决定是什么？"他的回答很可能是决定买什么样的电脑，看什么电影，读什么书等。这些事情固然需要作出决定，但是，许多更重要的决定更需要由你自己作出。例如，读什么专业、读什么学校、考研还是出国等决定，大家可能习惯于听从父母的安排，或参考大多数同学的选择——殊不知，在这些最重要的问题上，只有你自己的决定才能帮助你迈向真正的成功。自己作无关紧要的决定，但是对一生有重大影响的决定却听他人的，这是多么不合逻辑呀！

当 Google 的创始人赛吉·布林和拉里·佩奇在电视上被访问时，记者问他们的成功应该归功于哪一所学校，他们并没有回答：美国斯坦福大学或密西根大学，而回答的是"蒙台梭利小学"。在蒙台梭利教育的环境下，他们学会了"自己的事，自己负责，自己解决"。是这样的积极教育方式赋予了他们鼓励尝试、积极自主、自我驱动的习惯，因而带来了他们的成功。

所以，每一个年轻人都要拥有一个积极、主动的心态，你必须善于规划和管理自己的事业，为自己的人生作出最为重要的抉择。没有人比你更在乎你自己的事业，没有什么东西像积极主动的态度一样更能体现你自己的独立人格。正如美国诗人惠特曼在《草叶集》里所写的那样："我不能，别的任何人也不能代替你走过那条路；你必须自己去走。"

根据自主程度的高低，人生的问题可分为三类：个人可直接控制（与自身行为有关）；个人可间接控制（与他人行为有关）；无法控制（已成过去或客观环境使然）。积极主动的人对这三类问题，都有应对之道。

可直接控制的问题：解决之道在于改变习惯，这是我们绝对做得到的。

可间接控制的问题：我们可以发挥自己的影响力去影响到对方。

无能为力的问题：我们的责任就是改变嘴角的线条——以微笑、真诚平和的态度，接纳这些问题。纵使有再多不满，也要学习处之泰然，如此才不至于让问题制服了我们。不管一个问题是能直接控制还是无法控制，或是能间接控制，解决问题的第一步都在于改变我们的习惯，改变我们的影响途径，改变我们看问题的方式。

主动积极不仅指一个人行事的态度，更意味着要对自己的人生负责。主动积极的人面对问题时，知道成功是靠自己争取来的，守株待兔只会荒废人生。机会来临时，如果狐疑不决，机会就会转瞬即逝。天生我材必有用，只有主动积极才能做命运的主人。山不向我走来，我便走向山；海不向我移动，我便奔向海。

（三）积极主动的方法

要达到积极主动的境界，建议大家按照七个步骤，循序渐进地调整自己的心态，培养自己的习惯，学习把握机遇、创造机遇的方法，并在积极展示自我的过程中收获成功和快乐。

1. 拥有积极的态度，乐观面对人生

心理学家早已发现：一个人被击败，不是因为外界环境的阻碍，而是取决于他对环境如何反应。埋怨不会改变现实，但是积极的心态和行动却可能改变一切。

根据心理学家的统计，每个人每天大约会产生5万个想法。如果你拥有积极的态度，那么你就能乐观地、富有创造力地把这5万个想法转换成正面的能源和动力；如果你的态度是消极的，你就会显得悲观、软弱、缺乏安全感，同时也会把这5万个想法变成负面的障碍和阻力。

消极的人允许或期望环境控制自己，喜欢一切听别人安排，但在这样的情况下，他不可能拥有控制自己命运的能力，也无法避免失败的厄运；相反，积极的人总是以不屈不挠、坚忍不拔的精神面对困难，他的成功是指日可待的。积极的人总是使用最乐观的精神和最辉煌的经验支配、控制自己的人生；消极者则刚好相反，他们的人生总是处在过去的种种失败与困惑的阴影里。

积极的态度肯定会改变一个人的生活方式，但并不能保证他每件事都心想事成；可是，坚持消极的态度却必败无疑。我从来没见过哪个持有消极态度的人能够取得可持续的、真正的成功。

当然，不是每一件事情都必须由自己来选择，也不是每一件事情都可以由自己来主导。所以，在选择积极态度的同时，我们必须保持平和的心态，也就是我常说的那句话：有勇气改变可以改变的事情，有胸怀接受不可改变的事情，有智慧来分辨两者的不同。

2. 远离被动的习惯，从小事做起

消极被动的习惯是积极主动的最大障碍，如果你从小就在消极、被动的环境下长大，你就更应该努力剔除自身所拥有的那些消极因素。

例如，消极被动的人总是迷信宿命论，把不如意的事情纷纷归罪于基因遗传、星座、血型等因素，并由此变得自怨自艾，总是怪罪别人的不是，指责环境的恶劣——如果这样的想法成为习惯，他就会陷入消极被动的恶性循环，难以自拔。

那么该如何远离消极被动呢？有这样四个建议：

（1）不要让事情找上你，应主动对事情施加影响

每一件发生在你身上的事都应该是因你的决定而发展、变化的，而不应该是因为你无所作为才变成现实的。

有位同学告诉我说："我申请了两个工作，其中，我比较喜欢那份竞争激烈的工作，但同学们也都在争取那份工作。我现在只好选择等待，如果那家公司不聘请我，我就到另一家公司去。"我很惊讶地问他："既然你很喜欢第一份工作，为什么你这么被动，只知道等待而不去主动争取呢？"不要忘了，被动就是弃权，不作决定也是一种决定。

（2）不要习惯性地同意或追随别人，应当学会"有主见"

年轻人必须知道自己喜欢什么、需要什么，而不应当随波逐流。许多同学有很强的"从众"心态，自己有想法不表达，时间久了甚至都不清楚自己的想法是什么了。他们每次都会习惯性地先问别人："你怎么想？"而从不会问问自己："我怎么看？"

要改掉这个习惯，你就需要下定决心，每一件小事都要表达出自己的意见，就算你不是很在乎。例如，自己决定在餐馆点什么菜，自己决定自己的衣着打扮，周末时自己决定要去哪里玩，等等。你应该学会对自己的生活作出合理的安排，而不是"别人怎样我就怎样"。当自己感觉"无所谓"，想依从别人的意见时，记得提醒自己，一定要把自己的选择展现出来。

不要被别人影响，也不要觉得自己一定要"从众"。千万不要因为别人的决定而影响你自己意见的表达。有没有什么人总是喜欢告诉你该做什么？如果有，下定决心，要求他们不要再这么做。如果他们不听，那就不要和他们在一起。

也就是说，大家要设法让自己潜意识里的"我感觉，我想要"体现出来，不要被动，不要从众，避免盲目听从父母、老师、名人……答应自己，当你认为必须说"No"的时候，千万不要说"Yes"。从小事到大事，你如果都能做到听从自己的意愿，日子久了，你就会养成积极主动的习惯。

（3）不要说"我办不到"，应当积极去尝试

遇到困难时，不要找借口，应该多想一想，有没有别的解决方案？能不能将问题分解开来，一步一步地加以解决？或者，是否需要先提高自己在某方面的能力，然后再回头来处理这个难题？不要因为逃避而说自己没有选择或没有时间——没有人缺少时间，只不过，每个人分配时间的方式有所不同而已。

（4）使用语言下意识地训练自己

我们的语言会下意识地引导我们的思想，也会真切地反映一个人对环境的态度。

习惯于消极被动的人，言语中就会流露出推卸责任的个性。

例如，他们在生气时会抱怨说："他使我怒不可遏！"——他们想说的其实是：责任不在我，是外力左右了我的情绪。

他们总是抱怨："我没时间。"——这表明：又是外力控制了我，让我没有选择的机会。

他们还喜欢说："我不得不如此。"——这其实意味着：迫于环境或他人的压力，我只好选择服从。

他们在自我表白的时候说："我就是这样的人。"——这其实是在宣称：我已经无法改进或提高自己了。

相反，积极主动的人总是在言语中赋予自己决定的权利，他们喜欢说的话包括："试试看有没有其他的可能性。""也许我可以换个思路。""我可以控制自己的情绪。""我可以想出更有效的表达方式。""我的感觉是……""我选择……""我要……""我情愿……""我打算……"

"我决定……"等等。

所以，我们要多学习积极主动者的讲话方式，在说话时多用"我……"的句式，多给自己决定的权利，少推卸责任，少埋怨。

3. 对自己负责，把握自己的命运

这个世界到底是不是公平的？有些人认为世界公平，一个人只要有志气就一定能克服一切障碍；也有些人认为世界极端不公平，因为无论是财富、天赋还是运气，老天爷好像总是青睐别人。但辩证地来说，一切都靠命运（宿命论）和一切都靠自己（人定胜天）都是不合适的。

每一个人都有选择，都有机会，但是，先天和环境因素造成每个人的机会多少不同。所以，这个世界不是完全公平的。但如果你因为世界不公平而放弃了自己的机会和选择，那就是你自己的责任，就不能怪世界不公平了。

所以，凡事都要想清楚，什么是自己不能改变而必须接受的，什么是自己可以选择的，什么是自己必须勇敢挑战的。当你碰到不可改变的事情时，要勇敢地接受它，不要把时间浪费在悔恨、羡慕和嫉妒上。你应该做的事是积极主动地抓住命运中你可以选择、可以改变、可以最大化你影响力的那部分。

"积极主动"的含义不仅限于主动决定并推动事情的进展，还意味着人必须为自己负责。责任感是一个很重要的观念，积极主动的人不会把自己的行为归咎于环境或他人。他们在待人接物时，总会根据自身的原则或价值观，作有意识的、负责任的抉择，而非屈从于外界环境的压力。

对自己负责的人会勇敢地面对人生。大家不要把不确定的或困难的事情一味搁置起来。比方说，有些人认为英语重要，但学校不考试时，自己就不学英语；或者，有些人觉得自己需要参加社团锻炼沟通能力，但因为害羞就不积极报名。对此，我们必须认识到，不去解决也是一种解决，不作决定也是一个决定，消极的解决和决定将使你面前的机会丧失殆尽，你终有一天会付出沉重的代价。

4. 积极尝试，邂逅机遇

积极尝试是学习最好的方法。在一个先进的公司，你不需要担心失败。在一项美国公司的首席执行官的调查中发现，他们最欣赏的就是那些主动要求做某项新工作的员工。无论是否能做好，至少这些员工比那些只会被动接受工作的员工要令人欣赏，因为他们有勇气、积极上进，而且会从中学习。

对于那些正在选择人生道路的年轻人来说，他们更应该积极地尝试不同的事情。在美国，父母经常说的一句话是："你没有试过，怎么知道自己不喜欢呢？"所以，我建议大家充分利用自己的时间，尝试做不同的事情，找到通向成功的门径。只有这样，我们才能在人生之路上邂逅更多的机遇。

美国人很喜欢尝试不同的工作，他们一生中平均要换四次工作。在长期计划经济的思想影响下，更多的中国人不愿意换工作，而更倾向于终生做一件事。其实，换工作岗位的意义在于，你一开始作的决定并不一定是你的终生决定，你仍然有机会去尝试更多的东西，只有这样才能真正找到自己的兴趣所在，才能最大限度地发挥自己的潜力。

所以，不要因为暂时不了解自己的长处而犹疑不决。大家要珍惜每一次尝试，因为机遇往往不可复制。要随时作好准备，以免机遇到来时错失良机，同时也应学会从每一个失去的机遇中吸取教训。此外，只有敢于挑战自我，你才能充分地开发自身的潜力。

5. 充分准备，把握机遇

不要坐等机遇上门，因为那是消极的做法。俄国现实主义艺术大师屠格涅夫说过："等待的方法有两种，一种是什么事也不做地空等，另一种是一边等，一边把事情向前推动。"也就是说，在机遇还没有来临时，就应事事用心，事事尽力。

如果被苦难或挫折阻挡，我们应该学习把挫折转换成动力，而不要一遇到困境就躲在阴暗的角落里怨天尤人，更不要在需要立即行动的时候犹豫不决。人生不能用这种消极的方式度过。我们终有一天要面对自己，对自己的生命负责。因此，我们必须在平时作好充分的准备，掌握足够的信息，以便在必要时作出最好的抉择，把握住稍纵即逝的机遇。当你知道机遇来临的时候，要积极把握；当你尚未看到机遇的时候，要时刻准备。

6. 积极争取，创造机遇

当机遇尚未出现时，除了时刻准备之外，我们也应该主动为自己创造机遇。对大学生来说，大家应该积极地计划大学的四年，积极地争取和创造机遇。你的毕业计划将成为你学业的终点和事业的起点，你的志向和兴趣将为你提供方向和动力。你如果不知道你的志向和兴趣，应该马上作一个发掘志向和兴趣的计划；你如果不知道毕业后要做什么，应该马上制定一个尝试新领域的计划；你如果不知道自己最欠缺什么，应该马上写一份简历，找你的老师、朋友打分，看看哪里需要改进；如果你毕业后想出国深造，你应该想想如何让自己在申请出国前有实际的研究经验和论文；如果你毕业后想到某个公司工作，那你应该找找该公司的聘请广告，和你的履历对比，看自己还欠缺什么经验……只要做到了这些，你就不难发现，自己每天都会比前一天离成功更近一些。

7. 积极地推销自己

在全球化和信息化的时代里，那些能够积极推销自我的人更容易脱颖而出。

很多在美国工作多年的中国人对美国同事的印象总是这样的："他们怎么这么能说？他们充分地表达了自己的工作成绩，而中国同事在很多时候做得很好，却没有展现出来，这不能不说是一个遗憾。"

在公司里，经常得到晋升机会的人，大多是能够积极推销和表达自己的、有进取心的人。当他们还是公司的一名普通员工时，只要和公司利益或者团队利益相关的事情，他们就会不遗余力地发表自己的见解、贡献自己的主张，帮助公司制定和安排工作计划；在完成本职工作后，他们总能协助其他人尽快完成工作；他们常常鼓励自己和同伴，提高整个队伍的士气；这些人总是以事为本、以事为先——他们都是最积极主动的人。

要想把握住转瞬即逝的机会，就必须学会说服他人，向别人推销自己、展示自己的观点。一般说来，一个好的自我推销策略可以让自己的人生和事业锦上添花。好的自我推销者会主动寻找每一个机会，让老板或老师知道自己的业绩、能力和功劳。当然，在展示自己时，不要贬低别人，更不可以忘记团队精神。

有些人可能会认为："要求我们展示自己，这是不是要我从一个内向的人彻底转变为外向的人？"其实，一个内向的人很难彻底地改变自己的性格。所以，我建议大家可以在自身性格允许的范围内往"外向"靠拢，尽量寻找一些"比较外向但又不给自己带来太大压力"的机会。

在人生的旅途中，你是你自己唯一的司机，千万不要让别人驾驶你的生命之车。你要稳稳地坐在司机的位置上，决定自己何时要停、要倒车、要转弯、要加速、要刹车等等。人生的旅途十分短暂，你应该珍惜自己所拥有的选择和决策的权利，虽然可以参考别人的意见，但千万不要随波逐流。

只有积极主动的人才能在瞬息万变的竞争环境中赢得成功，只有善于展示自己的人才能在工作中获得真正的机会。

三、以终为始的习惯

（一）以终为始的定义

以终为始，即根据预期结果做开始。就是告诉我们做事要先有心智创造，后才有实际创造。心智就是你的一些想法、观点和动机，远期目标决定未来的趋向，所以在做事情之前应该先规划如何发展，明白自己想要取得的成就是什么，多问问自己"我所珍视并拥有的是什么""我究竟是一个怎样的人""哪些品质是我想去拥有或去效仿的""我想为社会创造些什么，留下些什么"，这样，在你做事情前给自己定一个目标，明白自己的愿景在哪里然后坚持不懈，去达成目标。以终为始。

以建筑为例，在拿起工具建造之前，必须先有详尽的设计图。而绘出设计图之前，须先在脑海中构思每一细节。有了设计图，然后有施工计划，这样按部就班，才能完成建筑。假使设计稍有缺失，弥补起来，可能就事倍功半。设计蓝图代表愿景，整个建筑过程均以它为准绳，因此宁可事先追求尽善尽美，以免亡羊补牢。

创办企业也是同样道理。要想经营成功，必须先确定产品或服务可达到的营运目标，然后综合资金、研究发展、生产作业、行销、人事、厂房设备等方面资源，朝愿景努力前进。许多企业都败在事先规划不周，以致资金不足，或对市场认识不清。

教养子女也要有使命。想调教出既懂事又有责任感的子女，日常与子女相处时，就得谨守这个使命，不可做出相违背的举动。

先构思而后行动的原则适用范围极广。比方出门旅行，要先决定目的地与路线；上台演讲，应先预备讲稿；做衣服，要先设计款式。明白这个道理，把确定使命看得与行为本身同样重要，影响圈就会日渐扩大。

太多人成功之后，反而感到空虚；得到名利之后，却发现牺牲了更可贵的事物。因此，我们务必掌握真正重要的愿景，然后勇往直前坚持到底，使生活充满意义。假设你正在前往殡仪馆的路上，要去参加一位至亲的丧礼。抵达之后，居然发现亲朋友好齐集一堂，是为了向你告别。也许这是许久之后的事，但姑且假定这时亲族代表、友人、同事或社团伙伴，即将上台追述你的生平。

请认真想一想，你希望听到什么样的评语？你这一生有任何成就、贡献或值得怀念的事吗？你是个称职的丈夫、妻子、父母、子女或亲友吗？你是个令人怀念的同事或伙伴吗？失去了你，对关心你的人会有什么影响？请大致记下你的感受，这有助于了解本小节的重点——以终为始。

人生旅途，岔路很多，一不小心就会走冤枉路。许多人拼命埋头苦干，却不知所为何来，到头来仍然发现追求成功的阶梯搭错了墙，为时已晚。因此，人们也许很忙碌，却不见得有意义。太多人成功之后，反而感到空虚；得到名利之后，却发现牺牲了更可贵的事物。上自达官显贵、富豪巨贾，下至平头小民、凡夫俗子，无人不在追求更多的财富或更高的事业地位与声誉，可是名利往往蒙蔽良知，成功每每须付出昂贵的代价。因此，我们务必掌握真正重要的愿景，然后勇往直前坚持到底，使生活充满意义。盖棺定论时，你希望获得的评价，才是你心目中真正渴望的目标。从这个角度看，名利、成就等等不免显得微不足道。

让我们再回到一开始提到的实验。在我的丧礼上，子女齐集一堂，表达孝思。我期望他们个个都很有教养，满怀对父亲的爱，而不是与父亲起冲突的创痛。但愿他们心中所充满的是往日美好的回忆，记得老爸曾与他们同甘共苦过。我所以有这些期望，因为我重视子女、爱护子女，以做他们的父亲为傲。但在实际生活中，却不一定时时牢记这些，表面对孩子的态度并不能真正反映我心底的情感，因为繁复的事务扰乱了我的方向。好在这个缺点并非无法克服。我可以排除外来不合宜的价值观与其他制约，由此建立自己的价值观与方向，和对生命的负责，来改写人生剧本，让自己的人生真正符合自己的意愿。于是乎，日常生活一旦出现困难或挑战，我就可以根据个人价值观决定自己的行为。

（二）以原则为重心

1. 你的生活重心是什么？

人人都有生活重心，即使不一定意识得到，但它依旧存在。一般而言，生活重心可以分为以下数种：

① 以配偶为重心

② 以家庭为重心

③ 以金钱为重心

④ 以工作为重心

⑤ 以名利为重心

⑥ 以享乐为重心

⑦ 以敌人或朋友为重心

⑧ 以宗教为重心

⑨ 以自我为重心

一般而言，我们都是以上某几种形态的混合体，随外在情势的不同而有所调整。此一时可能以朋友为重心，彼一时或许又变为以配偶为重心。生活重心如此摇摆不定，情绪上难免起起落落，一会儿意兴风发，一会儿颓废沮丧；一会儿斗志昂扬，一会儿又落魄消沉。所以，最理想的状况还是建立明确固定的生活重心，使人生更平顺、更和谐。

2. 以原则为重心

所谓正确的生活重心，也就是以原则为依归。原则是恒久不变、历久弥新的，不像其他重心依靠的是善变的人或物。所以原则值得信赖，更可以增加安全感。同时它是理智而非感情用事的，能带给你"虽千万人，吾往矣"的信心。

配偶也许会与你离婚，再亲密的朋友也可能离你而去。但原则却能助人披荆斩棘，克服人生，也教人处顺境而不迷失方向。原则使人冷静发挥智慧，正确判断，它使我们不为外力所动，勇往直前。

以原则为生活重心，可说是统合了其他重心而自成一格。

举实例来说，生活重心不同，产生的观念便互异。现在假定你已买好票，准备晚上与妻子（或丈夫）一同去欣赏音乐会，对方兴奋不已，充满期待。可是突然老板要你晚上加班，因为第二天有一个重要会议。

对以家庭或配偶为重的人而言，当然是优先考虑配偶的感受。那么你很可能委婉拒绝老板，以免令配偶大失所望。即使为了保住工作而勉强留下来加班，心里也一定十分不情愿，一方面还得设法平息配偶的失望与不满。

至于金钱至上的人，则重视加班费，或考虑到加班能使老板在调薪时另眼相看。你会理直气壮地告诉配偶你要加班，也会理所当然认为对方应该谅解，因为经济的需求超过一切。

对工作狂来说，加班正中下怀。因为既可增加经验，又有更多表现的机会，有利于晋升。所以不论是否需要，仍然自动延长加班时间，且自以为配偶一定以此为荣，对爽约不会小题大作。

贪嗜名利的人，则为加班费所增加的购买力而兴奋，或认为加班对个人形象很有帮助，可借此赢得为工作而牺牲奉献的美誉。

重视享受的人，即使配偶并不介意他加班，仍会撇下工作去赴音乐会，因为他觉得该慰劳自己一下。

看重朋友的人，则根据是否有朋友同行，或其他工作伙伴是否也留下来加班而做决定。

以敌人为念的人，会乐于留下来，因为这可能是一个打击对手的良机。在对方悠哉游哉的时候拼命工作，正足以证明你对公司的贡献更胜一筹。

热衷宗教的人则会衡量，共同加班的人是否信仰同一宗教，或音乐会演奏的是否为宗教音乐等等，来决定取舍。

自我中心的人只关心，加班或赴音乐会，哪一样对个人的好处较大。

但注重原则的人会保持冷静客观的态度，不受情绪或其他因素干扰。然后从整体的角度——包括工作需要、家庭需要、其他相关因素，以及不同的决定可能造成的结果——加以考虑，经过深思熟虑，才做出正确的抉择。

不论最后选择赴音乐会或是加班，都不足为奇，因为拥有其他生活重心的人也是两者择一，只不过基本上拥有原则的人所做的抉择会有以下几个特征：

第一，这是主动而非被动的决定。

第二，这是经过通盘考虑所得的结论，不是一时冲动。

第三，根据原则所做的决定，能提高自我的价值。为了报复他人而决定加班，与真心为企业福祉着想而加班，结果虽相同，意义却大相径庭。

此外，若平时已与老板及妻子建立良好的互赖关系，此时不难向他们解释如此决定的缘由，而且也会获得体谅。使你可以心安理得，无所牵挂。

总而言之，以原则为生活重心的人，见解不同凡响，思想行为也自成一格。由于拥有坚实的内在，其所获得的高度安全感、人生方向、智慧与力量，使其能享有积极主动而充实的一生。

（三）"以终为始"的应用

1. 开发个人宣言

应用"以终为始"的方法，开发自己个人的使命宣言、哲学或者信条。因为个人的使命宣言给我们一个不变的核心，是我们所有目标和计划的依规，是我们人生的宪法，是最高准则。个人宣言将帮助我们专注于我们想成为的人，我们从中可以处理的外部变化。确认使命也意味着，着手做任何一件事前，先认清方向。这样不但可对目前所处的状况了解得更透彻，在追求目标的过程中，也不致误入歧途，白费工夫。

请试着写下理想的一生，愈详细愈好。你不妨和配偶在脑海里描绘结婚 20 周年以及 50 周年的情景，两人共同计划未来，讨论理想的婚姻关系什么样。你也可设想退休后的情形，希望有怎样的成就与贡献，退休后又有什么计划。尽量敞开心灵去想，掌握每个细节，并且投入所有的情感与感觉。

2. 确立生活重心

生活首先不能离开重心，不能失去自我，我们需要有一个清晰的人生方向来指导我们的日常活动，没有它们，我们将会一事无成。我们可以应用"以终为始"的法则来建立自己的愿景。愿景是为我们的生命插上双翅，引导我们的生活重心，代表着我们心智与想象力的最高水平。

与愿景紧密相关的事情是我们应该努力的重心，与愿景不相关的事情需要尽量少做。要充分发挥自己的想象力与思考力，进行自我领导，做自己的主人，避免人云亦云，随波逐流。

3. 计划组织安排

在拟出愿景和目标后，我们可以用"以终为始"的法则来帮助个人、家庭、团队和组织做计划，并据此塑造未来。根据需要达到的目标来制定阶段性的分段目标和计划。例如，对于一个出国学习的留学生，他的第一要务是要确定，他要的是什么，然后安排足够的人、财、物去达到留学目标。有个著名的田径世界冠军说他每次比赛都在赛段上假想出几个分段点来，这样终点显得不那么漫长。每一个起点都是终点，直到最后的终点。这其实就是计划组织安排的一种体现。

4. 提高自我领导

用"以终为始"的法则来提高自己的自我领导能力。所有事情都经历两次创造。第一次在我们的心中创造，第二次通过工作来实现这些想法。我们可以写自己的剧本或重写，成为自己的领导人。我们可以尝试问自己这些问题，然后一一回答。

（1）我在过去的几年里做过哪些成功了的事，哪些不成功的事，为什么没成功，为什么成功了？

（2）我获得的成功是否是我所期望的那样？

（3）我想达到什么样的目标和境界，我现在离那个目标还差些什么内容？

（4）实现这些内容，需要付出什么样的努力？

"以终为始"是人生规划的核心要领。对于大学生，首先要明白我们自己的目标，再去设计我们的路。如果没有规划、做许多与目标关联度不高的事情，其实是走更多的弯路。如果不知道自己的终点何在，永远也不会真正满足，会活得非常累，非常无奈，而且不知道何时偏离了目标，总跟别人对比，很难获得真正的满足与自信。

大到国家，小到优秀的企业都有五年规划，十年规划，个人也一样。用"以终为始"的原则来引导生活，会减少我们的迷茫，增强自己把握人生方向的能力。

四、要事第一的习惯

（一）要事第一的定义

要事，即最重要的和最值得去做的事情。要事第一强调的是全神贯注于人生的要事，先校正方向，然后才规划日程。这个习惯落实了前两个习惯，在日常生活中，随时随地展现出积极主动与确立目标的功夫。要事第一是通过独立意志的发挥，建立以原则为重心的处事态度，进而达到有效的自我管理。

（二）要事情第一的内涵

时间管理理论也可分为四代。

第一代理论着重利用便条与备忘录，在忙碌中调配时间与精力。

第二代理论强调事历与日程表，反映出时间管理已注意到规划未来的重要。

第三代是目前正流行、讲求优先顺序的观念。也就是依据轻重缓急设定短、中、长期目标，再逐日制定实现目标的计划，将有限的时间、精力加以分配，争取最高的效率。这种做法有它可取的地方。但也有人发现，过分强调效率，把时间崩得死死的，反而会产生反效果，使人失去增进感情、满足个人需要以及享受意外之喜的机会。于是许多人放弃这种过于死板拘束的时间管理法，回复到前两代的做法，以维护生活的品质。

现在，又有第四代理论出现。与以往截然不同之处在于，它根本否定"时间管理"这个名词，主张关键不在于时间管理，而在于个人管理。与其着重于时间与事务的安排，不如把重心放在维持产出与产能的平衡上。

第一代的时间管理理论丝毫没有"优先"的观念。固然每做完备忘录上的一件事，会带给人成就感，可是这种成就不一定符合人生的大目标。因此，所完成的只是必要而非重要的事。然而好此道者不在少数，因为阻力最小，痛苦与压力也最少。更何况，根据外在要求与规律行事，容易推卸责任。这类人缺乏效率，缺乏自制力与自尊。

第二代时间管理理论，人们的自制力增强了，能够未雨绸缪，不只是随波逐流，但是对事情仍没有轻重缓急之分。

第三代时间管理理论，人们则大有进步，讲究理清价值观与认定目标。可惜，拘泥于逐日规划行事，视野不够开阔，难免因小失大。第一、三类事务往往占去所有的时间，这是第三代理论最严重的缺失。

不过以上三代理论的演进，仍有可借鉴的地方。第四代理论便在旧有基础上，开创新局面。以原则为重心，配合个人对使命的认知，兼顾重要性与急迫性；强调产出与产能齐头并进，着重第二类事务的完成。

你每天为完成自己最重要的事情投入合理的时间了么？可能你养成一种习惯，根据事情先后顺序等来安排事情，但我们有一个更强的方法，那就是每天为你最重要的事情挤出时间并完善它。虽然这可能意味着破坏你的其他习惯和常规，但这是一件好事，你越是养成要事第一的习惯，你就越容易实现你的结果。如果你这样都没有得到你要的理想结果，那你就可以提出更合理的问题了。例如：你是否投入了足够的时间？你是否投入足够的精力？或者方法有问题？

也有可能，一些意料之外的事情发生了，也或许是你开始去完成当初你认为你想要的结果，但你现在却不喜欢了。现在你可以回顾并问问自己，你是否正在做你真正想要的或者需要的正确的事情？

做事要讲效率，当然要对人有效才行。每当我们为了某事慌慌张张地忙碌时，我们需要问一问自己："我为了什么而忙碌？" 有时候是因为我们落后进度了，或者是因为我们关注结果胜过关注过程。怎么才能不忙碌呢？这不是意味着减慢进度，除非慢下来会对形势有利。事实上，我们应该快速但不慌张地处理事情，就像有的事情总是重要的，有的不是。

时间不会由于我们管理而变得比别人多，没有人可以拥有一天超过 24 个小时的能力，所以有人说，时间是不能管理的，要做好管理，只能管理好自己高效利用时间，找出最重要的事情，专注于最高优先级的事情是时间管理的一个重要方法。

伟大诗人歌德也曾经说过："要事绝不应为小事所牵绊"。做事情高效的一个秘诀就是要善于集中精力。高效的人，往往都是把重要的事情放在第一位，而且一次只做好一件事。多数人在同一段时间内专心致志地只做一件事，都不见得能做好，更别说两件了。杂技演员可以双手同时抛接七八个球，但即使是技术最熟练的演员，也只能玩 10 分钟。时间久了，肯定所有的球都会掉下来。当然也有例外，作曲家莫扎特能同时作曲数首，而且每首都是杰作。但其它著名的作曲家，巴赫、亨德尔、海顿、威尔第等人，却只能同时专心于一首曲子。既然大多数人并非天才，那么学会集中精力在同一段时间内做好一件事情就是十分必要的。

1. 能够分出事情的轻重缓急

基辛格的父亲性格拘谨，对孩子要求相当严格。不管孩子犯了多微小的错误都会严厉地训斥一顿。他的母亲则恰恰相反，性格开朗活泼，富有幽默感，当基辛格在父亲那里受了委屈，或者被打了之后，就会不由自主地到母亲那里寻求抚慰。

基辛格小时候很贪玩。有一次他把自己的书包放在离家不远的一个杂货铺里让老板看着，自己就去玩了，后来竟然全忘记了书包的事情，径直回家了。父亲沉下脸来问："书包哪里去了？"情急之下，基辛格撒谎说晚上在同学家做作业，把书包放在同学家里了。没想到，父亲从桌子底下拿出了他的书包，当场揭穿了他的谎话。原来父亲去杂货铺买东西，看到了他的书包，便帮他拿回来了。就在基辛格又要受训斥的时候，母亲赶来说："以后出去玩可以，但不能忘记学习，一切应该以学习为重，学完之后再去找同学玩会玩得更痛快"。基辛格承认了自己的错误。此后，他做完功课后会把书包放在杂货铺老板那里，说："我妈妈会来取的。"

对于多数人来说，阻碍他们没有把重要的事情放在第一位的原因，并非他们不知道哪些事情更重要，而是他们没有考虑过将要做的几件事情中，哪几件可以缓一缓。而这将使他们无法为重要的事情挪出时间来：

小安喜欢的电视剧就要开演了，但是他的作业还没有做完。这时候有两个选择，一是先放下作业，看电视，因为电视节目的时间是固定的，而作业的时间可以自行安排。二是先做完作业，再看电视，因为如果作业做不完的话，意味着很多知识可能没有弄清楚，影响第二天的上课，而电视即使不看，对自己的学习也不会造成多大的影响。

两种选择都有各自比较充分的理由，如何选择？哪一件事情事实上更应该缓缓？这需要当事人自己来判断，正确的判断能够保证你更顺利地成长。

2. 能够拒绝各种诱惑

在诱惑面前，人们最容易放弃自己最应该做的事情。1973 年诺贝尔物理学奖获得者伊瓦尔小时候也曾经在诱惑面前没能控制好自己，甚至一度物理考试不及格。"我该怎么向爸爸说呢？"在回家的路上，伊瓦尔一直在想这个问题，手里那张不及格的物理试卷已皱巴巴的了。不知不觉地他又走到了娱乐中心，里面的喧哗声一阵阵地传了出来，他的脚下意识地迈了进去。在一个台球桌前围着好多人，伊瓦尔费力地挤了进去。一个高高瘦瘦的男子正眯着一只眼，用击杆瞄准一只球。

"击球！"

"进了！" 围观的人们发出赞叹。

那个男子频频击球，球一个个地滚进了网兜。伊瓦尔与人群一起欢呼着，嘴里还说："OK，这边，先生！" 他稚嫩的童音引起了那个男子的注意。

"喂，小家伙，你会玩这个吗？"

"当然，先生！"

"试试吗？"他和蔼地问道。周围人们的眼光都集中到了这个不起眼的小孩子身上，他有些羞涩了。

"哈！八成不会。"一个比他大些的男孩大叫。

"谁说不会，你看着。" 伊瓦尔急了，把手中攥了好久的那张试卷往兜里一塞，将书包放到旁边，勇敢地接过了那男子的击杆。他比球桌高不了多少，围观的人们饶有兴趣地注视着他。他眯着眼，找到目标，将杆对准，推杆，球准确地落进了网里。

"好球！进了！"屏息观看的人们忍不住热烈地鼓起掌来。

伊瓦尔没有出声，他兴奋地频频推杆，球一个个都滚进了球网。人群沸腾了，"这小家伙简直可以当台球冠军了！"伊瓦尔放下击杆，擦擦汗，仰起脸，无声地望着那位中年男子。中年男子赞赏之意溢于言表，不过他没有评价小伊瓦尔高超的球技，只是轻声提醒道："小家伙，天色已经很晚了，你应该回家了。"这话像一盆冷水浇到伊瓦尔头上，刚刚升腾起来的骄傲感荡然无存。他低下头。伊瓦尔在他喜欢的台球面前，却放弃了他最应该做的事情，这个故事就是典型的能够拒绝诱惑的事例。

（三）发现要事的方法

1. 重新编排当日计划

该做一个当日的工作编排，当然这得先停下来，然后问自己一个问题："今天我最重要的事情是什么？"例如，今天的一个目标是"在外面享受好天气"那就绝对不会让别的事情妨碍了短暂的阳光明媚的夏日。

2. 重新安排一周计划

可以重新安排一周的计划，但在此之前得先停下来，并问自己一个问题，"这一周，我最重要的事情是什么？这样就能为此做好周详安排。你可以简单地检查一下，是否为本周计划表上的基本安排给出了足够的时间，因为基本的事情要必须做。当然安排并不是绝对的，一件事不能是全部或者完全放弃，你可以在这里用时间多点，在那里用时间少点，当然这要看你如何创新了。如果你在某处卡住了，就跟别人联手，寻求他们的帮助……你可能惊奇于怎么这么简单的行动带给你一个清晰地日程表。怎么像有另一双眼睛一样能真正为我们得到更多想要的事物而找到方法。

3. 投入到工作生活的热点上

不管怎样，要明确自己的热点（精神、身体、情感、事业、财务、人际关系和兴趣爱好），你可以谨慎地筹划你人生中重要的事情，你可以认真地投入到你的热点当中。我发现这里最重要的单个要素就是如何在计划表上为自己的热点问题挤时间。如果不能在这件事情上得到足够的时间，那么就为它安排更多的时间。如果在这件事情上放入了过多的时间，而不是另一件事情，那么就需要调整一下。一旦在自己的热点上得到了足够的时间，就投入进去自己最好的精力和心态。

我国古代伟大的教育家孔子曾说过："少成若天性，习惯成自然"。著名心理学巨匠威廉·詹姆士也说过："播下一个行动，你将收获一种习惯；播下一种习惯，你将收获一种性格；播下一种性格，你将收获一种命运。"正所谓观念变，行动就变；行动变，习惯就变；习惯变，性格就变；性格变，命运就变；命运变，人的一生就改变。

习惯不是一时的心血来潮，也不是几天几月的短期行为，它一旦形成就有旺盛的生命力和持久性，常常会与人相随一生。

本 章 小 结

1. 只有建立"为自己工作"的心态，才能在激烈的职场竞争中获得成功。

2. 细节决定成败是现代职业人士必须具备的基本职业素养。

3. 没有解决不了的问题，只是你暂时没有找到解决问题的方法。请相信：方法总比问题多。

4. 在工作和生活中都需要养成积极主动、以终为始、要事第一的良好习惯。

课 后 练 习

1. 请谈谈为自己工作能带来什么样的好处?
2. 请谈谈你对细节决定成败的理解。
3. 请谈谈你对方法总比问题多的理解。
4. 请思考你的生活重心是什么? 结合本章内容谈谈应该做如何的改变和调整?

第四章 有 效 沟 通

　　沟通是人类的本能，是人与人交流的主要手段。随着社会市场经济的不断发展和人际交往的频繁，沟通也越来越成为影响个人发展、事业成功的重要因素。但是在现实生活中，很多人没能掌握沟通的技巧，不知道如何与他人进行有效沟通，给自己的工作生活带来诸多困扰。本章从沟通的原理、沟通的重要性、沟通中的行为和沟通的技巧四个方面对有效沟通进行介绍。

第一节　沟通的原理

一、沟通的含义

　　随着社会市场经济的发展和人际交往的频繁，人们越来越明显地感受到沟通在工作、生活中的重要。对于沟通，不同的人有不同的理解，如：

　　"广义的沟通是指信息自我传承或个体间信息的有效传递与接受，并影响和产生实质的行动或结果。狭义的沟通是指不同个体间信息的有效传递与接受"；

　　"沟通是人与人之间、人与群体之间思想与感情的传递和反馈的过程，以求思想达成一致和感情的通畅"；

　　"沟通是运用人的内外感官系统，对信息（语言文字和情感）进行交流，进而达成'三赢'共识的过程"。

　　我们可以这样理解沟通：沟通实际上就是为了设定的目标，把信息、思想和情感在个人或群体间传递，并达成共同协议的过程。

　　具体分析，此概念有如下要点：

　　1. 沟通之前有明确的目标

　　只有大家有了明确的目标才叫做沟通。如：在学校里，辅导员找某个学生谈话，辅导员在谈话之前肯定有一个明确目标，可能是这位学生最近学习没有状态，需要调整自身的状态；也有可能是学校要评奖学金了，需要了解学生的情况等。如果只是为了避免无聊、打发时间而进行的八卦式的聊天，就不是有效的沟通。

　　2. 沟通的目的是达成共同的协议

　　如果仅仅只是沟通，沟通结束时没有达成共同的协议，或沟通的另一方未按照协议的内容去做，这同样也是一种无效的沟通。如一个学生经常上课迟到，往往是铃声响了两三分钟后才进入教室，作为辅导员就需要和这位学生进行沟通了。但如果辅导员苦口婆心地和这位学生沟通了半个小时，在结束谈话时，学生并未认识到自己的错误，那这就是无效的沟通，因为最终没有达成共同的协议；当然，如果学生认识到了错误，但他后面还是经常迟到，这同样是无效沟通，因为结果没有任何改变。

3. 沟通是一个解码与编码的过程

沟通其实也是一个编码与解码的过程，发送信息的人根据自己的想法对语言进行编码，发送给听者；随后听者用自己的思维对该语言进行解码，理解他的意思后，再将自己的观点编码发送。在这个过程中，沟通的双方都在不断进行解码与编码的工作。整个沟通过程如下图所示：

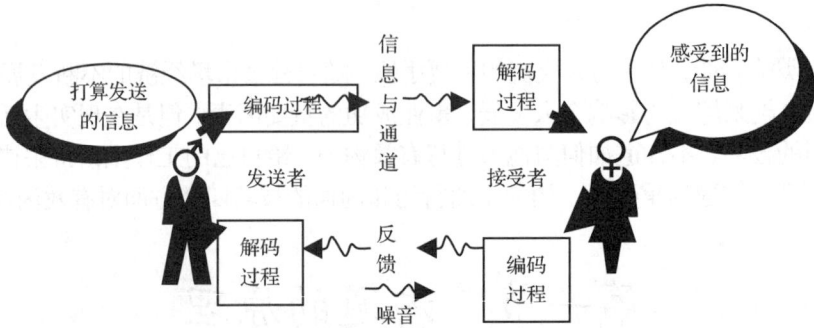

图 4.1　沟通的过程

二、沟通的主要因素

沟通过程包括信息的发送者、信息的接收者、信息、渠道四个主要因素：

1. 信息的发送者

信息的发送者是信息的来源，他必须了解信息接受者的情况，以选择合适的沟通渠道以利于信息接受者的理解。

2. 信息的接收者

信息的接收者是指获得信息的人。他必须从事信息解码的工作，即将信息转化为他所了解的想法和感受。这一过程要受到接收者的知识、经验、才能、情绪、个人素质以及对信息发送者的期望等因素的影响。

3. 信息

信息是指在沟通过程中传给信息接受者的消息（包括信息、思想或情感），同样的信息，发送者和接受者可能有着不同的理解，这可能是发送者和接收者的差异造成的，也可能是由于发送者传送了过多的不必要信息或沟通过程中受到各种因素的干扰。

4. 沟通渠道

沟通渠道是信息得以传递的载体，可以分为正式渠道和非正式渠道，在工作中还可分为向上沟通渠道、水平沟通渠道、向下沟通渠道。

小贴士　　　　　　**有效沟通三原则**

1. 有效果沟通：强调沟通的目标明确性。通过交流，沟通双方就某个问题可以达到共同认识的目的。

2. 有效率沟通：强调沟通的时间概念。沟通的时间要简短，频率要增加，在尽量短的时间内完成沟通的目标。

3. 有笑声沟通：强调人性化作用。沟通要使参与沟通的人员认识到自身的价值，只有心情愉快的沟通才能实现双赢的思想。

三、沟通的作用及方式

（一）沟通的作用

沟通是一种自然而然的、必需的、无所不在的活动。通过沟通人们可以交流信息和获得感情与思想。在人们工作、娱乐、居家、买卖、社交、谈判时，或者希望和一些人的关系更加稳固和持久时，都要通过交流沟通、合作、达成协议来达到目的。

在沟通过程中，人们分享、披露、接收信息，根据沟通信息的内容，可分为事实、情感、价值取向、意见观点。根据沟通的目的可以分为交流、劝说、教授、谈判、命令等。而沟通的作用主要有以下几个：

1. 沟通能增进人们彼此之间的理解；
2. 沟通能提高企业管理效益；
3. 沟通可以使我们在组织中获得更多的帮助和支持；
4. 沟通能提升个人成功的几率。

（二）沟通的方式

在日常生活中，每个人都在用多种方式在与别人进行沟通，如：说话、短信、网络聊天、写信、发电子邮件等等，实际上大家所熟知的这些沟通方式可以分为两种：语言的沟通方式和肢体语言的沟通方式，通过这两种不同方式的沟通，可以把沟通的三个内容即信息、思想和情感传递给对方，并达成协议。

1. 语言的沟通方式

在沟通的各种方式里面，可能大家用的最多的就是语言的沟通方式，语言是人类特有的一种非常好的、有效的沟通方式。语言的沟通包括口头语言、书面语言、图片或者图形。

口头语言包括面对面的谈话、打电话、会议、语音聊天、视频聊天等；书面语言包括常见的小纸条、短信、QQ、信函、广告和传真，甚至现在用得很多的 E-mail 等；图片包括一些幻灯片和电影等，这些都统称为语言的沟通。

2. 肢体语言的沟通方式

肢体语言包含得非常丰富，包括人的动作、表情、眼神。实际上，在人的声音里也包含着非常丰富的肢体语言。人们在说每一句话的时候，用什么样的音色去说，用什么样的抑扬顿挫去说等，这都是肢体语言的一部分。

如下表所示：

肢体语言	行为含义
手势	柔和的手势表示友好、商量，强硬的手势则意味着："我是对的，你必须听我的"。
脸部表情	微笑表示友善礼貌，皱眉表示怀疑和不满意。
眼神	盯着看意味着不礼貌，但也可能表示兴趣，寻求支持。
姿态	双臂环抱表示防御，开会时独坐一隅意味着傲慢或不感兴趣。
声音	演说时抑扬顿挫表明热情，突然停顿是为了造成悬念，吸引注意力。

这两种方式各有自己擅长传递的内容：语言沟通擅长沟通的是信息，肢体语言更善于沟通的是人与人之间的思想和情感。

第二节　沟通的重要性

一、沟通是人类的本能

（一）从猫狗大战看沟通的必要性

在日常生活中能看到一个有趣的现象：猫和狗在一块总会打架，即使是刚刚出生不久的小猫和小狗在一块，也不能和睦相处。于是人们就说猫和狗天生是冤家，不能在一起。然而，事实真是这样吗？

德国汉堡大学的动物学家哈拉尔德·施利曼指出，猫狗结怨主要在于两者交流不畅。猫和狗都有自己的"秘密语言"，它们会用身体和叫声的变化来表达各种意思，狗的叫声可以分为170种，各种叫声所表达的意思也各不相同：短促而又连续的"汪、汪"声表示"快来和我玩"；只有一声"汪"则意味着"开门，我要出去"，或是"我们一起去散步吧"，或是"我饿了，给我一根香肠吃"。

对于狗来说，肢体语言远比单纯的叫声所表达的意思要多。当狗摇晃尾巴，或前腿抬起，只用后腿着地时，就意味着它现在非常开心；狗在人面前打滚，表示"你是我的主人，我一切都听你的"。

相对于狗的170种叫声，猫的叫声可谓单调。目前，研究人员只弄清楚了几种声音所表达的意思：一声"喵"表示"你好，我来了"；两声"喵"表示"我要吃东西"，或是"开门，放我出去"，或是"快看看我"。

与狗一样，猫的肢体语言也很丰富。当它用头轻揉你的裤脚时，就是在说"我对你很信任，我喜欢你，快来和我玩"；当它用尾巴轻轻打你，则表示"我已经等得不耐烦了，你能不能快点"；当它两脚来回倒换时，就意味着它现在非常开心。

哈拉尔德·施利曼认为，猫狗矛盾主要是缘于猫与狗两种动物的生活习性与"情感的表达方式"有着巨大的差别，甚至根本相反，以至于往往一方善意的举动却会被误解为恶意相向。

施利曼举例介绍说，如果一只猫咪对你竖起尾巴时，表明它正向你示好；而如果一只狗对你竖起尾巴，则表明它正对你充满敌意。相类似的，如果猫发出呼噜呼噜的声音，则是它惬意地向人邀宠，而当狗鼻子喘着粗气的时候，那你可得躲得远点，因为它们那是真的发怒了。

以色列基尔尼特·海依姆动物研究所所长门策尔博士也进行了类似的研究。为了进行实验，门策尔博士找来了一条名叫"阿比"的西班牙长毛狗和一只名叫"吉姆"的德国短毛公猫。这一猫一狗都是一岁左右，自生下来便生活在自己的同类中，彼此从未见过面。实验开始时，它们被关在同一间宽敞的实验房里，消除了陌生感并经过一段时间的适应以后，彼此都产生了"要同对方一起玩"的意向。

但是，接踵而来的是一连串后果严重的误会：阿比为了表达它"一起玩"的意图，伸出了一只前爪并起劲地摇动尾巴，这完全是出于狗的传统习惯。在这里，伸出狗爪的动作并非是向人摇尾乞怜的举动，而是狗的一种与生俱来的语言，它的含义是"给我一点儿吃的"或"跟我一道玩玩吧"。可在猫的语言中，它的含义恰恰相反，伸出爪子摇动尾巴的意思是："滚开！要不我用爪子抓你！"因此，公猫吉姆立刻警觉起来，并做好迎战准备。半晌，发现长毛狗并没拿它怎么样才算放了心。可能是为了缓和气氛，它又主动向狗表达了自己的"好意"——发出了舒适的"呼噜噜"的声音，想主动找阿比玩一玩，但对于狗来说，这却是一种威胁性语言，等于"别来惹我，否则我就咬你"，这一回是猫的语言的含义与狗的理解大相径庭了。尽管这一猫一狗有着友好相处的良好愿望，但语言的隔阂造成了沟通的不畅，一切努力都付之东流。

（二）人是社会性动物，沟通是人的一种本能

动物尚且会因为无法沟通或沟通不畅出现各种问题，对于人类来说，则更是如此。因此，从人类诞生以来，人类祖先就在不断地想出各种方法解决难以沟通的难题：从原始的堆石记事到结绳记事、契刻记事再到图画文字以至甲骨文的出现，古人通过集体的智慧慢慢创造了现在使用的语言文字，促进了人与人之间的沟通交流，也推动了历史发展进程。

在我国的古代神话传说里提到，最开始人们是没有文字的，一位叫做仓颉的圣人创造发明了文字。《说文解字》序说："黄帝之史仓颉，见鸟兽蹄爪之迹，知今之可相别异也，构造书契。"《淮南子·本经训》载"昔者仓颉作书而天雨粟，鬼夜哭"。为什么仓颉造字会使得"天雨粟，鬼夜哭"呢？中国第一部绘画通史《历代名画记》的作者、唐代著名文艺理论家张彦远解释说：那是因为有了汉字之后，"造化不能藏其密，故天雨粟；灵怪不能遁其形，故鬼夜哭。"用今天的话说就是：天地造化已不能隐藏其秘密了，所以上天被感动得下了一场粟雨；灵怪鬼魅已不能隐遁其形迹了，所以鬼魅被惊吓得夜间大哭。无论实际情况如何，都不得不承认，语言文字的出现促进了人与人之间的沟通。

无独有偶，在西方国家也有类似的传说。《圣径·创世纪·第十一章》有这样的记录：

图 4.2 仓颉造字

那时天下人的口音言语都是一样。他们往东迁移的时候，在示拿地遇见一片平原，就住在那里。他们彼此商量说："来吧，我们要做砖，把砖烧透了。"他们就拿砖当石头，又拿石漆当灰泥。他们说："来吧，我们要建造一座城和一座塔。塔顶通天，为要传扬我们的名，免得我们分散在全地上。"耶和华降临，要看看世人的城和塔。耶和华说，看啊，他们成为一样的人民，都是一样的言语，如今既做起这事来，以后他们所要做的事就没有不成的了。我们下去，在那里变乱他们的口音，使他们的言语彼此不通。于是，耶和华使他们从那里分散到全地上，他们就停工不造那城了。

这个故事正好和我国的故事相反：一开始，所有人的语言都是一样的，因此人们能够很好的交流沟通，也就没有什么事情是办不成的。但正因为这样，也使神灵感到害怕，为了保证自己的威严、权利等不受损害，神灵将单一的语言变得五花八门，使得人类不能很好地进行有效沟通，于是想要做成一件事情就更加困难了。

这两个故事都说明了沟通是一件非常重要的事情。人之所以为人，区别于其他动物的重要因素在于：动物是个体的存在而人是全体的存在，人类有便于彼此交流沟通的语言。

德国哲学家费尔巴哈曾说："动物和人的区别就在于，动物只是单个存在的动物；而人类，既作为一个人而存在，也作为人类、一个全体、一个团体而存在"。

"只有人类有那易理解而合理的言语方面可惊的天才。他依靠这言语的力量，慢慢堆积和整理了在其他动物和个体死亡同归于尽的经验。因此人类到现今能远远地站在比他卑下的同辈

上面，好似登在山的顶上一样。"（赫胥黎《人类和下等动物的关系》）。

世界名著《鲁宾逊漂流记》和电影《人猿泰山》中的主人公有一个共同的特点，即不论是自愿还是不自愿，都过了一段很长的与世隔绝的生活。当他们再次进入人类社会时，他们已经很难再和其他人进行交流沟通，需要一段较长的时间去学习适应。设想一下，如果让一个正常人，在一天内闭紧嘴巴，不与其他任何人交流沟通，感觉会怎样？如果时间再延长一些，三天、五天不交流，一个月、两个月不交流沟通，估计也没几个能受得了，因为沟通已经成为人类的本能。

人之所以能够成为最有智慧的动物，在于人与人之间有较之其它动物更为复杂、深入的交流沟通关系。通过这种交流沟通，人们互相学习，共同进步。数千年来即人类有文字记载以来，人类进步的幅度越来越大，就是由于人类之间交流沟通形式本身在发展与进步。

二、沟通是事业发展的助推器

在职场中，沟通对个人职业生涯的发展起着举足轻重的作用，曾经有人说过这样的话：一个人成功的因素75%靠沟通，25%靠天才和能力。在职场中，一个擅于沟通的人无论从事什么样的工作，他都会比不擅于沟通的人更容易获得成功。

小李是东北人，在她身上可以明显地感受到北方人的热情和直率，她喜欢坦诚，有什么说什么，也愿意把自己的想法说出来和大家一起分享，正因如此，在上学期间她很受老师和同学的欢迎。

大学毕业后，经过一个多月的反复投简历和面试，在权衡了多种因素的情况下，小李终于选择了一家研究生产食品添加剂的公司，进入该公司从事人力资源管理工作。之所以选择这家公司，是因为该公司规模适中、发展速度很快，最重要的是该公司的人力资源管理工作才刚刚起步，如果加入，她将是人力资源部的第一个人，因此她认为自己施展能力的空间很大，对个人今后职业生涯的发展也能起到积极的促进作用。

但小李进入公司一个星期后，就陷入了困境。

原来该公司是一家典型的小家族企业，企业中的重要职位基本上都由老板的亲属担任，其中充满了各种裙带关系。尤其是老板给小李安排了他的儿子做小李的直属上级，而这个人主要负责公司研发工作，根本没有管理理念更不用说人力资源管理理念，在他的眼里，只有技术最重要，公司只要能赚钱其他的一切都无所谓。但是小李认为越是这样就越有自己发挥能力的空间，因此在到公司的第五天小李拿着自己的建议书走向了直属上级的办公室。

"张经理，我到公司已经快一个星期了，有一些想法想和你谈谈，你有时间吗？"小李走到经理办公桌前说。

"来来来，小李，本来早就应该和你谈谈了，只是最近一直扎在实验室里就把这件事忘了。"

"张经理，对于一个企业尤其是处于快速发展阶段的企业来说，要健康持续发展就必须在管理上狠下功夫。来公司已经快一个星期了，据我目前对公司的了解，我认为公司目前的管理工作做得很不到位：很多部门管理工作很混乱，有些员工随意上下班；员工薪酬结构缺乏科学合理的基础，薪酬的公平性和激励性都较低。"小李按照自己事先所列的提纲开始逐条向张经理叙述。

张经理微微皱了一下眉头说："你说的这些问题公司也确实存在，但是你必须承认一个事实——公司在赢利，这就说明公司目前实行的体制有它的合理性。"

"可是，眼前的发展并不能掩盖公司管理中存在的问题，如果不进行改革，我们公司也可能会像其他的一些小公司一样，最终因为管理不善而倒闭。"

"好了，小李，公司倒不倒闭就不需要你操心了，你先把自己手里的工作做好就可以了，我还有其他的事情，今天就先谈到这里"说完张经理的注意力又回到了研究报告上。

同时，在企业中我们还经常见到这样的情况：小王是公司行政部的员工，平时为人随和，不喜与人争执，和公司各部门同事的关系都处得不错。但是，最近一段时间，不知道什么原因，同部门的小张老是和他处处过不去，有时候还故意在别人面前指桑骂槐，对跟他合作的工作任务也是不支持配合，总是敷衍了事。

起初，小王觉得大家都是同一个公司同一个部门的员工，没什么大不了的，忍一忍也就算了。但小王看到小张越来越嚣张，终于忍不住了，一赌气就告到了部门经理那里，部门经理把小张叫进去狠狠地批评了一顿。从此，小王和小张成为了绝对的冤家。

以上两个案例都是不擅于沟通的典型，从这两个案例里，也可以看到职场中如果不擅沟通，很容易得罪其他人——同事、上级甚至是客户，这些都会对个人职业生涯的发展带来不利影响。

擅于沟通的人往往能在合适的时间、合适的地点，选择对方所能够接受的方式进行有效的沟通，他们在与人交往的过程中，更容易得到他人的喜欢和支持，在工作中能够得到更多的资源和他人的帮助，甚至能够化危机为转机，从而促进自己事业的发展。

从前有一位理发师傅，他的生意总是整个镇子里最红火的，很多人对此疑惑不解，不知道是什么原因。一次理发师带了一个徒弟，徒弟认真学习了三个月，可以出师了，离开前徒弟好奇的问师傅："师傅，你的生意为什么总是这么好啊，对面张师傅的手艺也不错，他的生意比你可差不少，有什么秘诀吗？"师傅笑了笑，说："徒弟啊，你马上要出师，独挡一面了，今天前来理发的顾客就由你来负责吧。"过了一会，陆续地来了几位顾客，徒弟开始为顾客理发。

为第一位顾客理完发后，顾客照照镜子说："头发还是有点长。"徒弟不知怎么回答。站在一旁观察的师傅，立刻笑着解释说："头发长，使你显得含蓄，这叫做'藏而不露'，很符合你的身分。"顾客听了，高兴地离开了。

徒弟为第二位顾客理完发后，顾客照照镜子说："头发剪得太短。"徒弟还是不知怎么回答。师傅笑着解释："头发短，使你显得有精神、朴实、厚道，让人感到很亲切。"顾客听了，很高兴地离开了。

徒弟为第三位顾客理完发后，顾客一边付账、一边笑道："理发的时间挺长的。"徒弟没说话。师傅笑着解释："为'首脑'多花点时间很有必要，你没听说：'进门苍头秀士，出门白面书生'？"顾客听罢，大笑而去。

徒弟为第四位顾客理完发后，顾客一边付款、一边笑道："动作还挺利落的！二十分钟就搞定了。"徒弟不知所措，沉默不语。师傅笑着抢答："如今，时间就是金钱，'顶上功夫'速战速决，为你节省了时间和金钱，何乐而不为？"顾客听了，点头微笑地离开了。

三、沟通"双 70 定律"

在沟通理论中有一条著名的双 70 定律：

第一个 70 是指企业的管理者实际上 70%的时间用在沟通上。开会、谈判、谈话、做报告是最常见的沟通形式，撰写报告实际上是一种书面沟通的方式，对外各种拜访、约见也都是沟通的表现形式，所以说有 70%的时间花在沟通上。

第二个 70 是指企业中 70%的问题是由于沟通障碍引起的。比如企业常见的效率低下的问题，实际上往往是由于有了问题、有了事情后，大家没有沟通或不懂得沟通所引起的。

可以这样说，沟通能力从来没有像现在这样成为事业成功的必要条件！对企业内部而言，人们越来越强调建立学习型的企业，越来越强调团队合作精神，因此有效的企业内部沟通交流是成功的关键；对企业外部而言，为了实现企业之间的强强联合与优势互补，人们需要掌握谈判与合作等沟通技巧；对企业自身而言，为了更好地在现有政策条件允许下，实现企业的发展并服务于社会，也需要处理好企业与政府、企业与公众、企业与媒体等各方面的关系。这些都离不开熟练掌握和应用管理沟通的原理和技巧。

对个人而言，建立良好的管理沟通意识，逐渐养成在任何沟通场合下都能够有意识地运用管理沟通的理论和技巧进行有效沟通的习惯，用来改善人际关系。善意的微笑、积极的倾听这些有效的沟通技巧都能够为我们建立良好的人际关系。正因为如此，世界著名管理大师彼得·德鲁克才说："沟通不是万能的，没有沟通是万万不能的。"

第三节　沟通中的三种行为

沟通是一个过程，在沟通过程中，沟通双方的角色是在不断变化的。一个人既是信息的发送者，同时他又在接收对方所发送的信息。在沟通的整个过程中，每个人都有三种行为：说（信息的传递者），通过这一行为传递自己的信息；听（信息的接受者），通过这一行为了解对方的意图；问，对接收的信息进行确认，以真正了解对方所表达的意图。

一、说——发送信息

在沟通过程中，人们使用得最多的沟通方式就是语言。在日常工作生活中，人们往往习惯用嘴将希望发送的信息"说"出去，"说"对所有人来说，实在是一个很重要的事情。

在沟通中有一个理论叫做"沟通漏斗"理论，如下图：

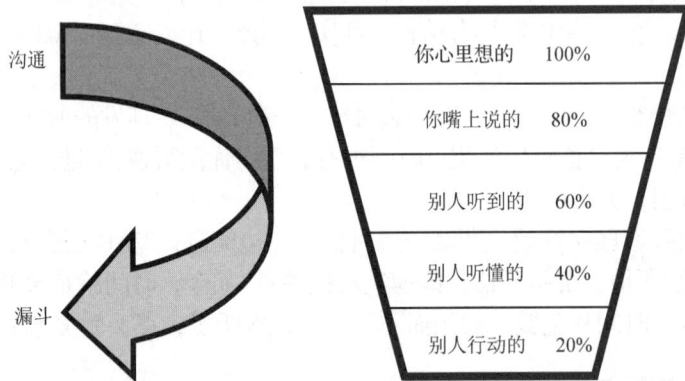

你心里想的	100%
你嘴上说的	80%
别人听到的	60%
别人听懂的	40%
别人行动的	20%

图 4.3　沟通漏斗

对沟通者来说，如果一个人心里想的是 100%的东西，当他在众人面前、在开会等场合用语言表达心里 100%的东西时，这些东西已经漏掉 20%了，他说出来的只剩下 80%。而当这 80%的东西进入别人的耳朵时，由于文化水平、知识背景等关系，只存活了 60%。实际上，真正被别人理解了、消化了的东西大概只有 40%。等到这些人遵照领悟的 40%具体行动时，已经变成 20%了。

每个人都能说话，但并不是每个人都会说话。在日常生活中，也经常会发现很多人不会"说"，以至于本身可以做成、做好的事情并未做成、做好。如：

对话一：

病人：护士小姐，你小心点打针，我害怕……

护士：请你放心，我刚毕业，今天第一天上班，所以我会特别小心。

对话二：

客人：小姐，这产品真好，我看不出什么问题，所以我决定买了。

售货员：谢谢，其实我们的商品也没你说得这么好，只是你还没有亲自使用过，还不知道它的问题罢了……

那么如何才能"说"好话，将需要发送的信息有效地发送给信息接受者呢？这里简单地提一下在这个环节需要注意的一些技巧，即4W1H：

How（选择有效的信息发送方式）：

信息包括三个方面内容：信息、思想和情感。在沟通中，发送的不仅仅是信息，还有思想和情感。因此，在发送信息的时候，要注意以下几个问题：

你向上级汇报或向同事传达工作，更多的是一种信息的沟通；

你和客户沟通的过程中，在传递必要信息的同时，更重要的是为了增加你和客户之间的感情和信任。这时，信息是次要的，而感情才是主要的。

所以说，首先各位要考虑你的信息内容本身是以信息为主还是以思想和情感为主，根据此选择合适的发送方法。

When（何时发送信息）：

何时约见客户、何时向主管汇报请示、何时与同事交流工作等，都是有讲究的。时间是否恰当，情绪是否稳定，这些非常重要，也在日益引起人们的重视。

What（确定信息内容）：

发送信息内容的两种方式：一是语言，一是肢体语言。在选择具体沟通内容的时候，一定要确定要说哪些话，用什么样的语气、什么样的动作去说，这在沟通中非常重要。

Who（谁该接收信息）：

要注意信息的接收对象是谁，信息接收对象的性格、兴趣、文化修养、语言习惯等都是需要考虑的内容，如果不考虑沟通对象，往往很难做到有效沟通。在沟通中，应先引起接收对象的注意，并充分考虑接收者的观念、需要、情绪，针对不同的对象须采取不同的沟通方式。

Where（何处发送信息）：

在沟通中，沟通的地点也是需要考虑的一个因素，什么事情需要在什么样的场合沟通也是有讲究的。比如公司要裁员了，你正好是这件事情的执行者，你需要和被裁员的对象进行沟通，做通对方的思想工作，这时你是直接在有多人同时办公的办公室和对方沟通呢，还是在一个轻松、安静、没有其他人打扰的地方和对方沟通？中国特色的"酒桌文化"也是这一要素的典型体现。

二、听——接收信息

在现实生活中，也有很多人感觉到了说的重要，但大多数人没有考虑过听是否同样重要。真正的沟通高手实际上不仅会说，他们往往更会听。

有这样一种有趣的说法：人为什么有两只耳朵一张嘴呢？有人认为上帝在造人时考虑得非常周全，在造人时就把想要告诫人类的一些道理明显地表现出来，两只耳朵一张嘴巴就是要人无时无刻都要牢记多听少说这个道理。当然，这只是一个小笑话，但美国沟通大师保罗·蓝金曾专门对此进行过研究，他发现领导人的沟通时间有45%花在听，30%花在说，16%花在读，9%花在写。

因此，在沟通过程中，大家不光要会说，更要会听。聆听越多，你就会变得越聪明，就会被更多的人喜爱，就会成为更好的谈话伙伴。人们常说一个好听众总比一个擅讲者赢得更多的好感，这是因为，一个好的听众总能够让人们倾听他们最喜欢的说话者——他们自己。在沟通中，各位要学会倾听，要真正了解沟通的另一方想法、意图，否则很容易产生各种误会。

美国知名主持人林克莱特某一天采访一名小朋友，问他说："小朋友，你长大后想要当什么呀？"小朋友天真地回答："我要当飞机的驾驶员！"林克莱特接着问："如果有一天，你驾驶的飞机飞到太平洋上空所有引擎都熄火了，你会怎么办？"小朋友想了想说："我会先告诉坐在飞机上的人绑好安全带，然后我挂上我的降落伞跳出去。"当时在现场的观众笑得东倒西歪，有的大人就说，小孩子毕竟还小，有这样的想法也是无可厚非的；有的大人说，这个小孩子也还是蛮聪明的，至少自己的安全得到了保障。林克莱特继续注视这孩子，想看他是不是自作聪明的家伙。没想到，接着小孩子的两行热泪夺眶而出，这才使得林克莱特发觉这孩子的悲悯之情远非笔墨所能形容。于是林克莱特问他说："为什么要这么做？"小孩的答案透露出一个孩子真挚的想法："我要去拿燃料，我还要回来！"

这个故事告诉我们，不要随意凭借自己的经验或根据自己的思维去判断别人的想法，凡事应当先听完别人的话以后再作理解和决定，"听"是沟通中的一个极其重要的环节。

（一）"听"字解析

古人是很聪明、很有智慧的，他们在造字时往往会把自己的一些理解、感悟融入其中，"聽"——此为繁体的"听"字，这个字里面也包含了很多古人的智慧：

一个"耳"字，听自然要用耳朵去听；

但是光用耳朵去听肯定是不够的，还得加上"目"；

"目"代表眼睛：在倾听时要善于使用眼睛，目光要注视对方，表示对对方的尊重：我在很认真地听你讲话。同时还要察言观色；

"一"个"心"字：代表一心一意，在"听"的过程中必须要很专心地去听；

"耳"下方还有个"王"字，是指在倾听时要把说话的人当成王者一样对待。

因此，听不仅是耳朵听到相应的声音的过程，还是一种情感活动，需要人们通过面部表情、肢体语言和话语的回应，向对方传递一种信息：我很想听你说话，我尊重和关怀你。

倾听是取得智慧的第一步，有智慧的人都是先听再说。

（二）倾听的误区

倾听看上去很简单，人们每天都在用耳朵听，听别人说话，听电话等，但各位真的会听吗？有这样一个倾听的小游戏，题目是：

假如你是公交车驾驶员，车上有26名乘客；

到了一站上了17人，下了3人；

到了另外一站上了6人，下了20人；

然后又上了16人，下了2人；

到了另一站又上了4人，下了18人；

之后上了7人，下了4人；

到了下一站上了2人，下了5人；

最后上了6人，下了10人。

当问题描述到这里时，提问者询问游戏的参与者："各位，结果出来了吗？"很多参与者会主动举手说：结果出来了，车上现在还有多少人，或者公交车一共停了多少站等等。其实，这个问题最终要问的是公交车司机的性别。而最终问题提出后，又有参与者回答说：公交车司机是男司机，因为驾驶公交车的基本都是男性，选择男性正确的概率会高一些；也有参与者说：公交车司机是女司机，老师既然提这样的问题，那肯定不能按常规思考，所以是女司机的可能性更高等等。

这个游戏实际上很简单，只需要听清题目，等提问者发问后再作思考不难得出结论，但实际在游戏过程中，犯错的人不在少数。造成这一结果的原因就在于每个人在面对各种环境、各种对话时经常会根据自己的主观想法或经验来做出判断，而忽略对话的真实目的与内容。

在日常工作生活中，也经常能够见到类似游戏中的场景。我们很多人在沟通中没有掌握有效倾听的方法，凭借自己的主观想法或经验去倾听，不等对方讲完就下决定，最终没有真正了解对方的意图和想法，沟通也就没能达到预期的目的了。

（三）阻碍有效沟通的倾听方式

在日常生活工作中，往往会有很多因素阻碍大家的倾听，使你无法准确掌握发送者真正想发送的信息。常见的有以下几种错误的倾听方式：

1. 假性倾听

假装在听，实际上没有听。这一种倾听经常能够看到，比如说上课时有的同学看上去在很认真地听课，但老师突然点名让他回答问题时，他就很茫然地站起来，同时悄悄地问同桌："刚刚老师提了什么问题？"

2. 字面倾听

中国语言文字博大精深，往往一个字、一句话里面蕴含了丰富的意思，这种情况下，如果只听字面意思，往往很难了解对方的真实意图。比如吵架双方在争吵过程中经常会说："你真是太聪明了！"在这种语境下，这句话传递的意思可能就不是字面上直接理解到的含义了。

3. 选择性倾听

人们只听自己想听到的话。在沟通中，感兴趣的内容就认真听一下，不感兴趣的内容就左耳进右耳出，甚至是根本不听，在这种情况下，很难真正了解对方的意图。

4. 防卫性倾听

在沟通中，往往把别人的善意当作讽刺。张三和李四是一对冤家，两人只要一见面就免不了冷嘲热讽。张三参加了人际关系课程培训后，觉得自己应该主动去改善和李四的关系，于是第二天，张三一见到李四，就夸李四今天穿的衣服很得体、很好看。张三离开后，李四立即返回住处，在镜子前仔细观察，看今天着装上是否存在问题，因为他认为张三不是在夸他，而是在讽刺、嘲笑他。

5. 攻击性倾听

在沟通中很认真倾听对方发送的信息，但这种倾听并不是为了最终达成共识，而是找寻对方在发送信息过程中的问题、漏洞，是为了倾听之后更好地反击对方。此种倾听常见于辩论比赛中的正反方、法庭辩护等。

6. 独断倾听

在沟通中早已确定了自己的想法而不考虑别人话语的真实含义，笃定自己的判断。前面提到的倾听小游戏，就是独断倾听的一种体现。

（四）同理心倾听

在沟通过程中，想要真正做到有效倾听，就应该采取同理心倾听。

同理心是心理学上的一个概念，他是指正确了解他人的感受和情绪，进而做到相互理解、关怀和情感上的融洽。也就是将心比心，同样的时间、地点，而当事人换成自己，设身处地去感受、体谅他人。

在工作生活中，每个人都应该学习和掌握同理心原理，多站在对方的角度去思考和处理问题，否则容易出现下面的情况：

有两个妇人在聊天，

其中一个问道"你儿子还好吧？"

"别提了，真是不幸哦！"这个妇人叹息道。

"他实在够可怜，娶个媳妇懒得要命，不烧饭、不扫地、不洗衣服、不带孩子，整天就是睡觉，我儿子还要端早餐到她的床上呢！"

"那女儿呢？"

"那她可就好命了。"妇人满脸笑容

"她嫁了一个不错的丈夫，不让她做家事，全部都由先生一手包办，煮饭、洗衣、扫地、带孩子，而且每天早上还端早点到床上给她吃呢！"

同理心倾听就是在沟通过程中，站在对方的立场进行倾听。具体来说就是在沟通过程中，听者应轻松自然、神情专注，随着对方情绪的变化而做出自然的呼应，同时通过简短的插话和提问，暗示对方你对他的谈话感兴趣，或启发对方引出对你有利的问题。当对方讲到要点时，你要点头表示赞同；当对方说笑话时，你的笑声会增添他的兴致；当他说到紧张处时，你屏住呼吸能强化气氛……

同理心倾听要求你应该努力去理解对方想要表达的含义，而不是你想理解的含义；你需要暂停自己的想法和感觉，站在对方的角度上去理解信息，这样可以保证你对所倾听到的信息的解释，符合对方的本意。

小贴士　　　　　　　　　　**倾听的五个层次**

倾听是沟通的基础，倾听也有层次之分：

第一层：听而不闻

如同耳边风，有听没有到，完全没有听进去。

第二层：敷衍了事

嗯……喔……好好……哎……略有反应其实是心不在焉。

第三层：选择性地听

只听合自己的意思或口味的，与自己意思相悖的一概自动消音过滤掉。

第四层：专注地听

在沟通过程中，复述对方的话以表示自己确实听到，即使每句话或许都进入大脑，但是否都能听出说者的本意、真意，仍是值得怀疑。

第五层：同理心的倾听

这是倾听的最高境界。不仅是听，而且努力在理解讲话者所说的内容，用心用脑，站在对方的立场上去听，去理解他，这才是真正的、设身处地的倾听。

三、问——反馈、确认

（一）询问的意义

询问就是在沟通的过程中，信息的接受者向信息的发送者做出回应的行为。在沟通中，不询问往往直接导致两种恶果：

1. 信息的发送方，常常遇到一言不发的"闷葫芦"，你表达的信息往往"泥牛入海"毫无消息。

2. 信息的接受方无法澄清和确认是否准确的接受了信息。

余世维先生在进行《有效沟通》培训时，曾做过一个很有趣的"撕纸"小游戏：

将 A4 纸发下去。主持人说："来，每两人共分一张 A4 的白纸，每个人一半。"

主持人的话讲到这里就不讲了，猜猜看，会发生什么事？有的人就把这张纸"哗"地撕开了，有的是横着撕，有的是竖着撕。主持人如果提出质问："我说要撕开吗？"大家就会笑起来。这就是沟通不良。主持人只说这一句话，马上就出现不同的结果。

重新分发 A4 纸，主持人说："来，每两人共分一张 A4 的白纸，每个人一半。"这一次就一个人都没有撕了。

接下来主持人作个示范，并说："现在每个人半张，然后这样子撕。"

于是大家全部都照主持人那样，"哗"地将纸撕开。

主持人说："将半张纸分成一样的大小四条。"

马上就会出现两种方法，有的是这样子分，有的是那样子分，不是四条瘦的，就是四条胖的。又不一样。主持人说："我要四条瘦的。"于是分成胖的纸条统统丢掉。把纸发下去再分，这回每个人都是四条瘦的了。

主持人说："将每一条放在另一条的中间。"

结果全场至少出现了五六种叠放的样子，有的像"米"字，有的像"井"字，有的统统叠放在一起，总之，各式各样的都有。

从这个游戏中可以看到，所有人最初拿到的纸都是一样的，但最终做出来的结果却各不相同，这主要是因为每个人对所接受的信息都有各自不同的理解，而这种理解很可能并不是信息发送者所期望的。因此，在沟通过程中，"问"不仅是需要的，还是必须的。

（二）询问的方式

"问"的方法和技巧很多，在此向大家介绍两种基本的询问方式：开放式询问和封闭式询问。

1. 开放式询问

提出比较概括、广泛、范围较大的问题，对回答的内容限制不严格，给对方以充分自由发挥的余地。开放式询问常用以下语句发问："什么？"；"怎么？"；"为什么？"；如：你是怎么来的北京？

2. 封闭式询问

提出答案有唯一性，范围较小，有限制的问题，对回答的内容有一定限制，提问时，给对方一个框架，让对方在可选的几个答案中进行选择，如"是"或"不是"，"对"或"错"，"喜欢"或"不喜欢"等。如：你是坐火车来的北京吗？

以下是对同一问题，两种询问方式的对比：

开放式询问	封闭式询问
会议是如何结束的?	会议结束了吗?
你喜欢你工作的哪些方面?	你喜欢你的工作吗?
你有什么问题?	你还有问题吗?
如果实行这个计划会产生怎样的问题?	你认为这个计划可行吗?

3. 两种询问方式的优缺点

开放式询问的优点在于可以使气氛轻松,能了解被询问者的行为、感受和想法;激发交流的愿望,能自由地表达自己的想法。缺点在于谈话时间会比较长,谈话容易偏离最初设想的目标。

封闭式询问的优点在于节约谈话时间,容易控制谈话的气氛;缺点在于只能确认信息,不能更多地收集信息,而且容易让对方感到紧张。

因此,在使用这两种询问方式时,应当根据语言环境合理使用:用开放式的问题开始沟通,可营造轻松的交谈氛围;发现话题跑偏时可问一个封闭式的问题;发现对方比较紧张时可问开放式的问题;插一个开放式问题可使气氛变得轻松。封闭式提问不宜多用,易使对方变得被动、疑惑、沉默。

第四节　沟通的技巧

在职场中,每个人都会根据工作或实际情况的需要和形形色色的人群沟通、打交道,具体来说,在企业内部你会面临着三类群体:你的上级、你的同事(同级)、你的下属。此时,沟通也会分为对上的沟通、水平的沟通和对下的沟通。

虽然人们在工作生活中都知道沟通的重要性,但很多人在这几个方面的沟通做得不是很好,有人进行了生动形象的总结,叫做:向上沟通没胆,水平沟通没肺,向下沟通没心。向上沟通没胆是指下属向上级沟通时没有胆量,缺乏积极主动性;水平沟通没肺是指部门和平级之间沟通缺乏真心,没有肺腑之言;向下沟通没心是指上级对下属没有过多的心情或时间进行沟通,不能对下属的移位及时地指导和修正。实际上,只要大家掌握了有效沟通的相关技巧,无论是向上的沟通、水平的沟通,还是向下的沟通,就都可以做得很好,使沟通真正有效。

一、对上的沟通

在职场中,不论是你的直接领导还是其他部门的领导,都会直接或间接地对你个人职业生涯的发展带来好的或不好的影响,如果能够使领导对自己产生良好的印象,往往能够推动自身职业生涯的发展。在现实生活中,很多人怕领导、不愿意与领导沟通,实际上领导也是人,也希望与下属沟通交流,也希望建立融洽和谐的上下级关系。所以,不用害怕,也不需要犹豫,只要掌握一定的与上级沟通的方法技巧,你也能在职场中游刃有余。

(一)了解领导

世界上没有两个完全一样的人,同样,不同的领导也有不同的性格、管理理念、领导风格、工作习惯等。仔细揣摩每一位领导的不同性格,在与他们交往的过程中区别对待,运用不同的沟通技巧,会获得更好的沟通效果。

领导风格	倾向于……
控制型	直接下命令，不允许部下违背自己的意志，关注工作的结果而不是过程
互动型	亲切友善地与部下相处，愿意聆听部下的困难和要求，努力营造融洽的工作氛围
实事求是型	按照自己的行事标准要求部下，注重问题的细节，善于理性思考

1. 控制型领导

（1）性格特征

强硬的态度；充满竞争心态；要求下属立即服从；实际，果决，旨在求胜；对琐事不感兴趣。

（2）沟通技巧

① 对这类人而言，与他们相处，重在简明扼要，干脆利索，不拖泥带水，不拐弯抹角。面对这一类人时，无关紧要的话少说，直截了当，开门见山地进行沟通即可。

② 此类人很重视自己的权威性，不喜欢部下违抗自己的命令。所以应该更加尊重他们的权威，认真对待他们的命令，在称赞他们时，也应该称赞他们的成就，而不是他们的个性或人品。

2. 互动型领导

（1）性格特征

善于交际，喜欢与他人互动交流；喜欢享受他人对他们的赞美；凡事喜欢参与。

（2）沟通技巧

① 面对这一类型领导，可在合适的场合对其进行公开赞美，而且赞美的话语一定要出自真心诚意，言之有物，否则虚情假意的赞美会被他们认为是阿谀奉承，从而影响他们对你个人能力的整体看法。

② 要亲近这一类人，应该和蔼友善，但也不要忘记留意自己的肢体语言，因为他们对部下的一举一动都会十分敏感。另外，他们还喜欢与部下当面沟通，喜欢部下能与自己开诚布公地谈问题，即使有对他本人的意见，也希望能够摆在桌面上交谈，而厌恶在私下里发泄不满情绪的部下。

3. 实事求是型领导

（1）性格特征

讲究逻辑而不喜欢感情用事；为人处事自有一套标准；喜欢弄清楚事情的来龙去脉；理性思考而缺乏想象力。

（2）沟通技巧

与这一类领导沟通时，可以省掉话家常的时间，直接谈他们感兴趣而且实质性的东西。他们同样喜欢直截了当的方式，对他们提出的问题也最好直接作答。同时，在进行工作汇报时，多就一些关键性的细节加以说明。

（二）沟通要点

1. 主动聆听

（1）仔细聆听领导的安排

如果领导传达公司某项文件、公布新的操作规范、或指示你去完成某项工作，那你一定要用最简洁有效的方式明白领导的意图和工作的重点。此时你不妨利用传统的 5W2H 的方法来快速记录工作要点，即弄清楚该命令的时间（when）、地点（where）、执行者（who）、为了什么目的（why）、需要做什么工作（what）、怎么样去做（how）、需要多少工作量（how many）。在领导下达完命令之后，立即将自己的记录进行整理，找机会再次简明扼要地向领导复述一遍，进行确认，看是否还有遗漏或者自己没有领会清楚的地方，并请领导加以明确。

（2）用心理解领导的意图

每个人的表达方式和沟通内容，都受其文化背景、知识结构、能力、经验等因素影响，尤其是当沟通对方来自不同文化背景，采用的语言又不是母语时，更容易出现误解。所以说，"听得见"不等于"听得懂"。这就要求你清楚地掌握领导的真实意图，而后还须采取有效的、积极的反应，也就是"立即执行"。每个领导都喜欢听话照做的员工，执行力也是衡量员工的一项基本指标。因此，领会领导意图并坚决执行指令，才可避免出现错误。

2. 及时汇报

（1）选择合适的汇报时机

在工作进行过程中，下属要根据上司的领导风格，选择是否汇报、多长时间汇报和怎么汇报。注重结果型的领导一般在工作过程中不喜听汇报，因为他只要结果，不问过程。而有些管理风格比较细腻的领导则不同，他安排工作之后总是不放心，这时的下属就应该勤汇报、多请示，否则他会认为你不把他放在眼里。而且勤汇报能够让领导了解你的工作进度、出现的困难、遇到的难以解决的问题和你的辛苦付出，万一遇到特殊情况影响了工作进度和质量，领导也不会感到意外，反而会理解你的处境。一般而言，汇报工作应该是下属积极主动地向上级汇报，而不要等上级来询问你工作进展的情况。

工作完成后，要及时向领导汇报完成的结果。重大的工作事项一定要有一个漂亮的总结。总结应该言之有物、实事求是、数据真实准确，不要过分夸大自己的功劳，更不能贬低别人的努力和帮助，当然还不能忘记写上领导的正确指导与大力支持。工作总结的内容一般包括：完成情况（与计划对比）、采取的措施和努力、成功的经验、存在的问题及下一步改进的意见等。

另外，汇报时间的选择也有讲究。刚上班时，领导会因事情多而繁忙，到快下班时，领导又会疲倦心烦，显然，这都不是汇报的好时机。要选择领导时间充分、心情舒畅的时候进行汇报，这样，沟通往往能取得良好的效果。

（2）搜集详实的资讯数据

想令人信服，不能光凭一张嘴。在时间允许的情况下，应事先收集整理好有关的数据和资料，做成书面材料，借助视觉力量，就会加强说服力。只有摆出利与弊，用各种数据、事实逐项证明，才能让领导不认为你的汇报是头脑发热、天马行空、主观臆断。

（3）准备可能问题的答案

向领导提出请求或建议时，若领导提出疑问，如果你事先毫无准备，吞吞吐吐，前言不搭后语，自相矛盾，当然不能说服领导。因此，应事先设想领导会提什么问题，自己该如何回答。

（4）语言简明重点突出

在与领导交谈时，一定要简单明了。对于领导最关心的问题要重点突出、言简意赅，而不要东拉西扯，分散领导的注意力。

领导对你的汇报最为忌讳的可能就是：渲染或夸大、啰嗦、表功。一个聪明的领导不是从你工作辛苦与否来评价你，相反，如果你工作又快又好，他就会认为你是有能力的。所以，不要带着邀功的心态，极力强调你的工作的难处。此外，一般领导都很忙碌，所以，把汇报做得简明扼要恐怕才能够令你的领导赏识。汇报的内容要与原定目标和计划相对应，切忌漫无边际，牵扯到其它没有关系的事情。

（5）充满自信面带微笑

在与人交谈的时候，一个人的语言和肢体语言所传达的信息各占 50%。一个人若是对自己的计划和建议充满信心，那么他无论面对的是谁，都会表情自然；反之，如果他对自己的提议缺乏必要的信心，也会在言谈举止上有所流露。

试想一下，如果你的下属表情紧张、局促不安地对你说："经理，我有信心完成目标。"你会不会相信他？你肯定会说，你从他的肢体语言上读到了"不自信"这三个字，你不太敢相信他的保证是可信任的。同样道理，在你面对自己的领导时，要学会用你自信的微笑去感染领导，征服领导。

千万不要忽视请示与汇报的作用，因为它是你和领导进行沟通的主要渠道。你应该把每一次地请示汇报工作都做得完美无缺，领导对你的信任和赏识也就会慢慢加深了。

3. 欣赏你的领导

领导不是完人，要知道，他之所以成为你的领导，一定有许多你所不具备的特质，这些特质使他超越了你。看到他人的缺点很容易，但是只有当你能够从他人身上看出优秀的品质，并由衷地欣赏他们的成就时，你才能真正赢得友谊和赞赏。

这个道理同样适用于领导。然而，正由于他是领导，所以并不能十分容易做到这一点。作为公司的管理者自然会经常对你的许多做法提出批评，经常会否定你的许多想法，这些都会影响你对领导做出客观的评价，甚至产生厌恶、抵触、反感等负面心理。而这些消极负面的情绪则可能使你与领导之间缺乏信任、欣赏的心理桥梁，最终导致无法真诚有效地沟通。

（1）尊重但不吹捧

作为下属，你一定要充分尊重领导，在各方面维护领导的权威，支持领导的工作，这也是下属的本份。首先，对领导工作上要支持、尊重和配合；其次，在生活上要关心；再次，在难题面前解围，有时领导处于矛盾的焦点上，下属要主动出面，勇于接触矛盾，承担责任，排忧解难。

（2）请示但不依赖

一般说来，作为部门主管在自己职权范围内大胆负责、创造性工作，是值得倡导的，也是为领导所欢迎的。下属不能事事请示，遇事没有主见，大小事不做主。这样领导也许会觉得你办事不力，顶不了事。该请示汇报的必须请示汇报，但决不要依赖、等待。

（3）主动但不越权

对工作要积极主动，敢于直言，善于提出自己的意见。不能唯唯诺诺，四平八稳。在处理同领导的关系上要克服两种错误认识：一是领导说啥是啥，叫怎么着就怎么着，好坏没有自己的责任；二是自恃高明，对领导的工作思路不研究，不落实，甚至另搞一套，阳奉阴违。当然，下属的积极主动、大胆负责是有条件的，要有利于维护领导的权威，维护团体内部的团结，在某些工作上不能擅自超越自己的职权。

（三）沟通常用句型

1. 我们似乎碰到一些状况

好处：以最婉约的方式传递坏消息。

如果立刻冲到领导的办公室里报告这个坏消息，就算不关你的事，也只会让领导质疑你处理危机的能力。此时，你应该不带情绪起伏的声调，从容不迫地说出本句型，要让领导觉得事情并非无法解决，同时听起来像是你将与领导站在同一阵线，并肩作战。

2. 我马上处理

好处：领导传唤时责无旁贷。

冷静，迅速地做出这样的回答，会令领导直觉地认为你是名有效率的好部属；相反，犹豫不决的态度只会惹得责任本就繁重的领导不快。

3. 李四的主意真不错

好处：表现出团队精神。

张三想出了一条连领导都赞赏的绝妙好计，你恨不得你的脑筋动得比人家快；与其拉长脸孔，暗自不爽，不如偷沾他的光，会让领导觉得你富有团队精神，因而另眼看待。

4. 让我再认真考虑一下，五点以前给你答复好吗

好处：巧妙闪避你不知道的事。

领导问了你某个与业务有关的问题，而你不知该如何作答，千万不可以说不知道。本句型不仅暂时为你解危，也让领导认为在这件事情上头很用心。不过，事后可得做足功课，按时交出你的答复。

5. 我很想知道你对某件事情的看法

好处：恰如其分地讨好。

你与领导共处一室，这是一个让你能够赢得青睐的绝佳时机。但说些什么好呢？此时，最恰当的莫过一个跟公司前景有关，而又发人深省的话题。在他滔滔不绝地诉说心得的时候，你不仅获益良多，也会让他对你的求知上进之心刮目相看。

6. 是我一时失察，不过幸好

好处：承认疏失但不引起领导不满。

犯错在所难免，勇于承认自己的过失非常重要，不过这不表示你就得因此对每个人道歉，诀窍在于别让所有的矛头都指到自己身上，坦诚却淡化你的过失，转移众人的焦点。

7. 谢谢你告诉我，我会仔细考虑你的建议

好处：面对批评表现冷静。

自己的工作成果遭人修正或批评，的确是一件令人苦恼的事。不需要将不满的情绪写在脸上，不卑不亢的表现令你看起来更有自信，更值得人敬重。

二、水平的沟通

在企业里，要想一个人把所有事情做完是不可能的，在很多时候，你需要寻求本部门同事、其他部门同事的支持与配合，掌握恰当的沟通方式方法，往往能让你在沟通过程中事半功倍，无往不利。

（一）了解同事

在工作生活中，你会遇见不同类型的人。只有了解不同人在沟通过程中不同的特点，才有可能用相应的方法与其沟通，最终达成一个完美的结果。俗语说物以类聚，人以群分，两个风格相似的人沟通时效果会非常好。只有掌握了不同的人在沟通中的特点后，才能选择与他相接近的方式与其沟通。

在人际风格沟通过程中，依据一个人在沟通过程中情感流露的多少，以及沟通过程中做决策的速度是否果断，把大家在工作和生活中遇到的所有的人可分为四种不同的类型：分析型、和蔼型、表达型、支配型。只有很好地了解了这四种类型人的特征，并且采用与他相似的沟通方法，和他沟通的时候你才可以得到一个更好的结果。

1．分析型

（1）性格特征

分析型的人在决策的过程中果断性非常的弱，感情流露也非常的少，说话非常罗嗦，问了许多细节仍然不做决定，这样的人属于分析型的人。

这个类型的人严肃认真，有条不紊，语调单一，真实的，寡言的，缄默的，面部表情少，动作慢，合乎逻辑，准确语言，注意细节，有计划有步骤，使用挂图，喜欢有较大的个人空间。

（2）沟通技巧

① 注重细节。

② 遵守时间。

③ 尽快切入主题。

④ 要一边说一边拿纸和笔在记录，像他一样认真一丝不苟。

⑤ 不要有太多和他眼神的交流，更避免有太多身体接触，你的身体不要太多地前倾，应该略微地后仰，因为分析型的人强调安全，尊重他的个人空间。

⑥ 同分析型的人在说话的过程中，一定要用很多的准确的专业术语，这是他需求的。

⑦ 分析型的人在说话过程中，要多列举一些具体的数据，多做计划，使用图表。

2．和蔼型

（1）性格特征

和蔼型的人感情流露很多，喜怒哀乐都会流露出来，他总是微笑着去看着你，但是他说话很慢，表达得也很慢。

这个类型的人合作，友好，赞同，耐心，轻松，面部表情和蔼可亲，频繁的目光接触，说话慢条斯理，声音轻柔，抑扬顿挫，使用鼓励性的语言，办公室里有家人照片。

（2）沟通技巧

① 和蔼型的人看重的是双方良好的关系，他们不看重结果。这一点告诉大家在和他沟通的时候，首先要建立好关系。

② 要对和蔼型人的办公室照片及时加以赞赏。和蔼型的人有一个特征就是在办公室里经常摆放家人的照片，当你看到这个照片的时候，千万不要视而不见，一定要对照片上的人物进行赞赏，这是他最大的需求，一定要及时赞赏。

③ 同和蔼型的人沟通过程中，要时刻充满微笑。如果你突然不笑了，和蔼的人就会想：他为什么不笑了？是不是我哪句话说错了？会不会是我得罪他了？是不是以后他就不来找我了等等，他会想很多。所以你在沟通的过程中，一定要注意始终保持微笑的姿态。

④ 说话要比较慢，要注意抑扬顿挫，不要给他压力，要鼓励他，去征求他的意见。所以，遇着和蔼型的人要多提问："你有什么意见，你有什么看法"。问后你会发现，他能说出很多非常好的意见，如果你不问的话，他基本上不会主动去说。所以，你看他微笑地点头时就要问。

⑤ 遇到和蔼型的人一定要时常注意同他要有频繁的目光接触。每次接触的时间不长，但是频率要高。三五分钟，他就会目光接触一次，接触以后立刻又会羞愧地低下头，过一会儿再去接触一下，但是不要盯着他不放，要接触一下回避一下，沟通效果会非常的好。

3．表达型

（1）性格特征

表达型的人感情外露，做事非常的果断、直接，热情、有幽默感、活跃、动作非常的多，而且非常地夸张，他在说话的过程中，往往会借助一些动作来表达他的意思。

这个类型的人外向，直率，友好，热情，不注重细节，令人信服，幽默，合群，活泼，快速的动作和手势，语调生动、抑扬顿挫，有说服力的语言，陈列有说服力的物品。

（2）沟通技巧

① 在和表达型的人沟通的时候，你的声音一定相应的要洪亮。

② 要有一些动作和手势，如果你很死板，没有动作，那么表达型的人的热情很快就消失掉，所以你要配合着他，当他出现动作的过程中，你的眼神一定要看着他的动作，否则，他会感到非常地失望。他经常说你看这个方案怎么样，你一定要看着他的手认为这里就有方案。在沟通中你也要学会伸出手，"你看，我这个方案怎么样？"他会很好奇地看着你的手，仿佛手里就有一个完整的解决方案。

③ 表达型的人特点是只见森林，不见树木。所以在与表达型的人沟通的过程中，你要多从宏观的角度去说一说："你看这件事总体上怎么样"、"最后怎么样"。

④ 说话要非常直接。

⑤ 表达型的人不注重细节，甚至有可能说完就忘了。所以达成协议以后，最好与之进行一个书面的确认，这样可以提醒他。

4．支配型

（1）性格特征

支配型的人感情不外露，但是做事非常地果断，总喜欢指挥你，命令你。

这个类型的人果断，指挥人，独立，有能力，热情，面部表情比较少，情感不外露，审慎的，有作为，强调效率，有目光接触，说话快且有说服力，语言直接、有目的性，使用日历，重计划。

（2）沟通技巧

① 你给他的回答一定要非常地准确。

② 你和他沟通的时候，可以问一些封闭式的问题，他会觉得效率非常高。

③ 对于支配型的人，要讲究实际情况，有具体的依据和大量创新的思想。

④ 支配型的人非常强调效率，要在最短的时间里给他一个非常准确的答案，而不是一种模棱两可的结果。

⑤ 同支配型的人沟通的时候，一定要非常地直接，不要有太多的寒暄，直接说出你的来历，或者直接告诉他你的目的，要节约时间。

⑥ 说话的时候声音要洪亮，充满了信心，语速一定要比较快。如果你在这个支配型的人面前声音很小缺乏信心，他就会产生很大的怀疑。

⑦ 在和支配型的人沟通时，一定要有计划，并且最终要落到一个结果上，他看重的是结果。

⑧ 在和支配型人的谈话中不要感情流露太多，要直奔结果，从结果的方向说，而不要从感情的方向去说。

⑨ 你在和他沟通的过程中，要有强烈的目光接触，目光的接触是一种信心的表现，所以说和支配型的人一起沟通时，你一定要和他有目光的接触。

⑩ 同支配型的人沟通的时候，身体一定要略微前倾。

（二）沟通原则

1．尊重

要多倾听对方意见，重视对方意见，不背后议论；

2. 合作

在沟通中，要主动提供信息、沟通意见；

3. 帮助

为最终达成共同的协议，在力所能及的情况下，要主动给予对方支持。具体地说要做到以下几点：

（1）容忍差异

我们应当承认人与人之间是存在差异的，不能用自己的标准去衡量他人。工作中应当容忍个体差异的存在，首先考虑自己能为公司、其他部门或同事作什么贡献，而不是对方能为自己做什么。

（2）克服傲慢

不要希望其他人、其他部门的同事都成为你所从事的领域的专家，更不要因此而轻视他们。

（3）做好服务

你的内部顾客对你满意与否会通过各种方式传达给你的外部顾客，间接影响到客户、公司、直接上级对你的评价。

在沟通时，要了解对方需要你做什么；在告诉对方你的需求时，使用对方能够理解的"语言"。

（三）把握自己

1. 寻求关于你个人社交风格的反馈

将经常跟你打交道并为你所尊重的同事或上司发展成为提供反馈的资源。进行表现评估时，鼓励他们提供一些关于你个人社交风格的 360 度反馈。从别人那里寻求一些你改变行为方面的建议，这些反馈将帮助你知道哪些方面需要改善。

2. 减低自我主导意识

（1）避免打断

设定自己表明同一观点的次数；多用建议用语，少用决定用语；留心自己谈话的时间，让他人有机会表达；避免妄下判断及批评别人，如果批评是必要的，也要考虑别人的感觉；鼓励别人表达自己的观点。

（2）避免挖苦

检讨你在哪些情况下用挖苦激怒别人，分析你的措辞技巧。如果你有挖苦别人的倾向，想办法改变。在任何情况下都要分析你谈话对象的个性，再决定恰当运用幽默。要提醒自己，你的目的是在保持幽默的同时不伤害别人。

（3）接受不同观点

请自己信任的同事或上级帮助你区分你的过于僵硬或令人难以忍受的行为。当你劝导别人时，要考虑别人的感受，他们是被激怒，受到伤害，还是有抵触情绪？为什么使他们感受如此？你将来如何减少这种负面行为？把自己放进角色中，如果你受到伤害，你的经验会对你有帮助。

（4）培养共同话题

倾听"自由"信息，寻找对方的兴趣。在以后的几个星期，留意别人的兴趣，可以成为谈话话题。用这些信息形成话题，不要问太多的问题。准备谈话话题。读新杂志，报纸或者看电视新闻。

三、对下的沟通

管理就是管事理人，一个组织的管理者不是事必躬亲，所有的事情都由自己去做；管理者更多的是管理他人做事。管理者在与下属进行沟通时，也需要掌握沟通的一些原则和方法，真正让下属领会自己的意图，将事情做好。

（一）了解下属

在组织中，管理者与下属进行沟通往往是带有强烈的目的的。一般包括：有关工作方面的相关指示；工作内容的描述；员工应该遵循的政策、程序、规章等；有关员工绩效的反馈；员工工作状态、方法方面的激励；希望员工自愿参加的各种活动等，无论沟通的是哪方面的内容，上级都希望自己的下属能清楚无误地领会自己的意图，并按照自己的意图把相应的事情做好。

（二）沟通要点

向下沟通中存在的最主要的问题是"没心"，在沟通的过程中，一些领导人往往由于地位的影响，不可避免会产生一种"居高临下"的感觉。例如：当下级汇报工作时，不管他说完没有，只要上司觉得听懂了他要表达的意思，便打断他的话，开始滔滔不绝地发表自己的观点，然后以某些指令结束谈话。

向下的沟通可以从以下几个方面进行尝试：

1. 消除位差效应

在组织中，作为管理者，都希望自己的下属能积极主动地和自己沟通。当然，这肯定是不现实的，很多下属不愿意多与上级沟通，原因很多，比如：害怕面对上级；频繁与上级沟通，会被其他人认为是溜须拍马等等。原因在于，在沟通中，沟通双方的地位很大程度上取决于他们的职位，地位的高低对沟通的方向和频率有很大的影响。同时，由于在组织中的职位不同，上司可能与下属的观点不一致，致使沟通中出现沟通障碍。

美国加利福尼亚州立大学对企业内部沟通进行研究后得出了一个重要成果：沟通的位差效应。他们发现，来自领导层的信息只有20%～25%被下级知道并正确理解，而从下到上反馈的信息则不超过10%，平行交流的效率则可达到90%以上。进一步的研究发现，平行交流的效率之所以如此之高，是因为平行交流是一种以平等为基础的交流。为试验平等交流在企业内部实施的可行性，他们试着在整个企业内部建立一种平等沟通的机制。结果发现，与建立这种机制前相比，在企业内建立平等的沟通渠道，可以大大增加领导者与下属之间的协调沟通能力，使他们在价值观、道德观、经营哲学等方面很快地达成一致；可以使上下级之间、各个部门之间的信息形成较为对称的流动，业务流、信息流、制度流也更为通畅，信息在执行过程中发生变形的情况也会大大减少。这样，他们得出了一个结论：平等交流是企业有效沟通的保证。

英特尔公司的总裁安迪·格鲁夫是一个世界级的管理者，但就是这样一个掌管着数万人的人，他的办公室却允许下属不用敲门随意出入，随时与其沟通，在开会的时候，他甚至可以坐在地板上或是坐在最后一排去聆听员工的意见，而不是坐在最显著、最约定俗成的位置上。正是靠这种面对面的平等沟通，他得以掌握了整个公司发展必要的信息，也获得了拉动整个团队向前的魅力，从而使产品能不断推陈出新，公司的发展欣欣向荣。

2. 尊重下属

尊重是相互的，要想得到他人的尊重，就必须先要尊重对方。在组织中也是一样，下属并不会因为你的职位高就一定会尊重你，可能下属当着你面时，说的全是好话，一转身就议论你如何、如何了；严重的情况下，甚至是一拍桌子，此处不留爷，自有留爷处，大不了不做这个工作了，这种情况尤其是在当前 80 末、90 后的新生代员工中经常出现。

因此，在与下属的沟通过程中，作为上司，首先要调整自己的心态：作为人来讲，上司与下属双方都是平等的，每个人的人格、尊严等都是一样不受侵害的；你只是职务上比下属高一些，也没什么大不了的，只有拥有了这样的心态，在沟通中，你才能真正会有耐心、用真心去倾听，去了解下属的真实想法。

3. 解决下属问题

很多时候，下属主动找上级沟通是因为在工作中遇到了一些自己难以解决或无法解决的问题，下属是抱着极大的期望来与上级进行沟通，他们期望上级能够给出指引或建议，帮助自己解决面临的问题。在这种情况下，作为上级，不能因为下属提的问题对自己来说很容易解决，就沾沾自喜，并对下属冷嘲热讽，诸如：这么简单的事情都不会做，公司养着你们干嘛等。要知道，你之所以是对方的上级，就是因为你的能力比下属强。作为上级，你有责任和义务去帮助下属解决他们所无法解决的问题，也有责任和义务帮助下属提升自己的工作能力；同时，也不能因为下属提的问题难度较大，难以解决，就认为下属是故意给自己使绊子，是要给自己点颜色看看，而对下属心生抱怨，这样下属也不再敢主动与上级进行沟通了。

作为上级，不能轻视自己的一言一行，不能在无意中成为沟通的"杀手"。向下沟通要有"心"，要从认真对待每一句话开始。作为上级，要尽可能地与员工进行交流，以平等的心态倾听他们的呼声，尊重他们的想法，让他们参与决策，求同存异，达成共识，做到真正与员工交心。

（三）沟通禁忌

在与下属沟通的过程中，往往一些驾轻就熟、脱口而出的语言，会成了"杀手"式的语言信息，阻碍上下级沟通的效果，导致了上下级之间的误会和冲突。因此，作为一名始终重视沟通有效性的管理人员，在与下属沟通时，一定要注意不要使用错误的沟通语言。

汤玛斯·高登和克里斯·科尔等心理学家曾经把错误或不当的沟通语言分为三大类。参照他们的分类，结合企业中上下级沟通的一些实际状况，我们把向下沟通中常见的语言错误划分为四类：发号施令型、傲慢无礼型、讽刺挖苦型与隔靴搔痒型。

1. 发号施令型

发号施令型语言总是告诉员工：作为一个员工，他（她）"应该"怎么做、"必须"怎么做、"最好"怎么做、"可以"怎么做。

发号施令型的上级认为，通过这样的语言可以向员工传递解决问题的办法，期望员工最好能无条件地接受。它也是许多上级最喜欢使用的一种语言。

发号施令型语言可以分为四种，根据上级使用的频率排列为：

（1）命令

如：这里轮不到你说话，你的任务就是好好听我说！怎么这么罗嗦，按照我说的去做就行了！

这种语言使人感到，员工的感受、需求或问题并不重要，他们必须顺从上级的感受与需要，并有可能产生对上级权威的恐惧感。这是上级单方面发出的语言信息，员工的情感或需求没有得到尊重，因此员工有可能对上级产生怨恨、恼怒和敌对的情绪，比如顶撞，抗拒，故意考验上级决心，发脾气等。

（2）威胁

如：如果你们这次再完不成任务，我就要扣你们全年奖金！如果你再不改，你就直接收拾东西走人！

这种语言与命令很相似，只是再加上告诉员工不服从的后果是什么。这种语言可能使员工感到恐惧和屈从，也可能引起员工的敌意。员工有时还可能对此做出与上级期待的相反反应："好啊，不管你说什么，我都不在乎，看你把我怎么样!" 更有甚者，做一做刚才被警告过的事，好看看上级真的是否言出必行。

（3）强加于人

如：昨天为什么没有完成任务? 是不是没有照我的话去做? 你知道如何来安排工作程序吗? 让我来告诉你。今天找你来，是要与你讨论你这次工作失误的事情。经过我对你的分析，我发现你存在的问题是粗心。你说是吗? 记住：下次要细心! 好，我的话讲完了，你可以回去了! 千万要记住我的话，别再粗心!

"强加于人" 实际上也是微妙地下命令，但是它可以更巧妙地隐藏在貌似很有礼貌的、富于逻辑的陈述中，但讲话的这一方只有一种心态："你是我的员工，所以必须按照我的观点来做。"

因为不给对方发表自己意见的机会，因而这类谈话进行得很快，员工也根本没有时间表达自己的想法，从而会感到自己的权利被剥夺。长此以往，员工还会产生一种 "上级总是认为我不行，有改也改不完的许多缺点" 等压抑感。

（4）过度忠告

如：如果我是你，肯定不会像你这么做。以后给我记住：一定要先找熟悉的给客户，再找不熟悉的给客户。

这样的语言信息是在向员工证明：上级不信赖他们自身解决问题的能力。其后果往往会使员工对上级产生依赖心理，削弱他们独立判断的能力和创造力。

过度忠告也意味着上级的一种自我优越感，容易引起追求独立的员工的反感。

发号施令型语言是上级平时使用得最多的一种语言。许多上级认为它是见效最快的语言。它的优点是上级可以快速解决员工存在的一些问题，而缺点是使用过度就会失效。根本原因在于：

容易造成员工反感。这种语言的后面常常隐藏着这样的意思："你太笨了"，"你太差劲了"，"你要听我的"，"我是权威" 等。这让员工听后很反感，随之出现逆反心理或顶撞情绪。

容易使员工顺从，却不容易产生积极的行为。

它所表达的信息仅涉及员工而不涉及上级本身。由于员工不知道他的行为对上级有什么影响，只知道上级要求他对某些行为进行改变。在这种单方面的沟通渠道中，员工也会单方面地对上级作不正确的推测，比如："这位上级偏心，心胸狭隘，脾气坏，专门拿我们出气，对我们要求太高" 等等。员工有了这样的负面心态，就不会从正面来接受上级原本良好的用意了。

2. 傲慢无礼型

傲慢无礼型语言可以分为三种：

（1）训诫

如：你是个学会计学的大学毕业生啊，应该知道报表上这些数字代表什么? 否则你得到学校里去回炉了! 你应该很清楚，在上级面前应该怎样说话!

这种语言表达了一种预先设定好的立场，使员工感受到与上级之间地位的不平等，感受到上级在运用上级权威，导致员工容易对上级产生防卫心理。

（2）标记

如：我发现公司里一有麻烦，总有你的份! 我早就知道你不行! 因为你太粗心。

这种语言一下就把员工打入了"另类"，最容易令员工产生自卑感或"破罐子破摔"式的消极心态。

面对上级这样的标记语言，员工会感到自尊心受到了损害。为了维护自己的形象，他们以后就会在上级面前尽量掩饰自己的想法和情感，不愿将内心世界向上级打开。

（3）揭露

如：你这样对抗上级无非是为了出风头！你心里想什么我还不知道，在我面前你别想玩什么花招！

其实，上级让员工知道"我知道为什么"、"我能看穿你"并不是件好事。因为如果上级分析正确，员工会由于被揭穿而感到窘迫或气恼。而如果上级分析不正确，员工也会由于受到诬赖而感到愤怒。他们常常认为上级是在自作聪明，自以为能像上帝一样居高临下地洞察所有员工的内心，感觉莫名其妙地好。

傲慢无礼型语言在不同程度上都有明显贬损员工的意味。它们会打击员工的自尊心，贬低员工的人格。员工如果经常听到这类语言，就有可能形成"我是一个差劲的人"等自卑心理，长此以往会对员工的身心发展造成较大的伤害。由于这种语言常常使员工的自尊心受到伤害，他们也可能随之出现反攻击的心态。这时，上下级之间可能出现大的冲突。更重要的是，傲慢无礼型语言给上级的形象蒙上了粗鲁、教养差等阴影，给员工造成负面影响，对他们的成长十分不利。

3. 讽刺挖苦型

讽刺挖苦型语言可以分为两种：

（1）暗示

如：你讲话的水平真高啊，看来以后我的位置该让给你了吧。临近年底了才完成70%的任务，你还不着急，真是胸有成竹啊，看来重点大学毕业的高人真是能力强啊！

（2）中伤

如：你的报告写得太好了，我的水平太差，实在看不懂！你以为你是比尔·盖兹吗？不要自以为懂得很多了！

这类话语一出口，就流露出对员工的明显鄙视，还带有一些人格侮辱的成分在内。

对这类语言，员工会非常反感。他们即使当面不敢说，心里却会反击："你有什么资格来消遣我。看你说话的样子，哪像个上级！"

4. 隔靴搔痒型

隔靴搔痒型语言主要有两种：

（1）空口安慰

如：不要着急，你还年轻，人生之路长着呢。回去休息休息，明天一切都会好起来。

在这些并不能解决实际问题的、没有意义的安慰中，隐含着一丝"哀其不幸"式的怜悯感。因此，员工会感到双方并没有站在平等的地位对话，而自尊心越强的员工越不喜欢上级这样的讲话方式。

（2）泛泛之辞

如：总的看来，你基本上还算是一个合格的员工。我也不知道对你说什么好，你自己好自为之吧。

这种泛泛而论的评价过于简单，对于员工的成长根本无益。而员工也会怀疑上级是否真正关心自己。当上级安慰一个痛苦中的员工、或员工急切地要求上级对自己有所帮助时，隔靴搔痒式的语言会让员工非常失望。进而他们就会对上级产生无能、自私、冷漠等不良印象。如果员工经常听到上级说此类话，还会怀疑上级是否一直在敷衍自己，对自己毫无爱心。长此以往，上下级关系就不会融洽，隔阂日益加深。

21世纪是一个充满激烈竞争的时代，同时也是一个讲求沟通的时代，沟通无论是对组织、对家庭、对个人都是非常重要的。"经营之神"松下幸之助曾说："企业管理过去是沟通，现在是沟通，未来还是沟通"，杰克·韦尔奇说："管理就是沟通，沟通再沟通"。想要自己在毕业之后能找到一份好的工作，想要在自己的职业生涯中取得一定的成绩，就一定要重视沟通。让我们从现在开始，将有效沟通的方法和技巧用于日常的学习生活中去，不断训练自己，不断提升自己的沟通能力，你也能成为真正的沟通高手。

本 章 小 结

1. 沟通是为了设定的目标，把信息、思想和情感在个人或群体间传递，并达成共同协议的过程。

2. 沟通的方式有两种：语言的沟通方式；肢体语言的沟通方式。在日常工作生活中，除了注意语言的沟通外，还需特别注意肢体语言的沟通，练习并掌握正确的肢体语言沟通方式。

3. 每个人在沟通的过程中都会出现三种行为：说、听、问，要正确把握每个环节中的注意事项。

4. 从沟通方向上看，沟通分为三种：对上的沟通，水平的沟通，对下的沟通，要系统掌握每类沟通的相关技巧。

课 后 练 习

1. 如果你刚参加工作，你的能力和学历都很不错，但是有一个老同志因为自己资历老，对你很不服气，对于你的工作也常常不予配合，对此你怎么办？

2. 如果你的一位同事经常占用办公室的电话打私人电话，影响公司的工作，领导让你去说服他，你会怎么做？请模拟一段说服的对话。

3. 领导安排你和部门另外一位同事一起完成某项工作，该同事不和你沟通工作情况，导致你的工作没有完成好，受到领导批评，你会怎么办？

第五章 职业思考力

思维是人脑对客观现实概况的和间接的反映，每个人都应该且必须会思维。在职场中，一个会思维的人往往能够未雨绸缪、运筹帷幄。在竞争日益激烈的社会中，思考力（思维力）已经成为职业能力之源，成为职场中人的核心竞争力。本章主要从东西方思维的差异、平行思维理论、双赢思维模式三个方面介绍职场中人应该具备的思维能力。

第一节 不同民族不同思维

一、思维与职业思考力

（一）思维的含义

"思想决定行动，行动决定习惯，习惯决定品德，品德决定命运"，人的一切行为都是由自己的思想、思维所决定的。

思维分广义的思维和狭义的思维：

广义的思维是人脑对客观现实概况的和间接的反映，它反映的是事物的本质和事物间规律的联系，包括逻辑思维和形象思维。

狭义的思维通常指心理学意义上的思维，专指逻辑思维。

思维具有如下的特点：

1. 思维的本质是思维主体的一种运动

从物理学的研究结果可知，思维的主体是由分子和原子等单位构成的。在分子角度上，思维运动可以被分解为分子和原子的物理运动和化学反应。

2. 思维运动可以被分解为许多个最简单、最基本的运算

3. 思维运动是一种持续性的过程

思维运动是对新获得的环境信息和之前的运算结果信息的综合。思维运动的过程是一个信息积累的过程，过去思维运动的结果会对现在和将来的思维运动产生影响。

4. 思维运动的过程和结果不一定被思维主体所意识

一些思维运动的过程和结果可以被思维主体所直接意识，另一些思维运动可以被思维主体所间接意识，其余思维运动则无法被思维主体所意识。如光线，人们只能看见其中的一部分可见光，其余部分（红外线、紫外线）肉眼是无法直接看见的。

5. 思维运动不一定能被思维主体支配和控制

6. 思维运动因思维主体的思维组织体系的发达程度不同而有低等思维和高等思维之分

（二）职业思考力的含义

职业思考力，指的是每个人的职场思维能力，也就是一个职场人换位思考、系统思考、目

标意识、问题意识、效率意识的综合思考能力。

作为一个职场人，必须思考自己的目标、思考自己可能遇到的问题、思考自己完成某项工作必须具有的效率，还要思考如何将个人目标与组织战略相结合、思考怎样将自己思考的生命愿景与企业愿景相对接，思考自己的岗位职责与主要工作内容、思考并制定有效的个人工作目标、思考怎样为完成目标计划而制订行动计划等。

思考力是职场关键能力之源，是职场中人的核心竞争力。

二、东西方思维的差异性

世界上几乎每个民族都有自己特殊的历史、文化传统和思维方式，可以肯定，中国人的思维方式一定和美国人的思维方式不同，也和法国人的思维方式不同，中国人有自己独特的思维方式。

有一则趣谈：一所国际公寓闹火灾，里面住有犹太人，法国人，美国人和中国人。犹太人急急忙忙先搬出的是他的保险箱，法国人先拖出的是他的情人，美国人则先抱出他的妻子，，而中国人则先背出的是他的老母亲。这一趣谈反映了一个事实：不同的民族有着自己区别于其他民族的特殊的文化心理素质，思维方式，价值尺度，道德规范和情感趣向。

为什么中国屡经战乱，然必定统一为一个国家，而欧洲却分裂为数十个国家，根本不可能统一成为一个国家？为什么欧洲有繁荣发达的奴隶制社会和资本主义社会，而封建主义的中世纪则是一个黑暗的几乎停滞的时代？为什么中国的奴隶制发展不够充分，而封建社会却长久昌盛？为什么欧洲 14 世纪到 16 世纪出现了文艺复兴，中国自南宋时代已产生了相当发达的城市手工业和商业，却始终未能出现与文艺复兴相类似的运动？

这一切的原因都是由不同民族所具有的不同思维方式造成的，东西方人思维存在较大的差异性：

1. 东方人曲线思维，西方人直线思维

东方人曲线思维，习惯迂回；西方人直线思维，喜欢开门见山。这种思维方式的差异有着悠久的历史渊源。寻求世界的对立，"非此即彼"的推理判断是西方理论家思考问题的基本方法。由此引发的"线性推理"的观念，好像是理所当然的事情。而探寻世界的统一性，是中国哲学思维的本色，如"天人合一"、"亦此亦彼"就成为中国古代思想家的思维习惯。如果说西方的思维方式可以用直线来比喻的话，那么中国以"辨证"为主的思维途径，即使要以线条来表示也不能只采取直线形的方法。螺旋或波浪式的曲线，似乎较能反映中国传统的思维方式。中国人的"醉翁之意不在酒"这一传统思维导致的做事风格或处事方式，至今未尝有根本改变！

西方人喜欢更简单的抽象符号，对汉字的图形符号识别法感到非常头痛，因为这不是他们认识事物的方式，所以他们认为汉字是世界是最深奥难懂的文字。那么，他们认定使用这种难懂文字的中国人，其思维方式更是不可捉摸的。东西方文化在逻辑观念上也存在着基本的差异。比如，面对同本身想法相悖的观点时，美国人会进一步增强自己的观点，驳斥他认为不太正确的观点。相反的，亚洲人则更加容易改变自己的立场，承认即使不太正确的观点也有可取之处。东方人因"整体思维"更容易注意到重要的环境因素，并认识到它们也会产生影响，因此犯下"基本归因错误"的几率较低。所以，东方人的这种思维方式在处理各种事情，大的如国际事务，小的如夫妻关系，都有可取之处，不可片面否定；但在很多事情诸如有关一些原则性的问题上则可以向西方人的这种思维方式学习。

2. 东方人综合思维，西方人分析思维

生活在不同文化下的人们由于对外界的认识模式存在着差别，思维方式也同样存在差别。季羡林认为："一言而蔽之，东方文化体系的思维模式是综合的，而西方则是分析的"。东方和西方的思维方式从总体上看具有不同的特征，如东方人偏重人文，注重伦理、道德，西方人偏重自然，注重科学、技术；东方人重悟性、直觉、意象，西方人重理性、逻辑、实证⋯⋯这样看来，中西思维方式分别属于整体、直觉、具象思维与分析、逻辑抽象思维。

举一个例子：德国人做菜放多少盐是需要用天平来称的，而中国人是用勺子舀的。中国人似乎更长于总体把握，而西方人长于条分缕析；中国人善于归纳，西方人善于演绎；中国人强调群体，西方人强调个体；中国人重悟性，西方人重理性；中国人善形象思维，西方人善逻辑思维；中国人更具诗人的气质，西方人更具科学家的头脑；中国人把宇宙看作一个整体，充塞其中的是"道"或"气"，西方人把宇宙看作一个个原子，各自独立又彼此联系；中国人处理事情就像中医，把人体看作一个有机整体，西方人处理事情就像西医，头痛医头，脚疼医脚。简单来说，西方人大多关注具体问题和细节；东方人则主要从整体结构思考问题。就是说，比起西方人来，东方人的思维方式更有整体性，东方人会本能地更注重来龙去脉。

图5.1 国学大师季羡林先生

这两种思维方式各有所长，应该在注重整体性的优势上，多训练解析性或分析性思维方式，在知识经济社会中，将会占有双重优势。

3. 东方人模糊思维，西方人精确思维

美国的心理学家最近做了一个实验：试验者要求中国人和美国人看水下景物的录像，让他们说出看到了什么。他发现，美国人的眼光直接奔向那些最亮的在水中运动最快的物体，例如，三条游来游去的鲑鱼；而中国人更有可能说他们看到了一条溪流，看到水是蔚蓝色的，水底有岩石，然后才提到水里有鱼。研究发现，中国人从这个试验中掌握的背景和前景物体的信息量是美国人的两倍。这个研究发现，比起西方人来，东方人的思维方式更有整体性，东方人会本能地更注重来龙去脉。与东方人相比，西方人似乎更善于集中注意力，也更具有分析性。心理学家解释：东亚人生活在相对复杂的社会关系网中，有固定的角色关系。因此，关注背景对有效的职能运作非常重要。相比之下，西方人生活的社会约束较少，强调独立性，他们可以较少关注环境。

模糊性是古代思维的共同特征。中国传统的思维方式的模糊性经过长期的延续而得到了丰富的发展，但是没有像西方思维方式那样在近代受到了精确性的否定。因而直到现代，中国思维虽然吸收了西方思维的精确性，但是模糊性的特征还是很明显的。这种思维方式的优势在于能全面把握事物，通观全局，但是所得到的认识不深刻，不能对某一方面做更仔细、更精确的认识或研究，对事物之间的界限不能分得很清楚。相比之下，西方人自古以来就重视数学和逻辑，因而具有精确性的性质。精确性是西方近代思维的一大特征，西方近代实验科学注重对事物分门别类，重视定量分析和精确计算，因而促使了数学、力学、天文学、生物学、化学、物理学等学科的发展。虽然思维对象是模糊的，但是西方人认识事物的方法和工具却是相当精确的，这就导致了精确思维的习惯。近代以来西方人崇尚科学和理性，注重思维更精确活动的严格性、明确性和确定性，注重思维程式的数学化、形式化、公式化、符号化和语言的逻辑性，思维方式也必然带有精确性。相比于东方农耕文化重视生活背景与人际关系而言，西方工业社会更多表现为对于时间与效率的把握。这种差异造成了两种社会截然不同的民族种族个性与发展模式。

然而，西方人也发现复杂的世界存在着许多模糊的现象和事实，如在程度、关系等方面，很多情况下不可能具有精确的结论，反映在思维中就产生了模糊性，由此产生了模糊数学、模糊逻辑、模糊语言等学科。总之，西方人有精确思维的传统，同时又创立了模糊数学和模糊逻辑，开创了现代模糊思维的新阶段；中国人擅长于模糊思维，同时又刻意吸收消化西方人的精确思维艺术。这说明，模糊性和精确性作为人类思维的两种特性，在现代社会得到长足的发展并互相靠拢。

4. 东方人中庸思维，西方人偏激思维

"中庸"来自中国几千年传统的儒家思想，是重要的伦理道德标准，指处理事情要不偏不倚，后来引申为平庸、妥协、保守。"中庸"内容十分广泛，它是人们观察问题、认识问题的基本方法。"中庸"思想体现了事物的自身内在规律，反映在人们的思维方式、行为方式诸方面，对现代人的身心发展、协调人际关系仍然有着不可替代的价值。但中庸思想对中国的历史发展基本上还是过大于功，阻碍了历史发展。所以对于"中庸"之道，鲁迅是极力反对的："惰性，……第一就是听天任命，第二就是'中庸'"。鲁迅是最不中庸的人，他一贯的旗帜鲜明就是对"中庸"的抗拒，把"中庸"当作中国人的惰性。

西方人好偏激性思维，一种思维、观点总是先全盘否定前人的，提出自己"全新的"，一鸣惊人，在争论中再逐渐纠正自己的偏激之处，最后被人们接受，成为流行的新的理论新的观点，如存在主义、行为主义、人本主义、精神分析学派等等，莫不如此。他们在创立理论的过程中（特别是初期），往往好走极端且有意言过其实，尤其喜好只"击"一点不及其余。待理论建立起来后，再来进行修正。如新精神分析学派，新行为主义，如此等等，反正不新不"偏"的东西是没有市场的。在日常生活中也是如此，凡事必弄个是非曲直，绝不含糊。在国际关系中也如此，经常使用偏激语言或偏激行动。

作为思想方法的"中庸"，它包含着丰富的辩证法。对于认识和观察世界、处理人际关系中的诸多问题有着积极意义。作为人要讲诚信、要仁爱、不偏不倚、做事要有尺度，不走极端、要恰到好处等等。但缺陷是求全求稳，善于调和，缺乏创新精神。

如何解决中庸与偏激的关系？可以打个比方：比方一棵大树，根虽偏，却从大地吸取营养与水分。树梢虽偏，却能不断生长。中庸之干，可抗风雨。中与偏紧密配合，保证大树屹立天地而不倒。这样不仅能做到为人处世的中庸，也能够保持激进的思想，中庸与偏激运用得宜，这样的思想，是不是光比中庸要进步呢？而这也是建立和谐社会所需要的基本思维方式。

5. 东方人直觉思维，西方人逻辑思维

中国传统思维重视经验悟性直觉思维，西方传统思维重视理性逻辑思维。今天许多人写文章仍喜欢用比较形象的词语表达深奥抽象的理论。如写作理论把直截了当的开头称为"单刀直入"，巧妙地指出文章的主题叫"画龙点睛"，轻描淡写称为"蜻蜓点水"。

中国的形容词、成语特别多，几乎每个词都有一个意象，而抽象名词又特别少，这样使得优美、富有意境的汉语诗歌、散文翻译成西方语言往往失去了原来的韵味；而西方的科学论文翻译成中文，又很难找到相近的词语表达，以致近现代一些翻译家不得不大量创造了一些新的词汇适应西方科学著作的翻译。

爱因斯坦把西方科学思维归结为形式逻辑和实验。形式逻辑使概念确定实验使概念具有数学定量化的公式，并有一最终对正确和错误进行评判的标准。

东西方人思维差异并非源于东西方人在大脑生理机能的不同，而是由于东西方的经济发展、社会心理、民族特点、风俗习惯、价值观念、宗教信仰、生活方式等等社会性因素不同造成的，这其中文化因素是中西方思维方式差异的重要根源。显然中国近代科学不发达与此有密切联系，因此我们既要学习西方的科学知识，培养科学精神，吸收西方传统思维方式的合理成分，又应了解中国传统文化，继承和弘扬传统文化中的优秀遗产，吸取中国传统思维方式的精华，充实新的内容，建构现代中国人的思维方式，以适应新时代发展的需要。

第二节　平行思维理论

一、平行思维的内涵

人们常用的思维是有局限和不足的，如局限性思维、对抗性思维等，在现实生活中，我们也越来越多地看到，人们将更多的时间用于彼此之间的争辩、说服，结果却是谁也不能说服谁；人们的思维越来越固化，独特的、创新的点子、想法也越来越少……

正是在这样的背景下，平行思维理论应运而生。

平行思维是一种创新思维模式，具体是指从不同角度认知同一个问题的思考模式。当人们使用平行思维时，便能够跳出原有的认知模式和心理框架，打破思维定势，通过转换思维角度和方向来重新构建新概念和新认知。

平行思维涵盖了以下思考方法：水平思考法、侧向思考法、横向思考法、逆向思考法。运用平行思维，能够拓展人们的视野，促使人们进行创造性思考和建设性思考，使人们看到解决问题的更多的可能性。

下面的故事有助于帮助大家理解什么是平行思维：

很多年前，一个人只要欠了别人钱，就会被送进监狱，一个伦敦商人就很不幸地欠了高利贷者一大笔钱。这个放高利贷的商人，又老又丑，但他却早已对伦敦商人美丽的女儿垂涎三尺。于是，他提出了一个交易：只要让他得到伦敦商人的女儿，他就可以取消伦敦商人的债务。

伦敦商人和他的女儿都被这个提议吓坏了，狡猾的高利贷商人便进一步说让上帝的旨意来决定这件事情。他告诉可怜的伦敦商人和少女，他会把一颗黑色和一颗白色的鹅卵石放进一个空的钱袋里，然后让少女挑选出其中一颗，如果她选中的是黑色鹅卵石，那么她将嫁给高利贷商人，她父亲的债务也会被取消；如果她选中的是白色鹅卵石，那么她可以继续留在她父亲身边，而债务也将被取消。但是，如果她拒绝挑选鹅卵石，那么她父亲将会被送进监狱，而她也会开始挨饿。

伦敦商人很不情愿地接受了这一提议。他们当时正站在高利贷商人的后花园里，脚下正好是一条由鹅卵石铺成的黑白相间的小路。于是，高利贷商人弯腰拾起了两颗鹅卵石。正当他拾起鹅卵石的时候，眼尖的少女吃惊地发现他拾起了两颗黑色鹅卵石，并把它们分别放进了钱袋。接着，高利贷商人要求少女选出一颗决定着她和她父亲命运的鹅卵石。

假如你正是那名不幸的少女，你会怎么做？如果你要帮这名可怜的少女出主意，你会出什么主意？

可能想到的方案无非是以下三种：

（1）少女拒绝挑选石头。

（2）少女应该指出钱袋里装着的是两颗黑色鹅卵石。从而揭穿高利贷商人的骗局。

（3）为了使父亲免受牢狱之苦，少女挑选出一颗黑色鹅卵石并牺牲自己。

以上任何一条建议都无济于事，因为，只要少女拒绝选择，她父亲就会被送进监狱；而她只要做出选择，她就不得不嫁给那个放高利贷的老头儿。

在这种情况下，如果请你转换一下思考的方向会怎么样呢？对！只是转换思考的方向！你会做出哪些选择呢？难道非要在两个钱袋之间做出选择吗？换一个方向看看——遍地的黑白鹅卵石难道不可以"为我所用"吗？换一个方向思考就避开了主要观点——"少女必须在钱袋中的石头里进行选择"。

只要你避开了主要观点就变成了平行思考者。平行思考倾向于从多个不同的角度来考察同一个事件，而不是仅按某个固定的思维路线思考问题。例如，平行思考者可以关注钱袋里的鹅卵石，也同时关注地上黑白鹅卵石。

故事里的少女将她的手伸进钱袋并拿出了一颗鹅卵石。但大家还没来得及看上这颗石头一眼，她就不小心把它弄丢在地上，由于地上到处是黑白鹅卵石，所以再也分不清哪一颗是刚才掉在地上的鹅卵石了。

"哦，我真是笨手笨脚，"少女说道，"但是没关系，如果你看一看钱袋里剩下的那颗是什么颜色，就会知道我刚才选出的鹅卵石是什么颜色了。"

由于剩下的那颗鹅卵石肯定是黑色的，而高利贷商人也不敢承认他刚才的欺骗行径，所以少女刚才选出的那一颗自然就被认为是白色的。就这样，通过运用平行思考或水平思考，少女奇迹般地把一个看起来完全不可能解决的情况转换成了对她极为有利的情况。少女现在的处境变得比原来更好，因为如果高利贷商人当初诚实地往钱袋里放进一颗白色和一颗黑色鹅卵石，那么少女获救的希望还只有百分之五十。但经过运用平行思考，少女不仅可以继续留在父亲身边。而且债务也同时得以取消。

二、六顶思考帽的来源

（一）爱德华·德·波诺

图5.2　爱德华·德·波诺博士（Dr. Edward de Bono）

爱德华·德·波诺博士（Dr. Edward de Bono）被誉为 20 世纪改变人类思考方式的缔造者，是创造性思维领域和思维训练领域举世公认的权威，被尊为"创新思维之父"。他 1933 年出生于马耳他。获得牛津大学心理学、医学博士学位、剑桥大学医学博士。曾任职于牛津大学、伦敦大学、哈佛大学和剑桥大学。

爱德华·德·波诺博士第一次把创造性思维的研究建立在科学的基础上，是思维训练领域的国际权威。欧洲创新协会将他列为人类历史上贡献最大的 250 人之一。他在世界企业界拥有广泛影响。

德·波诺博士是横向思维理论的创立者。如今"横向思维"一词作为语言的一部分，已经被收入《牛津英语大词典》、《朗文词典》。

德·波诺博士一生著书 50 多部，其中《我对你错》一书受到三位诺贝尔奖得主推荐。1990 年他主持了韩国汉城的诺贝尔奖获得者大会。德·波诺这个名字已经成为创造力和新思维的象征。

德·波诺的代表作《六项思考帽》和《水平思考法》被译成 37 种语言，行销 54 个国家，在这些国家的企业界、教育界和政界得到了广泛的推广和肯定。长期以来，德·波诺思维作为政府、企业和个人生活的决策指南，一直被公认为是最有效的创新思维训练工具，国际思维大会由于德·波诺对人类思维的杰出贡献而授予他"先驱者"称号，德·波诺这个名字已经成为创造力和新思维的象征。

🔖 小贴士　　爱德华·德·波诺博士中国大事记

2001 年，德·波诺理论首次正式登陆中国。

2002 年，《六项思考帽》中文简体版出版，成为年度畅销书，蝉联管理类畅销书前十名排行榜 6 年。

2002 年，德·波诺博士作为演讲嘉宾应邀参加"达沃斯世界经济论坛北京峰会"，做了"价值设计决定一切"的主题演讲。

2002 年，德·波诺博士为"北京奥组委"做创造性思维方法的讲座，获得北京市领导的高度认可。

2003 年，北京德博诺管理咨询有限公司成立。

2004 年，北京举办"创新思维教育论坛"，德·波诺博士做了"思维质量与儿童成长"的专题演讲。

2007 年，德·波诺博士为上海和北京 600 多位大型企业高级经理人举办企业创新管理的讲座，先后多次接受《中国青年报》、《北京青年报》、《经济观察报》、《中外管理》等多家国内专业媒体访问。

2011 年 10 月，德·波诺博士在上海环球金融中心，展开为期 4 天的中国之行，与大众分享他关于"思维创新"的卓越成果与激情。

（二）六项思考帽是平行思维的一种具体运用方式

《六项思考帽》是德·波诺博士的代表作之一，也是德·波诺博士开发的一种思维训练模式，或者说是一个全面思考问题的模型。它提供了"平行思维"的工具，避免将时间浪费在互相争执上。强调的是"能够成为什么"，而非"本身是什么"，是寻求一条向前发展的路，而不是争论谁对谁错。

六项思考帽分别是白帽、红帽、黑帽、黄帽、青帽（绿帽）和蓝帽，每一顶帽子代表一种思维模式，六项思考帽即六种不同的思维模式。

之所以用帽子而不用其他的如手套、衣服代替，德·波诺博士也进行了说明。他在书中写道："六顶帽子的目的是避免思维混杂，按这种方式，思考者在某一个时间里就可以只按照一种模式思考——而不是在某一时刻做全部的事。"帽子为组织思维提供了框架，思维变得更加集中，更加有组织性，更有创造性，也使思考方式的转换变得容易。

三、六顶思考帽的作用

六顶思考帽作为一种创新的平行思维模式工具，一经发表，即得到学术界和社会各界的广泛认同：

1984 年首次个人承办奥运会成功并获得 1.5 亿美元巨额利润的美国商人彼德·尤伯罗斯，将自己的超凡成就归功于水平思考法引发的新观念和新想法，他曾参加过德·波诺博士举办的青年总裁组织（Younger President Organization）六顶思考帽培训班；

1996 年的美国联邦法律大会邀请德·波诺讲授六顶思考帽，听众是来自 52 个国家的 2300 多名高级律师、法官和知名人士；

德国西门子公司有 37 万人学习德·波诺的思维课程，随之产品开发时间减少了 30%；

英国 Channel 4 电视台说，通过接受培训，他们在两天内创造出新点子比过去六个月里想出的还要多；

英国的施乐公司反映，通过使用所学的技巧和工具使他们仅用不到一天的时间就完成了过去需一周才能完成的工作；

芬兰的 ABB 公司曾就国际项目的讨论花了 30 天的时间，而今天，通过使用平行思维，仅用了 2 天；

J.P. Morgan 通过使用六顶思考帽，将会议时间减少 80%，并改变了他们在欧洲的文化；

麦当劳日本公司让员工参加"六顶思考帽"思维训练，取得了显著成效——员工更有激情，坦诚交流，减少了"黑色思考帽"的消极作用；

在杜邦公司的创新中心，设立了专门的课题探讨，用德·波诺的思维工具改变公司文化，并在公司内广泛运用"六顶思考帽"。

德·波诺博士认为，这些帽子的一个巨大的价值就在于它们提供了思维角色。一个思考者可以为他能够扮演这种角色而感到骄傲。如果没有这些思维的正式形式，一些思考者就将永远地处于一种固定的模式中。这种帽子思维方式运用得越多，则它们就将越多地成为思维文化中的一部分。在某一个组织中的每一个人都应该学习这种基本习语，以便使它成为其文化的一部分。这样，就能够集中思维，使之更为强大有力，同时，它也通过一种活跃的和有约束性的方法代替了那种浪费时间的争论和漫无目标的讨论。

通过六顶思考帽的训练可以掌握：如何指导更加集中、高效的会议；如何在大多数人只能发现问题的地方发现机会；如何从全新和不寻常的角度看待问题；如何从多个角度看问题；如何培养协作思考；如何减少交互作用中的对抗性和判断性思考；如何采用一种深思熟虑的步骤来解决问题和发现机会；如何创造一种动态的、积极的环境来争取人们的参与；如何解决问题时发现不为人注意的、有效的和创新的解决方法；如何为公司贯彻解决方案的简单易行的工具；高度集中与高效会议的方法；如何发现一个问题的新的角度，从而找到商业机会；如何有效地提高创造能力……

四、六顶思考帽的内涵

六顶思考帽代表六种不同的思维模式，要想运用好六帽思维模式，这需要我们注意两大要点：

（一）角色扮演

六帽中的每一顶都有其具体的职能和作用，当你被要求带上某一顶帽子时，你就要扮演由这顶帽所规定的角色，而不能再去做超出此帽所规定的事情。

（二）思维转换

六帽代表六种不同的思维模式，当你换上另一顶思考帽时，你也必须跟着变换角色，采用相应的思维模式进行思考。

接下来大家一起来了解每一顶帽子具体所代表的思维模式和使用要求：

1. 白帽

（1）白帽的含义

白色，标志中立和不偏不倚，白帽思维要求别人以中立和客观的方式给出事实和数字。

在日常生活中，人们经常会说"今天天气很热"、"今天天气很冷"之类的话，"今天天气很热""今天天气很冷"很明显带有个人主观感受，也许当你正在说今天很冷时，旁边就有一个人跳出来说"不，今天一点都不冷，反而还有点热"，继续下去，又可能会变成对抗性思维了。

那么，用白帽思维如何表述呢？白帽思维要求以中立和客观的方式给出事实和数字，在这种思维模式下，思考者应该模仿计算机，思考及表述过程中不掺杂任何主观感受或感情。因此，用白帽思维则应这样表述"今天气温是 39 度"、"今天气温是零下 2 度"。

（2）白帽的运用

运用白帽思维时，需紧紧围绕主题从以下几个方面进行思考：

① 针对主题需要哪些方面的信息？

② 其中哪些信息是现在能够得到的？

③ 有哪些信息是目前所缺少的？

④ 缺少的信息有没有渠道或途径可以获得？

现在一个班级的学生聚在一块，需要针对未通过英语四级考试的同学，制定帮助他们通过四级考试的行动方案，此时运用白帽思维如下：

需要的信息：班级通过四级考试的人数、班级未通过四级考试的人数；未通过人员之前是否参加过四级考试，分数各是多少；未通过人员四级考试各题型得分情况；未通过人员目前英语水平掌握情况；下一次四级考试的时间、距离现在剩下的时间；四级考试的总分、合格分数线；四级考试的具体要求等。

目前可以得到的信息：通过四级考试、未通过考试的人数；未通过人员之前参加四级考试的分数；下次考试的时间、距离现在的时间；四级考试的总分、合格分数线等。

目前尚不能得到的信息：未通过人员对英语的实际掌握情况、上一次四级考试各模块的得分情况等。

如何获得缺少的信息：对未通过人员进行模拟测评，了解其实际英语水平；制作调查问卷、询问未通过人员等。

在运用白帽思维时，需注意，此时提供的信息和数据必须是客观的事实，白帽思维鼓励思考者泾渭分明地分清楚在其思想中哪些是事实，而哪些属于他个人的发挥。

（3）白帽的使用要点

在使用白帽思维时，需注意以下要点：

① 白帽思维过程中，如遇有争议情况，无需争论，此时只需将争议点记录下来即可；

② 对于白帽思维过程中所涉及的数据、信息，务必评估其相关性、实用性和准确性，确保数据、信息无误，否则可能导致最终决策无效或失败；

③ 准确区分事实与信仰、推论。

如去年美国的火鸡销售量增长25%，原因是由于人们对食疗的兴趣和对健康的关心。火鸡肉被人认为含有更少的热量。

费兹勒先生，我要你做的是戴白帽，事实是增加了25%，其余都是你的发挥。

不是这样，先生，市场调查清楚地表明人们之所以买火鸡是因为人们认为它释放的卡路里少一些。

那么你就有了两个事实。事实一：火鸡肉的销售量在去年增加了25%。事实二：有些市场调查表明人们之所以买火鸡肉是出于卡路里的考虑。

④ 明确如何获得现在未知，但需要的信息。

2. 红帽

（1）红帽的含义

红色是火焰的颜色，象征着情绪和感觉。红帽思维所涉及的是思维中的情绪、感觉以及其它非理性方面，它为把思维中的这些情感表达出来提供了一条正规的和明确的途径。

如：不要问我为什么，我就是不喜欢这桩交易，它令我讨厌；

我不喜欢这个人，也不想和他作什么生意，这就是我对此的全部看法；

这种设计简直是异想天开，根本无法成功，实施它纯粹是在白白扔钱；

我觉得这桩交易肯定成不了，而且到头来还会惹一场大官司。

（2）红帽的运用

红帽思维强调的是：

① "我"现在的感受是什么？

② "我"的直觉告诉我什么？

③ "我"的本能反应是什么？

（3）红帽的使用要点

在使用红帽思维时，需注意以下要点：

① 红帽使用时间不能过长，一般可以限制在30秒内：红帽象征人的情绪和感觉，在实际使用过程中，更多出现的是"不好"的情绪和感觉，如"我就是觉得这个不行，没有什么为什么"。恰当使用，可以为情感的表达提供途径，使用时间过长，可能会使人陷入"不好"的情绪和感觉之中而拔不出来，进而影响其他帽子的使用。

② 红帽思维给予使用者"充分许可"表达感觉、预感或直觉，其他参与者不能打断、反驳或争辩等，此时只需将相应感受、预感或直觉记录下来即可。

③ 红帽思维强调的是人的非理性一面，使用红帽者在表达感觉、预感和直觉时，只需直接表达，无需进行论证，即没有为什么，"我"就是这样觉得。

④ 红帽思维可以在做出决定之后使用，也可以作为决策思考的一部分：尽管红帽思维是一种非理性的思维，但却强调个人的直觉、经验、第六感等。当大家针对某项事情做出决定之后，再可以让参与决策人员戴一下红帽，如果其中绝大多数参与者的感觉是不行，那么，有必

要考虑此时的决定是否合理、可行，是否需要调整或重新决策。

⑤ 不可过度使用红帽：过度使用红帽有两方面，即单次使用时间过长和红帽使用次数过于频繁，无论是其中哪一种情况，都可能会导致使用者陷入情绪之中难以自制，最终影响整体思维。

3. 黑帽

（1）黑帽的含义

黑色是法官的颜色，象征着冷静，黑帽思维特别关心的是否定评价。黑帽思考者意在指出什么东西是谬误，什么东西是错误的和不正确的。它要指出某些事情是如何地不符合于人们的经验和人们已经具备的知识。

（2）黑帽的运用

黑帽思考者不仅要提出为什么有些事情不起作用，而且还要指出风险和危机，在改进过程中，黑帽思考者要指出缺点。

如：（这个提议或建议）会起作用吗？（这样做）可能存在的问题是什么？（这样做）可能遇到的困难有哪些？需要警惕的地方有哪些？（这样做）有何风险？

与红帽思维相比，黑帽思维虽然同样消极但却注重逻辑和理性。黑帽思维是否定，但否定也需要相关的理由，黑帽理由一定要站得住脚，它们对任何人来说都必须是适用的，它们必须是完全合理的，而不是某一个权威人物提出的哗众取宠的观点。

（3）黑帽的使用要点

在使用黑帽思维时，需注意以下要点：

① 黑帽思维是最佳决策所必须的：在做任何决策时，不能只关注可能会获得的利益、好处，同样需要关注存在的问题及面临的风险，只有通过将利益与风险进行对比，全面考虑，最终才能做出最合适的决策。

② 黑帽思维一定要对所关注的问题给出合乎逻辑的理由，一定要讲清楚为什么。

③ 黑帽思维与黄帽思维结合使用（先戴黄帽后戴黑帽），可以成为强大的评估工具：有一种观点是这样的，认为黑帽总是应该首先用，这样就可以很快剔出那些不起作用的方法而不用花很多时间去考虑它们。这种观点或许值得引起争论，这种否定筛选是大多数人在思考时的方法，而且在许多实际问题中它是迅捷而有效的。当人们寻求的是效能而不是成就时，否定筛选可以节约时间。

然而，发现一次新提议的短处比找到它的长处要容易得多，所以如果人们首先对一项新提议戴上黑帽子，也未见得能戴多长时间。思维中的开关一旦直接转向了否定，那么人们要看到肯定方面就非常困难，这时，大脑的化学条件也许处在"担心"和"安全感"中。

所以当大家考虑一项新提议或者新变化时，首先使用黄帽子，然后再使用黑帽，这样可以产生许许多多的感觉。

④ 不能过度使用黑帽：在团体决策中，如果你只带黑帽，无论谁提出任何建议或看法，你都找出理由去进行否定，只能表明你错误地站在了旁观者的立场，认为这个事情与自己没有任何利益关系。如果你是利益的相关者，就不能只戴黑帽，需知批评远比提出可行性建议要容易得多。作为利益的相关者，一定要记住：除了黑帽，还有其他的帽子。

4. 黄帽

（1）黄帽的含义

黄色是阳光的颜色，象征希望和乐观。黄帽思路寻查和探索的是价值和利益，然后，黄帽思路需要极力为这种价值和利益寻找逻辑根据；如：（这样做）有何利益？（这样做）有何积极因素？（建议、方法等）存在哪些有价值的地方？这个想法中有何吸引人的地方？这样做可行吗？

（2）黄帽的运用

从态度上讲，黄帽和黑帽正好相反。黑帽与否定评价相关，而黄帽则是从肯定方面看问题；与黑帽相同的是，黄帽也强调思维逻辑性，对于自己的观点要给出合乎逻辑的理由，黄帽思维是思考者所选择的一种深思熟虑的方法。

如：某人的黄帽思路建议把煎蛋饼做成一种好的快餐。如果寻找理由来支持他这个观点，可能就会列举出人们的食物意识和对易消化食物的偏爱，或许还会说由于人们倾向于早餐不再吃鸡蛋，因此其他时间就该有吃蛋的机会。

批判性思维是思维中一个非常重要的组成部分，但它绝非全部。黑帽思路概括了批判性思维的各个方面，戴黑帽的思考者应该充分扮演这种角色，要尽可能地进行强烈地批判，这是思维中的一个重要部分，一定要做好；建设性的和生产性的思维方面则属于黄帽，主意、建议和方案的提出都是来自黄帽思路，任何建议的提出都是为了使事情变得更好。它或许是为了解决某个问题；或许是为了做出某种改进；或许是为了利用一个机会。在每一种情况下，所有建议都是为了带来某种积极变化。

（3）黄帽的使用要点

使用黄帽思维时，需注意以下要点：

① 黄帽思维需要深思熟虑：和黑帽思维一样，黄帽思维需要对自己的乐观主义给出合乎逻辑的理由，黄帽思考者应该尽最大可能去寻求支持其乐观主义的理由。

② 相对于黑帽思维，使用黄帽思维并不那么自然：黑帽是否定的评估，而黄帽是肯定的评估，正如批评远比赞美一个人更容易一样，找问题、困难和不足也远比找利益、好处、优点要容易。使用黄帽时，需要克服这种不自然。

③ 黄帽与黑帽一起使用，会成为强大的评估工具。

5. 青帽（绿色帽子）

（1）青帽的含义

绿色是大自然的颜色，是植物种子繁育生长的颜色，象征着创新、改变。青帽代表创造性思维，它和新思想相关联，是观察新事物的新途径。青帽思路力图摆脱旧想法，以便找出更好的新想法。一个人一旦戴上青帽，那他就将运用创造性思维的习惯用语。他周围的人也应该把他的成果看成是创造性的成果。理想情况下，思考者和听众应该戴上青帽。

（2）青帽的运用

青帽思维的关注点包括：

① 还有其他方法做这件事吗？

② 还能做其他什么事情吗？

③ 还存在什么可能性？

④ 什么方法，可以克服用黑帽提出的困难？

事实上，比起任何其它的思维来说，人们更需要绿帽。在创造性思维的练习中，一些激发性的想法常常故意地不合逻辑。所以，当人们去寻求激发所产生的新概念时，都有意识地扮演着滑稽角色或小丑，而且也需要一种途径使之更加清晰，即使它们不是激发性的新想法的奇妙种子，也需要绿帽子的保护，使其免受黑帽习惯的寒霜侵袭。

（3）青帽的使用要点

使用青帽思维时，需注意以下要点：

① 青帽思维鼓励寻找新方案和替代方案：青帽本身并不能使人更善于创造，然而青帽能给思维者以时间和重点使他们更富于创造性。通常，富于创造性的人是那些用更多的时间去试图创造的人，他们更多地为创造欲望所驱使。青帽思维承认这样一种人为的动机。激发一个创造力是困难的，但你能很容易地让某人戴上青帽，然后经他们输入青帽的信号。

② 青帽思维无需以逻辑为基础，允许各种假设：青帽思维代表创造性思维，它鼓励思考者开动脑筋，针对现状提出建议、方法。提出建议、方法时，无需以逻辑为基础，允许各种假设，此时他人不能反驳、嘲讽或争辩，只需将建议、方法记录下来即可。

6. 蓝帽

（1）蓝帽的含义

蓝色象征着总体的控制，因为它是天空的颜色，而天空覆盖世间万物。蓝色也昭示着超脱、冷静和控制。戴上蓝帽，你可以告诉自己或者别人，该戴其他五项帽子中的哪一项。蓝帽思维告诉大家该什么时候转换帽子。如果思维是一段正式的程序，那么蓝帽子就是对这种约定的控制。

（2）蓝帽的运用

蓝帽思维关注：

①（我们）应当从哪里开始？

②（我们的）议程是怎样的？

③（我们的）下一步怎么办？

④（我们）现在使用的是哪一顶帽子？

⑤（我们）如何总结当前的讨论？

⑥（我们的）决定是什么？

（3）蓝帽的使用要点

使用蓝帽思维时，需注意以下要点：

① 蓝帽是主持人的帽子，团队中任何成员都可以戴：一般说来，任何会议的主持人都自动地发挥其蓝帽的功能。他或她维持着会议的秩序，而且要保证议的议程得到贯彻。任命会议主持人以外的人作为一个蓝帽角色是可能的。然后，这个蓝帽思考者就将在主持人规定的范围内执行监督的任务。因为，情况往往是会议主持人他或她本身并不一定在监督思维方面特别熟练。团队中的任何成员只要符合使用蓝帽的要求，都可以戴蓝帽，但要记住，同一时间内，团队中只能有一个人戴蓝帽，其他成员根据蓝帽要求，使用其他几项思考帽。

② 蓝帽要关注和再关注思考：蓝帽思考者随时注视着正在发生的各种思维。他像一位设计舞步的舞蹈设计家，但他同时也是一位观察正在发生什么的评论家。蓝帽思考者并不沿着道路驾驶汽车，但他随时注视着司机。他同时也注视着所走的路线。

③ 蓝帽要处理对特定思维类型的请求，指出不合适的意见：在使用其他几项思考帽时，可能会出现团队成员提出使用某项思考帽的请求，如：先别忙戴黑帽，先戴红帽可不可以？还可以再戴会儿白帽吗？对于这些不同的请求，蓝帽需给出明确的意见，对于其中不合适的意见，也要立即指出。

④ 蓝帽要关注现在用哪一顶帽子，团队的成员是否在使用这顶帽子，如有未按要求戴帽或戴错帽子的情况，需立即指出并要求相关人员进行改正。

⑤ 蓝帽要对思考做出总结：每时每刻，蓝帽思考者都要对那些正在发生的事以及已经取得的成就做出概括。做出最后的概要和准备总结报告也是蓝帽思考者的例行公事。

⑥ 蓝帽可以促使或者要求团队做出决定：在现实生活中，也会遇到难以决定的事情，团队使用了几轮思考帽或开了几个会议都还不能做出最后的决定，而且有迹象表明此种现象可能会持续一段较长的时间，作为思维的控制者，蓝帽可以促使或要求团队在规定的时间内作出决定，如再使用一轮思考帽后，大家一定要做出最后的决定。

五、六顶思考帽的使用技巧

在现实生活中，大家不可避免地都混用了一番帽子。比如，本来想戴白帽子，结果戴成了红帽子，本来想戴黄帽子结果戴成了青帽子。看来要想正确合理地戴好帽子并不是一件容易的事，尤其是如何系统地使用这六顶帽子。

六顶帽子代表了六种思考规则可以由人们选择，这并不是对思考者分类，而是每个思考者应该会用所有的帽子。每种帽子都有限定的时间，不能无限制地使用。对于白帽子，人们期望输入中性和客观的信息；对于红帽子，人们得到包括感情在内的报告，即使感情是中性的；对于黑帽子，人们期望一些有价值意义的批评；对于黄帽子，人们趋向于得到肯定的评论，而这并非总是可能的；对于青帽子，人们需要拿出时间去产生新想法；对于蓝帽子，人们可以为思维制订一个计划。

帽子可以单独使用，也可以系统进行使用、多次使用。什么时候单独使用呢？在评价一个见解、减少负面性、检查忽略的价值时，黄帽可以单独使用；在征求团队意见、无法判断或对决策进行投票的时候，红帽单独使用是可行的；在避免错误、变化评估、检查可行性之时，黑帽可单独使用；在寻求改进、摆脱束缚、寻找创新的时候，青帽能单独使用。

然而，当时间紧迫，需要全面研究问题，或是问题复杂，无法得出明确结论，意见不统一，互不相让的时候，就需要使用六帽序列。六个帽子没有绝对正确的使用序列，它们在序列中可多次使用或不使用。因此大家要正确使用初始序列、中间序列、结尾序列，并充分使用简单的短序列。初始序列是有关"我们该如何解决这个问题"、"你怎么看这个问题"、"我们有什么信息"、"让我先看这个观点对我们有利的地方"等诸如此类的问题，在这个序列中最忌讳用到的是黑帽和绿帽。中间序列是关于"替代方案是什么"、"让我们看看价值吧"、"有什么缺点吗"、"这不是与我们知道的信息不符合吗"等问题。使用结尾序列时，对于需要行动来决定的情况，可以使用黑帽得出最终评价，对于不可控制的重大决策，使用红帽结尾，在需要迅速决策并采取下一步行动，使用蓝帽进行总结。

简单的短序列是人们处理某些问题的一种快速思考模式。举几个例子，在确定初步方案过程中，可以使用"蓝（思维任务是什么）——白（对这个情况都知道什么）——青（能想出什么主意）"这种思维模式；要进行快速评价时，一般采用"黄（优点是什么）——黑（缺点是什么）——蓝（能总结这些优缺点吗）"的序列；"黑（缺点是什么）——青（如何克服这些缺点）"的模式适用于需要实行改进的事件；"蓝（设计任务是什么）——青（可能的设计是什么）——红（如何看每种可能的设计）"的帽子序列适合以设计为主的工作处理。

一个典型的六顶思考帽团队在实际中的应用步骤：陈述问题事实（白帽）；提出如何解决问题的建议（青帽）；评估建议的优缺点：列举优点（黄帽）；列举缺点（黑帽）；对各项选择方案进行直觉判断（红帽）；总结陈述，得出方案（蓝帽）。

总的来说，六顶帽子的思维方式好处一是简化思维，二是易于思维转换。它使人们的思维变得清晰简单，虽然六项帽子不可能穷尽思维的所有方面，但它们的确涵盖了人类思维的主要模型。或许在刚开始使用各种帽子的过程中大家会显得有点笨拙，但这种笨拙感很快会随着该系统的方便性而日益消失。相信六项思考帽的思维方式能像一把梳子，帮助大家理清思维，明确自己的目标，找到正确的解决问题的模式。

第三节　双赢思维模式

一、双赢思维的含义

"双赢"（win-win）这个词语是我们最近几年频繁提到的一个词语，那么，什么是双赢呢？

"双赢"（win-win）在营销学中是这样解释的：双赢是成双的。对于客户与企业来说，应是客户先赢企业后赢；对于员工与企业之间来说，应是员工先赢企业后赢。双赢强调的是双方的利益兼顾，即所谓的"赢者不全赢，输者不全输"。

在人类历史上，人们相互之间的交往与合作，一直受到零和游戏原理的影响。所谓零和游戏，是指一项游戏中，游戏者有输有赢，一方所赢，正是另一方所输，游戏的总成绩永远为零。零和游戏的原理使游戏的利益完全向一方倾斜，而不顾及另一方的利益，胜利者的光荣往往伴随着失败者的屈辱和辛酸。但在零和游戏的原理中，双方是不可能维持长久的交往关系的。因为谁也不愿意长久地以损害自己的利益为代价来保持双方的关系。

进入 20 世纪后，随着社会发展和人类文明的进步，人们的思维能力、思维方式发生了很大变化，人们不再固守"成王败寇"这一传统思维模式，而是慢慢地在寻找一种"互惠互利"的合作模式，也就是通常所说的"双赢"。

《龟兔赛跑》这个寓言故事相信大家都听过，兔子因为骄傲自大、轻敌最终输给了乌龟。不过，故事到这里还没有结束，接下来大家一起看看又发生了什么故事：

兔子输了比赛，回去后越想越不服气，于是重新向乌龟挑战。这次兔子再也不敢在途中睡觉了，一路领先跑到了终点；而乌龟呢，慢慢地爬啊爬，结果这次挑战乌龟输了。

乌龟经过一番总结和检讨后，又向兔子提出挑战。不过这次乌龟呢要求改变路线，兔子说："没问题！"。这次乌龟挑的路线中有一条河，兔子又一路领先来到了河边，这一下没办法了，兔子又不会游泳，河上又没船，终点就在河对面，兔子只有望河兴叹。而乌龟呢？慢慢地一摇一摆地来到河边，潜入水中游到了河对岸。这一次挑战是乌龟赢了。

比赛结束后，乌龟和兔子成了好朋友，它们一起研究各自的长处和短处，发现它们之间刚好可以取长补短。于是它们一起报名参加森林动物体育运动会的拉力赛。比赛开始后，兔子抱起乌龟一路飞奔，到了河边，乌龟把兔子背在背上，游到了对岸，拿了比赛第一名，把那些兔兔、龟龟组合队远远地抛在后面。

兔子输了以后懂得总结检讨，乌龟懂得改变策略，更重要的是它们懂得强强联手，想到并做到，有了共同的目标和有效的方法，加上立即调整和行动从而取得一个双赢的结果。

社会学家告诉人们：利己不一定要建立在损人的基础上。即便在必须有输有赢的竞赛中，人们也认识到，通过比赛可以提高参与意识，增进相互了解，促进人类体质与精神层面的共同进步。而在各种经济合作中，只有一方获利的局面是不可能维持长久的。所以，通过有效合作，可以达到双赢的局面。

双赢思维是一种基于互敬、寻求互惠的思考框架与心意。双赢，是以退为进曲臂远跳的战略；双赢，是海纳百川有容乃大的气概；双赢，是人情练达皆学问的智慧。双赢不仅仅是等价交换的规则，也是人间温情的冰淇淋。只有在双赢思维下，才能实现冲突各方的利益均衡，找到他们之间的利益支点。

木匠与石匠，本非同行，属于见面点头微笑一下的关系，恰遇某次竞标活动，两行有了合作的机会。此时，老木匠与无知任性的小徒弟起了不应有的内讧，结果两人均身陷被惩处的危境。小木匠也后悔了，但错误已成事实，不可更改。关键时刻，作为竞争对手的石匠却做出了大义之举——他利用自己的长处及时挽救了木匠面临的危难。纯朴而智慧的石匠没有"落井下石"，而是不计前嫌地朝木匠伸出了援助之手，把一场灾难及时地消除在了萌芽状态。于是，木匠与石匠从此和解，他们在日后继续合作，取长补短，带来了事业的良性发展，实现了真正意义上的双赢局面。

二、双赢思维的重要性

双赢思维对于我们每个人来讲都是非常重要的，它可以帮助我们更好地学习、工作，帮助我们构建和谐的人际关系，帮助我们取得事业的不断成功……

1. 双赢思维提升学习效果

时代召唤合作与交流，然而对于学生来说学习也是一个合作、交流的过程，如果在团队学习中，大家能集思广益，那么各位的学习生活便是丰富多彩的，就好比做一道数学题，A 学生有一种方法，B 也有一种，C 还有一种，如果他们彼此孤立、自私，不与他人合作、交流，那他们永远也只能有自己所知的方法，如果他们彼此交流、探讨，各自说出自己的方法，说不定就能找到更多更简便的方法，这难道不是事半功倍的吗？不就达到了各自高效、高质的学习目的了吗？在此同时，学生间的关系也变得更加融洽了，这不是一全几美的事吗？由此可见，双赢思维对于学习而言，是具有促进作用的，学生之间多交流，他人才会知道你做某些事的想法与目的，这就好比买者与卖者，只有相互沟通后，卖者才知买者需要什么，买者也才能知道自己所购产品的性能和价格，才能实现货币与商品的等价交换，这就是生活中常见的交流作为桥梁的互惠互利的实例，人人皆知。生活在团体中，交流是生存在这一团体中所必需的技能。学习，这是一个综合性的竞争过程，优胜劣汰必然是竞争的结果，想要不被淘汰出局，你就得学会让对手成为对自己有用的合伙伙伴。

不同的学生进校后有不同的学习习惯、方法，在团队生活中，如果你能够学会欣赏他人，充分发挥每个人的长处，结合不同学生的特点，扬长避短，资源共享，形成合力，那么，在团队合作中，将能取得 1+1 > 2 的双赢效果，社会学家戴维将双赢看作是一项各取所需的自助餐。就一个团队而言，双赢就是团队中的每一个人都是胜利者的想法，是一种自己既宽容又坚忍不拔的想法。在团队中"我"希望他人成功，也希望自己成功，这是双赢，海阔天空，能容纳两个对立的个体，使两个矛盾体在特定的团队合作中实现统一，但不是踩在别人肩膀向上爬，也不是对他人的卑躬屈膝，而是大家在合作中各获所需，共荣共辱。

就学生在社交及心理上的问题，大家应引起重视。构建"双赢"的思维模式，是解决在团队合作中出现此类问题的行之有效的方法之一。在团队生活中，有"双赢"思维作为模式化的指导思想，在你对人、对物时，不会狭隘得必将对手吞灭，也不会得了熊掌就得不了鱼，团体中的双赢，能满足更多人想同时得到"鱼"与"熊掌"的想法，使团队更加强大。就学习而言，如果你与其他学生、老师以一种双赢的思维方式与他们交流，那么，不至于无法适应环境而在学习的马拉松长赛中被淘汰了。并且，不再是学习的奴隶，终日受着压抑的苦痛，相反，是主动地想要学习了。

总而言之，在学习的大潮中，在合作与竞争激励的马拉松长跑赛中，应该打破以往孤立自我的思想囚笼，以全新的思维方式即——双赢思维与他人，团体合作，这样不仅可以消除个人负面的心理问题，还能增强自己的社交能力，对事物有正确的认识，提升自己人生观、价值观的取向，以达到"鱼"与"熊掌"兼得的双赢保证的结果。

2. 双赢思维促进人际关系

一个人成功的因素75%靠人际关系，25%靠天才和能力。而好的人际关系源于好的沟通，好的沟通必须建立在双赢的基础上。

松下幸之助到一家餐厅用餐，点了一份牛排。结果牛排只吃了五分之一，这时，松下对助手说："你去把经理找来，哦，不，你还是去把厨师找来。"助手心想："这个厨师要倒霉了。"当厨师战战兢兢地来到松下的面前，问道："松下先生，是不是我的牛排做得不好？" 松下幸之助笑着对厨师说："我就是怕你会这么想，所以才特地把你找来。当这份牛排给退回厨房的时候，你和你的同伴就一定会这样认为的。其实是你的牛排做得很好，刚刚好七分熟，很是鲜嫩美味；只不过我是个70岁的老人，所以我只能吃五分之一，并非是你的过错。"

如果你是那位厨师，你会有何感想？这不单只对厨师是一种莫大的鼓励和赞赏，同时也让身边的人对松下幸之助的品德佩服不已，松下幸之助正因有这种利人利己的双赢沟通习惯，他创立松下电器帝国就一点都不出奇了。

3. 双赢思维助人助己

犹太人有一句名言："帮助别人就是帮助自己。"爱默生也曾经说过："人生最美丽的补偿之一就是自己真诚地帮助了别人之后，别人也真诚地帮助了自己。"所以，不要以为自己不需要别人的帮助，也不要以为自己太过渺小，根本就没有任何可帮助别人的地方。

有一天深夜，在一辆通往美国的列车上，轮到一位犹太乘警值班。巡逻时，他发现一个小偷正将手伸进一位熟睡的乘客的口袋中，他大喊一声就立即冲了上去。小偷往餐车的方向跑去，他知道小偷这时候肯定不敢跳车，因为这时候火车正在飞奔。乘警渐渐放慢了脚步。这时，火车突然刹车了，小偷想趁这个间隙爬上车窗跳车。就在这个时候，餐车的方向传来了一声惨叫，原来一个在餐车捡瓶子的孩子在火车突然刹车的时候，头撞到了车厢上，一时间鲜血直流。小偷看见后犹豫了一下，然后就从窗子上跳了下来，抱起孩子就向医务室的方向跑去。人们将小偷扭住并押到这位乘警的面前时，乘警说了一句话，使所有人都惊在了当场，乘警说道："幸亏他没有跳下去，这是火车临时的停车点，车的两边全是万丈悬崖。"

这个小偷的确是幸运的，与其说他救了孩子，不如说是孩子救了他一命。帮助别人就是帮助自己，这句话真的是太正确了。无论是在生活上还是工作上，这句话永远不会失去它的魅力。在帮助别人的过程中，你同时也能让自己的境界得以升华，从而在无形之中，提高了自己的境界。

有一个生产鞋的工厂，厂长是一个犹太人。这个犹太人很热心，而且非常乐于助人，不管是对零售商还是代理商，他都很热情，所以人们都喜欢去他的厂子批发鞋。有一次，一位零售商从他那里进了100双白色的旅游鞋，但是由于市场已经饱和，所以鞋的销路一直不好，于是他就找到这位犹太人商议，这位犹太人听说以后，立即决定调货。零售商觉得这样不好，认为让犹太人承受所有的损失，自己过意不去，但是犹太人却说没关系，自己会将这件事情处理好的。就这样，他在制鞋这一行业的名声越来越响，人们都喜欢和他共事。后来，由于战事的原因，再加上经济不稳定，他的厂子破产了，在他走投无路的时候，曾经接受过他帮助的人来到他的家里，大家不忍心让他的厂子破产，于是决定共同出资，帮他重新将厂子建起来。就这样，犹太人的厂子又重新开了起来。

4. 双赢思维帮助事业成功

曾经看过这样一则寓言故事：在高速行驶的火车上，一个老人不小心把一只刚买的新鞋从窗口掉出去了，周围的人倍感惋惜，不料老人立即把另一只也从窗口扔了下去。这举动更让大家不可思议，纷纷投来迷惑的目光。于是老人解释说："这只鞋无论多么昂贵，对我而言已经没用了，如果有谁能捡到一双完整的鞋子，说不定还能穿呢！"

这则寓言其实蕴含着丰富的哲理，许多人在日常工作中时常会做一些看似于己无益的事情，有时也会流露出一丝为他人做嫁衣的心态。如果都有故事中老人的这种胸怀，岂不是在助人成功的同时，自己也获得了工作的快乐，也会有一份沉甸甸的成就感吗？

美国数字设备公司总经理奥尔森是美国大名鼎鼎的人物，曾被美国《幸福》杂志评为"美国最成功的企业家"。他的父亲奥斯瓦尔德是一个没有大学文凭的工程师，拥有几项专利，后来成为一名推销员。一次，一位顾客想从他的手中购买他销售的机器。但他发现这位顾客并不真正需要这台机器，于是他极力劝这位顾客不要购买。此事让他的老板火冒三丈，却为奥斯瓦尔德赢得了好名声。同时，奥斯瓦尔德的诚信品德也给了三个儿子很大的影响。奥尔森本人在为人处世上就继承了父亲的优点：办事讲原则，合作诚信，在员工和商业伙伴中拥有非常好的口碑。

在施予他人利益的同时，自己也得到利益的回报，这就是"双赢思维"。只有让别人赢，自己才会赢。奥斯瓦尔德施予了恳切的关心，也收获了别人的信任。"双赢思维"的基础是给予，一如奥斯瓦尔德极力劝阻一位并不真正需要他推销的机器的顾客不要购买一样，他施予诚信，使顾客避免了经济损失，虽然付出了经济利益上的损失，但却得到了对方的信任。这样一来，"双赢思维"的结果是获得，他获得了好名声，更重要的是他获得三个也讲诚信的儿子。

《羊皮卷》中有这样一句话："在考虑别人利益的时候，你也同时能实现自己的利益。"这也正是"双赢思维"的核心。"双赢思维"是双向建构，既解构，又结构，获益的是双方。"双赢"的思想树立得有多牢，你的事业成就就有多大。

有一位汽车推销员，刚开始卖车时，老板给了他一个月的试用期。29 天过去了，他一辆车也没有卖出去。最后一天，他起了个大早，到各处去推销。到了下班时间，还是没有人肯订他的车。老板准备收回他的车钥匙，告诉他明天不用来公司了。这位推销员坚持说，还没有到晚上 12 点，他还有机会。于是，这位推销员坐在车里继续等。

午夜时分，传来了敲门声。一个卖锅者，身上挂满了锅，冻得浑身发抖。卖锅者看见车里有灯，便想问问车主要不要买一口锅。推销员看到这个家伙比自己还落魄，就请他坐到自己的车里来取暖，并递上一杯热咖啡。

两人开始聊天，这位推销员问："如果我买了你的锅，接下来你会怎么做？"

卖锅者说："继续赶路，卖掉下一口锅。"

推销员又问："全部卖完以后呢？"

卖锅者说："回家再背几十口锅出来接着卖。"

推销员继续问："如果你想使自己的锅越卖越多、越卖越远，你该怎么办？"

卖锅者说："那就得考虑买部车，不过现在买不起。"

两人越聊越起劲。天亮时，这位卖锅者订了一辆车，提货时间是五个月以后，订单是一口锅的钱。因为有了这张订单，推销员被老板留下来了。

他一边卖车，一边帮助卖锅者寻找市场。卖锅者生意越做越大，三个月以后，提前提走了一辆送货用的车。这位推销员在后来的 15 年间，卖了 10000 多辆汽车。

5．双赢思维营造快乐生活

燕和雪是一对好朋友——闺中密友，属于常常有事没事聚在一起聊东扯西，一天不见就心慌的那种。

最近，这俩密友一见面就唧唧咕咕说个没完没了。不过，两人给对方交底谈心时的神色截然不同。一个郁郁寡欢，怨声载道；一个开开心心，眉飞色舞。

关于婚姻

燕：唉，我家那位太懒了。都结婚五六年了，还没学会做饭，而且很少做家务。我整天忙里往外，每天下班后还要干家务，洗衣做饭，给儿子检查作业。他一点都不心疼人。我一吵起来，你猜他咋的，要么坐在电脑前玩游戏，要么转身就走，你说气人不气人！这日子啊，难过！

雪：哎，我家那位也懒啊。男人么，有几个喜欢做家务的啊。平时不说了，每到周末需要彻底大扫除的时候，我一喊他，他就嬉皮笑脸开了："赶紧运动运动吧，多做家务就跟跳舞一样啊，有利于保持好身段。要不，像我长一身肥肉可就糟了，回头没人夸你可不要怪我哦"。我听了啊，哭笑不得。不过，说实话，现在家务也没多少，干干确实像锻炼身体一样。实在太累了，我就拉他跳个"双人舞"呗。

关于职场

燕：唉，最近工作简直糟透了。临到年终考核，事情太多了。单位那么多人，头儿这个不敢得罪，那个又嫌人家文笔不行，啥都交给我。忙得我晕头涨脑的。干这么多，一不给涨工资，二不给加班费。图啥啊。也不知道我咋这么倒霉呢！

雪：哎，我和你一样哦。这段时间忙累得连最喜欢的淘宝网都没逛过了。不过啊，领导安排的那些事情我都按时完成了。虽说动了不少脑筋，但是查阅了一些资料，长了不少见识。就连工作日志啊，都增添了不少内容呢。还有啊，因为淘宝网店去得少了，这个月我节省了不少开支，嘿嘿。年底还可以用这笔小钱和老公再享受一次二人世界的美妙啦。

还有呢，就连逛街两人的脸色都不一样

燕：唉，这世道都咋了啊！物价疯了似的涨个不停，你看看我连土豆都快买不起了。更不要说看上的那件短外套。那天我去一家服装专卖店，说了一句你这衣服咋这么贵啊，是不是漫天要价啊。那小姑娘白了我一眼，说了句：买不起就别进来！你听听，气人不？我是那买不起这种牌子的衣服的人么，小瞧人！

雪：哎，最近物价是涨得厉害啊。我昨天去超市买菜，本想给儿子和老公买几斤海参补补的，不是有句话"养生海参，冬补至尊"么。可看那海参的价比去年高了近一倍了，还是没忍心买。后来想起家里还有羊排没吃完，就买了几斤萝卜，想炖羊排萝卜汤。回家给老公说了，没想到他竟然说萝卜好吃。还下厨专门做了个凉拌萝卜丝，说小时候老人常说"萝卜土人参是大补的最佳蔬菜"。后来我一想啊，难得老公这么喜欢，说不准少吃点海鲜荤菜，还能帮他降血脂呢。

毫无疑问，两人之中肯定是雪生活得更加快乐，这与她良好的心态有莫大的关系。她的好心态为她迎来了生活的快乐——不在抱怨中懊恼，而在双赢中开心。雪的好心态就是学会了运用一种双赢的思维方式。在生活中，每个人都会遇到很多令人无奈的、不想遇到的事情，但只要你能有效运用双赢思维，就可以让你的生活更加快乐和美好。

三、如何培养双赢思维

（一）史蒂芬·柯维的建议

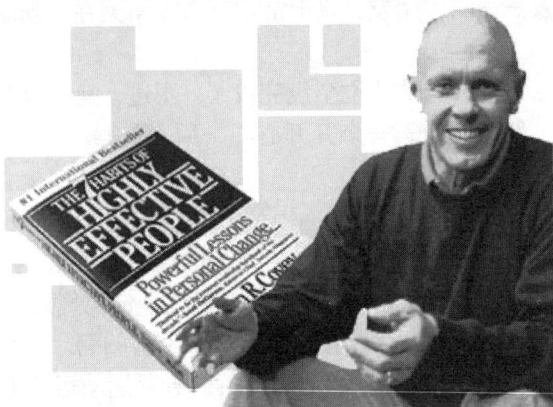

图 5.3　史蒂芬·柯维的《高效能人士的七个习惯》

史蒂芬·理查兹·柯维，美国管理学大师，被美国《时代周刊》誉为"思想巨匠""人类潜能的导师"，并入选影响美国历史进程的 25 位人物之一。他是一位赢得国际声望的领导才能权威和导师，是柯维领导中心的创始人，也是富兰克林柯维公司的联合主席，是世界 500 强企业众望所归的新智慧学家，是美国家喻户晓的启蒙家。

《高效能人士的七个习惯》是柯维博士的重要代表作之一。该书自出版以来，高居美国畅销书排行榜长达 7 年时间，在全球以 32 种语言发行共超过一亿册。2003 年 4 月份该书的俄文版在莫斯科上市，时任总统的普京对媒体发表感慨说："俄罗斯应该出现这样伟大的思想家"并建议俄罗斯公民阅读这本书。

史蒂芬·柯维是超级畅销书《高效能人士的七个习惯》的作者，七个习惯里面也有一个习惯叫做双赢思维。史蒂芬·柯维在书中提到：利己利人可使双方互相学习、互相影响及共蒙其利。要达到互利的境界必须具备足够的勇气和与人为善的胸襟，尤其与损人利己者相处更得这样。培养这方面的修养，少不了过人的见地、积极主动的精神，并且以安全感、人生方向、智慧与力量作为基础。想达到利人利己，须从自身的"品德"着手，建立起互利的"人际关系"。双赢的品德是利人利己观念的基础，以下三项品德特质尤其重要：

真诚正直：人若不能对自己诚实，就无法了解内心真正的需要，也无从得知如何才能利己。同理，对人没有诚信，就谈不上利人。因此，缺乏诚信作为基石，利人利己便成了骗人的口号。

成熟：也就是勇气与体谅之心兼备而不偏废。有勇气表达自己的感情与信念，又能体谅他人的感受与想法；有勇气追求利润，也顾及他人的利益；这才是成熟的表现。

富足心态：一般人都会担心有所匮乏，认为世界如同一块大饼，并非人人得而食之。假如别人多抢走一块，自己就会吃亏，人生仿佛一场零和游戏。难怪俗语说："共患难易，共富贵难。"见不得别人好，甚至对至亲好友的成就也会眼红，这都是"匮乏心态"作祟。

抱持这种心态的人，甚至希望与自己有利害关系的人小灾小难不断，疲于应付，无法安心竞争。他们时时不忘与人比较，认定别人的成功等于自身的失败。纵使表面上虚情假意地赞许，内心妒恨不已，惟独占有能够使他们肯定自己。他们又希望四周环绕的都是唯命是从的人，不同的意见则被视为叛逆、异端。

　　相形之下，富足心态源自厚实的个人价值观与安全感。由于相信世间有足够的资源，人人得以分享，所以不怕与人共名声、共财势。从而开启无限的可能性，充分发挥创造力，并提供宽广的选择空间。就如前面提到的龟兔强强联手，好过争个你死我活。

　　公众的成功并非压倒别人，而是追求对各方面都有利的结果。经由互相合作，互相交流，使独立难成的事得以实现。双赢不是一种个人技巧，而完全是一种人际交往思维模式，它来自真诚的品德、成熟和富足心态。

　　要想培养双赢思维，可以从以上三个方面着手，不断提升自己的品德，最终使之成为自身的习惯。

　　（二）双赢思维的培养方法

　　在职场中，一个人想要获得事业的成功，单靠个人打拼是远远不够的，还需要其他（团队、朋友等）的帮助和支持，那么如何才能够得到诸如团队、朋友的帮助和支持呢？无疑，双赢思维给人们指出了一条通往成功之路的捷径。在职场中，双赢思维有助于你更好得到他人的信赖，更好获得组织和团队的认可，更好获得个人发展的机会。双赢思维对于每个人来说，都是非常重要的，大家可以采取以下方法逐步培养自己的双赢思维：

　　1. 尊重差异，换位思考

　　职场中，每个人都是不一样的，他们有各自的性格、各自的工作习惯和生活习惯，要想所有人都和你一样，是完全不可能的。然而，正是由于这诸多差异的存在，才有了林林总总、丰富多彩的大千世界。所以，你要学会尊重个别差异，并找寻共同点。这就像一幅织锦画一样，就是那些不同的色彩和图案造就了它的缤纷美丽。每一种花色和图案都不相同，而那最真实的美丽就是每一种图样或花色对整体的贡献。

　　张先生最近有点烦。公司给他所在的团队布置了一个很大的项目，张先生看了很多资料，收集了很多数据，写出了一个自己认为很好的方案。在开会的时候，他向组里的成员说了自己的想法，可是大家似乎都有一些大大小小的反对意见。为此，张先生据理力争，结果那次会议不欢而散。在之后的几次会议中，张先生又觉得别人提出的想法根本没有自己的好，他"大胆"提出自己的不同意见，可是结果又是不欢而散。现在组里的人好像都在刻意疏远张先生，有事也不和他商量。这使他很苦恼，他很想对他的组员说，其实他说的话都是对事不对人的，他只是想把工作做得更好。

　　张先生遇到的问题，其实就是团队差异与沟通的问题。尊重差异，不挑剔、不嫌弃；人与人的相处，贵在包容；肯定自己的选择，接受和对方之间的差异。这些说起来简单，做起来不容易。

　　知道自己要的是什么，也能够尊重对方不同的想法，彼此相处的空间就会扩大。这就要求你，并不是要求对方，事事要如我的意、符合我的标准。而是，你要学会从对方喜欢的角度来欣赏对方；从对方需要的观点去接受对方。如果，他觉得短发好看，你又何必一定要坚持对方留长发？反过来，自己认为长发好看，别人并不一定也是同样的看法。最简单的判断方式是——至少，头发长在对方身上！尊重对方的同时，其实是对自我的肯定。有足够自信的人，不会在两人之间的差异点上大做文章，挑三拣四，这很容易弄得不欢而散。

　　尊重自己、体贴对方，人们相处才没有负担。同时，它更能让我们听到来自不同方面和不同层次的意见和声音。人的一生能有几个真性情的、性格各异的朋友，是一大幸事，他能使你避免或减少决策失误。无怪乎有人说："与所见略同的英雄沟通纯粹是浪费时间"。所以，你要试着去了解这些差异，并珍视、善用这些个别的天赋。

孔子的"己所不欲，勿施于人"是一种精神上的双赢，它抹去了勉强别人所带来的压力，也减少了被别人勉强所带来的痛苦；姜太公钓鱼是一种行动上的双赢，他避免了垂钓人枯坐求鱼的心焦，也减少了池中鱼儿嬉闹时的忐忑，两不伤害，求的是一份静默，是一份期许和等待。于是，孔圣人成就了美名，于是，姜子牙等到了他的伯乐。

2. 互相帮助，互补共赢

在动物世界，即使凶残的鳄鱼也有合作伙伴。公元前450年，古希腊历史学家希罗多德来到埃及。在奥博斯城的鳄鱼神庙，他发现大理石水池中的鳄鱼，在饱食后常张着大嘴，听凭一种灰色的小鸟在那里啄食剔牙。这位历史学家非常惊讶，他在著作中写道："所有的鸟兽都避开凶残的鳄鱼，只有这种小鸟却能同鳄鱼友好相处，鳄鱼从不伤害这种小鸟，因为它需要小鸟的帮助。鳄鱼离水上岸后，张开大嘴，让这种小鸟飞到它的嘴里去吃水蛭等小动物，这使鳄鱼感到很舒服。"这种灰色的小鸟叫"燕千鸟"，又称"鳄鱼鸟"或"牙签鸟"，它在鳄鱼的"血盆大口"中寻觅水蛭、苍蝇和食物残屑；有时候，燕千鸟干脆在鳄鱼栖居地营巢，好像在为鳄鱼站岗放哨，只要一有风吹草动，它们就会一哄而散，使鳄鱼猛醒过来，做好准备。正因为这样，鳄鱼和小鸟结下了深厚的友谊。

图 5.4　鳄鱼与燕千鸟

其实，在人类社会中，这种利他的范例也很多，改革开放后出现的"温州模式"（指浙江省东南部的温州地区以家庭工业和专业化市场的方式发展非农产业，从而形成小商品、大市场的发展格局。小商品是指生产规模、技术含量和运输成本都较低的商品。大市场是指温州人在全国建立的市场网络）其实就是合作共赢、互利共生的典范。因为你并非完美无缺，只有让你的合作者生活得更好，你也才能更好地生活。仔细想一想，你与老板的关系，与下属的关系，与同事的关系，与顾客的关系等等，其实不也是一种互通有无，共同发展的关系吗？

"你站在窗子里看别人，别人站在桥上看你，你装饰了别人的风景，别人装饰了你的梦"卞之琳的这首小诗，隽永而深刻。有一种悠悠情思令人遐想。简单的文字，如工笔描绘出的一幅画，细腻而自然的意境中蕴涵着互惠共赢的和谐与美好。

3. 微笑竞争，携手同行

时代让竞争成为一个沉重的话题。市场上此起彼伏的广告战、价格战、渠道战、口水战乃至肉搏战经久不息，职场中尔虞我诈、明争暗斗、恶语中伤乃至拳脚相向的打拼仍在继续。难道作为万物之灵的人类不可以用双赢的智慧削去竞争的锋芒，微笑竞争，携手同行吗？

竞争应该是在美德肩膀上优美的舞蹈。美国著名拳击手杰克每次比赛前都要做一次祈祷，朋友问道："你在祈祷自己打赢吗？""不"杰克说道，"我只是祈求上帝让我们打得漂漂亮亮的，都发挥出自己的实力，最好谁都不要受伤。"

杰克的话中渗透着双赢的智慧。双赢小到个人领域，就是用美德为竞争镶边着色，让折射的阳光照亮携手同行的路程，让竞争在微笑中把心灵放松，在合作中共同进步，在人与人关爱和睦，诚实守信中描绘出一幅和谐的生动图景。

蒙牛前总裁牛根生深谙竞争与合作的道理。在早期蒙牛创业时，当有记者问：蒙牛的广告牌上有"创内蒙古乳业第二品牌"的字样，这当然是一种精心策划的广告艺术。那么请问，你认为蒙牛有超过伊利的那一天吗？如果有，是什么时候？如果没有，原因是什么？

牛根生答到：没有。竞争只会促进发展。你发展别人也发展，最后的结果往往是"双赢"，而不一定是"你死我活"。一个地方因竞争而催生多个名牌的例子国内国际都很多。德国是弹丸之地，比我们内蒙古还小，但它产生了5个世界级的名牌汽车公司。有一年，一个记者问"奔驰"的老总，奔驰车为什么飞速进步、风靡世界，"奔驰"老总回答说"因为宝马将我们撵得太紧了"。记者转问"宝马"老总同一个问题，宝马老总回答说"因为奔驰跑得太快了"。美国百事可乐诞生以后，可口可乐的销售量不但没有下降，反而大幅度增长，这是由于竞争逼使它们共同走出美国、走向世界的缘故。

在牛根生的办公室，挂着一张"竞争队友"战略分布图。牛根生说："竞争伙伴不能称之为对手，应该称之为竞争队友。以伊利为例，我们不希望伊利有问题，因为草原乳业是一块牌子，蒙牛、伊利各占一半。虽然我们都有各自的品牌，但我们还有一个共有品牌'内蒙古草原牌'和'呼和浩特市乳都牌'。伊利在上海A股表现好，我们在香港的红筹股也会表现好；反之亦然。蒙牛和伊利的目标是共同把草原乳业做大，因此蒙牛和伊利，是休戚相关的。"这就不难理解，在伊利高管出事以后，牛根生和他的蒙牛为什么没有落井下石，反而说了很多好话。

职业人士不论是在商场还是在职场，都存在激烈而残酷的竞争。与老板、与客户、与同事、与下属、与对手，都要摆正竞争与合作的关系，以利人利己的共赢思维做大市场，做大事业，而不是以"杀敌一千，自伤八百"赌气竞争心态，非要搞出个你死我活、两败俱伤。

4. 学会宽容，理解体谅

宽容和忍让是人生的一种豁达，是一个人有涵养的重要表现。没有必要和别人斤斤计较，没有必要和别人争强斗逞，给别人让一条路，就是给自己留一条路。

什么是宽容？法国19世纪的文学大师雨果曾说过这样一句话："世界上最宽阔的是海洋，比海洋宽阔的是天空，比天空更宽阔的是人的胸怀。"

宽容是一种博大，它能包容人世间的喜怒哀乐；宽容是一种境界，它能使人生跃上新的台阶。在生活中学会宽容，你便能明白很多道理。

你必须把自己的聪明才智，用在有价值的事情上面。集中自己的智力，去进行有益的思考；集中自己的体力，去进行有益的工作。不要总是企图论证自己的优秀，别人的拙劣；自己正确，别人错误。不要事事、时时、处处总是唯我独尊；不要事事、时时、处处总是固执己见。在非原则的问题和无关大局的事情上，善于沟通和理解，善于体谅和包涵，善于妥协和让步，既有助于保持心境的安宁与平静，也有利于人际关系的和谐和团队环境的稳定。

宽容有五大好处：

宽容的人爱记住别人的好处，总是心存感激，所以很多人乐意帮助他；

宽容的人能与人同乐，给人快乐；自己也是只记快乐，不记烦恼，所以他总是快乐比人多；

宽容的人善于发现别人的优点，肯定别人的长处，所以他的朋友很多；

宽容的人善解人意，能够体谅别人，尊重别人，所以愿意与他合作的人很多；

宽容的人对别人宽容时，必定对自己宽容，因而计较得少，知足常乐，所以他的幸福感很高。

5. 善于妥协，和平共处

现代生活中，妥协已成为人们交往中一道不可缺少的润滑剂，发挥着越来越重要的作用。在市场上，买家与卖家经过讨价还价，最终以双方的妥协而成立。在国际冲突中，冲突双方各自做出让步，才能迎来和平共处的共赢局面。

然而，在一些人的眼中，妥协似乎是软弱和不坚定的表现，似乎只有毫不妥协，方能显示出英雄本色。但是，这种非此即彼的思维方式，实际上是认定人与人之间的关系是征服与被征服的关系，没有任何妥协的余地。在现实生活中，人与人之间的关系逐渐由依赖与被依赖的关系，转向相互依赖关系。以市场经济下所形成的买方市场为例，买家与卖家的关系变为相互依赖，使得讨价还价流行开来。在这种情况下，如果不肯做出任何妥协，那只能失去自身的生存与发展的机会，成为最终的失败者。

柳传志曾送给他的接班人杨元庆一句话：要学会妥协。现代竞争思维认为，"善于"妥协不是一味地忍让和无原则地妥协，而是意味着对对方利益的尊重，意味着将对方的利益看得和自身利益同样重要。在个人权利日趋平等的现代生活中，人与人之间的尊重是相互的。只有尊重他人，才能获得他人的尊重。因此，善于妥协就会赢得别人更多的尊重，成为生活中的智者和强者。

学会妥协，收获友谊，维护尊严，获得尊重。当你同别人发生矛盾并相持不下时，你就应该学会妥协。这并不就表示你失去了应有的尊严，相反，你在化解矛盾的同时又在别人心中埋下了你宽容与大度的种子，别人不仅会欣然接受，而且还会在心中对你产生敬佩与尊重之情。让别人过得好，自己也能过得快乐。学会妥协，世界会因你而美丽！

6. 共赢思维，富足心态

美国心理学家托马斯·哈里斯在《我好，你也好》一书中，按照人格的发展，将团队中各自然人之间的关系分为四种类型：我不好，你好；我不好，你也不好；我好，你不好；我好，你也好。可见，第四种关系类型：我好，你也好——则是成熟的成人人格和共赢思维。

但是，现实生活中，人们普遍存在的是赢/输思维或单赢思维。谋求赢/输思维的人只顾及自己的利益，只想自己赢别人输，把成功建立在别人的失败上，比较、竞争、地位及权力主导他们的一切；而单赢思维的人则只想得到它们所要的，虽然它们不一定要对方输，但他们只是一心求胜，不顾他人利益，就算在独立或互赖的情况下，他们的自觉性及对别人的敏感度很低，在互赖情境中只想独立，这种人以自我为中心，以"我"为先，从不关心对方是赢是输。

双赢和共赢的思维特质是竞争中的合作，是寻求方共同的利益，即你好我也好，这是一种成熟的"双是人格"。养成共赢思维的习惯，需要你从以下三个方面努力：

（1）确立共赢品格

共赢品格的核心就是利人利己、你好我也好。首先要真诚正直，人若不能对自己诚实，就无法了解内心真正的需要，也无从得知如何才能利人利己。其次，要对别人诚实，对人没有诚信，就谈不上利人，缺乏诚信作为基石，利人利己和共赢就变成了骗人的口号。

（2）具备成熟的胸襟

人们通常说某个人成熟了，往往是指他办事老练、老道、可靠了，这其实是不全面的。真正的成熟，就是勇气与体谅之心兼备而不偏废。有勇气表达自己的感情和信念，又能体谅他人的感受与想法；有勇气追求利润，也顾及他人的利益；这才是成熟的表现。勇气和体谅之心是双赢思维不可或缺的因素。两者间的平衡是真正成熟的表现。

比如，星期六自己加班，但活多肯定干不完，内心十分希望同事小张能来帮一帮自己。但碍于情面或不好意思，就是不说出来，结果，没有勇气表达自己的希望，小张也不知道，自己生闷气，还埋怨小张不帮自己、不够意思。反之，不管小张是否能接受，也不管小张是否有难处，就说："小张，你明天来帮我干点活。"这些都是不成熟的表现。正确的做法应该是："小张，你明天有事吗？""没有什么大事，怎么了？""我手头的报表整理不过来，帮我一下，好吗？""没问题！"。

所以，一个拥有高勇气和高体谅的人才是一个真正成熟的人。

（3）富足心态

有一个舞厅歌手对自己拼命唱歌，却要将收入的一半交给经纪人不满，不想与其合作了，双方闹得很僵。歌手的父亲是个农民，他千里迢迢赶到城市劝女儿，他说，当初经纪人找到你，又花本钱将你捧红，他付出了那多自然应该得到回报。你一个山里娃如今在城市买房落户，站稳脚跟，也得到了你想要的。人呐，不能翅膀硬了就忘本，多想想现在得到的，不要嫌少，要不是他，你还在地沟里割禾呢。女儿听了父亲的话，心里的疙瘩解开了，与经纪人的矛盾消了，合作得很好。

拥有"富足心态"的人相信世间有足够的资源，人人都可以享有，世界之大，人人都有足够的空间，他人之得不必视为自己之失。所以不怕与人共名声、共财富、共权势。正是这种心态，才能开启无限的可能性，充分发挥创造力，提供广阔的选择空间。拥有"富足心态"的人，相信成功并非要压倒别人，而是追求对各方面都有利的结果。所谓"双赢"乃至"多赢"，其实是"富足心态"的自然结果。

拥有富足心态的人，懂得节制，因为他们懂得满足。

拥有富足心态的人，懂得给予，因为他们不怕缺少。

拥有富足心态的人，敢于选择，因为他们不怕失去。

拥有富足心态的人，勇于拼搏，因为他们享受过程。

7. 团队合作，统合综效

史蒂芬·柯维曾说："力量往往来自差异，而非相似之处，即整体大于个别的总和"。当两个人合起来而产出的结果大于两个个人的产出时，综效就发生了，统合综效可让人们共同发现某些个别无法发现的事情。当你拥有了一种双赢的态度，就可达到统合综效的效果。

"你挑着担，我牵着马，迎来日出送走晚霞。踏平坎坷成大道，斗罢艰险又出发，又出发。你挑着担，我牵着马，翻山涉水两肩霜花。一番番春秋冬夏，一场场酸甜苦辣。风云雷电任叱咤，一路豪歌向天涯，向天涯。敢问路在何方，路在脚下！"

职业生涯中，每一个人都要处在各种各样的团队中，这就要求要学会欣赏人、团结人、尊重人、理解人，这既是一种品德、一种境界，也是一种责任。与老板、与同事、与下属，大家在一起共事，既是事业的需要，也是难得的缘分。但"金无足赤，人无完人"，个人的阅历、知识、能力、水平、性格各不相同，相处久了，难免有些磕磕碰碰，但只要是不违反原则，就应从维护团队利益出发，求同存异，坦诚相见，在合作共事中加深了解，在相互尊重中增进团结。只有互相支持不拆台、互相尊重不发难、互相配合不推诿，才能使整个团队在思想上同心，目标上同向，行动上同步，作为团队中的个人也才能用团队的智慧和力量去解决面临的各种困难和问题，这样才能既为公司的成长增砖加瓦，也为自己的职业生涯铺好道路。

本 章 小 结

1. 职业思考力是一个职场人换位思考、系统思考、目标意识、问题意识、效率意识的综合思考能力，思考力是职场关键能力之源，是职场中人的核心竞争力。每个职场人都应不断学习、提升自己的思考能力。

2.《六顶思考帽》是水平思维理论的典型代表与具体运用，六顶不同颜色的帽子代表了六种不同的思维模式。正确运用六帽思维，可以帮助人们拓展视野，促使人们进行创造性思考和建设性思考，使人们看到解决问题的更多的可能性。

3. 双赢思维是一种基于互敬、寻求互惠的思考框架与心意，只有在双赢思维下，才能实现冲突各方的利益均衡，找到他们之间的利益支点，做到"赢者不全赢，输者不全输"。

4. 双赢思维可以帮助人们在职场中发展提升，构建和谐人际关系，促进幸福生活。

课 后 练 习

1. 当你在工作中遇到如下情况时，该如何使用六顶思考帽的方法来解决问题呢？

情况一：一个大客户可能要中断与你的合作；

情况二：公司内部各部门之间缺少合作，大家遇到问题容易相互指责与推诿。

2. 竞争与合作是一对共同消长的双生子，在职场中，应如何正确对待竞争与合作？

3. 你驾驶一架双人小飞机，在距离营地遥远的一处丛林发现了 3 个人向你求救。原来这是 3 个猎人，船沉了，落难在丛林 2 个月了，分别是博伊尔，邓恩和麦克林，他们在绝境的日子里精神有些失常：博伊尔要杀邓恩，邓恩要杀麦克林，但麦克林不会伤害博伊尔和邓恩，博伊尔也不会杀麦克林。

如何将 3 个人（双人小飞机一次可搭乘一人）都带到你的营地，并确保他们的安全？

第六章　赢在执行

在现代企业管理理论中，越来越强调执行，执行已经是企业生存与发展的关键因素，同时，执行力强的员工也越来越受企业的欢迎与认可。但在当前，我国的执行现状还不够理想，多数人没有较强的执行意识与执行能力，不知道如何执行。本章从执行的基本理论、执行的现状和执行力提升的方法三个方面对如何执行进行介绍。

第一节　执行的基本理论

一、执行与执行力的含义

（一）执行的含义

"为什么伟大的理想不能如愿转变为现实？为什么经过科学论证的目标不能如愿变成具体结果？为什么无懈可击的方案和设计不能变成实际的效益？为什么聪明而豪华的人力资源不能形成有效的合力？为什么激励约束不能变成员工的真正工作动力？为什么完善的管理制度不能变成产生效率的保证？"

对这些问题可能大家都有自己不同的答案，但这些问题都有一个共同之处：执行不力。

下面就来了解什么是执行吧：

观点一：执行就是把事情做完。

观点二：执行是有关于公司的经营，与构想或规划是相对的，执行是去实践我们的目标。

观点三：执行应该成为一家公司的战略和目标的重要组成部分，它是目标和结果之间'缺失的一环'。

从这些观点里面，可以看到，尽管每个人对执行都有自己不同的理解，但有一点是共通的，即执行是实现目标的必要过程。

有的人可能会说，执行都是讲企业的，"我"又不是企业的领导，执行与"我"没有什么关系。但是，想一想，当你进入职场，你的领导、你的上级安排工作任务给你，你要不要去做，想不想做好呢？因此，大家也可以这样来理解执行：

执行就是按时按质按量地完成既定目标，是实现既定目标的具体过程。

德国人曾做过一个实验：在繁华街道的两个电话亭门上，一个贴上男用电话亭，另一个贴上女用电话亭。贴好后发现，男士们在男用电话亭后面排队，即使此时的女用电话亭是空闲的，反之亦然。

实验结束后，访问被实验者：你为什么宁可在男电话亭排队，也不去女电话亭呢？他们回答说：是否应该分别设立男用电话亭和女用电话亭不是我们的职责，这是政府管辖部门的职责。但如果他们觉得有必要，而分别设立了男用、女用电话亭，我们就必须遵守。如果他们觉得没必要了，要合二为一，那么我们就合二为一了。

从上面的实验中可以看到，制度一旦制定了，就必须严格遵守，哪怕是错得也遵守，这就是典范的执行。

《士兵突击》里面有一句经典的台词，完美地诠释了什么是执行："想到和得到之间还有两个字——做到"，在这句话中，"想到"就是期望达成的目标，"得到"就是完成既定目标，而"做到"就是中间的执行及执行过程。

（二）执行力的含义

1. 执行力含义

执行力与执行密不可分，所谓执行力就是完成执行过程的能力和手段（贯彻战略意图，完成预定目标的操作能力）。

希望集团总裁刘永行访问韩国，韩方安排其去一家面粉企业参观。然而就是这次普通的参观，深深地刺激了刘永行，回国后好几个晚上他都难以入眠。

原来，刘永行在参观这家面粉厂的过程中发现，这家面粉厂每天处理小麦的能力是 1500 吨，却只有 66 名雇员。一个只有几十名员工的小厂，其工作效率之高，令刘永行惊叹不已。在中国，相同规模的企业一般日生产能力只有二百吨。两家工厂的效率为什么有如此大差距呢？

是韩国人比中国人聪明吗？工作效率高不高和智商应该是没有什么太明显的关系。实际上，不只是面粉厂，在很多方面也能发现很多类似的情况。目前中国正与世界接轨，中国企业与国外企业在技术、规模、营销方面越来越接近，在生产管理、流程设计方面也并不比许多国际大公司逊色，但是彼此之间仍存在着较大的工作效率差距，原因在什么地方呢？

怀着极大的好奇心，刘永行特意请教这位厂长："为什么同样的设备，同样的管理，设在中国的工厂却需要雇佣那么多人呢？"

那位厂长回答很含蓄："也许是中国人做事不到位吧。"而正是这么一句轻描淡写的话，却让刘永行回国后彻夜难眠。他知道，当着一群中国企业家的面，那位厂长的话已经是十分客气了。在这句平淡的话背后，一定有许多难言之隐，一定有许许多多不为人知的管理问题。

从上面的故事可以看出，中国工厂的效率之所以比韩国的低，并不是智力方面的原因，主要还是由于中国工厂的员工执行力不强，不能有效地完成既定目标。

2. 执行力四大核心要素

执行力包括四大核心要素：心态、工具、角色和流程。

（1）执行力心态

执行力的第一个要素就是心态要素，在执行过程中，心态要素是非常重要的。如果一个人没有健康的心态，当他进入社会开始工作的时候，即使用尽种种办法催其奋进，也不会有什么效果。心态是影响执行力的内在要素。

执行力心态有三个层次：态度、激情和信念，三者层层深入，不断加强。

（2）执行力工具

适宜的工具是执行的关键，所以工具是执行力的第二要素。

企业要取得成功，除了要有发展的信念，还要找到合适的工具。所谓"工欲善其事，必先利其器"，没有合适的工具，空有一腔热血也是无法成就事业的。

一个优秀的执行者必然具备这样一种要素：随时随地找到合适的工具，只有这样才能不断发展，不断获得生机。

（3）执行角色

岗位和角色是两个不同的概念，它们有不同的范围。岗位是一个点，而角色则是一个区域。如对于一个部门经理来说，其岗位职责是工作说明书中能够明确的从一至十的"点"，而部门经理这个角色需要发挥的能力则是工作说明书中没有注明内容的"其他"。所谓其他，就是对岗位职责能力的进一步延伸，只要是与你的岗位相关联的工作，都应该是你应该扮演的执行角色。

企业要帮助员工做好角色认知，正确的角色认知会激发员工无限的工作热情，会为企业带来强劲的执行力。

（4）执行流程

实际上，一个企业真正核心的内容是流程。所谓流程，就是如何为顾客提供优质服务的程序，即先做什么，后做什么。内部流程是外部流程的一个反映，而整个组织结构是为了流程的更畅通而建立的。所以，一个企业从执行的效益来说，不是结构决定流程，而是流程决定结构。具体而言，就是企业如何为顾客提供服务决定了企业应该存在哪些部门，也就是说企业如何为顾客提供服务的流程决定着企业应该拥有什么样的结构。

想要拥有强劲的执行力，就必须具备心态、工具、角色和流程四大要素。只有四者相辅相成，才能不断推动执行力提升。

二、执行的重要性

执行无论是对于企业还是对个人来讲都是非常重要的，曾经听过这样一个寓言故事：

某地的一群老鼠，深为一只凶狠无比、善于捕鼠的猫所苦。于是，老鼠们齐聚一堂，共同开会商量如何解决这个心腹大患，老鼠们颇有自知之明，并没有猎杀猫的雄心壮志，它们只希望探知猫的行踪，以提前做好防患。有只聪明的老鼠提出了一个方案赢得了满堂喝彩：在猫的脖子上挂一个铃铛。在一片喝彩声中，有只不识时务的老鼠突然问道："谁来挂铃铛呢？"

给猫脖子上挂铃铛无疑是一个很好的想法，但大家也看到，这么好的想法最终却并没有实现，原因是没有哪只老鼠敢去执行这个决定。

（一）执行是企业生存与发展的关键

保罗·托马斯和大卫·伯恩在《执行力》一书中这样写道："满街的咖啡店，惟有星巴克一枝独秀；同是做 PC，惟有戴尔独占鳌头；都是做超市，惟有沃尔玛雄居零售业榜首，而造成这些不同的原因，则是各个企业的执行力的差异，那些在激励竞争中能够最终胜出的企业无疑都具有很强的执行力。"

小贴士　　　　　　　**《执行力》一书简介**

在企业的策略和现实之间，有一道难以察觉的鸿沟，让企业的目标往往难以达成。

现在，不但有人注意到这道鸿沟，还提出跨越鸿沟、填满差距的方法，让企业能切实达到目标，持续攀越成长高峰。

保罗·托马斯和大卫·伯恩就是注意到这道鸿沟的人（保罗·托马斯：美国哈佛商学院管理学教授、米勒咨询公司总裁；大卫·伯恩：剑桥大学博士、杜克大学商学院教授、资深咨询顾问），他们在全球经济不景气的时候，出版了《执行力》一书，详细阐述一套执行的纪律与方法，将每间公司都要处理的人员、策略、营运等三大核心流程结合起来，让公司群策群力，即使万众也是一心。

《商业周刊》评论：本书是继《执行》之后，在讲述组织如何达成目标方面的又一力作。

《今日美国》评论：《执行力》一书中大量的详实而生动的案例为那些意欲构建执行力组织的企业提供了一个很好的实践模板。

确实，优秀的企业之所以那么优秀，除了它的企业愿景、战略规划、企业文化等都很优秀外，但最关键的一点，是企业的执行力强。正如前文所说，愿景、规划无论再好，它都始终需要人来实现。

顺丰速运（集团）有限公司是国内知名的快递速运公司之一，目前在中国快递市场排名第二，仅次于邮政 EMS。顺丰速运成立于 1993 年，成立之初，全公司员工一共只有 6 人（含公司老板）。短短十几年的时间，顺丰就由一家 6 人的小公司发展到拥有 10 余万名员工的大型集团公司，营业网点遍布全国各地，并开通了韩国、新加坡国际件；同时还成立了自己的航空公司，购买了自己的货运飞机，2010 年全年营业收入超过 120 亿，成为了速运行业的领头羊。

顺丰速运（集团）有限公司之所以在今天仍能保持较高的发展速度，企业高效的执行力是其中非常关键的因素。2007 年，顺丰在全国范围内试运行快递保价业务（一种加收费用的快递业务，用于客户寄递较贵重物品、包裹等，如有遗失，公司按保价金额及客户实际损失进行相应赔偿），公司下发试运行通知后，第二天全国各地相应的子公司就已经开始按照相关要求执行。试运行一段时间后，公司进行战略调整，做出了暂时停止保价业务的决定，通知下发之后，第二天全国各地相关公司都一致对外停止了快件保价业务。顺丰速运高效执行力由此可见一斑。

世界知名的互联网设备供应商——思科公司，拥有行业垄断技术，但当思科总裁在接受采访时候谈到公司成功的首要因素时，他认为成功主要源自公司内部的执行力。由此可见，"执行力"在世界级大公司里有多重要。甚至可以这么说，凡是发展快且好的世界级企业，都是执行力强的企业。反之，企业执行力出现问题，企业的运营也会随之出现问题，如果忽视，往往会造成非常严重的后果，甚至导致企业倒闭。

联想集团是一家极富创新的国际化科技公司，作为全球领先 PC 企业之一，联想集团的强大实力包括享誉全球的"Think"电脑品牌及最新的"Idea"电脑品牌。2009 年 5 月 21 日，联想在香港发布 2008/09 财年第四季度及全年业绩报告。报告显示：继第三季度亏损 9700 万美元之后，联想第四季度依然亏损，全年净亏 2.26 亿美元。2008/09 财政年度业绩成为联想历史上最大的亏损报表。谈及亏损原因，将联想视为"命"的柳传志说："这一方面是经济不景气的原因，相当重要的还是我们自己在管理方面的原因。"而在 2009 年二月转任 CEO 的杨元庆在接受记者采访时也坦承："财报亏损与内部管理有直接关联……我不想把过去的失误归咎为某个人的责任，我们过去执行不到位，不是某个人的原因。但我现在作为 CEO，将在执行上加大力度。"

2008 年震惊全国的"三鹿毒奶粉事件"从一个方面来看，也是企业执行不力的典型。

石家庄三鹿集团股份有限公司是一家集奶牛饲养、乳品加工、科研开发于一体的大型企业集团，其前身是 1956 年 2 月 16 日成立的"幸福乳业生产合作社"，该公司一度成为中国最大奶粉制造商之一，其奶粉产销量连续 15 年全中国第一。2008 年"三鹿奶粉事件"爆发后，国人纷纷谴责该企业利欲熏心，这家有着 50 多年历史，实力强大的企业也随之轰然倒下。在此事件中，除了不断被提到的良心、道德、诚信等词语外，还要注意执行这个词语。国家对食品安全是有明文规定的，需要所有相关的企业必须无条件地按照规定执行，但很明显，三鹿在成为免检产品之后，有意或无意地忽视对规定的执行，在生产产品的过程中肆意添加有毒物质，最终酿成苦果，相关责任人也被依法追究相应责任。

> 执行对于企业来说，无疑是极其重要的。管理大师彼得·德鲁克曾说："管理是一种理论，其本质不在于知，而在于行。"还有人说：一家企业的成功，30%靠战略，50%靠执行力，其余的20%包含了机遇、环境等客观因素形成的平台；比尔·盖茨也曾坦言："微软在未来10年内，所面临的应战就是执行力。"
>
> 因此，在竞争日益激烈的今天，企业要想继续生存下去并得到可持续发展，就必须要抓住执行这一关键因素。

（二）执行是员工受欢迎与否的关键

抛开企业或用人单位不谈，执行（执行力）对每个人来讲也是非常重要的东西，它将直接影响个人的职业生涯发展。

联想集团柳传志曾说：执行力就是任用会执行的人。确实，无论企业的战略多么英明，它始终都需要具体的人员来实施。对于企业来讲，再伟大的战略最终也需要企业的全体员工来执行、来实施，员工执行力的高低将直接影响到企业战略能否顺利实现。大家可以想想，如果你自己是企业的老板或企业的管理者，你希望你的下属是怎样的呢？你是喜欢无论安排什么工作都能按照你的预期完成的员工呢，还是与之相反的员工？

可以这样说，作为企业的老板或领导，都希望自己的下属执行力强。有人曾经在清华大学高级总裁班做过调查，了解参训的公司总裁、企业高层人士，在企业里面他们最喜欢哪些类型的员工，哪些类型的员工在企业里最不受欢迎。在提及企业最欢迎的员工时，被调查的对象提到：自动自发的员工、找方法提升业绩的员工、从不抱怨的员工、执行力强的员工、能提建设性意见的员工最受企业欢迎。在这些类型的员工中，执行力强的员工肯定是受企业欢迎的。

图6.1　美国西点军校

美国西点军校是世界最知名的军事院校之一，每年西点军校都为美国军队和社会提供最优秀的人才，无论是在海军、空军、陆军，还是在像杜邦、通用、可口可乐这样的跨国公司，都有西点人的身影。西点军校自建校以来，为美国培养了三位总统、五位五星上将、3700 名将军以及无数精英人才。在商界，自二战以来，在世界 500 强里，西点军校培养出来的董事长有1000 多名、副董事长 2000 多名，总经理 5000 多名。

为什么西点军校能培养这么多优秀的、事业有所成就的人才呢？畅销书《没有任何借口》的作者费尔拉·凯普认为，西点军校独特的执行文化"没有任何借口"是其中的关键。

在美国西点军校，有一个广为传诵的悠久传统，学员遇到军官问话时，只能有四种回答："报告长官，是"；"报告长官，不是"；"报告长官，不知道"；"报告长官，没有任何借口"。除此以外，不能多说一个字。

在凯普看来，西点人最优秀的地方在于，他们不仅仅牢记"没有任何借口"，而且善于在不找借口之后"主动工作、完美执行"。正是这种"主动性"和强大的"执行力"保证了西点人在面对任何困难时，不仅勇敢、敬业，而且有能力、有办法、有信心"100%完成任务。"

对于应届大学毕业生来说，要想在今后的职业生涯中有所成就，首先应不断提升自己的执行能力，只有按时保质保量地完成自己的本质工作，才可能得到领导和同事的认可，才可能得到事业发展的机会。

第二节 执行的现状

一、执行现状分析

尽管人们一直在强调执行的重要性，很多企业、很多人也知道执行的重要，但在现实生活中，执行的现状仍不乐观，用一句话概括，就是执行不力。具体来说，主要有以下几种表现：

（一）执行意识不强

执行最终还是要落实到单个的个体身上，然而从现实来看，很多人的执行意识不强，比如经常挂在大家嘴上的一句话"差不多就好了"，胡适先生曾专门写了一篇《差不多先生传》的文章，文章的内容可以用来形容目前执行的现状，在工作的过程中，很多人经常讲的一句话就是"差不多就好了"，大家也可以想象一下，带着这种思想去执行，能把事情做好吗？因此，有人说中国人做事不注重细节、不追求完美也就无可厚非了。

张瑞敏先生曾经将国人的执行和日本人的执行情况进行了对比，他说如果让一个日本人每天擦六遍桌子，他一定会始终如一做下去；而如果是一个中国人，一开始他会按照安排擦六遍桌子，慢慢地他就会觉得五遍、四遍也可以，最后索性不擦了。中国人做事的最大毛病是不认真，做事不到位。

图6.2 中国著名文学家胡适

小贴士

《差不多先生》

你知道中国最有名的人是谁？提起此人可谓无人不知，他姓差，名不多，是各省各县各村人氏。你一定见过他，也一定听别人谈起过他。差不多先生的名字天天挂在大家的口头上，他一不小心成了全国人的代表。

差不多先生的相貌和你我都差不多。他有一双眼睛，但看得不很清楚；有两只耳朵，但听得不很分明；有鼻子和嘴，但他对于气味和口味都不很讲究；他的脑子也不小，但他的记性却不很精明，他的思想也不很细密。

他常常说："凡事只要差不多就好了，何必太精明呢？"

他小的时候，妈妈叫他去买红糖，他却买了白糖回来，妈妈骂他，他摇摇头道："红糖白糖不是差不多吗？"

他在学堂的时候，先生问他："直隶省的西边是哪一个省？"他说是陕西。先生说："错了。是山西，不是陕西。"他说："陕西同山西不是差不多吗？"

后来他在一个钱铺里做伙计，他也会写，也会算，只是总不精细，十字常常写成千字，千字常常写成十字。掌柜的生气了，常常骂他，他只是笑嘻嘻地说："千字比十字只多一小撇，不是差不多吗？"

有一天，他为了一件要紧的事，要搭火车到上海去。他从从容容地走到火车站，结果迟了两分钟。火车已在两分钟前开走了。他白瞪着眼，望着已开远的火车，摇摇头道："只好明天再走了，今天走同明天走，也还差不多。可是火车公司，未免也太认真了，8点30分开同8点32分开，不是差不多吗？"他一面说，一面慢慢地走回家，心里总不很明白为什么火车不肯等他两分钟。

有一天，他忽然得一急病，赶快叫家人去请东街的汪大夫。家人急急忙忙地跑去，一时寻不着东街汪大夫，却把西街的兽医王大夫请来了。差不多先生病在床上，知道寻错了人，但病急了，身上痛苦，心里焦急，等不得了，心里想道："好在王大夫同汪大夫也差不多，让他试试看吧。"于是这位兽医王大夫走近床前，用医动物的法子给差不多先生治病。不到一个小时，差不多先生就一命呜呼了。

差不多先生差不多要死的时候，一口气断断续续地说道："活人同死人也差……差……差……不多……凡是只要……差……差……不多……就……好了……何……何必…太……太认真呢？"他说完这句格言，方才绝气。

他死后，大家都很称赞差不多先生样样事情看得破，想得通，大家都说他一生不肯认真，不肯算账，不肯计较，真是一位有德行的人，于是大家给他取个死后的法号——圆通大师。

后来，他的声名越传越远，越久越大。无数人都学他的榜样，于是人人都成了一个差不多先生——然而，中国从此就成了一个懒人国了。

（二）执行能力不强

除了前面提到的执行不力的现状外，还有这样一种现象：本人想要很好地去执行，但个人能力有限，最终执行下来，没有取得预期的效果。

一个人的能力高低往往能在执行的过程中予以体现，执行力是完成执行的能力和手段。在实际工作中，很多工作任务并不是简单的、任何人都可以去做的，一些工作任务可能需要解决许多问题才能顺利完成，这就要求执行者具有一定的工作能力和方法了，需要执行者积极开动脑筋，想出各种方法解决问题，圆满完成任务。也就是说，要想在企业里顺利发展，光有敬业的工作态度是不够的，还要具有一定的工作方法和技巧，这也是为什么执行力强的人获得成功的几率较常人更大的原因之一。

（三）有制度不执行

余世维先生在《赢在执行》培训中，曾讲过这样一个故事：

东北一家国有企业破产，被日本一家财团收购，厂里的人都翘首盼望着日方能带来让人耳目一新的管理办法。出人意料的是，日本只派了几个人来除了财务、管理、技术等要害部门的高级管理人员换成了日本企业派出的人员外，其他的根本没有任何变动：机器没变，人没变，设备也没变。但是，一年以后，该企业就扭亏为盈了。而日本人在整个过程中只做了一件事：将先前制定的制度坚定不移地执行下去。

中国有成千上万的企业，有无数具有聪明才智的能人，但却只有很少的企业能够进入世界前列，更多的企业要么是早早地夭折了（据美国《财富》杂志报道，美国中小企业平均寿命不到 7 年，大企业平均寿命不足 40 年。而中国，中小企业的平均寿命仅 2.5 年，集团企业的平均寿命仅 7-8 年。美国每年倒闭的企业约 10 万家，而中国有 100 万家，是美国的 10 倍。），要么仍然在生存与发展之间不断挣扎，其中一个很重要的因素就是这些企业的执行力不强，有的企业就像上面案例中破产的企业一样，他们有很多有效的、甚至是完美的管理制度，但仅只限于制度，这些制度没有落实下去就永远只是制度了。

实际上，有制度不执行的现象，在现实生活中也有很多。以现在的大学生举例好了：作为任何一所大学院校来讲，学生按时上课，不迟到、不早退肯定是学生管理规章制度之一。但是在实际上课过程中呢，很多在校大学生往往是上课铃声响了之后，才开始慢慢地走进教室。曾经见过一个更离谱的是，铃声响了 20 多分钟后，还有学生手里提着吃的东西往教室里面去。

大学生不按时上课实际上就是有制度不执行的典型现象，甚至有的大学生还会说，我去上这个课就已经很给老师面子了，还有很多同学根本就不来上课呢！从这些身边的事例中，也可以看到，当代大学生普遍缺乏执行意识，执行能力较弱，这也是很多企业、用人单位都不愿意招聘应届大学毕业生的原因了。

二、执行不力的原因

谈到执行不力的原因时，不能只从个人执行力的角度来看。要探究执行不力的原因，必须从组织（企业）和个体（个人）两个方面进行分析。

（一）组织执行不力的原因

组织执行不力的原因有很多，具体而言，主要有以下这些方面：

1. 制度缺乏合理性

制度是企业一系列成文或不成文的规则，制度的来源也有好多种，但共同点都是一样的：制度是组织管理层制定的，是自上而下的，是明确员工应该做什么、不应该做什么及如何做的。然而，很多组织在制定管理制度时，并没有遵循科学有效的方法，也没有征求员工的意见与建议，制定出来的制度体现的都是老板的意图，甚至这个意图是老板一时头脑发热、心血来潮、拍脑袋拍出来的。可想而知，这样出来的制度，能让员工心甘情愿地去执行吗？

曾经有一家快递公司，公司高层做出决定：为提高员工尤其是新进员工对公司的认可，尽量降低员工流失率，帮助员工尤其是新进员工解决无钱购买摩托车的问题，公司将在部分地区（含重庆）推行电瓶车使用方案，即无钱购买摩托车的员工可以先在公司免费领取电瓶车开展工作，每月在员工工资里扣除一定费用，一年后电瓶车归该员工所有。

大家看，这个方案的出发点是很好的，但具体到重庆来讲，这个方案就有点类似于拍脑袋拍出来的了。到过重庆的人都知道，重庆是著名的山城，重庆的上坡特别多，而电瓶车由于马力有限，很多坡度较大的道路根本就爬不上去，更不要说车上还要带一些快递包裹了。这个方案在重庆根本就没有办法执行，因此尽管该公司的相关工作人员在重庆努力推行此方案，但最终仍以失败而告终。

2. 管理缺乏严谨性

企业推行一种制度的诱因在于企业期望获得最大的潜在利益，最直接原因在于提高组织的协调性和管理的有效性，管理制度一定要严谨。而实际上，很多企业在制定管理制度时由于时间等因素的影响，制定出来的制度不够严谨，甚至部分管理人员会说："我知道制度不严谨，先执行吧，等发现了问题再修正"。于是制度下来之后，没过多长时间又出来了新的制度，甚至制度的部分条款相互矛盾，这样最终导致企业在管理上不严谨，朝令夕改，使员工无所适从。

除了这一种情况之外，还有另外一种情况：组织的高层管理人员变动频繁，一个高层上任之后，根据自己的想法推出了一项制度，结果板凳还没坐热，制度才刚开始执行，公司就换了另外一个人，接着又推出了一项新的制度。随着管理层的频繁变动，各种五花八门的制度也是层出不穷，导致员工无法执行。

3. 执行缺乏延续性

在组织中，执行力往往是管理者意志的体现，倘若管理者自身的管理能力本身较差，后面有关执行力的事情将无从谈起。

建安三年夏四月，曹操出征张绣途中，下了一道命令，各位将士经过麦田时，不得践踏庄稼，否则一律斩首。一日曹操正在骑马行军途中，忽然一只班鸠受惊从田中飞出，曹操坐骑因此受惊蹿入麦田，踏坏一大片麦子。曹操立即叫来行军主簿，要求军法处置，主簿十分为难，曹操却说：我自己下达的禁令，现在自己违反了，如果不处罚，怎能服众呢？当即抽出随身所佩之剑要自刎，左右随从急忙解救，这时谋士郭嘉急引《春秋》"法不加于尊"为其开脱。此时曹操便顺水推舟，说一句"既《春秋》有'法不加于尊'之义，吾姑免死"，但还是拿起剑割下自己一束头发，掷在地上对部下说："割发权代首"，叫手下将头发传示三军，将士们看后，更加敬畏自己统帅，没有出现不遵守命令的现象。

试想一下，如果曹操不这样做，后面会出现怎样的情况呢？同理，在组织中，管理者应该严格要求自己，认真执行组织的管理制度。

除了管理者自身的管理能力之外，还需要注意的是管理者是否对员工的执行常抓不懈。在很多组织的管理中，都会提到5S（整理、整顿、清扫、清洁和素养）或6S（整理、整顿、清扫、清洁、素养和安全）管理，但有的组织只是停留在口头上，平时未按相关要求执行，往往是有领导下来检查了，才安排员工突击执行，这样的组织，执行力是无法提升的。

在组织中，假如管理者怕承担责任，最后的结果只能是大家看到相互推诿扯皮的现象多了，敢于承担责任的人少了。假如管理者的管理不到位，只能让大家看惯了在单位雷声大雨点小的现象。假如管理者走形式主义，企业的各种文件、各种规章也是一纸空文。

管理者决定整个团队执行力的强弱，执行力的实施是管理者与员工之间的沟通和示范来推动的，因此作为一个优秀的管理者，必须身先士卒、百折不挠，由此产生巨大的示范和凝聚作用，有效地激励和团结员工。

4. 领导缺乏表率性

中国古代有个"只许州官放火，不许百姓点灯"的典故：

北宋时，有个州的太守名叫田登，为人专制蛮横，因为他的名字里有个 "登"字，所以不许州内的百姓在谈话时说到任何一个与"登"字同音的字。于是，只要是与"登"字同音的，都要其他字来代替。谁要是触犯了他这个忌讳，便要被加上"侮辱地方长官"的罪名，重则判刑，轻则挨板子。不少吏卒因为说到与"登"同音的字，都遭到鞭打。一年一度的元宵佳节即将到来。依照以往的惯例，州城里都要放三天焰火，点三天花灯表示庆祝。州府衙门要提前贴出告示，让老百姓到时候前来观灯。可是这次，却让出告示的官员感到左右为难。怎么写呢？用上"灯"字，要触犯太守；不用"灯"字，意思又表达不明白。想了好久，写告示的小官员只能把"灯"字改成"火"字。这样，告示上就写成了"本州依例放火三日"。告示贴出后，老百姓看了都惊吵喧闹起来。尤其是一些外地来的客人，更是丈二和尚摸不着头脑，还真的以为官府要在城里放三天火呢！大家纷纷收拾行李，争相离开这是非之地。当地的老百姓，平时对于田登的专制蛮横无理已经是非常不满，这次看了官府贴出的这张告示，更是气愤万分，忿忿地说："只许州官放火，不许百姓点灯，这是什么世道！"

"只许州官放火，不许百姓点灯"的现象仍然能够在部分组织尤其是管理不规范的组织中见到，比如组织中规定所有员工都应该按时上下班，不迟到、不早退，结果组织中的部分中高层管理人员却并未按照要求去做，很可能会导致该制度在组织中最终变得形同虚设。

除此之外，当组织的管理者率先违反制度或不执行制度，或对不执行的员工区别对待，这都将极大地伤害该组织员工的感情，甚至导致员工的大量流失。

在一个组织中，执行应该是自上而下的，组织的管理层应该起好表率作用，以身作则，底下的员工才会信服，才能心甘情愿地去执行。

5. 执行过程烦琐

导致组织执行不力的原因还包括执行过程本身过于烦琐，这种情况尤其是在大型的、标榜管理规范的组织中常见。

××企业是一家大型的集团公司，全国各地都有子公司，员工数万人。为保证公司的管理规范，集团公司规定，子公司凡涉及财务、行政办公用品等方面的事情都必须提交总部申请，总部批准后方可实施。比如说某个子公司需要增加1台办公电脑，需先提交总部申请流程，申请批准后，再由总部统一采购，发至子公司，子公司要拿到这台电脑，基本需要近两个月的时间。

有研究显示，处理一份文件只需7分钟，但耽搁在中间环节的时间却能多达4天；有时一件事情需要各个部门进行审批，导致具体执行人员失去耐心而影响了执行的最终效果。

6. 执行缺乏监督

人都具有投机思想的。设想一下，如果某天你开着车，经过一个交通路口。此时红灯亮起，但你发现路口四周无人且无摄像头，你会如何做？可能会有超过一半的人会选择将车直接开过去。但是如果是有摄像头的情况下，大家都会选择停车，等绿灯亮起后再过。

在组织中，监督是执行力的灵魂。如果没有监督，很多事情就会因为没有及时监督与控制而错过了解决问题的有效时机，最终使小问题变成大问题。

7. 执行缺乏激励

人都是渴望被赞美、被表扬的，引用到组织中，则是指组织应建立合理有效的激励机制，对表现优异、执行力强的员工予以适时地奖励，以表彰员工为组织所作的贡献，并以此为榜样激励其他员工。如果组织对所有人"一视同仁"，做好做坏都一样，优秀与平庸同等对待，相信绝大多数人会选择平庸而拒绝优秀。

（二）个人执行不力的原因

前面一起探讨了组织执行不力的原因，接下来大家看看个人执行不力的主要原因：

1. 缺乏目标

在职场中，很多工作最终未能达到既定的效果，很有可能都是因为缺乏一个明确的目标。由于执行人目标的不明确，导致花费诸多力气，却未能真正获得应有的效果。在这种情况下，执行人应首先考虑通过多种方式来弄清工作的最终目标，以保证工作方向的正确性。

1815 年春天，一度被放逐到厄尔巴岛的拿破仑回到了巴黎，他很快东山再起，重新将法国的政权掌握到了自己手里。获悉这一消息，欧洲各国的君主如临大敌，他们立即组织了第七次反法同盟，希望尽快将拿破仑消灭掉。在双方大战中，拿破仑命令内伊元帅的属下戴尔隆军团向普军的侧后方开进，和主力部队一道对普军进行夹击，但戴尔隆对命令理解不清，错误地向法军的后方开来，使这决定性的一击延误了近两个小时，从而使英普联军逃脱了被全歼的命运。史学家和军事评论家认为，正是由于部下不能准确领悟拿破仑的作战方案导致了执行不力，否则拿破仑不会遭受著名的滑铁卢战役的失败，历史将会重新书写另一种结局。

2. 斤斤计较

人力资源管理理论中提到了对人的各种认识，其中有一种经济人假设，即人生来就厌恶工作，只要有可能就逃避工作；人生来就习惯于明哲保身，反对变革，把安全看得高于一切；人缺乏理性，容易受外界和他人的影响，并做出一些不适宜的举动；人生来就以自我为中心，无组织的需要。

在现实生活中，很多人尤其是刚步入职场的新人往往抱着这样的心态工作：工作就是价值交换，企业给多少钱，"我"就做多少事，给这么一点钱，凭什么让"我"做这么多事；凭什么其他人都不做，就只让"我"一个人做。但凡抱着这样心态工作的人，在做任何事情时，都不会全身心地投入到工作中，在执行过程中敷衍了事、得过且过也就可以想象了，出现执行不力的情况也在预料之中。

3. 相互推诿

很多企业在创业初期，员工具有较强的执行能力，无论多么困难的事情也能执行到位，但随着企业的不断发展，企业的人员也随之增加，而令人不可思议的是，该企业员工的执行力不仅没有提升反而降低了很多，以前一个人能够完成的事情，现在两个甚至三个人都没办法完成，这也是由于员工之间相互推诿、不肯主动承担等原因造成，最终出现了故事《和尚挑水》中三个和尚没水吃的局面。

第三节　执行力提升的方法

一、组织执行力提升方法

（一）以身作则

执行是一个从上而下的任务传递和完成的过程，也是执行能力的一个学习、模仿和传递过程。在这个过程中组织管理者应当以身作则，不断强化执行管理。预期的目标是否能够按时保质地完成，就和执行力的起点相关了。大家可以想象一下：总经理执行力 100 分，副总经理 92 分，部门经理 85 分，部门主管 64 分，基层员工 48 分。如果员工执行力不好，管理者应仔细研究执行在哪个环节开始出现偏差了。作为组织的管理者，应该以身作则，不仅要自己拥有好的执行习惯，也要研究整个任务传递过程中每个环节执行情况，及时地关注执行力差的人，及早修正，是保证任务执行的关键。管理者在组织中是领头的大燕，团队的习惯、作风、工作方向都和团队领导的工作作风密切相关。

2000 年，全球汽车市场一片萧条，日产尼桑公司也因此陷入了困境。危机关头，公司高层空降了法国有"营救大师"之称的卡洛斯·戈恩来到日产。经过一段时间的调研，卡洛斯·戈恩发现日本主管有一个毛病，官一大了就开始学打高尔夫了。如果要去改掉他们的这个毛病，你会怎么去做呢？是在组织内发布制度严禁主管及以上人员打高尔夫，还是降低他们的薪酬，使他们没有足够的金钱去打高尔夫呢？

卡洛斯·戈恩是这样做的：

有一个休息日，卡洛斯·戈恩到公司加班，一个日本主管对他说打高尔夫去啊，他回答说今天是打球的好天气，祝你打得愉快。卡洛斯·戈恩就朝工厂的方向走去，日本主管对他说了一句话：不一起打球吗？他只回答了一句话，公司的状况不好打不下去。结果呢，听说卡洛斯·戈恩到公司不到一个月，公司的主管就统统不打高尔夫了。正是卡洛斯·戈恩在组织管理中不断以身作则，仅用了一年多的时间，他就使连续亏本的日产开始赢利，一年半的时间盈利了 27 亿美元。

组织的成功，领导者是关键。方向错了，再好的水手也不能到达彼岸。身教重于言传，行胜于言，要求下级做到的，领导者必须先做到，打造执行高效的团队，从挑选执行高效的领导开始。对领导者而言，执行力不是某项单一素质的凸显，而是多种素质的结合与表现，它体现为一种总揽全局、深谋远虑的业务洞察力；一种不拘一格的突破性思维方式；一种"设定目标，坚定不移"的态度；一种雷厉风行，快速行动的管理风格；一种勇挑重担、敢于承担风险的工作作风。

（二）明确目标

明确的目标是执行力的核心，在组织中，是否具有明确可行的目标对执行力的影响是极其巨大的，很多时候不是员工不想去执行，而是不知道执行什么。只有了明确的目标，执行力才有前进的方向，目标明确后，不同的部门、不同的员工在工作中才能形成一股合力，从而更好地发挥团队的力量，聚合各方面的知识与技能，更好地促进目标的完成。

要制定出合适的目标关键在于：一要准确定位；二要具体明确，并进行量化；三要合理分解；四要有效转化；五要强化规范；六要动态跟进，只要抓住这关键几点，才能迅速提高执行力。

（三）制度高效

制度在组织中无疑是非常重要的，能否建立简洁高效的制度将直接影响组织员工的执行力。大家先看看《七个人分粥》的故事吧：

图 6.3 七人分粥

七个人住在一起，分一大桶粥。由于生产力的落后，每天的粥都不够喝。那怎么才能喝上粥，以维持生存呢？于是七个人开始琢磨如何分粥。大家发挥聪明才智，商讨分粥的办法。

1. 指定一个人负责分粥事宜，成为专业分粥人士。

但是其余六人很快发现，这个人为自己分的粥最多，于是又换了一个人，结果仍然一样。不论换谁来主持分粥，结果总是主持分粥的人碗里的粥最多、最好。最后，人们得出结论，权力导致腐败，绝对的权力导致绝对的腐败。

2. 指定一个分粥人士和一名监督人士。

起初这种方式还比较公平，但到了后来人们慢慢发现，分粥人士与监督人士从权力制约走向"权力合作"，分粥的人和监督的人分的粥最多。此制度也宣告失败。

3. 既然大家谁也信不过谁，干脆大家轮流主持分粥，每人一天。

此制度看似公平合理，其实是等于承认了每个人都有为自己多分粥的权力，同时又给予了每个人为自己多分粥的机会。平等是平等了，但是每人在一周中只有一天吃得饱且有剩余，其余六天都要忍饥挨饿。随着时间的流逝，此制度因资源浪费而宣告失败。

4. 大家民主选举一个信得过的人来分粥。

这位品德上乘的人一开始还能公平分粥，但时间一长，他就有意识地为自己和溜须拍马的人多分。大家认识到，腐败和社会风气的变坏，从而寻找新的制度。

5. 民主选举一个分粥委员会和一个监督委员会，形成民主监督与制约机制。

还别说，此制度基本上做到了公平。可是由于监督委员会经常提出议案，而分粥委员会又据理力争，等分完粥时，粥早凉透了。人们认识到，还要寻找更好的办法。

6. 每个人轮流分粥，但分粥的那个人要最后一个领粥。

令人惊奇的是，在这个制度下，7 只碗里的粥每次都是一样多，就像是用仪器量过一样。很明显，这是因为，每个主持分粥的人都认识到，如果 7 只碗里的粥不相同，他肯定拿的是最少的那碗。

在组织中，制度首先要正确，但也不能只正确，而不管其他的了。太繁琐的制度，无论其多么正确，愿意执行的人肯定是不多的，可以说简洁高效的制度流程是提高执行的保障。

管理就是简单化。科技发展的结果就是使人们的生活和工作更加简便高效。汽车的发明提高了运输速度，计算机的发明提高了运算速度，电话的发明提高了通信速度。管理的进步，就是要提高执行力的速度。简洁高效的制度既能提高效率，又能节约成本。比如说，很多公司规定，市话不得超过五分钟、长话不得超过三分钟、信息通报不超过 70 个字（一条短信息的字数），工作沟通邮件不得超过 100 字，日常文件不得超过一页纸。早会不得超过 20 分钟、周例会不得超过 1 小时，月例会不得超过 2 小时，季度或半年度会议不得超过 4 小时，年度会议不得超过 8 小时，联想集团还规定无论任何原因会议迟到者都必须站立一分钟，连董事会主席也不例外。许多外资企业规定，所有报告必须用数字、图表和照片，文字内容不得超过三分之一，内部审批不得超过三个环节、公司管理不能超过四个层次、办公室工作时间不得过五天等。很多企业还规定各类事项的答复、审批和反馈的时间，并且规定超过审批时限未审批的文件视为同意。组织要从根本上提高执行力，首先应该优化组织结构，精简制度流程，否则，流程会阻碍公司的执行高效。

（四）科学奖惩

建立合理有效的激励制度，是企业管理的重要问题之一。松下公司对员工提供的物质条件，在日本算不上是最好的，而公司却可以网罗到一大批优秀人才。公司上下充满了活力，每个员工都表现出强烈的责任心和事业心。松下公司正是以一套激励机制为杠杆，借助高水平的管理手段，为员工创造良好的工作环境，充分开发每个员工的潜能，鼓励员工为公司创造价值，同时实现员工自我满足。

科学奖惩的激励是提高执行的源泉。有了科学的奖惩，组织的执行力就像是永不停息的发动机。激励就是动力，员工就会由螺丝钉变为发动机。有了好的激励制度，马不扬鞭自奋蹄，员工会自发地提高执行力。如顺丰公司在推出新业务的时候，都会针对新业务涉及的相关岗位制定激励制作，通过这种方法，提高员工推动新业务的执行力。

执行力=执行能力+执行动机+执行态度+有效促进+有效控制。这里所讲的执行动机、执行促进和有效控制都是指激励机制。员工不会做你需要的事，只会做你检查和奖励的事，执行力是检查出来的。如果只有检查没有科学的奖惩，所有的检查也会变得无能为力。共产党最成功的法宝有一条就是科学的奖惩，如火线提拔、就地免职就是最及时的奖惩；打土豪分田地就是最现实的奖励；农民翻身当家作主人是目标的激励；楼上楼下、电灯电话是愿景的激励。当前公司推进的利润中心、责任中心、目标导向的绩效管理、红白票制度、季度增长提成、年度利润分享、股票期权制度等就是短中长期相结合的科学的激励机制。

（五）培养"执行文化"

组织执行文化是指在组织中把"执行"作为所有行为最高准则和终极目标的文化，所有有利于执行的因素都予以充分而科学的利用，所有不利于执行的因素立即排除。以一种强大的监督措施和奖惩制度，促使每位员工全心全意投入工作，改变自己的行为，最终使团队形成注重现实、目标明确、简洁高效、监督有力、团结、紧张、严肃、活泼的执行文化。

泰康是家股份制寿险公司，其郑州分公司在 2003 年发展迅速，当年实现保费总收入 12 亿元，收入同比增长 136%，个人营销新契约标准保费突破 2 亿元。在争先恐后的扩张热潮中，泰康筹建的十几家分公司成功率相当高，成为省内保险业一支生力军。

泰康的迅猛发展，固然与保险业高成长性、区域特点、公司战略等因素相关，但仔细观察不难发现，企业优秀的执行文化也是功不可没。

保险，特别是寿险，经营的是人，因为保险看不见、摸不着，只有出险时才能有切身感受。所以，保单能否销售出去，全靠人。公司各项目标能否实现，说到底，取决于上万人的营销团队能否执行到位。

泰康郑州分公司总经理王小平告诉记者，执行力文化某种程度上就是绩效文化，可以用统一的绩效考核指标来衡量结果，但是，也要关注过程。公司的人员要保持相对稳定，不能动不动就换人，否则人心凝聚不起来，容易有短期考虑。人家不能从公司得到保障，干吗要对公司负责？人员到位了，接下来就是如何打造团队优秀的执行力了。

王小平经常到各处走动，帮助、指导下属解决问题，而且一定去"两头"，即最好的和最差的营销服务部，与大家一起总结经验教训。他说，小事不解决，就是大问题，所以关注问题、解决问题，对保证团队执行力很重要，而不单单看结果。

"企业文化、奖惩的杠杆、行之有效的制度和对员工思想的准确把握，是打造团队执行力的几大法宝。"王小平总结。

泰康曾有一个支公司业绩总上不去，后来发现是经理的工作思路、用人有问题，并且在工作中处理具体问题也有欠公正，团队的执行力当然较差。在更换经理后，业绩很快攀升。

王小平认为，"要想增强员工的执行力，必须有统一的标准，不能由领导说了算，发挥员工创造参与的积极性、自主性，同时还要设计合理的工作流程。"

"海尔"是一个由濒临倒闭的小厂发展成为称雄国内外市场的企业集团，今天的海尔为什么这么强大，知名度这么响呢，为什么会做得这么好呢？其实这也与他们组织强大地"执行文化"有关的。在海尔公司你会看到这样一个标牌："日事日毕，日清日高。"所有海尔人都以此作为自己的工作目标，无论什么工作都在规定的时间内认真完成，"海尔"也正是通过这样的方式，使员工养成良好的工作习惯，员工的执行力也伴随着"海尔"的不断发展而提升。

（六）建立学习型组织

在知识经济时代，对新知识、新观念的学习能力，影响一个公司的执行力，建立学习型组织，有助于提升组织员工执行力。

在"中国 IT 行业十佳雇主"评选活动中，金蝶（国际）软件集团、联想、华为等著名 IT 企业入围十佳名单，而在主办单位所进行的网络调查中，金蝶软件更是以 44.99%的得票率高居榜首，成为"最佳雇主"。"最佳雇主"，这无疑是对一个企业内部管理，尤其是人力资源管理工作的最高赞赏，因为"人才"是知识经济时代软件企业最核心的竞争力之一。只是，成长不过 10 年的金蝶，何以高居"中国 IT 行业十佳雇主"之榜首？金蝶软件成功的秘诀就在于持续创新，通过建立学习型组织帮助重塑"自我"。

《执行力》一书曾提出现代企业成功的要素有三个：战略、人、运营。知识经济时代，人才无疑是第一竞争力。而金蝶学习型组织的建立，就体现了其对人才的重视和尊重。学习型的组织是通过培养整个企业的学习气氛，充分发挥员工的创造性思维能力而建立起来的一种有机的、高度柔性、横向网络式的、符合人性的、能持续创新发展的组织。

具体为：将个人的愿景整合为企业的共同愿景，将全体员工凝聚在同一旗帜下，形成企业强大的生命力；同时，公司将通过整合个人的学习，形成企业前进的动力。在这一过程中，公司要创造良好的学习环境，使员工终身学习。因为，只有学习才能提高素质、持续创新。加强对员工的培训，建立学习型组织，是金蝶产品、理念不断出新，与用户、合作伙伴共同成长的动力源泉。

2002 年底，金蝶启动了"TOP100 计划"。根据"二八原则"，将全员总数的 20%左右的比例列入关键员工关注计划和接班人计划，将 80%的资源投入到他们身上，对他们进行重点培养，把他们纳入人才储备池，作为今后提拔、任职的主要人选来源。主管人事的副总裁罗明星在解释"TOP100"计划时说："这是金蝶对员工进行个性化培养的一种措施。我们要让有价值的员工得到更多关注，给他更好的培训，为他量身定做职业发展计划，管理层会定期和他交流，他的名字、他的背景、能力特长、思想动态将随时被公司管理层掌握，他感受到一种被聚集式的关注。这些关注让他感受到公司的期待，他会成长得更快，发展得更好。"

而每年，金蝶都会从销售额中提取 3 ~ 5%用于员工培训，而这种培训紧密围绕当年公司长期战略所需要提升的组织能力展开，一般每年都着重在提升几项能力上。比如 2003 年，金蝶着重提升的就是产品经理/产品管理能力、管理人员素质能力以及渠道销售能力等。此外，所有管理者的绩效考核纬度里面都有能力纬度的要求，要求其主动提升下属团队的能力和自身能力。并不定期地委派技术骨干出国培训，委派一定数量的管理人员参加 EMBA 培训；特设"总裁学堂"，邀请企业家、社会知名人士为员工授课，开拓视野，广博见识。真正构建起一个开放自由的学习型组织。而这，恰恰是从事创造性工作的金蝶员工的深层次精神需要。

正是通过构建学习型组织，不断提升员工的综合能力，不断增加员工的归属感，金蝶软件才会获得"中国 IT 行业十佳雇主"的称号，金蝶公司也才能健康持续发展。

学习型组织

小贴士

学习型组织是一个能熟练地创造、获取和传递知识的组织，同时也善于修正自身的行为，以适应新的知识和见解。

学习型组织最初的构想来源于美国麻省理工大学佛瑞斯特教授，1965 年他发表了一篇题为《企业的新设计》的论文。在文中，佛瑞斯特教授非常具体地构想出未来企业组织的理想形态——层次扁平化、组织信息化、结构开放化，逐渐从从属关系转向为工作伙伴关系，不断学习，不断调整结构关系。这是关于学习型组织的最初构想。

彼得·圣吉是学习型组织理论的奠基人，1990 年他发表了自己的代表作《第五项修炼——学习型组织的艺术与实务》。彼得·圣吉在书中指出，现代企业所欠缺的就是系统思考的能力。它是一种整体动态的搭配能力，因为缺乏它而使得许多组织无法有效学习。之所以会如此，正是因为现代组织分工、负责的方式将组织切割，而使人们的行动与其时空上相距较远。当不需要为自己的行动的结果负责时，人们就不会去修正其行为，也就是无法有效地学习；并提出未来最成功的企业将是学习型企业。

学习型组织具有如下特点：

（1）拥有共同的愿景

组织的共同愿景，来源于员工的个人愿景而又高于个人的愿景。它是组织中所有员工愿景的景象，是他们的共同理想。它能使不同个性的人凝聚在一起，朝着组织共同的目标前进。

（2）组织由多个创造性个体组成

（3）善于不断学习

（4）兼学别样

组织中的成员不仅要掌握本岗位上的工作技能，而且要学习了解其他岗位工作能力。只有这样，工作才能顾全大局、相互协作、高效，做到组织精简。

（5）扁平式结构

学习型组织结构是扁的，即从最上面的决策层到最下面的操作层，中间相隔层次极少。它尽最大可能将决策权向组织结构的下层移动，让最下层单位拥有充分的自主权，并对产生的结果负责。如美国通用电器公司目前的管理层次已经由 9 层减少至 4 层。

（6）无边界行为

无边界行为是通用电气公司第 8 任总裁杰克·韦尔奇提出的，他提倡员工之间、部门之间、地域之间广泛地相互学习，汲取新思想，他说"你从越多的人中获取智慧，那么你得到的智慧就越多，水准被提升得越高"。

（7）自主管理

现代企业管理方式有两类，一类是权力型管理，一类是学习型管理。权力型的基本管理模式是等级式的，一级级管下来，问题要一级级上报。这种方法的一个致命弱点就是任何问题都是权力大的人在做主，虽然大多是正确的，但不可否认也有下级正确的时候。有许多工作在基层的员工有好的想法和经验，要充分发挥员工的管理积极性，就要实行"自主管理"。

自主管理是使组织成员能边工作边学习，使工作和学习紧密结合的方法。通过自主管理，可由组织成员自己发现工作中的问题，自己选择伙伴组成团队，自己选定改革进取的目标，自己进行现状调查，自己分析原因，自己制定对策，自己组织实施。自己检查效果，自己评定总结。团队成员在"自主管理"的过程中，能形成共同愿景，能以开放求实的心态互相切磋，不断学习新知识，不断进行创新，从而增加组织快速应变、创造未来的能量。

（8）员工家庭与事业平衡

学习型组织努力使员工丰富的家庭生活与充实的工作生活相得益彰。学习型组织对员工承诺支持每位员工充分的自我发展，而员工也以承诺对组织的发展尽心作为回报。这样，个人与组织的界限将变得模糊，工作与家庭之间的界限也将逐渐消失，两者之间的冲突也必将大为减少，从而提高员工家庭生活的质量，达到家庭与事业之间的平衡。

（9）领导者的新角色

在学习型组织中，领导者是设计师，仆人和教师。领导者的设计工作是一个对组织要素进行整合的过程，他不只是设计组织的结构和组织政策、策略，更重要的是设计组织发展的基本理念；领导者的仆人角色表现在他对实现愿景的使命感，他自觉地接受愿景的召唤；领导者作为教师的首要任务是界定真实情况，协助人们对真实情况进行正确、深刻地把握，提高他们对组织系统的了解能力，促进每个人的学习。

建立学习型组织的方法

现代企业建立学习型组织可以从以下几个方面入手：

（1）不断挑战自己

人们常说的一句老话：每个人最大的敌人是自己，战胜自己是最困难的。其实，客观环境每天都在变化，过去正确的经验今天可能就不对了，这是自然的，也是必然的。一个企业要想不断发展，就要审时度势，经常重新评价自己，使自己处于不断思考、不断学习、不断进步的良性循环状态。只要企业有这样一种机制，能挑战自己，并及时调整，就能提升应变能力和竞争力。

（2）员工相互学习

一个成功的企业一定有很多优秀人才，他们在工作中总结出了行之有效的工作流程和工作方法，实行知识共享，畅通内部信息交流，从而提高整个企业集体智商是衡量一个学习型组织的重要标志。

（3）营造学习氛围

在企业内，学习形式应不拘一格，可运用现场指导、领导者授课、外聘专家讲座、交流会、内部刊物、业务竞赛等多种形式，激发员工不断提高自身素质和业务水平，形成一个积极向上的学习型团队。

（4）总结经验教训

执行的过程就是将理念和设想付之于实践检验的过程，企业在这一过程中不但会取得执行的成果，而且会积累新的对执行工作本身认识的知识。像海尔提出的"管理无小事"、隆鑫集团提出的"细节决定成败"都来源于对企业执行实践升华形成的理念。这些理念通过企业系统的有组织性的收集、整理、加工和再编辑工作，可以成为非常难得的企业内部共享知识和独特资源，对于指导未来的执行工作乃至培育企业的核心竞争力都有着积极的参考价值。

二、个人执行力提升方法

要想提升自己的执行能力，需要从多个方面入手，在《没有任何借口》一书中的提到了提升执行的"四十八字真经"。

（一）认真第一，聪明第二

1. 许三多 PK 成才

电视剧《士兵突击》里面有两个主要人物：许三多和成才。两个人对比鲜明突出，成才很聪明，学任何东西都很快，而许三多则正好相反，用好听一点的话讲，叫做憨厚，说得不好听则叫笨。然而两人同时去参加 A 大队选拔，最终许三多选上了，成才落选了，究其原因 不是许三多比成才厉害很多，实际上就士兵的相应技能来讲，成才要比许三多厉害一些，主要原因还在于成才爱耍小聪明，他所做的一切都是围绕自己的，基本不会关心别人，而许三多则是非常认真地执行上级的命令。

在两人参加选拔的过程中，有一个场景令人难忘：许三多、成才和伍六一三人为躲避追捕，藏进了一家农家小院之中。三人饥肠辘辘但又舍不得吃配给军粮，成才发现小院的厨房里还有主人家剩下的馒头，就拿过来吃并劝许三多和伍六一一起吃，许三多不吃，成才骂他，说他傻，现在吃了别人也不知道，但许三多还是坚持原则，严格按照选拔要求执行，最终不仅自己没吃，也感动了成才，使他放弃了自己的错误行为。

2. 中国足球毁于什么？

中国爱好足球的人，内心深处一定都有一个大问号：为什么 13 亿中国人，怎么这球就总是踢不好呢？韩国才多大，才有多少人？可是堂堂中国足球总是恐韩。过去人们总是在想，可能是因为国家穷，没钱养球队，因此没有好的球员，可现在有钱了球队照样不行，有人曾经对全世界各国人的智商做了一个测试，结果是中国人 IQ 全球第一，中国人是全世界最聪明的人，如果说中国人智商全球最高，那中国足球队的智商就应当也是全球第一，可为什么全球第一聪明的球队，却总是输呢？欧洲的球队就不比了，有人可以找出一万个理由说明不可比。但韩国有什么比不了的，恐韩症对堂堂 13 亿人的中国来说，是不是有些太讽刺了？

共产党员怕就怕认真二字，中国足球输也输在认真二字：职业联赛开始之初，大家还在球场上比高低，真刀实枪地比赛，所以，也迎来中国足球的春天。但好景不长，踢着、踢着一些足球队员的聪明才智就出来了——为什么要这么辛苦地踢呢，决定胜负的不只是踢球水平啊，贿赂裁判不就行了？贿赂对方队员不就行了？拼命踢球是为了钱，但钱也不是只能从球队获得啊？开始是通过转会，后来就干脆发展到参与地下赌球，热衷于自己办公司，开饭店，做酒楼等五花八门。

中国足球界于是出现了"百花齐放"，惟独球技与职业精神却丢失了。

"聪明"的人一生都在想办法，想如何找到更好的办法超过对手，而不是认认真真做事来超越对手，在一个"小聪明"的环境中，认真踢球就成了傻踢！所以，贿赂裁判、贿赂球员、打假球、做广告，做生意，赢球或赚钱的办法多种多样，就是不想想如何对得起几千万观众。每一个人都想占便宜，拿好处，都想少付出多获取，结果就是整个团队没有战斗力！米卢给中国足球讲了一个非常简单的道理："态度决定一切。"球踢不好，是每个人都在玩聪明。遗憾的是，这种小聪明的游戏不仅发生在足球界，无数行业同样上演着类似的故事，因为这种小聪明已经根植于我们生存环境中。

比如父母教育孩子：孔融让梨，是中国传统的美德。哥哥与弟弟在一起，妈妈分梨的时候，如果哥哥总是要大的,妈妈一定会这样教训孩子:孔融都知道让梨,你怎么不知道让着弟弟呢?于是哥哥下次就学会了如何对付妈妈。每次哥哥都会说,妈妈,把大的给弟弟吧,我要小的,这样几次之后,妈妈以后就会说,哥哥这么懂事,还是大的给哥哥吧,从此之后,大的梨永远是哥哥的了。

一个中国人是条龙,一群中国人是条虫,背后就是每一个人都去要小聪明,要小聪明的结果就是把大聪明丢掉,或常常在关键时刻失误。执行只与勤奋有关,与责任有关,与用心有关,而与聪明无关,要有效提升执行力,需要在内心深处建立一个信念:世界上的事只有认认真真、踏踏实实地做,才可能换来成功。

（二）结果提前,自我退后

结果提前,自我退后的意思即把自己要做的事的目标放在中心位置,放在大脑的"前部",时时记着它,而把"自我"冷落一下。因为在达成你的目标中,不可避免地遇到一些问题,你会有些情绪起落,这种情绪起落就是一种自我,要学会控制这种自我,即把这种自我"退后"。

结果提前,自我退后的原则在市场竞争中也被广泛应用,如市场竞争中经常提到的"以人为本",指的是以别人（消费者）为本,而不是以自己为本。要想获得客户价值,就要"结果提前,自我退后",或者说"必须抛弃以自我为中心,而以结果为中心"。

在《请给我结果》一书中,作者举了摩托罗拉和诺基亚两家公司的例子来说明"结果提前,自我退后"这一原则:

摩托罗拉是一家优秀的公司,但在连续多年的成功之后,公司文化中以技术为中心的工程师导向开始抬头,为此摩托罗拉付出了沉重的代价。

1991年,摩托罗拉公司正式决定建立由77颗低轨道卫星组成的移动通信网络,并以在元素周期表上排第77位的金属"铱"命名。1997年铱星系统投入商业运营,通过使用卫星手持电话机,透过卫星可在地球上的任何地方拨出和接收电话信号。

铱星移动通信系统为用户提供的主要业务是:移动电话（手机）、寻呼和数据传输。从技术角度看,铱星移动通信系统在技术上突破了很多障碍,系统基本结构与规程已初步建成,系统研究发展的各个方面都取得了重要进展。在此期间全球有几十家公司参与了铱星计划的实施,可以说铱星计划从初期的确立、运筹和实施都是非常成功的。

整个铱星系统耗资达50多亿美元,每年光系统的维护费就要几亿美元。当摩托罗拉公司费尽千辛万苦,终于在1998年11月1日正式将铱星系统投入使用时,命运却开了一个大玩笑,GSM手机已经完全占领了市场。由于原先定位的客户,早已被GSM系统吸引过去,铱星系统无法形成稳定的客户群,从而导致铱星公司亏损巨大,连借款利息都偿还不起,摩托罗拉公司不得不将曾一度辉煌的铱星公司申请破产保护,在回天无力的情况下,只好宣布终止铱星服务。

2000年3月18日,铱星背负40多亿美元债务正式破产。

在摩托罗拉大举进攻高科技的铱星系统时,诺基亚却在手机的个性化应用上功夫,一举推出了内置天线的手机。应当说手机天线的内置,称不上什么大发明,但诺基亚凭着这一创新,一举将摩托罗拉拉下了手机市场份额第一的位置。

除了以上的例子,现实生活中还有很多类似的例子,比如提到苹果公司,大家首先想到的就是他们生产的产品,IPAD系列、IPHONE系列、苹果电脑等,为什么大家都喜欢使用苹果的产品呢?有人说是因为质量好,有人说是因为其外观漂亮,说法不一,但有一点是一样的,即苹果的产品在设计上是充分考虑了消费者得需要的。据说乔布斯还在世时,其带领团队开发新的产品时,都会从自己是一个普通消费者角度去思考、研发。

结果提前，自我退后这一原则在企业中也是广泛应用的，很多企业都会将结果作为考评员工的最重要甚至是唯一的标准。例如百事可乐公司推崇一种深入持久的"执行力"文化，强调公司员工"主动执行"公司的任务，100%地去完成它。那些业绩优秀的员工总是能得到公司的嘉奖，而那些业绩不佳的员工则会被淘汰。这种以"结果论成败"的企业文化塑造了一支有着坚强战斗力的员工队伍，竞争中，百事可乐逐渐成为可口可乐唯一的对手。

对于个人来说，要想有效提升执行力，贯彻"结果提前，自我退后"的原则是非常重要的。在执行的过程中，往往会遇到很多困难和问题，如果不能时刻将"结果"放在脑中，时刻记住它，就可能会只关注到面对的困难和问题了，越关注越觉得没办法完成，最终为自己找一个我已尽力了，但确实很困难的借口而已。

（三）锁定目标，专注重复

锁定目标，专注反复的意思是事情一遍遍地做，才能够做得更好。之所以做得更好，不是因为你比别人聪明，而是比别人更用功，比别人更专注于一点。

海尔的张瑞敏说过一句话：什么是不简单？能够把简单的事情千百遍的做对，就是不简单；什么是不容易，把大家公认的非常容易的事情认真地做好，就是不容易。

孔子是我国历史上最著名的圣人，他能够取得伟大的成就是与他的执着、专注精神分不开的，"三月不知肉味"的典故很好地印证了这一点：

周敬王的大夫苌弘在自家厅堂里接待客人，这位来客不是别人，是鲁国大夫孔子。孔子精通诗、书、礼、易，也颇为擅长音乐，但还没达到精通的程度。他听说大夫苌弘，知天文，识气象，通历法，尤其精通音律，于是借着代表鲁君朝觐天子之机，专门来苌弘家拜访。

寒暄已毕，二人对面席地而坐，孔子双手抱拳欠身一拱，谦恭地说："苌大夫博学多才，孔丘孤陋愚顿，须请教者甚多，然不便过多打扰，今天只就一事，请先生指点迷津。"苌弘略一摆手，笑道："孔大夫声名远播，只是相见恨晚，今既光临敝舍，正好向先生求教。若有疑难不决之处，咱们共同研讨吧。"孔子说："丘，喜爱音乐，却半通不通。韶乐和武乐都很高雅，都流行于诸侯国的宫廷之间，二者的区别在哪里呢？"苌弘缓缓地说："据弘愚见，韶乐，乃虞舜太平和谐之乐，曲调优雅宏盛；武乐，乃武王伐纣一统天下之乐，音韵壮阔豪放。就音乐形式来看，二者虽风格不同，都是同样美好的。"孔子进一步问："那么，二者在内容上有什么差别吗？"苌弘回答说："从内容上看，韶乐侧重于安泰祥和，礼仪教化；武乐侧重于大乱大治，述功正名，这就是二者内容上的根本区别。"孔子恍然大悟地说："如此看来，武乐，尽美而不尽善；韶乐则尽善尽美啊！"苌弘称赞道："孔大夫的结论也是尽善尽美啊！"孔子再三拜谢，辞行回国去了。

第二年孔子出使齐国，齐国是韶乐和武乐的正统流传之地。正逢齐王举行盛大的宗庙祭祀，孔子亲临大典，痛快淋漓地聆听了三天韶乐和武乐的演奏，进一步印证了苌弘的见解。而孔子对韶乐情有独钟，终日弹琴演唱，如痴如醉，常常忘形地手舞足蹈。一连三个月，睡梦中也反复吟唱；吃饭时也在揣摩韶乐的音韵，以至于连他一贯喜欢的红烧肉的味道也品尝不出来了。

达·芬奇最开始学习绘画的时候，他的老师弗罗基奥让他对着桌上的鸡蛋画鸡蛋，老师严肃地告诉他："要学好绘画就要先学好画蛋，因为这是熟练手法和笔法的基本功。要画好蛋，就要认真地观察它，学会从不同的角度来画它。"莫泊桑刚开始学写小说的时候，他的老师对他讲，你不要跟我学什么技巧，你到大街上去坐着，然后你看着驾马车的车夫，专门盯住一位。如果你能把这个马车夫描述得和其他马车夫不一样的话，那么你的写作就过关了。

达·芬奇成为世界卓越的画家、莫泊桑成为一代文豪这些奇迹在常人看来非常了不起。可创造这一奇迹的原因却非常简单，就是锁定目标之后，专注地一遍一遍重复再重复。

（四）决心第一，成败第二

在执行前，执行的决心有多大往往能决定最后的成败，大家可能都有这样一种体会：如果你不想做某一件事情，你一定能为此找出成百上千的理由去拒绝它，这个时候只有一件事可以发生作用，就是你想不想做。

决心第一，成败第二即一旦决定做某件事情，就不要没完没了地讨论，不要花时间去考虑能不能成功，而是要坚决执行，即使失败也要执行。执行的关键是建立必胜的信念和决心。

世界上最伟大的推销员乔·吉拉德在谈到自己的成功经验时，曾说："建立你的决心！不能再有'以后再做'的事发生，因为根本没有明天再做这回事。今天不是决定你明天做什么，而是决定你明天成为什么。不要错过今天，将一星期前、一个月前、一年前的害怕、懦怯、毁灭信心的思想从你心中除去，今天是你充满信心，永远摒弃害怕的日子，你今天才会充满信心地行动！这就是支撑我每天走向成功的秘密。"

所以，既然已经决定要这么做了，就不要去想这个事情是不是合理，是不是能够成功等，而是要建立必胜的信念和决心，这就是执行前的决心原理。

（五）速度第一，完美第二

速度第一，完美第二即一旦开始执行，速度是第一位的，完美是第二位的。战场上兵刃相见，商场上斗智斗勇，谁先出手，就可能决定胜负。

中国自从改革开放以后，经济发展速度就突飞猛进，在过去的一二十年时间中，居于世界领先位置。在改革开放的过程中有没有出现问题呢？答案是肯定的，改革开放的过程中出现了很多预期之中或超出预期的问题：国企改制、国企员工下岗、竞争加剧等，没有人会说改革开放是完美的。如果为了追求完美，在执行之前就不断地去预测会出现什么问题、针对问题进行讨论、找解决的方法，也许今天中国都还没有开始改革开放呢！

惠普是世界知名的资讯科技公司之一。1998 年 6 月，惠普公布了一个令人吃惊的数字：当年增长率只有 3%，而在两年前还达到 30%。公司同时还宣布，2000 多名中高级经理暂时减薪 5%。

是什么原因导致的这一结果呢？有人分析，认为是亚洲金融危机与 PC 行业的价格战的原因导致的，但华尔街分析师却不这么认为，他们质疑为什么同样的情况下，戴尔、IBM 等公司却没有下滑到如此低谷，为什么惠普的适应力比其他竞争者迟缓？

当时惠普新上任的 CEO 卡莉对此的回答是：惠普的问题出在惠普自己身上。在过去 60 年历史中，惠普是通过强调品质卓越、强调尊重员工获得成功的，但在信息经济时代，惠普却因为过分追求品质与员工共识，牺牲了决策与行动的速度，在网络经济中失了先机，显得处处被动。

为此，卡莉在惠普提出了著名的速度逻辑：先开枪，后瞄准！过去我们的新产品，是要在各方面都要达到 95 分以上才推出，现在我们应当改变这种思维方式了，产品做到 80 分就该推出，然后再求慢慢改进。

对这一速度逻辑，卡莉有一个形象的比喻：你滑水冲浪，要保持一个速度才站得起来。在这一过程中，尽管我们很难精确抓住行经路线，但我们不能为了抓住路线而将速度放慢。网络的时代，要抓住速度，才能进入竞争的门槛！

事实上，当卡莉进入惠普之后，发现惠普的确很优秀，人才济济、技术卓越、品质出众。

但业绩为什么不好呢？问题出在市场上，由于有太多的人在追求瞄准的精度，结果惠普的行动总比市场慢好几拍。

但每个人对此都有各自的理由：没瞄准好，怎么能随便开枪？"什么才叫瞄准好？"卡莉反问。高科技公司之间的竞争就像滑水一样，如果你想站稳，你就要有足够的速度！比如微软，它的哪一个产品是完美的？但它的速度却是最快的；比如英特尔，它的产品也未必完美，但它创造出了著名的摩尔定律：每 18 个月，英特尔让 CPU 的运算速度以几何级数倍增一次！

在现实生活中，人们最关注的是 0 和 1，而忽略了 0.1，请记住 0.1 大于 0，过分追求 1 的结果往往是 0，速度比完美更重要。

因此在执行的时候，大家要懂得放弃一些理想化的完美的东西，让自己赶快行动起来，这样你就能获得速度，赢得可胜利的时间。

（六）结果第一，理由第二

结果第一，理由第二即在执行之后如果没有结果，那么所有的理由（未成功的原因）都没有任何价值，因为执行的目的要的就是结果。"结果"意识是现代一种很重要的处事态度。

大家都知道学习外语是很困难的一件事情，记忆单词、背诵句型，都是比较枯燥的脑力活动，中国很多人从小学或者初中开始就学习英语，但学习了十几年仍然没有学会，原因有很多，如只是为应付考试学习、没有用心、没有学习语言的氛围等。那么大家知道要掌握一门他国语言最短需要多长时间吗？二战时期美国士兵创造了用一个月时间掌握德语的令人惊讶的记录。

二次世界大战期间，有一队美国士兵要被派到德国去做间谍，领队的长官告诉士兵们，送他们去的飞机只能在德国和俄国的边境附近把他们空降下去，因为那时候欧洲第二战场还没有开辟，盟军部队还不能接近德国领土。但是这些士兵在出发前的一个月都还不会说德语，于是长官严肃地告诉他们："这一个月里你们要学会德语，一个月之后出发，不论你们到时候学会没有，都得去。"结果士兵们在一个月里日夜苦学，一个月后几乎人人都能说一口地道的德语，甚至连口音和语调都非常像德国人。

为什么他们能这么神速地学会德语？因为士兵们都知道，如果他们的德语学不像，一旦他们跳下飞机，德国人就会立刻把他们抓起来，他们就会没命了。

现代社会是一个非常注重结果的社会：企业要靠结果生存，无论什么原因或理由没有使客户满意，最终的结果都是客户流失；个人要靠结果发展，无论什么理由，没有做好就是没有做好，结果是不会改变的，如果一味地为自己的执行不力找理由，最终收获的也只是一堆理由。

无论是谁，如果想进到一家自己期望进入的公司，在面试时，都会绞尽脑汁，使尽浑身解数争取给面试官留下一个好的印象，让面试官相信，自己一定能胜任工作，能给公司带来好的结果。只有这样，公司才会录用你，才会给你报酬，你才有机会生存。

而如果你想要更进一步发展，是不是就要像面试时所表现的一样，工作表现要优秀出众，甚至超出公司对你的期望？

有的人在面试时竭尽全力，过五关斩六将，最终进入了公司。但当他成为正式员工后，却开始表现不佳，他们在实际工作中并不像面试时表现出来的充满激情和积极进取状态，而是得过且过地混日子。

试问，如果碰到这样的人，你如果是公司的老板，会不会后悔录用了他？是不是压根就不会考虑对他进行加薪或者升职甚至是考虑直接辞掉他呢？

所以，一个人想要在职场中有所发展，就必须不断提升自己的执行力，始终将达成执行预期的结果作为自己的终极目标。上级下达的指令，即使不是自己所期望的，也要竭尽全力做到最好，不为自己找任何的借口和理由。请记住，在职场中，每个人始终要靠结果生存。

本 章 小 结

1. 执行就是按时保质保量地完成既定目标，执行是实现既定目标的具体过程，而执行力就是顺利执行的能力和手段。

2. 执行无论是对企业还是个人来讲，都是至关重要的，一个人想要在职业生涯中有所发展，就必须提升自己的执行能力。

3. 目前我国的执行现状不容乐观，很多人没有较强的执行意识，应引起大家的注意与重视，避免自身出现类似情况。

4. 执行四十八字真经是个人执行力提升的灵丹妙药，每个人都应学习与练习，在工作中提升自己的执行能力。

课 后 练 习

1. 执行的四十八字真经分别是什么？
2. 你认为执行的技巧包括哪些？
3. 结合自身的实际情况，谈谈如何提升自己的执行能力？

第七章 自我管理

在职场中，每个人都在进行自我管理，而每个人进行自我管理能力的差距往往就决定了在职业生涯中的成就。因此要想拥有一个成功的职业生涯，就必须要不断培养自己的自我管理能力。本章将介绍自我管理能力中的两个主要能力：时间管理和压力管理。

第一节 时间管理

一、时间管理的含义

（一）时间的特性

要想能够真正地了解时间并且管理"时间"，就有必要对时间的本质有深刻的认识。首先来一起了解时间的四项独特性：

供给毫无弹性：时间的供给量是固定不变的，在任何情况下不会增加、也不会减少，每天都是 24 小时，所以时间无法开源。

无法蓄积：时间不像人力、财力、物力和技术那样被积蓄储藏。不论愿不愿意，你都必须消费时间，所以时间无法节流。

无法取代：任何一项活动都有赖于时间的堆砌，这就是说，时间是任何活动所不可缺少的基本资源。因此，时间是无法取代的。

无法失而复得：时间无法像失物一样失而复得。它一旦丧失，则会永远丧失。花费了金钱，尚可赚回，但倘若挥霍了时间，任何人都无力挽回。

（二）时间管理的含义

时间管理就是用技巧、技术和工具帮助人们完成工作，实现目标。时间管理学者杰克·弗纳对时间管理的定义是：有效地应用时间这种资源，以便我们有效地达成个人的重要目标。

时间管理并不是要把所有事情做完，而是更有效地运用时间。时间管理的目的除了要决定你该做些什么事情之外，另一个很重要的目的也是决定什么事情不应该做；时间管理不是完全的掌控，而是降低变动性。时间管理最重要的功能是透过事先的规划，作为一种提醒与指引。

（三）时间管理的误区

时间管理中常见的误区：

1. 工作缺乏计划

尽管计划的拟定能给人们带来诸多的好处，但仍有不少人从来不做或是不重视做计划，原因不外乎如下几条：

因过分强调"知难行易"而认为没有必要在行动之前多做思考；

不做计划也能获得实效；

不了解做计划的好处；

计划与事实之间极难趋于一致，故对计划丧失信心；

不知如何做计划。

大家作为一个新进入社会的人，要步上职业化的道路，成为一个强调实效性的职业人士，不应该把以上原因当作工作中的借口，为什么呢？

固然有些事情是易行而难料的，但若过分地强调这一点，则有可能养成一种"做了再说"或"船到桥头自然直"的侥幸心理。试问：房子燃烧的紧要关头，消防队员是应立刻拿起水龙头或灭火筒进行抢救，还是应花费少许时间判别风向、寻找火源、分派工作，然后再进行抢救？

不做计划的人只是消极地应付工作，他将处于受摆布的地位；做计划的则是有意识地支配工作，处于主动的地位、并提高工作效率。

由于目标中拟定假设的客观环境发生变动，计划与事实常常难以趋于一致，所以每个人必须定期审察自己的目标与计划，做出必要的修正，寻找最佳途径。但如果是处于无计划的引导，则一切行动将杂乱无章，最终走进死胡同。

综上所述，由于工作缺乏计划，将导致如下恶果：

目标不明确；

没有进行工作归类的习惯；

缺乏做事轻重缓急的顺序；

没有时间分配的原则。

2. 时间控制不够

多数人通常在时间控制方面容易陷入下面的陷阱：

习惯拖延时间；

不擅处理不速之客的打扰；

不擅处理无端电话的打扰。

3. 整理、整顿不足

办公桌的杂乱无章与办公桌的大小无关，因为杂乱是人为的。"杂乱的办公桌显示杂乱的心思"是有道理的。让一个不富条理的人使用一个小型的办公桌，这个办公桌会变得杂乱无章，即使给他换一个大型的办公桌，不出几日，这个办公桌又会遭遇同样的命运。套用"帕金森定律"——"工作将被扩展，以便填满可供完成工作的时间"，也可以导出"文件堆积定律"——"文件的堆积将被扩展，以便填满可供堆积的空间。"

当你的上司向你索取一份资料，你是否能在第一时间从容不迫地递给他？当你需要一份信息时，是否满文件夹地翻个底朝天？

4. 进取意识不强

人们常说："人最大的敌人就是自己"。有些人之所以能够让时间白白流逝而毫无悔痛之意，最根本的原因就是他个人缺乏进取意识，缺乏对工作和生活的责任感和认真态度。主要表现在以下几个方面：

个人的消极态度；

做事拖拉，找借口不干工作；

唏嘘不已，做白日梦；

工作中闲聊。

如果你一直处于迟钝的时间感觉中，换句话说，当你觉得时间可有可无，不愿面对工作中的具体事务，沉溺于"天上随时掉下大馅饼"的美梦，那就需要好好反省自己了，因为你随时在丧失宝贵的机会，随时可能被社会所淘汰！

（四）四代时间管理理论

有关时间管理的研究已有相当历史。犹如人类社会从农业革命演进到工业革命，再到资讯革命，时间管理理论也可分为四代。

第一代的理论着重利用便条与备忘录，在忙碌中调配时间与精力。

第二代强调行事历与日程表，反映出时间管理已注意到规划未来的重要。

第三代是目前正流行、讲求优先顺序的观念。也就是依据轻重缓急设定短、中、长期目标，再逐日制定实现目标的计划，将有限的时间、精力加以分配，争取最高的效率。

这种做法有它可取的地方。但也有人发现，过分强调效率，把时间绷得死死的，反而会产生反效果，使人失去增进感情、满足个人需要以及享受意外之喜的机会。于是许多人放弃这种过于死板拘束的时间管理法，回复到前两代的做法，以维护生活的品质。

现在，又有第四代的理论出现。与以往截然不同之处在于，它根本否定"时间管理"这个名词，主张关键不在于时间管理，而在于个人管理。与其着重于时间与事务的安排，不如把重心放在维持产出与产能的平衡上。

二、时间管理的必要性

（一）时间是人生最宝贵的资源

"一寸光阴一寸金，寸金难买寸光阴。"中国人是世界上最早认识时间管理的重要性的。孔夫子曾经站在河边对着湍急的江水喟然长叹："逝者如斯夫，不舍昼夜。"当他见到他的一位弟子时间管理不善，用白天的时间睡觉的时候，给了那位弟子全方位的否定。

"时间是免费的，但它却是无价的。你不能拥有时间，但是你可以使用时间。你不能留住时间，但你可以消耗时间。一旦你失去了它，就再也找不回来了。"——哈维·麦凯

"时间远比金钱更贵重。你可以赚到更多钱，但你却赚不到更多时间。"——吉姆·朗

这是一个讲求速度的世界，要用最短的时间完成最多的事情。要很好地完成工作就必须善于利用自己的工作时间。工作是无限的，时间却是有限的。时间是最宝贵的财富。没有时间，计划再好，目标再高，能力再强，也是空的。时间是如此宝贵，但它又是最有伸缩性的，它可以一瞬即逝，也可以发挥最大的效力，时间就是潜在的资本。充分合理地利用每个可利用的时间，压缩时间的流程，使时间价值最大化。

一个人、一个团队能否在事业生涯中取得成功，秘诀就在于搞好时间管理。所以在国外，早就出现了时间管理学，管好自己，就是最高的管理。美国的托马斯·爱迪生曾经说过，世界上最重要的东西是"时间"。美国著名的管理大师杜拉克说道："不能管理时间，便什么也不能管理"，"时间是世界上最短缺的资源，除非严加管理，否则就会一事无成"。

每个人都希望梦想成真，成功却似乎远在天边遥不可及，倦怠和不自信让人们怀疑自己的能力，放弃努力。其实，大家不必想以后的事，一年、甚至一月之后的事，只要想着今天、想着现在如何把事情做好，未来的成功就会变成大家生活过程中的一种副产品。"一切的节约都是时间的节约"，马克思这一经典之语，值得每个人用一生去体会。

（二）探寻逝去的时间

1930年，胡适先生在一次毕业典礼上，发表了一篇演讲，内容如下：

诸位毕业同学：你们现在要离开母校了，我没有什么礼物送给你们，只好送你们一句话。

这一句话是：珍惜时间。

一个学生每年 365 天，52 个星期 104 天，还剩 261 天；每年 10 个法定节假日，还剩 251 天；寒假暑假 90 天，还剩 161 天；每天睡觉 8 个小时，一共 122 天，还剩 39 天；每天玩儿 1 个小时，一共 15 天，还剩 24 天；吃饭，坐车，洗脸，上厕所，每天 1 个小时，一共 15 天，还剩 9 天；看电视每天 1 个小时，一共 15 天，时间已经不够了。

至于时间，更不成问题。达尔文一生多病，不能多做工，每天只能做 1 小时的工作。你们看他的成绩！每天花 1 小时看 10 页有用的书，每年可看 3600 多页书；30 年读 11 万页书。

诸位，11 万页书可以使你成为一个学者了。可是每天玩游戏也得费你 1 小时的功夫；四圈麻将也得费你 1 个半小时的光阴。玩游戏呢？还是打麻将呢？还是努力做一个学者呢？全靠你们自己选择！

看到胡适先生的这一番语重心长的话语，你有何感受？"时间就是效率"、"时间就是金钱"、"时间就是生命"、"一寸光阴一寸金，寸金难买寸光阴"，诸如此类的描述每个人都可以脱口而出，但是自己做得究竟怎样呢？在生活中也常常听到——"我要是在大学多学点东西就好啦！""我应该少看些电视，好好地约束自己，多读点书！"

那么，大家宝贵的时间究竟到哪儿去了呢？

有人曾粗略地统计过一个活到 72 岁的人对时间是怎么花的：

睡觉：21 年；工作：14 年；个人卫生：7 年；吃饭：6 年；旅行：6 年；排队：6 年；学习：4 年；开会：3 年；打电话：2 年；找东西：1 年；其他：3 年。

各位，看了上面的这一组数据，你有何感受？

日本专业的统计数据指出："人们一般每 8 分钟会收到 1 次打扰，每小时大约 7 次，或者说每天 50-60 次。平均每次打扰大约是 5 分钟，总共每天大约 4 小时，也就是约 50% 的工作时间（按每日工作 8 小时计），其中 80%（约 3 小时）的打扰是没有意义或者极少有价值的。同时人被打扰后重拾起原来的思路平均需要 3 分钟，总共每天大约就是 2.5 小时。根据以上的统计数据，可以发现，每天因打扰而产生的时间损失约为 5.5 小时，按 8 小时工作制算，这占了工作时间的 68.7%。"

这样看来，大家并不是没有时间、缺少时间，而是有很多时间被自己在不知不觉中白白地浪费了，要想有效利用时间，就必须进行时间管理。

小贴士 　　　　**你需要进行时间管理吗？**

请问，如果每天都有 86400 元进入你的银行户头，而你必须当天用光，你会如何运用这笔钱？

天下真有这样的好事吗？

是的，你真的有这样一个户头，那就是"时间"。每天每一个人都会有新的 86400 元进账。那么面对这样一笔财富，你打算怎样利用它们呢？

首先，大家一起来做一个关于时间管理的测试。

下面的每个问题，请你根据自己的实际情况，如实地给自己评分。计分方式为：选择"从不"为 0 分，选择"有时"记 1 分，选择"经常"记 2 分，选择"总是"记 3 分。

"我"在每个工作日之前，都能为计划中的工作做些准备。

凡是可交派下属（别人）去做的，"我"都交派下去。

"我"利用工作进度表来书面规定工作任务与目标。

"我"尽量一次性处理完毕每份文件。

"我"每天列出一个应办事项清单，按重要顺序来排列，依次办理这些事情。

"我"尽量回避干扰电话、不速之客的来访，以及突然的约会。

"我"试着按照生理节奏变动规律曲线来安排"我"的工作。

"我"的日程表留有回旋余地，以便应对突发事件。

当其他人想占用"我"的时间，而"我"又必须处理更重要的事情时，"我"会说"不"。

结论：

0-12分：你自己没有时间规划，总是让别人牵着鼻子走，你急需采取恰当的方法对你的时间进行管理。

13-17分：你试图掌握自己的时间，却不能持之以恒，你需要加强时间管理。

18-22分：你的时间管理状况良好。

23-27分：你是值得学习的时间管理典范。

三、时间管理矩阵（四象限法）

时间管理中，提得最多的恐怕就是时间管理矩阵了，接下来，大家一起来了解时间管理矩阵的具体内容。

一个人在同一时间处理两个以上的任务是件极为困难的事情，一直保持高效更是难上加难，因此管理者应把时间花在重要的、必须做的任务上，而不是那些并非必须要做的事情之上。

著名管理学家科维提出了一个时间管理的理论，把工作按照重要和紧急两个不同的程度进行了划分，基本上可以分为四个"象限"：既紧急又重要、重要但不紧急、紧急但不重要、既不紧急也不重要，如下图所示。

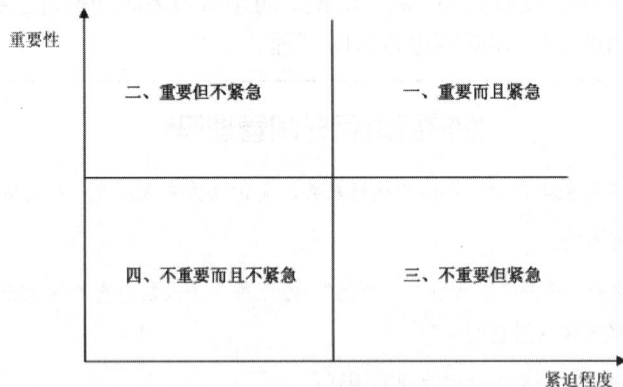

图 7.1　时间管理矩阵

第一象限是重要又紧急的事。诸如应付难缠的客户、准时完成工作、住院开刀等。这是考验个人的经验、判断力的时刻。如果荒废了，你很可能会变成行尸走肉。但也不能忘记，很多重要的事都是因为一拖再拖或事前准备不足，而变成迫在眉睫。

　　第二象限是重要但不紧急的事。主要是与生活品质有关，包括长期的规划、问题的发掘与预防、参加培训、向上级提出问题处理的建议等等。荒废这个领域将使第一象限日益扩大，使你陷入更大的压力，在危机中疲于应付。反之，多投入一些时间在这个领域有利于提高实践能力，缩小第一象限的范围。做好事先的规划、准备与预防措施，很多急事将无从产生。这个领域的事情不会对你造成催促力量，所以必须主动去做，这是发挥个人领导力的领域。

　　第三象限是紧急但不重要的事。表面看似第一象限，因为迫切的呼声会让你产生"这件事很重要"的错觉——实际上就算重要也是对别人而言。电话、会议、突来访客都属于这一类。你花很多时间在这个里面打转，自以为是在第一象限，其实不过是在满足别人的期望与标准。

　　第四象限属于不紧急也不重要的事。简而言之就是浪费生命，所以根本不值得花半点时间在这个象限。但人们往往在一、三象限来回奔走，忙得焦头烂额，不得不到第四象限去疗养一番再出发。这部分范围倒不见得都是休闲活动，因为真正有创造意义的休闲活动是很有价值的。然而像阅读令人上瘾的无聊小说、观看毫无内容的电视节目、在办公室聊天等。这样的休息不但不是为了走更长的路，反而是对身心的毁损，刚开始时也许有滋有味，到后来你就会发现其实是很空虚的。

　　人们通常会把紧急的事情放在第一位，这不是管理时间的有效办法。时间管理理论的一个重要观念就是应有重点地把主要的精力和时间集中地放在处理那些重要但是不紧急的工作上，这样可以做到未雨绸缪，防患于未然。

　　在最初，你可能会重视事情的重要程度，做的是"重要且紧急"的事情，但应避免习惯于"紧急"状态，否则，你会不由自主地喜欢上"到处救火"的感觉，把自己当成"救火队员"，转而去做那些"紧急不重要"的事情了。

　　这样一来，你就没有时间去做那些"重要不紧急"的事，而这些事往往有着更深远的影响。将大部分时间花在"重要而不紧急"的事情上，可以让你避免掉进"嗜急成瘾"的陷阱中，更可以避免在事情变得紧急后才疲于应付。对于高校来说，"重要不紧急"的事就是教学。确定了教学任务，就明确了围绕教学所需的人、财、物以及包括学术活动在内的各种活动，高校各个管理层的时间管理都应围绕这一任务展开。

四、时间管理的原则

（一）要事第一原则

　　什么是要事第一原则呢？简单讲，就是将最重要的事情放在第一位，优先处理。大家一起看看下面的故事：

　　在一次上时间管理的课上，教授在桌子上放了一个装水的罐子。然后又从桌子下面拿出一些正好可以从罐口放进罐子里的"鹅卵石"。当教授把石块放完后问他的学生道："你们说这罐子是不是满的？"

　　"是，"所有的学生异口同声地回答说。

　　"真的吗？"教授笑着问。然后再从桌底下拿出一袋碎石子，把碎石子从罐口倒下去，摇一摇，再加一些，再问学生："你们说，这罐子现在是不是满的？"这回他的学生不敢回答得太快。最后班上有位学生怯生生地细声回答道："也许没满。"

　　"很好！"教授说完后，又从桌下拿出一袋沙子，慢慢地倒进罐子里。倒完后，于是再问班上的学生："现在你们再告诉我，这个罐子是满的呢？还是没满？"

"没有满，"全班同学这下学乖了，大家很有信心地回答说。"好极了！"教授再一次称赞这些"孺子可教"的学生们。称赞完了后，教授从桌底下拿出一大瓶水，把水倒在看起来已经被鹅卵石、小碎石、沙子填满了的罐子里。当这些事都做完之后，教授正色问他班上的同学："我们从上面这些事情得到什么重要的功课？"

班上一阵沉默，然后一位自以为聪明的学生回答说："无论我们的工作多忙，行程排得多满，如果要逼一下的话，还是可以多做些事的。"这位学生回答完后心中很得意地想：这门课到底讲的是时间管理啊！

教授听到这样的回答后，点了点头，微笑道："答案不错，但并不是我要告诉你们的重要信息。"说到这里，这位教授故意顿住，用眼睛向全班同学扫了一遍说："我想告诉各位最重要的信息是，如果你不先将大的「鹅卵石」放进罐子里去，你也许以后永远没机会把它们再放进去了。"

这个故事对人们带来以下启示：

对于工作中林林总总的事件可以按重要性和紧急性的不同组合确定处理的先后顺序。做到鹅卵石、碎石子、沙子、水都能放到罐子里去：要事第一。

对于人生旅途中出现的事件也应如此处理。也就是平常所说的处在哪一年龄段要完成哪一年龄段应完成的事，否则，时过境迁，到了下一年龄段就很难有机会补救。

无论你的工作多忙，行程排得多满，如果安排得当的话，还是可以多做些事的，并且做得更漂亮。

（二）帕累托原则（二八法则）

在有限的时间和资源下实现目标最大化，是高效管理者工作的重要原则。时间是实现目标的重要因素之一，为了对高效管理者的时间进行更好地管理，我们引入帕累托原则。

帕累托原则又称作重要的少数、微不足道的多数，或80对20定律、犹太法则等，是19世纪末和20世纪初由意大利经济学家及社会学家帕累托提出的，最初是用于经济领域中的决策。其核心内容是生活中80%的结果几乎源于20%的活动。比如，是那20%的客户给你带来了80%的业绩，可能创造了80%的利润，世界上80%的财富是被20%的人掌握着，世界上80%的人只分享了20%的财富。因此，要把注意力放在20%的关键事情上。

穆尔于1939年大学毕业后，在哥利登油漆公司找到业务员的工作。当时的月薪是160美元，但满怀雄心壮志的他仍拟定了一个月薪1000美元的目标。当穆尔逐渐对工作感到得心应手后，他立即拿出客户资料以及销售图表，以确认大部分的业绩来自哪些客户。他发现，80%的业绩都来自于20%的客户中，同时，不管客户的购买量大小，他花在每个客户身上的时间都是一样的。于是，穆尔的下一步就是将其中购买量最小的36个客户退回公司，然后全力服务其余20%的客户。

结果如何？第一年，他就实现了月薪1000美元的目标，第二年便轻易地超越了这个目标，而成为美国西海岸数一数二的油漆制造商。最后还当了凯利穆尔油漆公司（Kelly-Moore Paint Company)的董事长。

根据这一原则，人们应当对要做的事情分清轻重缓急，进行如下的排序：

A 重要且紧急（比如救火、抢险等）——必须立刻做。

B 紧急但不重要（比如有人因为打麻将"三缺一"而紧急约你、有人突然打电话请你吃饭等）——只有在优先考虑了重要的事情后，再来考虑这类事。人们常犯的毛病是把"紧急"当成优先。其实，许多看似很紧急的事，拖一拖，甚至不办，也无关大局。

C 重要但不紧急（比如学习、做计划、与人谈心、体检等）——只要是没有前一类事的压力，应该当成紧急的事去做，而不是拖延。

D 既不紧急也不重要（比如娱乐、消遣等事情）——有闲工夫再说。

（三）麦肯锡 30 秒电梯理论

麦肯锡公司曾经得到过一次沉痛的教训：该公司曾经为一家重要的大客户做咨询。咨询结束的时候，麦肯锡的项目负责人在电梯间里遇见了对方的董事长，该董事长问麦肯锡的项目负责人："你能不能说一下现在的结果呢？"由于该项目负责人没有准备，而且即使有准备，也无法在电梯从 30 层到 1 层的 30 秒钟内把结果说清楚。最终，麦肯锡失去了这一重要客户。从此，麦肯锡要求公司员工凡事要在最短的时间内把结果表达清楚，凡事要直奔主题、直奔结果。麦肯锡认为，一般情况下人们最多记得住一二三，记不住四五六，所以凡事要归纳在 3 条以内。这就是如今在商界流传甚广的"30 秒钟电梯理论"或称"电梯演讲"。

（四）4D 原则

Do it now（立即做）：不能丢掉不管、不能拖一拖再办、不能授权的事，按照优先顺序自己亲自去完成。

Delegate it（授权）：学会授权，将能派出去的事尽量派给他人干，这样可以节约时间干最重要的工作。

Do it later（稍后再办）：把一些偏离目标的精神情绪活动，次要的工作、信息资料不全的工作，暂时挂在一边，待有空时再去处理。

Don't do it（丢掉不管）：把一些与目标无关的事，无效益的事，应差的事丢掉不管。

（五）帕金森法则

帕金森法则认为，工作在最终期限到来前是不可能被完成的。这一法则实际上是依赖人与生俱来的惰性和对最后期限的潜意识发挥作用。人们会下意识地根据完成时限的远近把工作分为三六九等，完成时限越近，人们对某项工作的关注度越高、投入的精力越大。迫近最后期限的工作，会促使人们挖掘自身的潜能，调动一切资源保证任务按期完成；而那些完成时限较远或可以被无限期推迟的工作往往被束之高阁。

（六）自控法则

自控法则其实包含三层含义：

1. 对于能自我掌控的事务，不用再花过多的时间和精力去掌控它，它会自行朝着既定的目标前进。

2. 对于你无法掌控的事务，不必为其多费心思，时间会给出一切问题的答案。

3. 对于你能够而且应该掌控的事务，用心去掌控。

（七）时间管理的十三条金律

1. 要和你的价值观相吻合

你一定要确立个人的价值观，假如价值观不明确，你就很难知道什么对你最重要，当你价值观不明确，时间分配一定不好。时间管理的重点不在于管理时间，而在于如何分配时间。你永远没有时间做每件事，但你永远有时间做对你来说最重要的事。

2. 设立明确的目标

成功等于目标，时间管理的目的是让你在最短时间内实现更多你想要实现的目标；你必须把今年度 4 到 10 个目标写出来，找出一个核心目标，并依次排列重要性，然后依照你的目标设定一些详细的计划，你的关键就是依照计划进行。

3. 改变你的想法

美国心理学之父威廉·詹姆士对时间行为学的研究发现这样两种对待时间的态度："这件工作必须完成它实在讨厌，所以我能拖便尽量拖"和"这不是件令人愉快的工作，但它必须完成，所以我得马上动手，好让自己能早些摆脱它"。当你有了动机，迅速踏出第一步是很重要的。不要想立刻推翻自己的整个习惯，只需强迫自己现在就去做你所拖延的某件事。然后，从明早开始，每天都从你的 time list 中选出最不想做的事情先做。"

4. 遵循 20 比 80 定律

生活中肯定会有一些突发困扰和迫不及待要解决的问题，如果你发现自己天天都在处理这些事情，那表示你的时间管理并不理想。成功者花最多时间在做最重要，而不是最紧急的事情上，然而一般人都是做紧急但不重要的事。

5. 安排"不被干扰"时间

每天至少要有半小时到一小时的"不被干扰"时间。假如你能有一个小时完全不受任何人干扰，把自己关在自己的空间里面思考或者工作，这一个小时可以抵过你一天单位时间的工作量，甚至有时候这一小时比你 3 天工作的效率还要好。

6. 严格规定完成期限

帕金森在其所著的《帕金森法则》中，写下这段话："你有多少时间完成工作，工作就会自动变成需要那么多时间。"如果你有一整天的时间可以做某项工作，你就会花一天的时间去做它。而如果你只有一小时的时间可以做这项工作，你就会更迅速有效地在一小时内做完它。

7. 做好时间日志

你花了多少时间在做哪些事情，把它详细地记录下来，早上出门（包括洗漱、换衣、早餐等）花了多少时间，搭车花了多少时间，出去拜访客户花了多少时间……把每天花的时间一一记录下来，你会清晰地发现浪费了哪些时间。这和记账是一个道理。当你找到浪费时间的根源，你才有办法改变。

8. 理解时间大于金钱

用你的金钱去换取别人的成功经验，一定要抓住一切机会向顶尖人士学习。仔细选择你接触的对象，因为这会节省你很多时间。假设与一个成功者在一起，他花了 40 年时间成功，你跟 10 个这样的人交往，你不是就浓缩了 400 年的经验？

9. 学会列清单

把自己要做的每一件事情都写下来，这样做首先能让你随时都明确自己手头上的任务。不要轻信自己可以用脑子把每件事情都记住，而当你看到自己长长的 list 时，也会产生紧迫感。

10. 同一类的事情最好一次把它做完

假如你在做纸上作业，那段时间都做纸上作业；假如你是在思考，用一段时间只作思考；打电话的话，最好把电话累积到某一时间一次把它打完。当你重复做一件事情时，你会熟能生巧，效率一定会提高。

11. 每 1 分钟每 1 秒做最有效率的事情

你必须思考一下要做好一份工作，到底哪几件事情是对你最有效率的，列下来，分配时间把它做好。（始终直瞄靶心——绩效）

五、时间管理的方法

1. 设立明确的目标

时间管理的目的是让你在最短时间内实现更多你想要实现的目标。把今年度的 4 到 10 个目标写出来，找出一个核心目标，并依次排列重要性，然后依照你的目标设定详细的计划，并依照计划进行。

设立目标需遵循 SMART 原则：

（Specific）具体的：

有人说："我将来要做一个伟大的人"。这就是一个不具体的目标。目标一定要是具体的，比如你想把英文学好，那么你就订一个目标：每天一定要背十个单词、一篇文章。

有人曾经做过一个试验，他把人分成两组，让他们去跳高。两组人的个子差不多，先是一起跳过了 1 米。他对第一组说："你们能够跳过 1.2 米。"他对第二组说："你们能够跳得更高。"经过练习后，让他们分别去跳，由于第一组有具体的目标，结果第一组每个人都跳过 1.2 米，而第二组的人因为没有具体目标，所以他们中大多数人只跳过了 1 米，少数人跳了 1.2 米。这就是有和没有具体目标的差别所在。

（Measurable）可衡量的：

任何一个目标都应有可以用来衡量目标完成情况的标准，你的目标愈明确，就能提供给你愈多的指引。比如你要买一栋房子，先要在心里有个底。房子要多大，是几层楼？需要多少卧室？要木头砌的还是钢筋水泥的？要多少平方？坐落地点呢？你的预算呢？有了这些明确的标准，你才有可能顺利地买到你的房子。

（Achievable）可达到的：

不能达到的目标只能说是幻想、白日做梦，太轻易达到的目标又没有挑战性。多年前在美国进行了一项成就动机的试验。15 个人被邀请参加一项套圈的游戏。在房间的一边钉上一根木棒，给每个人几个绳圈，要求把绳圈套到木棒上，离木棒的距离可以自己选择。

站得太近的人很容易就把绳圈套在木棒上，而且很快地就泄气了；有的人站得太远，老是套不进去，于是也很快就泄气了；但有少数人站的距离恰到好处，不但使游戏具有挑战性，而且他们还有成就感。实验者解释这些人有高度的成就动机，他们通常不断地设定具挑战性但做得到的目标。

（Relevant）相关的：

目标的制定应考虑和自己的生活、工作有一定的相关性，比如一个公司的职员，整天考虑的不是怎样才能做好工作，却一心做着明星梦，又不肯努力奋斗，在一天一天消耗中丧失学习、工作的能力，不思进取，不努力提高业务能力，最终会被公司抛弃、会被社会遗弃。

（Time-based）基于时间的：

任何一个目标的设定都应该考虑时间的限定，比如你说："我一定要拿到律师证书。"目标应该很明确了，只是不知是在一年内完成，还是十年后才完成？

2. 学会列清单

把自己所要做的每一件事情都写下来，列一张总清单，这样做能让你随时都明确自己手头上的任务。在列好清单的基础上进行目标切割。

将年度目标切割成季度目标，列出清单，每一季度要做哪一些事情；

将季度目标切割成月目标，并在每月初重新再列一遍，遇到有突发事件而更改目标的情形时及时调整过来；

每一个星期天，把下周要完成的每件事列出来；

每天晚上把第二天要做的事情列出来。

3. 做好"时间日志"

你花了多少时间在哪些事情上，把它详细地，记录下来，每天从刷牙开始，洗澡，早上穿衣花了多少时间，早上搭车的时间，平常出去拜访客户的时间，把每天花的时间一一记录下来，做了哪些事，你会发现浪费了哪些时间。当你找到浪费时间的根源，你才有办法改变。

4. 制定有效的计划

绝大多数难题都是由未经认真思考的行动引起的。在制定有效的计划中每花费 1 小时，在实施计划中就可能节省 3-4 小时，并会得到更好的结果。如果你没有认真作计划，那么实际上你正计划着失败。

关于计划，有日计划、周计划、月计划、季度计划、年度计划。时间管理的重点是待办单、日计划、周计划、月计划。

待办单：将你每日要做的一些工作事先列出一份清单，排出优先次序，确认完成时间，以突出工作重点。要避免遗忘就要避免半途而废，尽可能做到，今日事今日毕，干一起了一起。

待办单主要包括的内容：非日常工作、特殊事项、行动计划中的工作、昨日未完成的事项等。

待办单的使用注意：每天在固定时间制定待办单（一上班就做）、只制定一张待办单、完成一项工作划掉一项、待办单要为应付紧急情况留出时间，每天坚持。

每年年末做出下一年度工作规划；每季季末做出下季度工作规划；每月月末做出下月工作计划；每周周末做出下周工作计划。

5. 按计划进行行动（实施）

有了计划，就必须有行动。行动是一件了不起的事。

一只新组装好的小钟放在了两只旧钟当中。两只旧钟"滴答"、"滴答"一分一秒地走着。其中一只旧钟对小钟说："来吧，你也该工作了。可是我有点担心，你走完三千二百万次以后，恐怕便吃不消了。""天哪！三千二百万次。"小钟吃惊不已，"要我做这么大的事？办不到，办不到。"另一只旧钟说："别听它胡说八道。不用害怕，你只要每秒滴答摆一下就行了。""天下哪有这样简单的事情。"小钟将信将疑，"如果这样，我就试试吧。"小钟很轻松地每秒钟"滴答"摆一下，不知不觉中，一年过去了，它摆了三千二百万次。

请大家记住：

切实实行你的计划和创意，以便发挥它的价值，不管主意有多好，除非真正身体力行，否则永远没有收获。

实行时心理要平静，估计困难、做好准备、及时调整。

美国的成功学家格林演讲时，时常对观众开玩笑地说，美国最大的快递公司——联邦快递，其实是他发明的。他不说假话，他的确有过这个主意。但是我们相信世界上至少还有一万个和他一样的创业家，也想到同样的主意。20 世纪 60 年代，格林刚刚起步，在全美为公司间做撮合工作，每天都生活在赶截止日期、并在限时内将文件从美国的一端送到另外一端的时间缝隙中。当时格林曾经想到，如果有人能够开办一个能够将重要文件在 24 小时之内送到任何目的地的服务，该有多好！这想法在他脑海中驻留了好几年……一直到有一个名叫弗列德·史密斯的家伙真的把这主意转换为实际行动。

这个故事的教训是：成功地将一个好主意付诸实践，比在家空想出一千个好主意要有价值得多。

6. 安排"不被干扰"时间

假如你每天能有一个小时完全不受任何人干扰地思考一些事情，或是做一些你认为最重要的事情，这一个小时可以抵过你一天的工作效率，甚至可能比三天的工作效率还要高。

7. 考虑不确定性

在时间管理的过程中，还需应付意外的不确定性事件，因为计划没有变化快，需为意外事件留时间。有三个预防此类事件发生的方法：第一是为每件计划都留有多余的预备时间。第二是努力使自己在不留余地，又饱受干扰的情况下，完成预计的工作。这并非不可能，事实上，工作快的人通常比慢吞吞的人做事精确些。第三是另准备一套应变计划。迫使自己在规定时间内完成工作，对你自己能力有了信心，你已仔细分析过将做的事了，然后把它们分解成若干意境单元，这是正确迅速完成它们的必要步骤。

考虑到不确定性，在不忙的时候，把一般的必然要做的工作先尽快解决。

六、其他建议

今日事今日毕：习惯拖延时间是很多人在时间管理中经常会落入陷阱。"等会儿再做"、"明天再说"这种"明日复明日"的拖延循环会彻底粉碎你制定好的全盘工作计划，并且对自信心产生极大地动摇。"今日事今日毕"体现的是一种强有力的执行力，这种执行力将带着你按照自己设计好的一个轨道走向成功的彼岸。

抓住"黄金时间"：每个人都有两种黄金时间。一种是内部黄金时间，是一个人精神最集中、工作最有效率的时候。内部黄金时间因人而异，你通过观察掌握了自己的内部黄金时间，建议用这个时间段来处理最为重要的工作。外部黄金时间则是用来跟其他人交往的最佳时间。遵循自己的日程，利用这段最好的时间充分地表达自身的优势。

学会强调收益：在处理一件漫长而复杂的工作时，可以通过强调工作收益给自己加油。可以把当前工作和自己的某个人生目标联系起来；或者也可以尝试给自己一些外部刺激，让自己保持对工作的兴趣和热情。

学会说"不"：有时拒绝是保障自己行使优先次序的最有效手段，勉强接受他们的委托而放弃自己的安排，是不合理的。

不要把日程安排得太满：意外情况随时都有可能发生而占用你的时间，日程太满就会穷于应付，这时可以为自己一天至少安排一个小时的空闲时间，让工作生活更从容。

遵循你的生物钟：你办事效率最佳的时间是什么时候？将优先办的事情放在最佳时间里。

做好的事情要比把事情做好更重要：做好的事情，是有效果；把事情做好仅仅是有效率。首先考虑效果，然后才考虑效率。

李宗盛曾创作了一首《忙与盲》的歌曲，生动形象地展现了普通人的现实生活：

曾有一次晚餐和一张床，在什么时间地点和哪个对象，我已经遗忘，我已经遗忘生活是肥皂香水，眼影唇膏。许多的电话在响，许多的事要备忘。许多的门与抽屉，开了又关，关了又开，如此的慌张。我来来往往，我匆匆忙忙，从一个方向到另一个方向。忙忙忙，忙忙忙，忙是为了自己的理想，还是为了不让别人失望？盲盲盲，盲盲盲，盲得已经没有主张，盲得已经失去方向。忙忙忙，盲盲盲，忙得分不清欢喜和忧伤，忙得没有时间痛哭一场！

世界在进步，但我们一天还是只有 24 小时。最成功和最不成功的人一样，一天都只有 24 小时，但区别就在于他们如何利用这所拥有的 24 小时。

第二节　压力管理

美国国家公共广播电台（NPR）2000 年 10 月 16 日早间新闻报道："根据芝加哥大学的一项调查，美国 40%以上的人都承受着工作的压力。"中国北京零点市场调查公司也曾于 2004年做过一项调查，结果显示，41.1%的白领们正面临着较大的工作压力，61.4%的白领正经历着不同程度的心理疲劳，白领们的健康状况令人担忧。

近几年，随着经济的发展与竞争的不断加剧，人们也越来越多地提到"压力"这个词语，压力无处不在，压力会对自己工作、生活产生一定的影响，这需要通过一定的方法与技巧进行压力管理，以使工作更加有效、愉悦，使生活更加幸福、美好。

一、压力与压力管理

（一）压力的含义

从古典的角度来看，压力是指有机体（生物）为了维持本身正常的状态，在具有伤害能力的媒介中所进行的"接二连三"挣扎。

压力是一种刺激，是一种足以引起紧张、心理感受的威胁。

压力是一种历程，是个人与环境之间沟通、调适的互动过程。

压力表现为缺乏人际支持、想法不切实际、身体紧张、情绪压抑、忽略自己的需要和感官刺激过度。

压力的大小，与压力源的大小成正比，与个人身心承受压力的强弱程度成反比。

综上所述，可以认为，压力既是一种刺激或消极的感受，也是一种人与环境的互动历程。压力的大小，既取决于压力源的大小，又取决于个人身心承受压力的强弱程度。

在每个人的日常生活或工作中，压力可说无所不在。刚换一个新的工作，对新的环境与工作内容不熟悉而感受到压力；学生考试前，因为无法预知会遇到何种形式的考题，即使准备再充分还是多少会感受到压力；有些人第一次出国，会担心赶不上飞机而提早许多时间到机场等候，这也是压力。另一方面，业绩目标无法达成、担心实力不如对手、家人有问题无法解决、经济状况不佳等等，免不了也会产生压力。无论是哪一种情况下产生的压力，其实都有一个相同的特质，就是当一个人碰到一件事而感觉到"我不会"、"我不熟悉"或是"我不确定"时，就会感受到压力。

压力可以视为一种侦测器，用以测试一个人的能力。同样一件事情，对不同的人产生的压力大小也不同，能力较强者，感受到的压力便较弱。一个人能够负荷的压力强度，也反映出他的能力高低或对事物的熟悉度。压力的存在，代表想要达到的标准高于实际情况，而压力的消除，代表能力较先前有所提升。

反过来说，一个人一旦感受不到压力的存在，不但并不可喜，反而要特别小心。因为这表示在能力提升与个人成长上，少了一股相当重要的动力来源，这样的环境虽然安逸，但是却无助于成长。就此而言，压力的存在有其正面意义，每个人需要一定的压力，只要把握好一个合适的度，人不应该害怕、排斥压力。

（二）压力的来源

压力的起因或来源大体分为三方面：工作压力、生活压力、社会压力。

1. 工作压力

工作压力是指在工作中产生的压力。它的起源可能有多种情况。如工作环境（包括工作场所物理环境和组织环境等），分配的工作任务多寡、难易程度，工作所要求完成时限长短，员工人际关系影响、工作新岗位的变更等，这些都可能是引发员工工作压力的诱因。工作压力理应成为企业人力资源管理者所关注的重点。

2. 生活压力

每一个员工都有自己的个人家庭生活，家庭生活是否美满和谐对员工具有很大影响。这些家庭压力可能来自父母、配偶、子女及亲属等。

3. 社会压力

这类压力包括社会宏观环境（如经济环境、行业情况、就业市场等）和员工身边微观环境的影响。如 IT 业职场要求掌握的专业技术日新月异，职场竞争压力大，专业人员淘汰率高，此时就对 IT 从业人员造成很大社会压力。员工所处社会阶层的地位高低、收入状况同样对其构成社会压力。如当员工自身收入状况与其他社会阶层相比，或者与其他同行业从业人员相比较低时，对他也可会产生压力。

（三）压力认知的误区

心理学研究表明，压力是一种中性的客观存在，本身并不会对人产生危害，伤害人的是自身对压力的认知和态度。很多时候，因为认知的偏差，对压力的认知会走入误区。常见的压力认知误区有三个：

1. 过于忧虑，承受了过多不必要的压力

据心理学家研究发现，造成压力的事件中，有 40%永远不会发生，比如世界末日；有 30%的担忧是过去所做决定的结果，是无法改变的；有 12%是别人因为感到自卑而做出的批判；10%的担忧与健康有关，越是担心就越严重；只有 8%是合理的。

2. 误判压力所带来的影响

认为那些没有产生冲击性负面影响的细小压力不会对自己造成伤害，事实上，如果长期处于持续性压力笼罩下，即便这些压力比较细微，时间长了也会对人造成伤害。

3. 所有压力都必须消除掉

这种误解表现在两个方面，首先正如前面所说，并非所有的压力都可以消除，能消除的只是其中的一部分。其次，并不是所有的压力都是坏的。压力是把双刃剑，有消极的一面也有积极的一面。适度的压力可以让自己对周围的环境更加警觉，可以帮助自己加深对自我的认识，帮助自己设立更现实的目标，使自己增强自信心和成就感。

（四）压力管理的含义

压力是当人们去适应由周围环境引起的刺激时，人们的身体或者精神上的生理反应，它可能对人们心理和生理健康状况产生积极或者消极的影响。因员工压力过大造成的员工经常性的旷工、心不在焉、创造力下降而导致的企业生产力损失，仅在美国每年就超过 1500 亿美元。为了预防和减少压力对员工个人和组织造成的消极影响，发挥其积极效应，许多企业管理者已开始关注员工的压力管理问题。企业实施适当的压力管理能有效地减轻员工过重的心理压力，保持适度的、最佳的压力，从而使员工提高工作效率，进而提高整个组织的绩效、增加利润。

压力管理（Stress management）就是个体用有效的方法应对在压力情况下的生理、心理唤起；压力管理，即是适应压力的过程，而管理是控制之意。换言之，不仅要做压力的主人，要操纵压力，还应将压力当作是新的资源与支持系统，将精神放在纾解压力上，更进一步计划如何将压力从负面转为正面，从而使工作生活更加和谐、更有生产力。

二、压力管理的必要性

（一）压力过度的危害

适度的压力有助不断推动组织、个人持续发展，而压力过度则会带来一些负面的影响，具体如下：

1. 危害健康

以中国高级经理人为例，根据《财富（中文版）》对中国 5000 名高级经理人所进行的压力与健康专题问题调查结果来看，70% 的高级经理人身心健康被压力困扰。当感受到压力存在时，通常会伴随出现诸如感觉"异常疲劳或体力透支"、"呼吸急促或头晕"、"饮食量或吸烟量比平时增加"等身体方面的不适症状。而在心理健康方面，容易出现心理衰竭的现象，即一种持续的身心疲惫不堪、厌倦沮丧、悲观失望、失去创造力和生命活力的感觉。当压力过大时，会导致忧郁症、社交冷漠症，甚至"过劳死"。

2. 耗费精力

过度的担忧、压力和焦虑会耗费你的精力，从而影响你的工作和个人生活。你需要足够的精力来集中精神、对外界做出有效的反应，并对各种情况做出准确的判断。而焦虑会耗尽你的精力，抢占你的身体、精神或情感资源，使你无法做好工作。

3. 降低生产力

不良压力将导致生产力降低、缺勤以及员工流失。"现在每年由于缺勤带来的 5.5 亿个工作日损失中，50% 以上都是由于工作压力造成的。" ——艾德斯卓姆。

当员工开始出错或工作效率降低时，他们就会呆在家里逃避充满压力的工作环境，甚至干脆辞职，希望自己能在别的地方找到一份压力相对较小的工作，这种情况下，你的团队或下属的工作效率会直接受到影响。

4. 破坏人际关系

压力可能会破坏人际关系，不管是在工作中还是在家庭中。在工作环境中，不同的人的个性往往会存在一些不和谐的地方，这可能会引起人际冲突，而压力会加重这些消极情绪或使当前情形恶化，从而使小问题严重化，影响整个团队的运作。

（二）压力管理不及时的危害

1. 导致经济损失

压力管理的不及时和失效会导致巨额经济损失。英国、荷兰等国每年因工作压力造成的损失占国民生产总值的 10%。据世界卫生组织（WHO）统计，北美地区因压力所付出的代价每年超过 2 000 亿美元。1993 年国际劳工组织公布的一份调查显示：美国因工作压力而引发的经济索赔占全部职业病索赔的比例，由 1980 年的 5%，上升到 1990 年的 15%。根据美国压力协会的估计，美国的工作组中由于压力问题造成的员工缺勤、离职、旷工、劳动生产率下降、高血压和心脏病的医疗和经济索赔，以及人员替换等方面发生的费用年均 2000 ~ 3000 亿美元，这是为工作压力所付出的经济代价。这一数字超过了美国 500 家大公司税后利润的 5 倍。

2. 影响员工健康

2010 年 4 月 7 日，观澜樟阁村，富士康男员工身亡，22 岁；2010 年 4 月 7 日，观澜厂区外宿舍，宁姓女员工坠楼身亡，18 岁；2010 年 4 月 6 日，观澜 C8 栋宿舍饶姓女工坠楼，仍在医院治疗，18 岁；2010 年 3 月 29 日，龙华厂区，一男性员工从宿舍楼上坠下，当场死亡，23 岁；2010 年 3 月 17 日，富士康龙华园区，新进女员工从 3 楼宿舍跳下，跌落在一楼受伤；2010 年 1 月 23 日，凌晨 4 时许，富士康 19 岁员工马向前死亡。警方调查，马向前系"生前高坠死亡"。

从这几起跳楼事件来看，它们的共同特征是：死者年龄在 18 到 23 岁之间，都入职富士康不久。

富士康方面表示，这些自杀的员工心理承受素质太差。这可能是其中一部分原因，但也暴露出富士康在军事化的管理中对处于高压下的员工的心理辅导的不足。在压力还不够大的情况下，员工靠着自身的排压体系与排压方法能够排解；但压力足够大的时候，员工已经不能靠自己就能解决了。

无论是企业还是员工自身所产生的问题，由此导致的结果都不是我们想看到的，年轻的员工因为过大的压力而最终失去了宝贵生命，富士康也因此付出了沉重的代价。

三、现有压力评估

适度的压力能够提升人们解决业务问题的远见和洞察力，可帮助人们有效地工作；而过度的压力则可能会扭曲人们对问题的理解，妨碍他们解决问题。

那么，怎样才能知道你感受到的压力是否适度？怎样才能知道自己在工作中是不是一个问题型焦虑者？简言之，如果焦虑或压力影响了工作效率，说明确实存在问题。问题型焦虑者会夸大自己的恐惧，把过多的时间花在毫无用处的忧虑上，他们无法做出决策，而且不能很快地创造成果。

如果怀疑或已经知道自己已经有了压力问题，就应该通过考察工作环境及每个人对工作环境的反应，来着手评估这个问题的严重程度。

（一）主要的工作压力源

造成工作压力最常见的原因包括：工作上的变化，触发消极压力循环的突发性事件；不健康的工作环境，办公室中现有的问题、潜在的问题和系统性问题；个人反应，对工作中正常或异常情况的焦虑反应。一般而言，人们所具有的消极压力和不良焦虑可能与多个压力源有关。下面列出了我们中的许多人都曾经历过的较为普遍的压力情形：

（二）工作上的变化

1. 工作负荷的变化

如果公司减少了员工的人数却不降低产量，就会让员工承担额外的任务，提高生产力以弥补人员减少所带来的损失。公司在进行扩张时也会让员工承担日常工作之外的其他职责。不管是哪种情况，额外的工作都可能会造成不满和焦虑。

2. 薪酬的变化

如果减少了员工薪酬（可能是福利的减少），很可能会导致员工对预算的焦虑。但是，即使是增加薪酬，同样也会引起员工的焦虑，因为加薪可能会提高员工的纳税级别，或者他们会认为自己应该做得更好，才能"赚取"增加的薪酬。

3. 工作、任务或团队的变化

接受新的工作环境永远都是一个充满压力的阶段。员工不仅要学习新的技能和流程，还要发展新的办公室关系或团队关系。所有这些都要耗费额外的精力和注意力，这可能会转化为不良压力，使人无法在工作上做到最好。

（三）不健康的工作环境

1. 超负荷工作

当公司裁员或一时找不到技能娴熟的工人时，管理者常常希望现有的员工能努力多做一些，以弥补时间和劳动力的不足。结果往往会导致员工超负荷工作，使已经承担过多工作的团队压力增大，越发紧张。

2. 工作狂类型的办公室文化

在一些压力很高的组织中，其企业文化要求员工长时间工作，周末也要加班，而不管是否真的有这种必要。这种文化的标志就是激烈的竞争和疲惫不堪的员工。

3. 难以相处的上级

一些管理者的领导风格与其直接下属的职业需求根本不相称。例如，一些主管认为向团队施加压力可以提高生产力，而事实往往与之相悖，他们的做法会造成一种普遍的恐惧和焦虑感，从而破坏生产力。与难以相处的上级之间的冲突是造成公司人员流失的一个主要原因。

4. 消极的同事

如果办公室被不信任和意见不合的氛围所笼罩，那么每个人所承受的压力都会增大。造成压力的原因可能各不相同（如个性冲突、过重的工作负荷、不恰当或不礼貌的行为等），但都有负面效应。

（四）个人反应

1. 害怕失败

如果工作环境充满着竞争和批评，而缺少团队精神，就会导致消极的思维方式，人们会将外部的批评信息转变为内心的自我怀疑，并加剧对失败的恐惧。

2. 自卑

自卑与对失败的恐惧有紧密的联系，如果消极的思维模式占了上风，排斥或歪曲了积极的信息，便会产生自卑。结果将导致产生一种认为自己能力不够的态度。

3. 缺乏信任

如果管理层宣扬的是一套积极的价值观（如忠诚与奉献），然而其行为方式却与这些价值观相悖（例如进行重组或裁员），那么将使整个工作环境笼罩上一种玩世不恭、冷嘲热讽的气氛。

4. 丧失群体感

许多人都感到在工作上与他人没有联系，被忽视或被遗忘在自己的小隔间里。这种孤立感不仅对自由职业者来说是个实际问题，对那些通过计算机网络进行联络而非让员工聚在一个大空间内办公的公司来说，也是个越来越值得关注的问题。

5. 工作倦怠

工作倦怠是一种独特的压力。它是工作狂文化与不良压力相结合而导致的严重后果。当你感到陷入工作中却看不到未来时，就可能会感觉到倦怠。你无法处理日常的事务，你感到疲倦、紧张、烦躁；坦率地说，你对什么都满不在乎！

（五）不良压力的信号

有些不良压力（即过度压力）的征兆很容易辨认，但许多征兆却并不容易发现。如果你能够培养一种发现这些征兆的能力，你就能判断自己到底是个正常的焦虑者还是个问题型焦虑者。压力会在以下四个方面影响你和你的身体：身体、情绪、行为和精神。

1. 身体

压力的一些身体征兆包括：心跳加剧；血压升高；出汗；头痛；失眠；皮肤生疹；颤抖或痉挛。

这些反应可能是暂时的，但是如果老是这样，说明你长时间内承受着过大的压力，这会对你的身体造成严重的伤害。

2. 情绪

压力的一些情绪征兆包括：烦躁和缺乏耐心；沮丧；害怕；自卑；嫉妒；对工作失去兴趣。

如果你感到似乎无力控制自己的处境，并且在目前的状态下感觉自己很脆弱，那么你可能正在经历"基本焦虑等式"所特有的一些症状。

3. 行为

压力的一些行为征兆包括：饮食习惯的改变（吃得过多或过少）；饮酒更多；走来走去，静不下来；吸烟增多；咬牙或咬指甲；开车猛。

虽然咬指甲和咬牙好像并不是特别危险的习惯，但它们却能反映出内心的躁动；而其他一些症状则可能更令人不安，甚至会给你和周围的其他人带来危险。

4. 精神

压力的一些精神征兆包括：健忘倾向；胡思乱想或大脑一片空白；优柔寡断；抵制变化；缺少幽默感；工作效率降低。

压力的这些精神征兆说明思想负担太重，头脑无法正常运转，更不用说达到最佳状态了。而这就是不良焦虑所带来的结果，它使你无力做自己想做的事，无法成为自己理想的那种人。

小贴士 你的职业压力有多大？（摘自杨霞《员工减压手册》）

1. 你的上司喜欢为难你？ A. 经常 B. 偶尔 C. 从没有

2. 你讨厌办公室里有人抽烟吗？ A. 经常 B. 偶尔 C. 从没有

3. 你是否会对同事发火？ A. 经常 B. 偶尔 C. 从没有

4. 你是否有辞职的念头？ A. 经常 B. 偶尔 C. 从没有

5. 你是否期待一些令你兴奋的事情发生？ A. 经常 B. 偶尔 C. 从没有

6. 你是否担心不小心将杯子掉在地上？ A. 经常 B. 偶尔 C. 从没有

7. 你是否讨厌别人把音乐开得很大声？ A. 经常 B. 偶尔 C. 从没有

8. 你是否常把钥匙或钱包忘在办公室？ A. 经常 B. 偶尔 C. 从没有

9. 你下班回家后是否只想睡觉？ A. 经常 B. 偶尔 C. 从没有

10. 你周末是否想约朋友喝茶聊天？ A. 经常 B. 偶尔 C. 从没有

计分标准

选 A 得 5 分；选 B 得 3 分；选 C 得 1 分。

结果评析

1. 得分在 10～18 分，说明你的工作应该很愉快，目前没有什么压力。

2. 得分在 19~30 分，说明你的工作有了压力，但只要调整得当，压力就会慢慢消除，你很快会恢复到正常。

3. 得分在 31~40 分，说明你的工作压力较大，也许你从来没有感觉到工作的乐趣。你可能有非常强的离职念头，此时不妨请假休息一段时间吧！

4. 得分在 41~50 分，说明你基本已经开始仇恨这份工作了，包括和你共事的同事和领导。或许自己已经感觉到身体不适了，比如头晕、想呕吐等。此时你需要为自己好好解解压了。

四、压力管理的方法

（一）组织进行有效压力管理的方法

企业领导者应充分关心、关注、调查、分析员工体会到的压力源及其类型，从组织层面上拟定并实施各种压力减轻计划，有效管理、减轻员工压力。

1. 改善工作环境

企业领导者应采取各种方法，减轻或消除工作条件恶劣给员工带来的压力。

首先，领导者或管理者力求创造高效率的工作环境并严格控制打扰。如关注噪声、光线、舒适、整洁、装饰等方面，给员工提供一个爽心悦目的工作空间，有利于达到员工与工作环境相适应，提高员工的安全感和舒适感，减轻压力。

其次，要确保员工拥有做好工作的良好的工具、设备。如及时更新陈旧的电脑、复印机、传真机等。

2. 鼓励员工自我解压

从企业文化氛围上鼓励并帮助员工提高心理保健能力，学会缓解压力、自我放松。

向员工提供压力管理的信息、知识。企业可为员工订有关保持心理健康与卫生的期刊、杂志，让员工免费阅读。这也能体现企业对员工成长与健康的真正关心，使员工感受到关怀与尊重，从而也会成为一种有效的激励手段、激发员工提高绩效进而提高整个组织的绩效。

还可开设宣传专栏，普及员工的心理健康知识，有条件的企业还可开设有关压力管理的课程或定期邀请专家作讲座、报告。可告知员工诸如压力的严重后果、代价（如疾病、工作中死亡、事故受伤、医疗花费、生产率下降而造成潜在收入损失等）；压力的早期预警信号（生理症状、情绪症状、行为症状、精神症状）；压力的自我调适方法（如健康食谱、有规律锻炼身体、学着放松和睡个好觉、发展个人兴趣爱好等）……让员工筑起"心理免疫"的堤坝，增强心理"抗震"能力。

3. 提供保健项目

向员工提供保健或健康项目，鼓励员工养成良好的、健康的生活方式。如有些企业建立了专门的保健室，向员工提供各种锻炼、放松设备，让员工免费使用，还有一名专职的健康指导员去监督锻炼计划和活动，美国一些著名公司还为有健身习惯的人发放资金从而鼓励健身。通过健身、运动不仅保持了员工的生理健康（这是心理健康的基础），而且还可使员工的压力很大程度上得到释放和宣泄。

企业可聘请资深专业人士为心理咨询员，免费向承受压力的员工提供心理咨询，使员工达成一种共识："身体不适，找内外科医生，心理不适，找心理医生"。心理咨询在为员工提供精神支持与心理辅导、帮助其提高社会适应能力、缓解心理压力、保持心理健康方面确是一种十分有效的科学方法。

4．加强过程管理

组织制度、程序上帮助减轻员工压力，加强过程管理。

（二）个人进行有效压力管理的方法

1．四步法

四步法是可用来打破消极压力循环的一种方法，它提供了一种应对压力的机制。

（1）停止

一旦感到有压力的苗头，就立刻对自己说"停止！"。例如，正当你要写完报告时，你的电脑突然死机，你的心头顿时会涌起一股潮水般的焦虑感，满脑子都是失败的提示："演讲会失败，我要完了，我会被解雇！"你可以阻断这些信息，不让自己"听到"。对自己说"停！"，然后再将这个字重复两遍："停！"，"停！"

（2）深呼吸

下一步是深呼吸。深呼吸一下，让空气充满自己的胸腔。屏住呼吸 8 秒钟，然后缓慢地呼气。就像说"停"能够阻断头脑中的消极想法一样，深呼吸可以让你克服屏吸的压力倾向。专注地呼吸可以帮助你换一种方式应对压力。

（3）反思

通过打破压力模式并借助深呼吸为自己提供能量，你就可以去关注真正的问题了，即压力的起因。通过反思自己对压力的反应，你可以着手区分不同层次的想法，将理性的压力反应与不理性的压力反应区分开来。这样你就可以更加平静和实事求是地看待实际情况，并将其与受到焦虑影响的歪曲理解区分开来。

（4）选择

最后，既然已经将注意力放在实际问题上，你就可以找到真正的解决方案。例如，在重新启动电脑后，你可能会发现几乎没有丢失什么东西，或者即使丢失了一些材料，你仍然可以通过传统的口头方式把信息传达给受众。这样，通过确定选择方案，使自己有能力更好地解决问题，从而将一个似乎是灾难性的问题变得可以控制和管理。

2．工作——生活平衡法

在大多数工作环境中都会产生压力，但是，不管是在工作中还是在家里，工作和个人生活这两种需求经常发生冲突，成为压力、担忧和焦虑的主要来源。找到两者间适当的平衡能够减少不良压力，并为生活中的方方面面增加活力。请记住：

工作和个人生活需要相互补充，而不是相互冲突。

确定工作事务的优先顺序，然后与个人事务进行平衡。

"完人"是那些能将技能和知识同时运用在工作和生活上的人。

掌握可以实现这种平衡的灵活而有创意的方法，有助于增加员工在工作和个人生活中的效能和活力。

3．宣泄

以宣泄来减轻压力。例如，你整个星期都过得很糟，所有的事情好像都出了问题：汽车坏了、助手辞职、计算机染上病毒、预算计划被否定。你感到自己快要崩溃了，并开始怀疑还有什么新的灾难会降临。要处理这么多的现实问题，你的压力可能会陡然上升，并会干扰你理性地解决问题。这时候，你不仅仅需要安慰，还需要适当地宣泄。

宣泄可以使你暂时放下问题，从而带来一定的放松。只需要大声地把这些问题逐一说出来，就能减轻这些问题对你焦虑不安的大脑造成的困扰。宣泄对压力中的你会很有帮助。

但是一定要选择合适的宣泄对象。你需要能够倾听并且具有同情心的人，而不是把你的问题搁置一边不当回事的人，也不是那些想要替你解决所有问题的人。宣泄的目的是使你的大脑得到放松，将心理空间让给真正的问题，使你恢复精力，从而在需要的时候能够处理这些问题。

4. 自我暗示

与自己交流可能是应对压力、取得成功的最有效的策略之一。随着自己慢慢长大，对周围世界的了解慢慢增加，你就自然而然地形成很多想法，这些想法可以帮助自身理清自己的感觉和体验。如果这些自然产生的想法是健康而富有建设性的，你就会以积极的态度对待生活。但是，长期焦虑的人经常会受到消极的下意识想法的影响，从而产生焦虑和压力。

消极的自我暗示，即对自己说的话，会直接形成压力。自我暗示与内心的假设和信念相关，它一般是自动产生的、熟悉的和无意识的。

人的身体无法区分实际的体验和想象中的事情。当你设想一个不好的结果时，比如被解雇，你的身体就会做出相应的反应，如同这件事真的发生了一样。在危险情况下产生的各种生理反应，在假想的危险情形中也会出现。

人们经常自我暗示，而如果你对自己所说的都是一些消极的话，如批评自己（"我怎么会做这么愚蠢的事情！"）或责骂自己（"我是个白痴！"），你就会开始相信这些话。

多数人很少停下来仔细思考自我暗示的内容。例如，对那些批评，从来都不反驳，从来都不给予理解和谅解。换句话说，多数人从来不对自己的假设进行检验。正因为自己从不反驳消极的想法，如"我知道自己不会得到提升"，那么这些想法往往就会慢慢地应验。

（1）倾听自我暗示

识别你无意识的想法。想想你今天刚到办公室时对自己说的话。那些话是积极的还是消极的？对这些话是否有一种很熟悉的感觉？例如，你是不是看见办公桌就会想"我今天不能将所有事情都做完吗"？这个说法对吗？你是不是在歪曲或夸大实际情况？

（2）选择积极的自我暗示

改造你看待事物的方式。改造是一种把消极的自我暗示转变为积极的肯定的方式。这种方式把事件或经历放置到另外一个不同的背景中，使你可以从新的角度去认识它。考虑一下某种情境下最糟糕的情景。例如，如果公司合并后你被解雇了，你会怎么办？将会发生什么事情？这一事件中将会出现什么样的新机会？换句话说，要尽可能从更多的角度来看待某一情况。你从中可以学到些什么？看上去是灾难的情况有可能会带来令人振奋的新机遇；看上去可怕的错误也可能是一次极好的学习机会。

（3）肯定自己

给自己安慰和支持。积极而具有建设性的自我暗示是需要练习的，起初你可能会觉得不习惯。但是要坚持下去。要告诉自己你很棒、你会成功以及你应该得到提升。在适当的时候相信自己。积极的方式将会得到增强，因为它们实际上也更合乎情理。

5. 身体疗法：让身体帮忙

常常有这样的情况：无论你多么努力地进行评估、计划和补救，无论你怎样设法与他人以及自己的感觉进行联系，你可能还是会受到那些现实存在的、需要关注的问题的重压。或者，无论你多么地善于思考、分析和与外界进行联系，你仍然会感受到焦虑和巨大的压力。不管压力的来源是什么，锻炼身体都是应对压力的一种重要方法。身体状态的改变有助于精神状态的改变。

压力毕竟对身体有直接的影响。短期的压力会赋予你一定的精力及面对危险情况时所需要的警觉和清醒。但长期的压力会给身体带来有害的紧张。长期压力会使胆固醇水平升高；导致动脉收缩，减少流向心脏的血流量；使消化过程紊乱，导致胃酸增多、便秘、腹泻、溃疡甚至肠癌；引发周期性偏头痛、哮喘或其他过敏反应。

即使无法消除导致压力的事件，你也可以减少压力给身体带来的负面影响。你可以通过锻炼身体、食用健康的食品、充分休息、放松并进行深呼吸等方法来达到这一目的。

消除焦虑减轻压力最简单、最经济、最自然的方法就是锻炼身体。锻炼身体对大脑有好处，因为它能够：减轻压力；减少攻击性、减轻挫折感；增强幸福感；改善睡眠；有助于注意力集中。

锻炼对于身体的各个部分几乎都是有益的，如心脏、血液循环、骨骼、呼吸系统、皮肤等等。它还帮助你减轻体重、降低血压、调节血糖。

焦虑、压力往往会使你的身体陷入僵硬的状态。而锻炼则有助于打破这种僵硬。那么，从简单的活动开始吧。摇一摇，摆一摆，站起来伸展一下，或者最好是散散步或爬爬楼梯。即便是这些很简单的身体活动也有助于清除头脑中的焦虑。

更好的做法是养成有规律的锻炼习惯，如果可能的话，一周三至四次。挑选你喜欢的运动项目，比如散步、跑步、骑自行车、滑旱冰、徒步旅行、游泳、划船、打网球或篮球等。如果你不喜欢，就无法坚持下去。

6. 健康饮食

保证饮食健康是应付压力的另一种方法。如果在压力较大的日子里食用乱七八糟的食品，食物就会成为你应对压力的一种消极反应。但如果你的饮食很健康而且很多样化，你的身体就能够更好地承受每天都要面对的正常或较大的压力。

以下是培养健康饮食习惯的一些方法：

保持健康的体重：不良压力可能会使你吃得过少或过多，这会影响你的体重。不管是哪种情况，你的身体都不能储存正常发挥功能所需要的最佳能量。首先，先确定你的最健康的体重是多少，这需要考虑到体重会因身高、性别和年龄的不同而不同。然后，如果你的确需要调整体重，就选择一个缓慢、稳定的减肥或增肥的饮食计划。

饮食多样化：饮食多样化不仅可以增加生活情趣，而且会给你的身体带来所需的各种营养。食用足够的蔬菜、水果和谷物。

降低饮食中脂肪和胆固醇的含量。尽量不要食用油炸食品，而应多吃蒸、煮、烤的食物。要限制动物制品的摄取量，比如蛋黄。

糖、盐和钠的摄入量要适度。

酒精和咖啡因的摄入量要适度。

7. 酣畅地睡眠

压力可以造成失眠，而睡眠不足又会加剧压力的程度。这会使你更加紧张、烦躁和焦虑。睡眠的量因人而异，而身体会告诉你适合于你的睡眠量。如果睡眠过多或过少，早晨起床后一定要注意你的感觉。然后努力保持适合于自己需要的睡眠量。如果你存在睡眠问题，可以试试下面这些改善睡眠的活动：

减少咖啡及其他含咖啡因的饮品和酒精的摄入量。这些物质会影响你的睡眠。

定期锻炼。

睡觉前及早计划好第二天的活动。

睡觉前为第二天早上的例行事务做好准备。

尽量减少睡眠环境的噪音和光线。

培养一种习惯性的入睡程序。

运用放松的技巧来帮助自己入睡。

如果你无法入睡，起来做某种让自己镇定的事情，直到你感到昏昏欲睡。

8. 放松和呼吸：放松反应

放松反应是一种结构化的方法，它利用呼吸和放松来抵制压力所带来的消极影响。这是一种人为刻意控制的方法，它与人们在面临显而易见或感知到的危险情况时的抵抗——逃避型压力反应正好相反。身体的抵抗——逃避型模式会导致心率和呼吸加快，而放松反应的身体状态变化则正好相反。

当你发现自己受到不必要的压力时，运用这个简单的技巧来抵消压力带给身体的负面影响。你需要这样一些准备条件：

安静的环境：找一个宁静的地方，一个私人房间，或一处能够让你注意力集中的空间。

心理工具：选择一个单音节声音或词语作为持续的刺激因素，例如"一"字，默默地或轻柔地不断重复这个声音，把注意力全部放在这个声音上。

被动态度：把令人心烦意乱的想法统统抛至脑后。让自己完全陷入一种被动状态。

舒服的姿势：坐在舒适的椅子上，最好它能支撑你的头部和颈部。把扣得过紧的衣服解开。如果可能，把脚也支撑起来。

诱导放松反应时，你需要：选择一个舒服的坐姿；闭上双眼；从脚趾开始深度放松肌肉，慢慢向上，最后放松脸部和头部；用鼻子呼吸。在呼气的时候，将你选择的那个词或声音默默地或轻柔地说出来。吸气。再呼气，重复那个词。再吸气；重复吸气、呼气并念单词，持续 20 分钟。睁开眼睛来看时间，但不要使用闹钟或其他尖锐的声音来提示时间；结束后，先闭着眼睛静坐几分钟，然后再睁开眼睛静坐几分钟。

使用这一方法后，大多数人都会感到平静而放松，但最重要的收获可能是血压的迅速降低。阻断那些充满压力和焦虑的想法，你就能够更加明确地把注意力放在真实情况上。

9. 培养良好的减压习惯

（1）避免压力刺激物

在这个忙碌的现代世界里，人们周围有许多产生压力的刺激物。应尽量避免那些不重要的压力"导火索"，把精力集中到真正重要的事情上。

回避消极的办公室政治和工作场所冲突。部门间和部门内的对抗会产生一种人为的竞争和危机感。而真正的团队工作和集体活动会构建一个更富有效益、工作效率更高的环境。如果你有能力使同事们避免冲突，有能力培养一个具有凝聚力的集体，那你不仅帮助了自己，还帮助了整个组织。

限制过多的媒介刺激物。互联网上有闪烁的广告、过于热闹的页面、令人心烦的缓慢的下载速度以及经常吓人一跳的弹出菜单，把过多时间花在互联网上会加剧紧张程度。跳过那些夸张的灾难性新闻事件，因为这些信息发布者的目的之一就是提升你的焦虑程度。不要过多地收看电视节目，电视节目正是不必要的信息和压力的又一个来源。

限制咖啡、咖啡因、酒精和糖的摄入量。不管是咖啡因所带来的清醒，糖所带来的能量的迅速恢复，还是饮酒带来的放松，虽然它们似乎能满足你当时的需要，但是所有这些都是表面效果。过量使用会产生负面效应。

（2）采用减压方法

在每天的例行工作中采取一些减压方法，当你想到又要参加一次冗长的预算会议，上级又给你发了邮件让你立刻过去见他，或者在一个鼓励工作狂的环境中，听到某个同事又宣称自己整个周末都在加班的时候，你的身体会不由自主地紧张起来，减压方法就有助于你应对这样的时刻。减压方法可以帮助你轻松而自然地忍受焦虑不安的时刻，享受自己的工作和生活带来的乐趣。

尝试"迷你法"。迷你法是放松反应方法的简化形式，一旦你感到紧张情绪开始吞噬你，便可迅速运用这一方法。如果你没有太多时间，进行以下活动也有助于你减轻压力：

深深地吸气并保持几秒钟。然后慢慢地呼气，同时反复说出你选择的那个词。

把右手放在肚脐下面。集中精力做到气沉丹田。第一次吸气的时候，念数字十，呼气，再次吸气，念数字九，呼气，继续下去，直至数到零。

用鼻吸气，用嘴呼气，做十次。注意用心体会当你吸气的时候，空气是多么的凉爽，而当你呼气的时候，它是多么的温暖。

把空气想象为云彩。当你呼吸的时候，想象空气像云彩那样飘向你，充满你的身体，然后离去。

10. 享受幽默

笑可以将因紧张而绷得紧紧的僵硬面孔转化为放松、生动的表情。幽默也是一种方法，可以将消极的自我暗示改造为更积极、更有趣的东西。

从工作的紧张和焦虑中退一步，寻找事物有趣的一面：

在日常情境中寻找幽默。留心那些巧合、讽刺和矛盾。

把工作想象为做游戏。许多日常任务都可以被看作游戏的步骤。

收集卡通画来装饰你的工作场所。

把某件事情夸张到荒唐的程度。跳出你通常的界限，时不时说点出乎意料的话。

记下自我暗示中典型的消极语句，改变措辞把它们变为好笑的话。例如，把"这件事总让我遇上"变为"只有 60% 的时候是我主动的！"

注意：不要错把幽默当作嘲弄。嘲笑某人或捉弄某人与其说是好笑，还不如说是伤人。真正的幽默要以尊重为基础，而且是让每个人都很开心。

11. 休息一会儿

人的身体和大脑都需要有休息时间，停下手里的工作和活动休息一会儿。注意你的压力程度和你的精力。如果你感到紧张程度上升、精力下降，就应当休息一下。工作模式中能够降低压力的方法包括：

听音乐

散步

与朋友聊天

爬楼梯

这些都是短暂的日常休息。你还要利用双休日或通过短期出游来安排较长时间的休息。骑车去乡间；赖在床上享用早餐；远足；钓鱼；或者读一本好书。在较长的时间内完全改变一下生活节奏可帮助你从崭新的角度来看待自己的工作，焦虑也会减少，精力会更充沛。

所有这些活动都有助于你减轻压力、恢复精力。片刻的闲暇、放松和愉悦能够降低焦虑和压力。

本 章 小 结

1. 时间管理就是用技巧、技术和工具帮助人们完成工作，实现目标。时间管理并不是要把所有事情做完，而是更有效地运用时间。时间管理的目的除了要决定你该做些什么事情之外，另一个很重要的目的也是决定什么事情不应该做。

2. 时间管理矩阵是时间管理中最重要的工具之一，应正确掌握四象限的分类及相应处理技巧。

3. 压力无处不在，压力会对自己工作、生活产生一定的影响，这需要通过一定的方法与技巧进行压力管理，掌握相应的压力管理方法与技巧，可以使工作更加有效、愉悦，使生活更加幸福、美好。

课 后 练 习

1. 请简述时间管理矩阵四象限的分类及各自处理技巧？
2. 结合自身的情况，谈谈你计划如何进行时间管理？
3. 请简述进行压力管理的具体技巧。

第八章 学 会 说 话

　　说话，即口头的语言交际，不但是人类有别于其他动物的主要标志之一，而且是人类数十万年来得以繁衍生息、生存发展的一种重要手段。在人类不断发展的今天，说话不仅成了人们日常生活的一个重要组成部分，更是人们事业成败的一个举足轻重的先决条件。但在实际生活中，却有很多人说话不分场合、不分对象，为自己的工作生活都带来了不少困扰。本章从说话的准备、说话的技巧以及演讲三个方面来对如何说话进行介绍。

第一节 说话的准备

一、说话做好准备的重要性

　　说话能力体现着一个人的内涵、素质。一个说话讲究艺术的人，常常是说理切、举事赅、择辞精、喻世明；轻重有度、褒贬有节、进退有余地、游刃有空间；可陶冶他人之情操，也可为济世良药；可以体现个人的雄才大略，更能提高个人的社会地位。因而，一个人能否把握说话的艺术，对其人生的成败是非常重要的。

　　说话人人都能，但能说不等于会说，要想成为一个受欢迎的人得会说话、有口才。有人"口吐莲花，字字珠玑"，有人"巧舌如簧，而听者寥寥"，更多的人却是"茶壶煮饺子，有话倒不出来"，境界有高下，效果也就有霄壤之别。好在口才不仅是天分，不全靠遗传，任何人都可以"先天不足后天补"。在讲话之前作好准备工作，针对不同的对象、不同的场合、用不同的表达方式，同时在说话的过程中控制好自己的语速、语调等，能够让说话的效果不断提升，而说话能力也将在不断的准备过程中逐渐增强。

小贴士

舌头宴

　　古希腊著名的寓言大师伊索年轻的时候在某贵族家当过奴仆。有一次，主人设宴，来者多是哲学家，主人令伊索准备最好的酒肴待客，伊索便专门收集各种动物的舌头，办了个舌头宴。开餐时，主人大吃一惊，问道："这是怎么回事？"伊索答道："您吩咐我为这些尊贵的客人办最好的菜，舌头是引导各种学问的关键，对于这些哲学家来说，舌头宴不是最好的菜吗？"客人听罢，个个发出赞赏的笑声。主人又吩咐伊索说："那我明天再办一次酒席，菜要最坏的。"次日，开席上菜时，依然是舌头。主人见状，大发雷霆，就问伊索缘由。伊索同时不慌不忙地回答："难道一切坏事不是从口中说出来的吗？舌头既是最好的东西，也是最坏的啊。"

图 8.1　伊索，公元前 6 世纪
古希腊著名的寓言家

二、说话要有针对性

世界上没有两片完全相同的树叶，同样也没有两个完全相同的人，而且人和人之间的差异有时是惊人的，不同的人有着不同的成长环境，不同的性格特点、不同的年龄层次等等。因此，在说话时我们要针对各种不同的人、不同的环境讲出不同的针对性的语言。俗话说，"看碟下菜，量体裁衣"，见什么人说什么话，就是要求实事求是，灵活机动，在遵循同理心原则的情况下，具体问题需具体对待。

（一）针对不同的年龄说话

不同年龄阶段的人对语言形式的识别能力和对语言意义的理解程度不同。当讲话者在面对不同年龄阶段的听众，应该根据不同年龄段听众的特点进行相应的准备，从而让自己想要讲述的内容更容易为听众所接受。在面对小孩子提出的如为什么会下雨、会打雷闪电时，如果你用纯科学的理论来进行解释，可能孩子就听不明白，因为他的知识结构与对语言的认识并没有到达足以理解各种科学理论的程度。因此，当与儿童讲话时，就要运用适合儿童特点的通俗易懂的语言来进行讲述，而面对不同年龄阶段的听众则也要用相应的语言来进行表达。

（二）针对不同的性别说话

性别不同的人会有不同的心理和习惯，在说话的过程中还应注意听众的性别。对不同性别的人讲话，应当选择不同的方式。有个班级在毕业多年后举行同学聚会，同学们好多年都没见面，此次相见都很高兴，有位男同学开玩笑地对一位女同学大声说："多年不见，你又魁梧了"。女同学本来很开心的，可一听这话扭头就走了，男同学讨了个没趣。对于女性而言，一般都希望别人说自己苗条，而这位男同学的话就没考虑到性别的差异，结果不但没能调节好气氛，反而造成了场面的尴尬。因此，针对不同的性别应该要说不同的话。

（三）针对不同的性格说话

讲话者还应特别注意听众的性格，性格不同，讲话者需采用不同的方式来与之交流，讲话时也应该注意分寸，把握尺度。如同性格开朗的人谈话，你可以侃侃而谈；同性格内向的人谈话，就应注意分寸，循循善诱。孔子就是一个很懂得说话的人，据说有一次，孔子的学生仲由问他："听到了，就要去做吗？"孔子说："不能。"而过了几天，另一个学生冉求又问他："听到了，就去做吗？"孔子说："干吧！"公西华在旁听了就不明白了，问孔子说："他们两个人的问题相同，而你的回答为什么却相反。我有点儿糊涂。"孔子说："冉求平时做事好退缩，所以我给他壮胆；仲由好胜，胆大勇为，所以我劝阻他。"面对不同性格的人，孔子选择了不同的答案，达到了预期的效果。

（四）针对不同的爱好说话

在职场中通过兴趣爱好，与人进行沟通是一种比较常见的方式。爱好，是指个人对某种事物具有浓厚的兴趣，而不同的兴趣爱好则决定了对话语不同的关注点。因此从对方的兴趣爱好着手开始交流，能瞬间拉近双方的距离；同时说话时也要避免从对方不感兴趣的方向进行沟通，使得对方早早失去谈话的兴趣。如与一位运动员交谈时，大谈数学问题，想必对方会毫无兴趣，味同嚼蜡。有不同爱好的人们都会对自己的专门爱好津津乐道，谈起来眉飞色舞，甚至手之舞之，足之蹈之。不同的爱好有不同的"兴奋点"，爱好相同的人聚在一起交谈，可以激发出话题焦点的"火花"，进而产生思想感情的共鸣，使交谈各方在口才表达上得到共同的长进和提高。

（五）针对不同的职业说话

每个人都在社会上都有着自己的职业，扮演着不同的适合这个职业的角色，他们的言谈必然带有一种职业色彩，如工人的言语一般豪爽直率，军人的话语则威严沉稳，推销员的话语给人以极强的诱惑力等等。职业、专长不同的人，其头脑中所具有的信息类型和兴趣点是有所不同的。通常来说，他们都会对与自己从事的职业相关的话题充满兴趣，有着积极探究和钻研的精神。因此在与不同职业的人对话时，应当根据他的职业对谈话的内容进行思考，寻找适合对方职业的话题或者语言来促进双方的交流。

三、说话要有感染力

一个懂得说话的人他的语言通常都有很强的感染力，幽默的语言在感染听众的同时也能带给听众快乐，让听众感觉到谈话的愉悦。一个富于幽默感的人，通常都会通过说笑话的方式来调动气氛，而说笑话这一方式如果掌握不好则容易产生反效果，在使用这一技巧时应注意以下问题：说笑话时不要伤人；开玩笑时不要变作恶作剧；嘻嘻哈哈时不要流于无聊胡闹。参加一切有趣的谈话，欣赏体会那些使人发笑的言辞，记住一些好笑的事例和机智幽默的语言，并且深知其中的含义，让这些积累成为幽默的来源。

想要谈话能引起别人的共鸣，产生效果，应该在谈话中讲述一些事实的时候适当表述自己对这个事实的态度。说话成功的人，大都是富有活力和精神抖擞的人，他们具有爆发力，可把内心的情绪表达出来，能让对方充分理解到表达者的内心和情感。倘若因为害羞，不敢和人交往，不敢和社会接触，则达不到这样的效果，害羞是人类一种心理现象，是人类特有的感情，这种心理和感情，也是可以纠正的，而且是走向成功必须克服的。害羞这种现象，只要耐心去纠正，解决这个问题并不是一件困难的事，只是因为没有发展自己的社交能力，所以在众人面前，会感到内心很不安，那就应该鼓起勇气和决心，多主动说话。那么，不久以后，你就可以成为一个会说话的高手。

桓谭《新论》中记载着战国时这样一个小故事：

有一个叫雍门周的琴师去见齐国的孟尝君。孟尝君问他："你弹琴能使我悲伤吗？"雍门周说："我弹琴是想使你愉快，怎能使你悲伤呢？但我替你想想，的确也很有可以悲伤的事。譬如百年之后，你的坟上长满了荆棘，放牛的、担柴的在上面跳跳蹦蹦地唱起歌来，他们将唱道：'唉，像孟尝君那样尊贵的人竟也会这样啊！'"孟尝君听了雍门周的这番话，不禁泛起悲凉之感，眼泪已涌到了睫毛边，不过还没有掉下来。这时，雍门周拨动琴弦，轻轻一弹，孟尝君的眼泪就不由地掉下来了……

"未成曲调先有情"，让孟尝君潸然泪下的，显然不是乐曲，而是雍门周的一番"开场白"。这"开场白"勾勒了一个悲凉的景象，引导孟尝君去联想"百年之后"的事情，而且，用"我替你想想"表达了雍门周对孟尝君的同情之心，这就很容易地达到了"以情动人"的强烈效果。

以情动人要求说话人自己要动真情之外，善于将自己的真情实感淋漓尽致地充分表达出来，迅速激起对方的共鸣。说话人必须善于体察对方的心境，用饱含浓情的言辞去拨动对方的心弦。

四、说话要有准确性

说话是日常生活中最平常不过的事情，但就是这么一个平凡的不能再平凡的事情却是往往决定一个人生活及事业优劣成败的关键因素，而如何通过语言将自己的意思准确传递给对方则是关键的关键。通过一个人每天所说的话，可以判定他每天的工作生活情况，可以推断出他每天的喜怒哀乐的情绪，可以思考出谈话人的价值所在。一生失败于说话的人很多，但是成功人士也往往是因为会说话，因为会说话，说话流利会被人赏识付托重任。有了才干，即使没有口才，虽也可以达到成功的目的，但有才干兼有口才的人，他的成功希望更大，因为才干是可以通过言语谈吐充分地表露出来，可以让对方更深一层地了解、信任，这样对方才敢付托重任。一个有学问而没有口才的人和人交流时，就很难真正体现出他学问的渊博，很可能让他在无形中损失了不少收获。有这样一个故事：

有个人为了庆贺自己的四十岁生日，特别邀请了四位朋友来家中吃饭。

三个人准时到达了。只剩一人不知何故迟迟没有来。

主人有些着急，不禁脱口而出："急死人啦！该来的怎么还没有来呢？"

在座的有一客人听了之后很不高兴，对主人说："你说该来的还没来，意思就是我们是不该来的，那我告辞了，再见！"说完，就气冲冲地走了。

一人没来，另一人又气走了，主人急得又冒出一句："真是的，不该走的却走了。"

剩下的两位客人，其中有一位生气地说："照你这么讲，该走的是我们啦！好，我走。"说完，掉头就走了。又把一位客人气走了。

主人急得如热锅上的蚂蚁，不知所措。最后留下的这一位朋友交情较深，就劝主人说："朋友都被你气走了，你说话应该留意一下。"这人很无奈地说："他们全都误会我了，我根本不是说他们。"最后这位朋友听了，再也按捺不住，脸色大变道："什么！你不是说他们，那就是说我啦！莫名其妙，有什么了不起。"说完，铁青着脸也走了。

故事中，主人的语言就没能传递出他真正的意思，不准确的言语让朋友误解了他。一个会说话的人，总可以流利地表达出自己的意图，也能够把道理说得很清楚、动听，使别人很乐意地来接受。有时候还可以立刻从问答中测定对方言语的意图，并从对方的谈话中得到启示，增加自己对于对方的了解，跟对方建立良好的友谊。不会说话的人，不能完全地表达出自己的意图，往往会使对方费神去听，而又不能使他信服地接受。因此，在说话时应当多注意选择准确的语言，通过准确的方式去向听者传递信息，以达到最好的谈话效果。

五、说话要有互动性

辩论、座谈等各种形式的说话都是双方面的，甚至是多方面的。当面对听众进行谈话的时候，如果只是不断地将已经准备好的话语讲述出来，而不顾听众的感受，那么这个谈话无疑是失败的。只有在谈话的过程中不断地了解听众的看法和兴趣，观察听众对谈话内容的反应，及时地解除听众心理的症结，才能真正使这次谈话成为有效的谈话，而真正做到这些的谈话者才是一个好的谈话者。说话时，既要有自己的立场、态度和推理方法，还要懂得对方的立场、态度和推理的方法。因为每个人的思想、嗜好和推测都是不同的。另外，说话时，可以让别人先说，一方面是表示谈话者的谦逊，使别人感到高兴；另一方面谈话者可以借此机会，观察对方的语气神色及来势，给自己一个测度的机会，这是一个两全的方法。可是有许多人，说话总是喜欢抢先，好像自己先说了，便可以压倒对方，或者使对方感到自己是一个不平凡的人物；同时有许多人说话一开始便滔滔不绝，自以为是一个善于口才者，其实别人会因此对你产生不好的印象。倘若你是一个商店职员，对一个上门的顾客，滔滔不绝地在宣传自己的货物如何优美，顾客对你如簧之舌、天花乱坠的说话，最多也不过认为是一种生意经，决不会相信而立即购买的。反过来，如果给顾客说话的余地，使顾客有对货物评论的机会，双方成为对此货物互相讨论的人员，那这个生意便可能做成了。在交谈中，无论是提问还是反问，都是考虑交谈对象和情境。适时巧妙地提问，可以避免交谈中的利害冲突，让谈话继续下去，有时甚至还有可能掀起谈话的高潮。

六、打造说话的声音

（一）控制说话的音量

说话要用多大的音量，全得看环境。一个人想说话有魅力，显示优雅的谈吐，先得自我检讨，说话的音量是不是恰到好处。因此当与别人交谈时，一定不可忽视对声音的控制，这是显示口才的一个主要因素。

在火车里，在飞机上，或者在机器轰鸣的工厂里，由于外界噪音的感染，说话者不得已需要提高声音说话，但平时就没有必要大声说话。不顾外界环境、不顾场合的习惯性大声说话容易让别人觉得粗俗、厌恶，也会让谈话者的同伴觉得难堪。其实每个人的音量范围的可变性很大，有的高，有的低，说话时，必须善于控制自己的音量。高声尖叫意味着紧张惊恐或者兴奋激动；声音低沉无力，会让人听起来感觉说话者缺乏热情、没有生机，或者过于自信，不屑一顾。

对说话音量控制的能力有时会对工作产生直接影响。李敏是一家广告公司的资深业务经理，在公司她是业务骨干，能够及时关心和留意客户的销售问题，并乐于帮助他人解决问题，但她在与人交谈的时候声音尖得像一个小女孩发出的声音，让人感觉缺乏认真。当公司希望提升一名部门经理担任要职时，她的这个缺点让老板选择了其他人。老板认为这样重要的职位需要找一个声音听来成熟果断的人来担任。显然，李敏就是因为自己说话的音量不合适而失去了提升的机会。

有时，当谈话者想使自己的话题引起他人兴趣时，需要提高自己的音量。有时，为了获得一种特殊的表达效果，又会故意降低音量。但大多数情况下，应该在自身音量的上下限之间找到一种恰当的平衡。

查理是一家大型金融机构的投资研究部经理。在平时的工作中，他总是表现得异常活跃和激动，为了让大家听到他所说的话，他总是大声叫喊。每当他打电话时，隔几个办公室也能听清他所说的每一句话。同事们对他的这些行为感到迷惑不解，而他的这个行为也常常被同事作为话题进行讨论，严重影响了他在单位的形象。

其实，语言的威慑力和影响力与声音的大小是两回事。不要以为大喊大叫就一定能说服和压制他人。声音过大只能迫使他人不愿听你讲话而讨厌你说话的声音。与音调一样，每个人说话的声音大小也有其范围，试着发出各种音量不同的声音，并仔细听听，找到一种最为合适的声音。

演讲中音量的高低是否恰当适度，影响着表情达意的准确程度，左右着听众的听觉感受、精神状态，甚至关系到整个演讲的成败。缺乏经验的演讲者在这方面往往认识不足，有人气如牛，声如雷；又有人有气无力，声音出不来；还有人忽而大声，忽而小声，一下提高声调，一下压低嗓音，让人弄不清他的用意。

对于音量的控制还有一个妙用：运用音量的变化来吸引听众。

人们常说："会议中，大声疾呼才是胜利者。"这是因为声音大，具有扰乱对方说话的作用。比如，大声呼叫与开怀大笑的政治家或实业家，不论其说话内容如何，至少比起音量低的人更易给人留下豪放磊落与大胆的印象。事实上，在某种意义上，会议具有密室性，如果大声疾呼，会摧毁这密室性，也许大声可让对方惊讶，但反观大声疾呼的人，是企图利用"威吓效果"让自己处于优势。

那么，向来声大如雷的人，如果突然变得轻声细语，会带给对方何种反应呢？一般而言，"轻声细语"让人联想到悄悄话或秘密。因此，当对方忽然降低音量时，即使不是重要内容，也会让人自然而然去细听话中内容。

愈是大声疾呼，其接着而来的轻声细语也愈具效果，说明两者间有相辅相成的效果。因此，在会话中想领先一着，最好是音量大小配合。简单地说，先以大声疾呼来威吓对方，再以轻声细语来吸引对方的注意。把威吓与引起注意的效果交替使用，即是利用两者间的差距，让对方疲于奔命，完全乱了阵脚，这便是大声疾呼与轻声细语轮流使用的意图所在。

（二）掌握说话的句调

一句话富有表现力，因为它声音有高有低，有快有慢。声音的高低是由声带的松紧决定的，声带拉紧，声音就变高；声带放松，声音就变低。每个人在说话时都可以自由地控制声带的松紧，使之发出不同的高低音。一句话声音的高低变化叫做句调。句调是语调中主要的内容。句调可分升调、降调、曲调、平调四种。升、降、曲、平四调，各具特色。只有掌握句调的特点，才能灵活表达出各种句调。

1. 升调

这种句调前低后高，整个句子的后半句明显升高，句末音节高亢，一般用于提出问题、等待回答、感情激动、情绪亢奋、句中顿歇、意犹未尽、发号施令、宣传鼓动、惊异呼唤、出乎意外等场合。

2. 降调

这种句调先高后低，但声音不是明显下降，只是逐渐降低，句末音节短而低。在口头交际中，降调的使用最为常见，它多用于情绪平稳的陈述句、感情强烈的感叹句、表达愿望的祈使句。

3. 曲调

这种句调由高转低，自低升高，或由低转高，再降低。曲调能表达出复杂的情绪或隐晦的感情，所以常用于语义双关、言外有意、幽默含蓄，讽刺嘲笑、意外惊奇、有意夸张等处。

4. 平调

这种句调变化不大，平稳、舒缓，多用于表达分量转重的文句，如庄重严肃、冷淡漠然、思索回忆、踌躇不决等。

（三）学会说话的停顿

停顿是语言交流中的第一大要素，恰当地处理语言交流中的停顿，不仅是表达说话意图的需要，而且是增强语言表现力和精确性的需要。停顿是指口头表述中，词语之间、句子之间、层次之间、段落之间在声音上的间断。谈话、演讲如果不注意语音停顿，是无法传情达意的；如果停顿得不恰当，反会造成表意的错误。因此，停顿是有声语言表情达意的必要手段。

适当的停顿，可以准确表达语言的内容和感情，同时，也给听者领会和思索的时间，还可使说话者得到换气歇息的机会。停顿可分为以下四种：

1. 语法停顿

标点符号是语句停顿的主要依据。不同的标点符号包含着不同的内容，因此其停顿的时间、方式也不一样。一般的说话，段落之间的停顿时间最长，句号、问号、感叹号停顿的时间次之，逗号、分号、冒号再次之，顿号的停顿时间最短。

2. 逻辑停顿

文字语言中写有标点的地方一般需要停顿，但在一个句子中间，为了准确地表达语意，揭示语言的内在联系，可根据文义，合理地划分词组，做一些适当的停顿。词组之间的停顿千变万化，是停是连还须以表意准确清晰为出发点，做出适当的选择。

3. 感情停顿

感情停顿亦称"心理停顿"，是为了表达语言蕴含的某种感情或心理状态所采取的停顿。恰当地运用感情停顿，可使悲痛、激动、紧张、疑虑、沉吟、回忆、思索，想象等各种感情和心理状态的表达更加准确。感情停顿是一种极其重要的语言表达技巧，它能充分展现"潜台词"的魅力，使听众从"停顿"中体会语言的丰富内涵和难以言表的感情，从而使语言更加生动。

4. 生理停顿

即停下来换口气，一般来说，生理停顿是与以上三种停顿结合在一起进行的。这种停顿必须服从语法、逻辑和事态的需要，一般不单独进行。

要掌握停顿艺术，还要把握停顿的疏密长短和停顿的气息处理。一般来说，句子越长，内涵越丰富，停顿就越多；句子越短，内涵越少，停顿也越少；表现回味、想象等心理状态和凝重、深沉的感情，停顿较多，时间较长；表现明快的节奏和欢快的心情，停顿较少，时间也短。停顿的气息处理，必须根据语言的内容合理控制，有时急停，有时徐停，有时强停，有时弱停。这种气息强弱急缓的变化，是停顿表情达意的必要手段。

（四）把握说话的语速

有人讲话，忽快忽慢，快慢错位，不善于运用语速技巧，就会影响表达效果。交谈中，如果讲话的速度过快，经由耳朵传至大脑的信息过于集中，会使人应接不暇、顾此失彼，甚至搞得人精神紧张。虽然有些人可以做到说得快而清楚，可大多数人却是快而含混，别人听了等于没听。因说话太快而致字音不清，固不足道，即使快而清楚，也不足为法。此时表达者虽有说话快的本领，但听者不一定有听话快的本领。说话的目的在于使人全部明了，别人听不清楚就是白费口舌，在平常说话时，要注意使声音清楚、快慢适度。在交谈过程中，陌生人或者职位低的人一般是不大敢要求说话者重说一遍的，因此要尽量做到说一句，能使听众就听懂一句，不必再问，这样才能使语言表达真正达到效果。

肯尼迪总统在各方面都称得上是位杰出的演讲家，然而有时他也会说得太快，使得听众无法跟上。詹森总统却正相反，他惯于闲扯拖延，常常还未报告完当前的问题，另一项新国际危机又出现了。要是说话太快，别人就听不懂你在说什么，而且还会令人喘不过气来。但是太慢，人们根本不听你说，适当的说话速度约为每分钟 120 个字至 160 个字之间。朗读的速度通常要比说话稍快，说话速度不宜固定，因为思想、情绪会影响音速。增加效果的停顿及速度变化都能丰富句子的变异。

在每个讲话过程中，为了更好地发挥语言的作用，我们需要根据情况的不同确定一个基本语速，同时在发言中再进行适当的调整。在实际的讲话过程中，会影响语速的因素一般有以下几种：

1. 语境或心理的影响

通常在情况紧急时，语速就要快些；情绪激动时，或兴奋，或恼怒，也会不由自主地加快语速；为了加强语势，引起听者注意，也需要加快语速。

2. 讲话内容的影响

无关要紧的事，语速快慢皆无妨；重要内容，需强调的内容，语速应适当放慢，让人听得清，便于理解。

3. 讲话对象的影响

对方是老人、孩子及文化水平不高者，语速要适当放慢；对方年轻，听辨能力强，或是个急性子，语速应适当加快。一般情况下，以中速为宜。

确定基本语速，并不是从头至尾一个速度、一种节奏。正确的做法是根据语境变化而变换语速。

语速同声调一样，按一定节律变化，即构成一种节奏美。语速的变化，可以淋漓尽致地表达说话者的感情。

下面以亨利的演讲《诉诸武力》的结尾处为例进行说明：

"回避现实是毫无用处的。先生们会高喊：'和平！和平！但和平安在？'实际上，战争已经开始，从北方刮来的大风都会将武器的铿锵回响送进我们的耳鼓。我们的同胞已身在疆场了，我们为什么还要站在这里袖手旁观呢？先生们希望的是什么？想要达到什么目的？难道生命就那么可贵？和平就那么甜美？竟值得以戴锁链、受奴役的代价来换取吗？全能的上帝啊，阻止这一切吧！在这场斗争中，我不知道别人会如何行事，至于我，不自由，毋宁死！"

这段演讲，开始几句平稳缓慢，从内心发出质问："和平安在？"接下来加快，说明现实的严酷。演讲者激情迸出，向"先生们"发出串串质问。"全能的上帝啊，阻止一切吧！"这里呼唤上帝，乞求得到一种救世之法，发于心中，速度可慢。最后"不自由，毋宁死！"戛然而止，猝然终结，感情达到高潮。

当众讲话时要掌握好语速，何时快，何时慢，何时停顿，要能恰当自如地做节奏调整。善用语速技巧的讲话者，无疑会增添讲话的吸引力，给人以稳重、自信之感。工作头绪纷繁，紧张忙碌，易导致讲话失调。总之当快则快，当慢则慢，快慢适中，圆润顺畅，这是掌握语速技巧的真谛。

第二节　说话的技巧

一、把握好说话的分寸

（一）把握好沉默的分寸

1. 时机未到时保持沉默

在人际交往当中，沉默是一种难得的心理素质和可贵的处世之道。心理学告诉我们，在不同的场合环境中，人们对他人的话语有不同的感受、理解，并表现出不同的心理承受力。正因为受特殊场合心理的制约，有些话在某些特定环境中说比较好，但有些话说出来就未必佳。同样的一句话，在此说与在彼说的效果就不一样。因此，说什么，怎么说，一定要顾及说话的环境，如果环境不相宜，时机未到，最好的办法是保持沉默。能够将沉默运用得恰到好处，能够收到以无声胜有声的效果。如果不分场合，不讲分寸，故作高深或多情而滥用沉默，其结果必然是事与愿违，只能给人以矫揉造作或是难以捉摸的感觉。我们在运用沉默时，不应该把它和语言截然分开。恰恰相反，沉默和语言的和谐一致，相辅相成，才正是沉默的功效。

2. 心照不宣时保持沉默

心照不宣即心里明白但不说出，这也是保持沉默的一种方法。

有位老师发现一位学生上课时总是低着头，不知在画什么。有一天，他走过去拿起学生的画，发现画中的人物正是龇牙咧嘴的自己。老师没有发火，只是憨厚地笑笑。但是，从此那位学生上课时再没画过画，各门功课也都学得不错。后来，他成为颇有造诣的漫画家。

试想一下，如果老师不是保持沉默——憨厚地笑，而是采用大声斥责的方式，会带来什么样的后果呢？也许该学生会跟老师作对，而老师会对其失望，如此下去，他能否成为有造诣的漫画家，值得深思。

3. 不明就里时保持沉默

在不知道对方底细的情况下，不要轻易开口，保持沉默，不但能揣摸对方意图，往往能变被动为主动。如果冒失开口，将会造成难以挽回的损失。说话盲目易造成危害，无形之中是贬低了对方。如果是有目的、有意识地刺激他，你也会同样达到目标。因为你已经摸清了彼方的情况。通过这样一场较量，以退为进，激将对方，调动对方的积极性，就自然而然地收到很理想的效果。

4. 别人论己时保持沉默

在特定的环境下，沉默常常比论理更有说服力，尤其是当听到别人谈论自己的时候。很多人容易犯这样一个错误：一旦别人谈到自己时，尤其是不利于自己的情况时，往往会打断别人，进行争论。其实，这是最不明智之举。沉默的力量是无边的，它可以帮你说服反对你的人，让你向成功迈进。所以我们要学会沉默，学会在别人论己时保持沉默。

（二）把握好时机的分寸

1. 说话的时机

孔子在《论语·季氏》里说："言未及之而言谓之躁，言及之而不言谓之隐，不见颜色而言谓之瞽。"这句话有两层意思：一是不该说话的时候说了，叫做急躁。二是应该说话的时候却不说，叫做隐瞒。三是不看对方的脸色变化，贸然信口开河，叫做闭着眼睛瞎说。这三种毛病都是没有把握说话的时机，没有注意说话的策略和技巧。因为说话是双方的交流，不是一个人的单方面行为，它要受到诸如说话对象、设定时间、周边环境等种种限制，所以说话要把握时机。如果该说的时候不说，时境转瞬即逝，便失去了成功的机会。同样地，如不顾说话对象的心态，不注意周边的环境气氛，不到说话的火候却急于抢着说，很可能引起对方的误解，甚至反感。如果信口开河，乱说一通，后果就更加严重。

2. 插话的时机

在与别人说话的过程中，我们经常遇到有些话没听清，或是有想发表一下自己看法的情况，这时要特别注意不要在对方说话途中突然提出问题，必须等到他把话说完，再提出自己的想法或观点。如果你是在对方谈话中间打断，问："等等，你刚才这句话能不能再重复一遍？"这样，会使对方有一种受到命令或指示的感觉，显然，对你的印象就没那么好了。听人说话，务必有始有终。但是能做到这一点的人并不多。有些人往往因为疑惑对方所讲的内容，便脱口而出："这话不太好吧！"或因不满意对方的意见而提出自己的见解，甚至当对方有些停顿时，抢着说："你要说的是不是这样……"这时，由于你的插话，很可能打断了他的思路，使他忘了要讲些什么。

3. 聪明说话

说话要能讨人喜欢就要能够分辨哪些话该说哪些不该说，哪些该问哪些不该问。有些问题，当你得不到满意的答复时，是可以继续问下去的，但有一些问题就不宜再问。如果不该问的还继续问下去，就容易使人感觉厌烦。一般来说，在交谈的过程中不可问对方同行的营业情况，不可问及别人衣饰的价钱，不可问女子的年龄（除非她是六岁或六十岁左右的时候），不可问别人的收入，不可详问别人的家世，不可问别人用钱的方法，不可问别人工作的秘密等。凡别人不知道或不愿意让人知道的事情都应避免询问。问话的目的在于引起双方的兴趣，而不是使任何一方没趣。若能让答者起劲，同时也能增加你的见识，那是使用问话的最高本领。

4. 合理说话

沉默是金，并不是说要一味沉默不语，掌握时机，该说话的时候就不要沉默。比如父母为鸡毛蒜皮的小事吵得不可开交，这时你可以保持沉默，如果他们各自的怒火都平息下来了，陷入双方互不理睬的僵局时，保持沉默就不是明智之举了，这时你就应该说些劝解话，让他们重归于好。又比如，领导遇到尴尬情况了，就需要你站出来为领导打圆场，同事有矛盾了，需要你开口化干戈为玉帛，等等。

（三）把握好赞美的分寸

1. 赞美要真诚

在公关交谈中，真诚的赞扬和鼓励，能满足人的荣誉感，都能使人终身难忘。在日常生活中，一些人认为赞扬和鼓励有害无利，却相信处罚和责骂。一句简单的赞美他人的话，不仅满足了他人的心理需要，同时也让自己得到了对方的喜爱和赞叹。说句简单的赞美话，实在不是一件困难的事情，只要您愿意并且留心观察，处处都会有值得赞美的地方。

2. 赞美要适度

赞美的话人人都爱听，适度的赞美，会使人心情舒畅；反之，则使人十分尴尬。为了使赞美达到应有的而不是相反的效果，合理把握赞美的"度"就成为赞美者们必须重视的问题。通常在赞美的过程中，我们应当注重寻找对方在工作或获得成功过程中值得赞美的地方，及时地进行赞美。同时，我们也应当注意对赞美频率的控制，过分频繁的赞美容易适得其反。

3. 赞美要委婉

通过他人之口赞美对方，既可以达到赞美对方的目的，还可以维护你基本的心理安全需要。一般来说，人们都倾向于认为，你借他人之口加以赞美的方式不过是一个托词，你表达的其实正是你自己的真实看法，只是你羞于直接说出口而已。借他人之口赞美一个人，会使你的观点蒙上一层面纱，其中微妙的心理不仅常常使人感到惊奇，更会令其陶醉在猜想的快乐中。也可以在背后赞美对方，如果当面赞扬一个人，有时反而会令他感到虚伪，或者对你的诚心感到怀疑。无论在大众场合还是在个别场合赞扬某个人，这些溢美之词总有一天会传至那人耳中，更能使对方感到你对他的赞扬是真诚的。

4. 赞美要有新意

每个人都希望自己被别人欣赏，被别人赞美，但"千篇一律"、"老生常谈"的那些老话有时只会引起对方的反感。因此，需要在赞美的话中加入一些新意，使得赞美的效果更好。通常在赞美的过程中可以寻找一些独特的角度，用新颖的语言，通过有新意的表达方式来进行赞美。

5. 谦逊地去赞美

谦卑之心将使你更容易发现别人可赞美之处。谦卑是一种难得的美德，用谦卑之心赞美人们，是真诚而有意义的。我们在赞美他人时可以通过谦虚地向他人请教他的强项，肯定他的优势，这样可以使得我们的赞美更加自然，而且更容易为人所接受。

（四）把握好批评的分寸

1. 给人留足面子

在对他人进行批评时，要注意把握批评的分寸，在言语中给对方留好台阶，尽量在不伤害对方面子的情况下将批评的意思表达清晰。批评的话最好不要太多，当对方已经明白自己所犯错误时候应该见好就收，给对方留一定的余地，否则将对方批得"体无完肤"，结果是过犹不及，往往把事情推到了反面。同时，批评别人时要因人而异，择言而施，需谨慎又谨慎，应充分考虑对方的职业情况、年龄情况、知识阅历情况、个性心理情况等因素，确定对方属何种类型后，再决定如何批评。当然，对于那些无视批评、屡教不改的人，在严厉批评的同时要采取一定的组织行政措施，以儆效尤。

2. 间接指出错误

在说服他人的时候，我们经常会犯一个错误，就是当发现对方有明显的错误时，会不客气地直接批评对方说："那是错的，任何人都会认为那是错的！"这样一来，对方的自尊心会受到伤害，而突然陷入沉默，或挑剔你的言辞来拒绝你的批评。通常我们可以使用"不知道是不是这样？"这种委婉的态度与对方进行交谈，效果会更好。

3. 先肯定再批评

先肯定再批评，也就是欲抑先扬的批评方式，即在批评别人之前先肯定对方的长处与可取的地方，然后再提出批评，最后再使用一些鼓励性的词语。这种方法使人认为你的批评是公正客观的，自己既有过失，也有成绩。这样就减少了因批评所带来的抵触情绪，收到良好的批评效果。在实际操作中，也可以将表扬放在批评之后，当用表扬结束批评时，人们考虑的是自己的行为，而不是你的态度，也可收到不错的效果。

4. 多做自我批评

当我们批评他人时，应多做自我批评，这样可以使得自己对他人的看法更加公正。先想想自己："我做得怎样？是否应该完全怪罪他人？"这样你也许会完全改变自己的想法和行为，并与他人保持一种良好的人际关系。自我批评比针锋相对的指责效果要好得多。遇到问题在斥责批评别人之前先自我反省，多做一下自我批评，不仅能得到别人的赞同，还会让问题得以顺利地解决。

（五）把握好道歉的分寸

1. 道歉要及时

如果犯了错误，就要及时承认。与其等别人提出批评指责，还不如主动认错道歉，更易于获得谅解宽恕。凡是坚信自己一贯正确，发生争端总是武断地指责对方大错特错而自己从不认错、道歉的人，根本不能服众。领导者认错不会丢脸，丧失威信，反而有利于维护形象、提高威信。有错就承认，并勇于主动承担责任的领导人，比自夸一贯正确，有错就把责任往下推的领导，更有威信，更深得下级的信赖、拥护、爱戴。真心实意地认错、道歉，不必强调客观原因、做过多的辩解。就是确有非解释不可的客观原因，也必须在诚恳的道歉之后再略为解释，而不宜一开口就辩解不休。

2. 道歉要诚恳

道歉，有时只不过是"对不起"简简单单三个字，然而有时它却是一种心灵美的外在表现。勇于道歉的人，常常是善于体谅别人，善于设身处地为他人着想的人。诚心诚意的道歉，应该语气温和、坦诚直率、堂堂正正，不必躲躲闪闪、羞羞答答，更不要夸大其词、奴颜婢膝，一味往自己脸上抹黑。那样，别人不仅不会接受你的道歉，甚至还会觉得你很虚伪。

3. 通过赞美道歉

赞美是道歉的一个好方法，在道歉的时候，称赞对方，让对方获得一种自我满足感，知道自己是正确的，别人是错误的，这样能轻而易举地获得对方的谅解。

二、学会与不同的人说话

（一）学会与陌生人说话

1. 说好第一句话

初次见面的第一句话，是留给对方的第一印象，第一句话说的好与坏，关系重大。说第一句话的原则是：亲热、贴心、消除陌生感。在说第一句话的时候我们通常可以通过攀认式、敬慕式、问候式等方法来进行设计。

2. 准确地称呼对方

在社交中，人们对称呼是否恰当十分敏感，尤其是初次交往，称呼往往影响交际的效果。一个适宜得体的称呼，常会产生微妙的作用，或至少不致因错用而造成不愉快。对女子的称呼需要兼顾身份，一般称已婚的女子，用夫姓称太太，如果她的身份高，则称夫人较为妥当；称未婚女子为小姐；称呼一个不明底蕴的女子，则用"小姐"较为保险。对男人的称呼，一般都称先生，但如果要称呼的对方，有必要兼顾到他的职位和身份，则更要谨慎了。"先生"两字是最普通的，甚至可以通用到去称呼一切高层人士。有的军政人员，当没有称呼他的职衔的必要时，或不知道对方究竟是什么职衔的时候，都可以用"先生"两字来称呼他。以职衔来称呼一个军政长官时，可以不必叫出对方的姓氏。

3. 寻找交谈的话题

为了和陌生人说话时能够保证交流的气氛与效果，选择适当的话题是很重要的。通常在话题选择时候可以考虑以下方法，如：想了解什么就问什么，谈什么；就社会热点问题进行交谈；从眼前和身边的具体景物上找话题；就对方职业范围或擅长的内容进行交谈；谈论对方感兴趣的事情等方式。通过话题打开谈话的"瓶颈"，使接下来的谈话顺利进行。

4. 创新谈话的结尾

在与陌生人交谈结束时，应当尽量设计能给对方留下深刻印象的告别语，从而进一步促进前期交谈的效果。通常可采用这样收尾方法：祝愿式收尾、道谢式收尾、征询式收尾、归纳式收尾、邀请式收尾等。与陌生人交谈的结束语的表达方法多种多样，只要能够驾驭情境，正确审视对象，选择正确、得体的话语，交谈结束时，不仅会非常得体、有趣，而且还会余韵犹存，感人至深。

（二）学会与朋友说话

1. 见面多打招呼

在这个社会里，一个人要想工作顺利，事业有所发展，必须广交各方面的朋友。在你为了业务奔波忙碌时，必然会遇见许多与你生活或工作有关的人。对于在生活或工作中遇到的这些人，我们应当尽可能地保持一个谦逊的心与他们进行交流，哪怕是一个微笑、一次点头。真正的社交需四面出击，结交三教九流，只有如此，你的社交圈子才有深度和广度。能够获得各种不同类型的社交对象青睐的人，才能达到人际关系的理想境界。

2. 及时替人解围

在和朋友相处的过程中，难免会遇到一些尴尬的事情，让气氛骤然紧张、难堪，学会替别人找个下台的借口，不仅会缓和对方的紧张心理，让事情得到顺利发展，而且还会让彼此的友谊得到进一步地增进。

3. 说话开诚布公

有些朋友彼此太熟了，再用文绉绉、有模有样的说话方式交谈，朋友会觉得你"假"，所

以和熟的朋友说话不必一本正经。这种沟通法不容易使朋友之间产生心结，心里有什么话，就亮出来，有助于互相了解，也有助于解决已经存在的问题。

（三）学会与领导说话

1. 摆正自己位置

每个人都好面子，领导更是如此。给领导面子也是给自己机会。给领导面子，最关键的就是要摆正自己的位置，不要超越领导的位置。在与上司的相处中，尤其在工作的时候，如果你摆不正自己的位置，即使你为上司出了力，也会遭到他的反感甚至排挤。在平时行事中，我们要特别注意不要有决策的越位、表态的越位、工作范围的越位、答复问题的越位等这些情况的发生。

2. 理解尊重领导

领导之所以批评下属，就是因为他认为你有他值得批评的地方。聪明的下属是很明白这一点的，他们会善于利用领导的批评，从中化害为利，化腐朽为神奇。同时，不顶撞自己的领导，就是对领导的尊重，很多领导会因此感激自己的下属。如果老板是借助你杀鸡儆猴，你的这一招可能比获得表扬还要有效。当面顶撞老板更是一种匹夫行径，是不可取的，因为这不仅仅使领导颜面无存，连下属本身也下不了台，是一种鱼死网破行为。

3. 说话不卑不亢

作为下属，需要对领导保持应有的尊重，但又不能不论事情的对错，凡事都附和领导。不卑不亢也就是在和领导讲话的时候既不能肉麻地拍马屁，也不能让领导感觉被压制，下不了台。当在领导面前处于不利境地时，讲究点技巧，不卑不亢，既讲了真话，不违背自己的本心，又能使对方接受，一举两得。

4. 诚恳接受批评

作为下属，被上司批评是很经常遇到的情况。而面对这种情况我们应该遵循下面的原则：认真倾听，让领导把话说完。同时，你一定要注意自己的动作、表情，千万不要让领导感觉到你不愿意继续听下去。正确的做法是：目光直视领导的目光，身体稍微前倾，面部表情要和善，充分表明你在很认真地听取他的谆谆教诲。在一般情况下，如果领导批评不当，你可以进行恰当的"辩解"，可是必须建立在你自己充分认识到领导的正确性的前提之下的，而不是文过饰非，胡搅蛮缠。当然，最好是不要进行辩解，特别是对那些细枝末节的或无法弄清楚的事情，最好是保持缄默。

5. 合理汇报工作

在任何单位中，下级向上级汇报工作是再常见不过的了。而汇报工作，不能太简单，也不能太啰嗦，关键是要说到点子上，没有哪一个上司会喜欢啰哩啰唆而又政绩平平的汇报者。汇报工作有时采取书面汇报，有时采取口头汇报，但不管是采取书面的形式，还是当面口头汇报的形式，我们都应当在汇报前理清思路、突出重点、删繁就简，最后请领导对汇报的工作进行评点、指示。

（四）学会与同事说话

1. 以诚待人

在同事之间要建立良好融洽的人际关系，必须学会沟通，得体恰当地说话，当你从一个环境转到另一个新环境，初来乍到时更要谨慎，以免因说话不当，使对方误解，产生隔阂。初到公司，我们应当以诚待人，学会与同事进行寒暄，不在与同事说话时自吹自擂，时刻保持谦虚友好的态度。

2. 不谈是非

每个人都有不想让大家知道的事情，也就是说每个人都有自己的隐私。与人相处中，要极力避免谈论别人的隐私，否则就会使你人格受损，缺乏修养，甚至破坏你与他人的和睦关系。在同事之间不要传播小道消息，各种流言飞语会对人们的工作、生活产生巨大的影响。当散布流言飞语的同事存在于你周围时，你只会感到痛苦。端正自己的说话行事，抛弃那些流言飞语，给自己的嘴安一把锁，坚决不传别人的闲话。

3. 避免争执

工作中同事之间容易发生争执，有时搞得不欢而散甚至使双方结下芥蒂。人是有记忆的，发生了冲突或争吵之后，无论怎样妥善地处理，总会在心理、感情上蒙上一层阴影，为日后的相处带来障碍，最好的办法还是尽量避免它。因此在工作中当与同事发生意见不合或其他摩擦时，应当尽量控制自己的语言，避免说一些过激或带有攻击性的话。冷处理的解决方式可能既能合理解决问题，也可以给别人留下大度的印象。

5. 自曝劣势

在职场中，当你明显比同事强时，你在感情上还是要和大家在一起，千万不能与他们拉开距离，同事们也就不会再嫉妒你了，同时也会在心里承认你的"优位"是靠自己努力换来的。当你处于优位时，要注意通过平时的交谈，用语言突出自己的劣势，从而减轻妒忌者的心理压力，寻找到一种心理平衡，进而淡化乃至免除对你的嫉妒。在你自曝劣势、"不耻下问"的过程中，你与工作中其他人员的关系往往会更加紧密，从而创造出更加美好的成果。

（五）学会与下属说话

1. 表扬下属

在工作中，领导应当对自己的下属多给予一些肯定与表扬，以激发下属的工作积极性。对于忠义的下属，更要大胆表扬施恩，以鼓励他们的忠心。但表扬员工时，一定要注意表扬要具体、要及时，要寻找合适的时机，要多表扬下属的才华。要通过表扬尽量使下属得到在别人那里得不到或未被满足的某种心理需求，使对方感到被关怀，自我价值得到某种实现。

2. 批评下属

批评下属是一件很不容易的事情，批评不得当，不但起不到原来的目的，有时还会让部属感到灰心失望。为了让批评达到预期的效果，我们应当在遇到问题时候冷静地分析，可先采取一些冷处理的方式，根据下属的性格特点，寻找合适的场合，使用恰当的方式，重点明确地进行批评。

3. 用话消除下属的怨气

在工作中，可能由于种种原因，你的下属会满怀怨气，这是非常不利于工作开展的。作为领导则需要采用一些方式，在不失去自己作为上司的尊严与威信的同时，让下属消解心中的怨气。通常我们会使用主动自责的方式首先拉近双方的距离，然后抓住问题的实质，晓以利害关系，以争取下属的理解，从而化解下属心中的不快。

4. 用话化解下属的敌意

作为领导，对员工说话时，注意方式掌握分寸很重要。要避免颐指气使，让部下感觉不愉快，造成领导与下属彼此对立。老板不应当仅仅看到下属的工作情况和成绩，还应当了解他们内心的烦恼。因此，领导在与下属沟通时，应选用合适的方式方法，以鼓励为主、批评为辅，注意肯定下属的成绩，保护下属的感情，从而使得下属发自内心地认可你。

三、不同场景下的说话艺术

（一）求职面试的说话艺术

1. 自我介绍重点突出

在求职面试时，考官一般都要你先做个自我介绍。为了使用人单位全面、具体了解你自己，应如实地向对方介绍自己与求职有关的、最主要的情况。与此无关的情况则不必介绍，以防冲淡了主要内容。

2. 离职原因合理说明

在面试时，面试考官通常会问到离开原单位的原因等问题。在回答这样的问题时，对于一些普遍性的原因，如上班路途太远、专业不对口、结婚、生病等大家都可以理解的原因是可以说的；但涉及到有关原上司的缺点、原工作单位人际关系复杂、工作压力太大、竞争过于激烈等问题时，则应尽量避免提起。

3. 曾经辉煌适当展示

在面试时求职者可以从以前的工作中挑出几个具体的例子来说明自己有很强的办事能力，因为那些工作能力强，或对所从事的职业怀有很高的热情，或富有自信心，或办事果断刚毅，或为人处世老成持重，或擅长社交，或对从事的工作孜孜不倦，或者以前的工作硕果累累的求职者往往受到用人单位的青睐。因此在面试时，要寻找合适的时机，将自己工作经历中具有代表性的事件进行语言组织，然后表达，从而促进面试官对自己的了解与认识。

4. 薪酬问题委婉回答

一个人的薪酬是与其能力、作用、表现和贡献等息息相关的。但在用人单位尚未了解你上述情况时，开价过高，难以被用人单位接受；开价过低，吃亏的又是自己。因此在面对此类问题时，可进行模糊回答："我相信公司会根据我的业绩给予合理报酬，以体现多劳多得的原则"或"钱不是我唯一关心的事。我想先谈谈我对贵公司所能作的贡献——如果您允许的话"等，将问题先委婉回避；也可告诉对方一个薪酬幅度，后根据实际情况再作决定。

（二）求人办事的说话艺术

1. 称赞对方

在求人办事时，为了拉近彼此间的心理距离，让对方能顺利地答应你的要求，办成事，我们可对他进行称赞，让他飘起来。但在称赞对方时一定要注意要给予恰如其分地夸奖，不要过于直截了当，同时也不能过多；这些都会让对方会觉得不自在，也会认为你惯于花言巧语，因而不信任你。

2. 少谈自己

求人办事时，只有让对方感到高兴才能让其爽快答应，把事情办成。那么，让其高兴的方法之一就是多谈论他，而少谈论自己。人们最感兴趣的就是谈论自己的事情，对于那些与自己毫无相关的事情，多数人会觉得索然无味。对你来说是最有趣的事情，常常不仅很难引起别人的共鸣，甚至还会让人觉得可笑。当对方已经在谈话中逐渐进入状态后，再适时的提出自己想要求助的事情，成功率往往会比较高。

3. 以情动人

当我们有求于人时，最好先避开对方的忌讳，从对方感兴趣的话题谈起，不要太早暴露自己的意图，让对方一步步地赞同你的想法。同时尽量帮助对方分析现状，从对方内心深处的角度去说话，用真情打动对方，引起对方的共鸣，从而让对方不自觉地认同你的观点。

（三）主持会议的说话艺术

1. 精彩开场

主持会议时候应特别注意对开场白的设计，开场白给人的印象是深刻的，能起到先入为主、吸引听众的作用。因此在主持会议时开场白要做到精彩夺人。会议的开场白要陈述的内容，包括会议的主题、目的、意义、议程和开法，其语言要简明扼要、条理清晰，语调与表情都要与会议气氛一致。一个好的开场，有利于吸引与会者的注意力，增强他们对该会议的兴趣。好的开场有三条：一是直入点题，提纲挈领、要言不烦地把会议的内容主题讲明白；二是借题发挥，调动全场情绪，使与会者亢奋起来，造成适宜会议开展的气氛；三是出口成章，富于启示性和诱导性，引导全场迅速进入境界。要尽力避免那种陈旧死板、千篇一律的格式。例如，"现在开会了，请×××同志做报告，大家欢迎……"、"××晚会现在开始，第一个节目……"等。而是要根据会议的实际，或说内容，或讲形式，或道特点，或提要求，或谈历史上的今天，或讲别处的此时此刻，总之因境制宜，灵活设计。

2. 合理引导

会议在研究讨论过程中，出现偏离主题、意见分歧、无谓争辩等现象，都是很正常的。要使会议顺利地进行，达到预期目的，离不开主持者的正确引导。这个过程能够充分显示主持者的知识水平、应变能力、领导艺术。主持者要善于提问，积极引导，从不同角度、不同层面上发现和提出问题，让与会者深入思考。正确引导会议，要在会议中特别注意耐心倾听、学会劝说、适时插话、随机应变等问题，只有熟练掌握了这些技巧，才能真正引导好一个会议的进程。

3. 精炼结尾

会议即将结束时，主持者对会议的总结是相当重要的，主持人应用精炼、概括的语言对会议的基本情况以及会议的主要收获，进行高度总结。会议总结既要简明扼要、全面准确，又要突出重点、实事求是。通常我们会使用归纳法、启下法、鼓动法等方式进行结尾。

4. 主持忌讳

要真正主持一场会议，充分调动与会者的积极性，达到完美的效果，是很不容易的。主持会议不仅在如何开场、如何联结、如何驾驭，如何总结等诸多环节有讲究，同时更有一些忌讳要引起特别的注意，如：准备不周、照本宣科、大喊大叫、呆板呆滞等。在实际的会议主持过程中应当尽量避免这些问题的出现，以保障会议的流畅度与严整性。

第三节 演 讲

演讲又叫讲演或演说，是指在公众场所，以有声语言为主要手段，以体态语言为辅助手段，针对某个具体问题，鲜明、完整地发表自己的见解和主张，阐明事理或抒发情感，进行宣传鼓动的一种语言交际活动。作为一种特殊的说话方式，本节将对演讲的相关内容进行阐述。

一、演讲的基本要求

演讲的施受面大，影响力好，无论哪种形式的演讲，都要注意体现演讲的基本要求，以正确发挥演讲的职能或作用。只有达到了基本要求的演讲，才是成功的演讲。

（一）演讲要内容正确、观点鲜明、平易近人、亲切感人

演讲是必须有内容的。单纯追求演技而内容空泛的演讲，只会给人留下无病呻吟或哗众取

宠的印象。演讲的内容必须是正确的，一要实事求是，二要具有科学性、真实性，同时不能出现知识性错误，更不允许宣传迷信、错误或反动的东西。演讲所阐发的各种思想，必须观点鲜明，赞成什么、反对什么、提倡什么、否定什么，必须旗帜鲜明，便于听众做出明确的选择。同时，演讲所阐发的思想观点，要在人们现有的知识、认识水平和认识方法上有所突破创新，或新颖，或深刻，或独到别致，总要给人以启发教益，演讲最忌讳"老生常谈"，没有新意，没有个人意见。而无论多么重要、多么正确、多么先进的思想，都要平易近人，切忌拿真理吓人，或板着面孔说教，或打着名人的幌子压人。

（二）演讲要材料充实、论据确凿、论证严密、逻辑性强

演讲要靠事实说话，演讲所占有的材料，一是要充分，既有名人名言和在群众中广泛流传的格言警语的引用，也有情节生动、感人的故事和传说的讲述，还可以列举图表、数字、图画或实物说明问题；二是要确凿，各种用以说明问题的材料，不能总是"大概""估计"，而是要确实、肯定。各种材料，既应该是新鲜、有用的，又应该是典型、有力最能说明问题的。而材料能否发挥它应有的作用，在很大程度上，取决于材料与观点的结合。所以，演讲要论证严密、说理透彻，要让整个材料与观点的组合产生一种不可辩驳的逻辑力量。

（三）演讲语言要通俗明白、生动流畅，声音要清晰响亮

演讲的语言应该是典型的大众化语言。除了一些礼仪性惯例式的演讲，讲究措辞或使用一些固定词汇、固定表达方式外，一般演讲都要做到通俗明白、深入浅出、生动活泼。一是要句式短、句型灵活、节奏感强；二是要多用那些音节流畅、直接性和渗透性好，而又表述庄重、简洁明确的口语词汇，尽量少用专门术语。演讲语言的使用，最忌讳堆砌词藻、文白夹杂，或行文不畅、生涩难懂。同时，演讲者的声音，必须清晰响亮，以适应"大庭广众"特定场合的需要。

（四）演讲感情要真挚朴实，态势要自然得体

演讲必须"动之以情"，才能"晓之以理"。演讲中的感情流露，一要真挚，最忌讳装腔作势；二要朴素自然，要随着演讲的节奏、内容与进程的需要，自然而然地流露，切忌不合时宜地铺陈张扬、虚张声势，以免弄巧成拙。有些演讲，通篇慷慨激昂，一味地追求所谓高亢、铿锵，以为这就是"有情"，其实这只是另一种形式的平淡。演讲中的态势语是比较丰富的，有的演讲家还以善用态势语闻名。但演讲中的态势语，要服从内容表达的需要，切忌过多过滥。有些演讲，动作过多，喧宾夺主或举止不雅，造成失态，不仅降低了演讲的效果，也给听众留下矫揉造作的印象。

二、演讲前的准备

"兵马未动，粮草先行。"准备工作在战争中具有十分重要的作用，演讲如战争，同样也需要做好准备工作。

著名演讲家布克·T·华盛顿认为："除非一个演讲者在内心深处深深感到有一个信息要表达，否则我就不相信他将演讲。"这说明，演讲首先要有演讲的动机和需要。有了动机、需要，才会促使演讲者认真酝酿、仔细琢磨。这个酝酿、琢磨的过程，就是演讲最初的准备阶段。一个好的演讲需要在以下几个方面做好准备。

（一）选题立意

一次成功的演讲，离不开一个好的话题。选择话题，首先必须选择自己熟悉的内容。只有熟悉，才能拥有大量的素材，才能具有自己切身的体会，因而也才能谈得真切、讲得深入。相

反，如果选择自己不熟悉的内容，则演讲有可能是浮光掠影或者信口开河，以讹传讹或弄虚作假。这不仅有损演讲者的形象，也是对听众的不负责任。

选择话题还必须具有针对性、对象性，考虑听众的兴趣。在演讲前，应了解自己的听众，掌握他们的思想水平、文化程度、职业状况、兴趣爱好等基本情况，抓住他们普遍关心的问题，真正做到有的放矢。对农民朋友谈减轻农民负担，对机关干部论国内外时事政治，对大学生介绍就业形势，就有可能切合他们的口味。如果对中老年人谈追星族，对工人讲解科学种田，谈得再好恐怕也不受欢迎。

立意是指确定自己的立场和观点。演讲应秉持鲜明的立场，阐述明确的观点，其立场、观点必须符合时代精神，符合历史进步的方向。盘庚演说，力劝迁都，使衰败的国势一度中兴；李大钊高声欢呼"庶民的胜利"，点亮了茫茫黑夜中的共产主义之灯；亨利"不自由，毋宁死"的口号鼓舞着广大民众投入争取自由与解放的斗争。这些演讲的成功，究其原因首先在于其符合社会规律，追求客观真理。相反，"雄辩"有如希特勒者，即便能够得逞一时，也终将为历史所唾弃。

选题立意后，演讲者应给演讲稿定一个恰当的题目。无论是文艺性的题目，还是政论性的题目，或是科学性的题目，都必须文字简洁、观点明确，切忌冗长拖沓、含混不清，或苍白无力、毫无新颖别致可言。

（二）搜集材料

演讲时需要根据自己的选题寻找丰富的材料来充实内容，而好的材料则可以通过以下几种方式来进行积累。

1. 生活事例

事实胜于雄辩，理论再通俗也不如举一个生活事例容易让听众理解。演讲时选择的生活事例一定要切合话题，有一定的典型性、新鲜生动。在运用时，"既不要把重大事件说得随随便便，也不要把琐碎的小事说得冠冕堂皇"，这是亚里士多德的遗训。

2. 权威言论

恰当地引用经典言论，或名人、专家的意见，或为人们普遍推崇的流行的话语支持自己的观点、充实自己的讲话，往往很见效。因为权威言论一般是经过实践检验的，比较富有真理性。

3. 相关知识

演讲实质上是一种智力活动，谈论的话题、内容往往要涉及各种知识领域。一次成功的演讲，常常需要调动各种科学文化知识，如政治、经济、人文、地理、文学艺术、科学技术等。那么，只有准备充足的有关知识材料或理论材料，才有可能将演讲推向深入，不然，就只能在门外徘徊，甚至失败。古代的天才演讲家苏秦，第一次游说诸侯，由于知识贫乏，遭受惨痛挫折。这可谓是前车之鉴。

（三）谋篇布局

演讲稿属于论说文范畴。根据演讲稿的内容设计要求，演讲应该将重心放在开头、正文和结尾三个部分。

1. 开场白要引人入胜

开场白指的是演讲开头所说的话。英国有句谚语："良好的开端是成功的一半。"开场成功，能吸引听众的注意力，为全篇演讲定下基调。

下面介绍几种常见的开场白：

（1）直入式开场白

开门见山，直接从演讲的题目谈起，引出演讲的中心论题。例如，郭沫若的演讲《科学的春天》是这样开头的："亲爱的同志们！我们民族历史上最灿烂的科学的春天到来了。"

（2）名言式开场白

名言、警句、诗歌、谚语等具有内涵丰富、节奏明快的特点，把它们作为演讲的开头，富有力量，引人深思。例如《团结就是力量》的开场白："俗话说得好：一个篱笆三个桩，一个好汉三个帮。今天我演讲的题目是《团结就是力量》。"

（3）事例式开场白

以身旁真实的事例作为演讲的开场白，亲切可信，说服力强，易被听众接受。例如王惠平的演讲词《走自己的路》是这样开头的："在日常生活中，我们经常可以听到有人在唉声叹气：'唉，现在是说话难，办事难，做人更难！'难吗？就现实生活来讲，确实有些难。"这样的开头不仅拉近了与听众的距离，更为下文的展开作了铺垫。

（4）原因式开场白

三言两语介绍演讲的缘由，然后顺水推舟引出正文。这种开头目的明确，使听众对演讲内容有个初步的了解。德西雷·约瑟夫·梅西埃加冕日的布道词就用这种开头："亲爱的兄弟姐妹们：我们早就该在这里集合，庆祝我国独立 86 周年了。"由此展开，号召人民团结起来，投入抗德斗争。

（5）抒情式开场白

这种开头能营造一个情感氛围，使听众迅速受到感染，被演讲的内容所吸引。如湖北冬花的《走进历史这条古巷》，其开头极具抒情意味："同学们：走进历史系，你就走进了博大与恢弘，也走进了沉重与孤独。你定是拥着浪漫的梦幻踏着青春的舞步而来的，而千万年的风霜烟尘，千万里的沧海桑田，都积淀在你年轻的肩头。"

（6）设问式开场白

设问式开头可以制造悬念，促使听众集中注意力，积极思考。如李大钊的《庶民的胜利》，一开始就提出几个问题："我们这几天庆祝战胜，实在是热闹得很。可是战胜的，究竟是哪一个？我们庆祝，究竟是为哪个庆祝？我老老实实讲一句话，这回战胜的，不是联合国的武力，是世界人类的新精神。"

此外还有故事式、说理式、赞美式、新闻式、道具式等多种开场白。不管哪种开场白，都必须能够吸引听众，引出正文，切忌平淡乏味，废话连篇。

2. 正文要跌宕起伏

演讲的正文部分，必须要有明确的中心，并使整个演讲围绕它合乎逻辑地展开。为此，一方面，正文部分要主次分明，层次井然，逻辑性强；另一方面，又要围绕重点，设法形成一个或几个高潮，造成一种波澜起伏的气势。这样既能使听众得到愉悦或享受，又能抓住听众的注意，使他们处于一种"欲罢不能"的良好的听知状态，从而让演讲顺利地进行。

演讲的正文，要做到条理清楚、波澜起伏，关键是要安排好正文的结构。常见的正文结构方式，有以下几种：

（1）总分式

即先总的提出观点或主张，然后分别加以阐述。或者反过来，先分别阐述问题，然后再归纳小结。在总分式结构中，分的部分，往往就是一个并列式结构。这种方式，在集中论述一个问题时，往往具有较强的说服力。

（2）并列式

即把所要演讲的几个主要问题排列起来，一个一个地阐述。可以以时间为序，也可以以空间为序，还可以以问题的逻辑结构顺序为序。这种方式眉目清楚、形式整齐，便于听众理解与记忆。

（3）对比式

即运用比较法阐明问题。它可以是正反对比或新旧对比，也可以是时间对比或空间对比，还可以是问题的性质与类型对比等等。这一方式便于突出正面观点或主要问题。

（4）递进式

即一层深入一层地阐明问题，逐步把道理讲清楚。它可以由表入里、由浅入深，也可以由小及大、由少及多，要求既符合客观事物的发展规律，又符合听众的认识规律。这种方式，往往思维严谨、结构缜密，具有较强的逻辑力量。

以上方式，最好是综合使用，或以一种方式为主、其他为辅，或总体上使用某一种、局部使用另外几种。

正文的构成，最忌讳平铺直叙。其内容构成无论采用哪种方式，总的原则是，要疏密有致、一张一弛、扣人心弦。

3. 结尾要余音绕梁

明代学者谢榛认为："结局当如撞钟，清音有余。"好的结尾能重新掀起演讲的高潮，极大地鼓舞听众，激起听众行动的愿望，使听众与演讲者产生强烈的共鸣，从而达到演讲的最终目的。常见的结尾方式有：

（1）总结式结尾

如邓小平在《军队要整顿》的讲话中是这样结尾的："希望我们总参谋部所有的干部，本着这样的精神团结起来，把工作做好。"这种结尾犹如画龙点睛，易于突出中心。

（2）名言式结尾

如蒋昌健《性本善》的辩论总结陈词中这样结尾："谈到这里，我不由得想起 100 多年前生活在柯尼斯堡的一位叫康德的老人说过的一句话：'这个世界唯有两样东西能让我们的心灵感到深深地震撼，一是我们头顶上灿烂的星空，一是我们内心崇高的道德法则'。"以名言警句作为演讲的结尾，内涵丰富，发人深思。

（3）呼吁式结尾

如古希腊德摩西尼的《斥腓力演说》是这样结尾的："即使所有民族同意忍受奴役，就在那个时候我们也要为自己而战斗。辞令的灵魂就是行动！行动！再行动！"这种结尾有利于号召听众奋然而起，具有强烈的鼓动色彩。

（4）展望式结尾

如韩健的《在失败面前挺起胸膛》演讲结尾为："我深知，我将来可能败得更惨，但我不怕，因为怕失败的人永远不会成功！"以展望未来结束演讲，使人憧憬，余韵深长。

结尾的方式还有很多，我们应该根据演讲内容的不同来选择。但无论何种方式，结尾切忌拖泥带水、言不由衷、敷衍了事。

有人说，讲究演讲的开头、正文和结尾，就是给"甜头"。演讲家说，你应该这样安排你的"甜头"，即"好的在前，更好的其次，最好的放在最后"。

（四）遣词炼句

演讲的语言具有艺术性，决定了演讲必须讲究遣词炼句。

演讲语言与日常口语不同，它更加精炼、优美、生动、规范。演讲语言与书面语也不同，它更注重"讲"，因而朴素、明快、简洁。书面语当中的破折号、冒号，在口语中常变为判断词"是""就是"。与书面语相比较，演讲语言的语气词较多，显得亲切自然，具有鼓动性。被誉为英语演讲最高典范的林肯葛底斯堡演说，整篇只有 10 个句子，演讲时间不到 3 分钟，通过遣词炼句，其语言达到了完美无疵的境界。林肯是这样演讲的："这块土地我们不能够奉献，不能够圣化，不能够神化。那些曾在这里战斗过的勇士们，活着的和去世的，已经把这块土地神圣化了，这远不是我们微薄的力量所能增减的。我们今天在这里所说的话，全世界不大会注意，也不会长久地记住，但勇士们在这里所做过的事，全世界都永远不会忘记。"这篇演讲词的语言朴实优美、情理交融、要言不烦，具有演讲口语的鲜明特征。

要使演讲语言富有文采，必须讲究修辞。恰当地使用修辞手法，是美化语言的重要途径。比喻、拟人、排比、夸张、引用、设问等修辞手法，可以增强语言的表现功能、提高语言的审美价值，达到诗情、画意、哲理融为一体的境界。如张勤在《我从玫瑰色的梦境中醒悟》的演讲中，以一连串的反问开头："朋友，你听到过激越深沉的苗鼓吗？你听到过悠扬悦耳的木叶吗？你听到过土家人欢乐的'咚咚喹'吗？你听到过浩浩莽莽的松涛和丁丁冬冬的山泉吗？那是一曲曲多么美妙的乐章！"连续的发问，吸引着听众陷入沉思，加强了情感交融。如果改为"生活中到处是美妙的乐章"，虽有同样的意思，但效果就大不一样了。

此外，在词语、句子、句群、段落之间也要注意思维与情感的逻辑性，避免颠三倒四、冗长拖沓。

（五）默记诵读

默记是使演讲内容烂熟于心的关键环节。演讲前要理清各部分间的逻辑关系，把握内容重点，提纲挈领，选择记忆。

诵读是在对演讲内容深刻理解的基础上，反复推敲句子的语调、节奏、重音、停顿，使演讲最能体现演讲者的意图，达到抑扬顿挫、掷地有声的效果。

默记诵读时还必须做好演讲的精神准备，充满信心，迎接挑战，培养良好的心理素质。

三、把握好演讲的语调

所谓语调，就是指说话时声音的高低、轻重、快慢、停顿的变化。这种变化对于表情达意来说，具有非常重要的作用。无论高兴、喜悦、难过、悲哀、愁苦、犹豫、轻松、坚定、豪迈等复杂情感，都能通过语调的变化表现出来。同时，这种变化还可以造成声音的多样化，从而使听众乐于接受，并赋予听觉上的美感。一般地说，语调有以下几种运用技巧：

（一）轻重变化

对演讲者来说，利用轻重音起伏跌宕的变化来有效地传情达意，是非常必要和重要的。当然，这是指逻辑重音的运用。它既能突出演讲中某些关键的词、句和段，从而突出地表现某种思想感情，又能加强语言的色彩，美化语言。

演讲者的成功经验表明，一般的演讲，尤其是那种议论型的演讲，其结尾段往往重音较多，甚至整段都是重音，以此来造成一种强烈的气氛，突出结尾所概括的演讲的主要内容、中心议旨，把整个演讲推向高潮，给听众留下更深刻的印象。

（二）快慢变化

演讲的声音应当有快慢缓急变化。怎样变化呢？主要是根据表达思想感情的需要。在表达一般内容时，语速可以适中，既不要太快，也不要太慢。当表达热烈、兴奋、激动、愤怒、紧急、呼唤的思想情感时，出言吐语就要快些，要滔滔汩汩、势如破竹；讲到庄重、怀念、悲伤、沉寂、失落、失望的思想感情时，语速可以放慢些，娓娓道来。

演讲语音的变化，应当是自然、顺畅的。只有音速适宜、快慢有致，才既能有效地传情达意，又能令听众感到优美入耳。如果语速不当，缺乏快慢变化，始终保持一个速度，那就很难准确、恰当地表达出演讲者内心的思想感情，也使听众感到厌烦，难于接受。

（三）高低变化

语调有高低变化，或者说是抑扬变化。一般说来，高音为升调，即句子调值由低到高，句尾发音往往最高，一般用于疑问句。低音为降调，即句子调值由高到低，句尾发音往往最低，一般用于陈述句、祈使句和感叹句。

在演讲中，为了更有效地表达思想感情，就不能不对语言做高低抑扬的变化处理。既不能一味地高，破嗓裂喉；也不能一味地低，有气无力。只有使音调的高低随意而变、随情而变，才能造成最佳的演讲效果。

四、消除演讲中的不良心理

演讲者在演讲中必须解除思想负担和心理压力，及时调节自己的心境和情绪，树立起必胜的自信心。

（一）消除不自信的心理

演讲者看到自己的某些弱点，如普通话说得不太标准、语言技巧训练不足等，常有这样的疑问："我能行吗？"这个疑问本身会促使演讲者夸大自己的弱点，从而对演讲丧失信心。其实，缺点人人都有，在千百双眼睛注视你时，需要的是扬长避短，掩盖缺点几乎不可能。

因此，演讲时应告诉自己："我刻苦练习了，只要发挥出应有水平就可以。演讲者需要明白，演讲是一种口才训练，并非一上台就非成功不可。"

（二）消除期望过高的心理

有些演讲者总是喜欢在演讲前就给自己确定一个不太现实的目标，诸如"我的演讲会有如何如何的轰动效果"、"超过某某不成问题"等等。由于有这些杂念，演讲者常常会因此而失去最后一次准备的机会。因为演讲者想得过于理想，使得那些本来可以纠正的地方反而被这种光晕掩盖了，有时甚至会把人们的好意指点当成恶意攻击而置之不理。

所以，当演讲者为自己的"演讲设想"而激情喷涌时，一定要提醒自己"冷静"！诚恳地找有关人员听你试讲，并请他们帮助矫正缺点。即使是最伟大的演讲家最动情时的表演也是伴着理性之光在闪耀的，因此在演讲过程中应学会理性设置目标。

（三）消除紧张的心理

几乎人人都有过在公开场合的紧张心理。经常有这样的现象：一个人在家人、同事及熟悉的环境中可以侃侃而谈，可换一个听众，换一个陌生的环境就会紧张得不能自持。

演讲，最让人焦虑的是："假如我过分紧张怎么办？"办法之一是对演讲场所和听众情况先行了解，做到心中有数。还可以提前亲临演讲场所，使陌生的环境变得熟悉。假如这些不能办到，则可以尽可能想象自己处在一个陌生的地方，成千上万的听众在听演讲，提前体验一下紧张感。

紧张感若真的在演讲时发生了，演讲者的潜在意识成为表层行为，变得心跳加速、额头冒汗、手足无措。这时最好的办法是做深呼吸：吸气时扩展胸腔压迫小腹，呼气时放低胸膈肌。做这个动作数次，就能抑制紧张。还可以从听众中找一张熟悉的面孔，注视他，告诉自己他希望深入了解自己演讲的内容。这样一来，心情就会轻松起来，就可以继续演讲了。

（四）消除应付的心理

紧张心理通常持续时间较短。假如紧张使演讲者无法控制自己，从而是由紧张而恐惧、而惊慌，最后完全击败了演讲者对这次演讲的自信心。此时切不可草率应付、长话短说，甚至就此离位而去。

就演讲而言，演讲者给听众以影响的，除了演讲内容，还有演讲者的心胸、气度等因素。若当演讲者心理受到影响的时候应付听众或拂袖而去，首先是不尊重听众，其次也是不尊重自己，这样一来，演讲者可能得到的不仅仅是失败，更可能会让听众对演讲者失望，觉得演讲者没风度。当现场情况不理想的情况下，可以告诉听众："今天讲得不好，请大家多关照。"这时听众多半会被演讲者的真诚、坦率所感动。

（五）消除受挫不振的心理

有些演讲者因为曾经失败而不敢再次登上讲坛。当你对自己说："我没有搞演讲的素质"时，你是否想到了登上讲坛本身就是一种突破，是一笔很大的财富呢？孔子在周游列国，宣传思想的时候也曾被不理解的人围攻，但这些并不妨碍他最后成为大家，而孔子也凭借自身的口才与良好的心理状态成为了儒学的鼻祖。因此，要学会调整受挫的心态，拥有良好的心里素质，是成为优秀演讲家的必要条件。

五、克服演讲的常见缺陷

演说中总难免会出现一些失误或者缺陷，处理好这些突发情况，克服这些缺陷，将会让演讲"因祸得福"，变得更加精彩。

（一）尽量避免冷场

1. 上台前，要尽量使自己放松，处于愉快的状态，可以尝试开开玩笑、说说笑话，或者找一处安静的地方，诵读名篇名句，听一段音乐，看看画册，完全不想马上要登台演讲的事。这样做的目的是转移思想上的兴奋点，以调节心绪。

2. 即将登台时，情绪仍然需要放松。可以尝试这样的方法：缓缓地吸一口气，使两肋张开，憋气数秒，再慢慢地把"让你心神不定的气"吐出来、吐干净，如此多做几次。在做深呼吸时，尽量什么都不要去想，尽量让自己处于无意识状态。

3. 给自己积极的心理暗示，回想自己曾经收获的成功和自己的优势所在，通过自我肯定、自我欣赏，稳定住自己的心理优势。暂时藐视一下台下的听众，将他们看作是"一无所知"、只有"听我慢慢道来"，他们才能有所收获，通过这样的方式来促进自己获得足够的心理优势来进行现场发挥。走上讲台的那一时刻，切莫期待什么"轰动效应"。想到的是：大局已定，只有"万念俱空"、全身心地投入演讲才有成功的希望。

4. 一开口，语调可以高一些。响亮有力的开场白一出口，既稳住了现场，也稳住了自己。讲的时候，要做到"思路先行"，以在登台前已经"定格"在脑子里的信号系统为依据，把握整体，大胆地、毫不犹豫地讲下去。当演讲进入良性循环的运转系统，演讲的成功已见曙光。

（二）把握语言的分寸

在演讲过程中，有些演讲者喜欢通过夸大事实来赢得现场观众的认可，这种方法容易让人觉得演讲者好大喜功；同时当观众已经在心里对演讲者有超过他能力的预期时，也容易让演讲者自己陷入被动。此外，在演讲过程中，可以适当的使用一些专业词汇来为演讲增添一些光彩，但是专业词汇的使用必须要适当，如果使用得太多容易给听众觉得演讲者做作，而留下坏印象。因此，在演讲过程中，对于语言的使用一定要掌握好分寸，这样才能真正有助于演讲效果的提高。

（三）结尾不要拖拉

1. 结尾应该简洁，有话则长，无话则短，切忌画蛇添足、节外生枝，生怕听众听不明白。

2. 有的演讲者，在结束演讲时不考虑如何给听众完整的印象，不考虑结构的完整性，不考虑演讲的后果，而匆匆收尾，突兀生硬，让听众摸不着头脑。

3. 结尾是为主题服务的，离开了主题，结尾也就失去了意义。有些演讲者一味地追求新奇，设计自认为十分得意的结尾，殊不知这种结尾已远离主题。如有些演讲者喜欢引用名言警句作结尾，如果引用得准确，对主题有服务作用，如果引用的名言警句与主题不符，就会游离主题。

4. 有些演讲者在结束演讲时喜欢套用例行的客套话，以示自己的谦虚。其实，讲得好与坏、优与劣，听众心中自有评论，无需使用多余的话语再来谦虚。

本 章 小 结

1. 说话要学会有针对性、准确性，增强说话的感染力与互动性，同时避免一些常见问题的发生。

2. 说话时应注意控制音量、语调、句调、停顿、语速。

3. 说话应当把握分寸，注意在不同场景下与不同人说话时使用不同的说话技巧。

4. 演讲应做到内容正确、观点鲜明、材料充实、论据确凿、语言通俗明白，感情真挚朴实。

课 后 练 习

1. 请结合本章第一节的内容，对比自己说话的习惯进行思考、调整。

2. 请结合本章第二节的内容，在班级内进行一次模拟面试场景的对话练习。

3. 请自选主题，结合本章第三节的内容在班级内进行一次演讲练习。

第九章 职场礼仪

我国素以"文明古国、礼仪之邦"著称于世，礼乐文化已然成为儒家文化的核心。随着现代社会的发展，对礼仪规范的要求也越来越多，是否能够在不同的场合正确使用各种礼仪规范已成为影响个人发展的重要因素。本章主要从礼仪概述、着装礼仪、商务礼仪、交际礼仪等方面对大学生应该了解和掌握的礼仪知识与技巧进行讲述。

第一节 礼仪概述

一、礼仪的含义

（一）"礼"的解析

我国最早的字书《说文解字》中就有所记载—礼，是形声字。礼，其古字是由示、曲、豆三个部分组成。在卜辞、祭祀中，示表示神和祖先。曲即是珏，表示合在一起的两块玉，豆是指食器。礼即是指将玉放到食器中来祭祀而成为一种礼器。礼的本意是满怀着敬畏之意奉祀神灵。

图9.1 汉代著名经学、文字学、语言学学者许慎与《说文解字》

而在其后的泱泱五千年的中国历史中，"礼"也一直扮演着维系社会交往的重要角色。《论语·季氏篇》有云："不学礼，无以立。"《荀子·修身》记载："礼者，所以正身也；师者，所以正礼也。无礼何以正身？无师，吾安知礼之为是也？"《礼记·曲礼上》记载："礼尚往来，往而不来非礼也；来而不往，亦非礼也。人有礼则安，无礼则危。"

（二）礼仪的含义

随着时代的发展，以中华传统礼仪文化为根本基础，通过与现代内容的不断融合，现代礼仪逐渐形成。礼仪是为维系和发展人际关系而产生的，它必须随着人际关系和其他各种社会关系的发展而发展，不同的时代有与之相适应的不同的礼仪。

现代礼仪泛指人们在社会交往活动过程中形成的应共同遵守的行为规范和准则。从个人修养的角度来看，礼仪可以说是一个人内在修养和素质的外在表现。从交际的角度来看，礼仪可以说是人际交往中适用的一种艺术、一种交际方式或交际方法，是人际交往中约定俗成的示人以尊重、友好的习惯做法.。

在生活工作中，理解和掌握礼仪的内涵，应特别重视以下七个方面。

1. 礼仪是一种行为规范

行为规范是在现实生活中根据人们的需求、好恶、价值判断，而逐步形成和确立的，是人们在生活工作中所应遵循的标准或原则。行为规范对全体成员具有引导、规范和约束的作用，在文明社会中，任何一个人的行为都要受到一定规范的制约，都不能胡作非为，为所欲为。

2. 礼仪是一种特定程序

礼仪有一定的规范要求，每一环节都有特定的内容和意义，不是毫无联系的某些行为的堆积组合，礼仪的每个步骤都有一定的先后次序，是一种程序。

3. 礼仪是一种共同约定

礼仪规范、礼仪程序是处于一定关系中的人们在社会交往过程中共同约定俗成、共同认可的，人们在交往活动中的很多礼仪往往首先表现为一些不成文的规矩和习惯，然后上升为大家认可的，可以用语言、文字来作准确描绘和规定的行为准则，成为人们有章可循，可以自觉学习和遵守的行为规范。

4. 礼仪是一种情感互动

在礼仪的实施过程中，既有施礼者的控制行为，也有受礼者的反馈行为，这种控制与反馈的行为活动是一个双向互动的情感交流过程。

5. 礼仪是一种教养风度

讲究礼仪、遵守礼仪的目的是为了实现社会交往各方的互相尊重

在现代社会，礼仪可以有效地展现施礼者和还礼者的教养和风度，它体现一个人对他人和社会的认知水平、尊重程度，是一个人学识、修养和价值观的外在表现。

6. 礼仪是一种重要手段

遵循礼仪是现代人获得自由的重要手段和途径。表面上看，遵守礼仪规范与人的自由是矛盾的，但实际上，二者是统一的，因为世界上没有绝对的自由。虽然我们可能羡慕 "鱼儿在水中自由自在地游"，"鸟儿在空中自由自在地飞"，但是，鱼自由只能在水中，鸟自由只能在空中，超越一定的时空条件，鱼、鸟以及一切生灵都将失去自由，都将无情地被 "剥夺" 自由权利。人的自由也只能从自然和社会的必然性中获得，社会发展的必然性往往就集中表现在各种成文的或不成文的规矩、规范之中。在现代社会，从礼仪中获得的自由，一般是通过个人在社会活动中良好的自我感觉和社会舆论的 "有教养"、"有风度"、"有魅力" 等诸如此类的评价而表现出来的。

二、礼仪的演变

以礼仪之邦著称于世的中国其漫长的礼仪发展史大致可以分为礼仪的萌芽时期、礼仪的草

创时期、礼仪的形成时期、礼仪的发展和变革时期、礼仪的强化时期、礼仪的衰落时期、现代礼仪时期和当代礼仪时期等 8 个时期。礼仪的形成和发展，经历了一个从无到有，从低级到高级，从零散到完整的渐进过程。

（一）萌芽时期

礼仪起源于原始社会时期，在长达 100 多万年的原始社会历史中，人类逐渐开化。在原始社会中、晚期（约旧石器时期）出现了早期礼仪的萌芽。例如，生活在距今约 1.8 万年前的北京周口店山顶洞人，就已经知道打扮自己。他们用穿孔的兽齿、石珠作为装饰品，挂在脖子上。而他们去世的族人身旁撒放赤铁矿粉，举行原始宗教仪式，这是迄今为止在中国发现的最早葬仪。

（二）草创时期

公元前 1 万年左右，人类进入新石器时期，不仅能制作精细的磨光石器，并且开始从事农耕和畜牧。在其后数千年岁月里，原始礼仪渐具雏形。例如在今西安附近的半坡遗址中，发现了生活距今约五千年前的半坡村人的公共墓地。墓地中坑位排列有序，死者的身份有所区别，有带殉葬品的仰身葬，还有无殉葬品的俯身葬等，此外，仰韶文化时期的其他遗址及有关资料表明，当时人们已经注意尊卑有序、男女有别。而长辈坐上席，晚辈坐下席；男子坐左边，女子坐右边等礼仪日趋明确。

图 9.2　仰韶文化遗址发掘现场

（三）形成时期

约公元前 21 世纪至公元前 771 年，中国由金石并用时代进入青铜时代。金属器的使用，使农业、畜牧业、手工业生产跃上一个新台阶。随着生活水平的提高，社会财富除消费外有了剩余并逐渐集中在少数人手里，因而出现阶级对立，原始社会由此解体。

公元前 21 世纪至公元前 15 世纪的夏代，开始从中国原始社会末期向早期奴隶社会过渡。在此期间，尊神活动升温。在原始社会，由于缺乏科学知识，人们不理解一些自然现象。他们猜想，照耀大地的太阳是神，风有风神，河有河神……因此，他们敬畏"天神"，祭祀"天神"。从某种意义上说，早期礼仪包含原始社会人类生活的若干准则，又是原始社会宗教信仰的产物。礼的繁体字"礼"，左边代表神，右边是向神进贡的祭物。因此，汉代学者许慎说："礼，履也，所以事神致福也。"

（四）变革时期

西周末期，王室衰微，诸侯纷起争霸。公元前770年，周平王东迁洛邑，史称东周。承继西周的东周王朝已无力全面恪守传统礼制，出现了所谓"礼崩乐坏"的局面。

春秋战国时期是我国的奴隶社会向封建社会转型的时期。这一时期，学术界形成了百家争鸣的局面，以孔子、孟子、荀子为代表的诸子百家对礼教给予了研究和发展，对礼仪的起源、本质和功能进行了系统阐述，第一次在理论上全面而深刻地论述了社会等级秩序划分及其意义。

孔子认为，《论语》中提出"不学礼，无以立"。"质胜文则野，文胜质则史。文质彬彬，然后君子。"他要求人们用道德规范约束自己的行为，要做到"非礼勿视，非礼勿听，非礼勿言，非礼勿动。"他倡导的"仁者爱人"，强调人与人之间要有同情心，要互相关心，彼此尊重。总之，孔子较系统地阐述了礼及礼仪的本质与功能，把礼仪理论提高到一个新的高度。

孟子是战国时期儒家主要代表人物。在政治思想上，孟子把孔子的"仁学"思想加以发展，提出了"王道"、"仁政"的学说和"民贵君轻"说，主张"以德服人"在道德修养方面，他主张"舍生而取义"，讲究"修身"和培养"浩然之气"等。

荀子是战国末期的大思想家。他主张"隆礼"、"重法"，提倡礼法并重。荀子在《荀子》中提出"礼者，贵贱有等，长幼有差，贫富轻重皆有称者也。"在《荀子•大略》中指出："礼之于正国家也，如权衡之于轻重也，如绳墨之于曲直也。故人无礼不生，事无礼不成，国家无礼不宁。"荀子还提出，不仅要有礼治，还要有法治。只有尊崇礼，法制完备，国家才能安宁。荀子重视客观环境对人性的影响，倡导学而至善。

（五）强化时期

公元前221年，秦王嬴政最终吞并六国，统一中国，建立起中国历史上第一个中央集权的封建王朝，秦始皇在全国推行"书同文"、"车同轨"、"行同伦"。秦朝制定的集权制度，成为后来延续两千余年的封建体制的基础。

西汉初期，叔孙通协助汉高祖刘邦制定了朝礼之仪，突出发展了礼的仪式和礼节。而西汉思想家董仲舒（公元前179—公元前104年），把封建专制制度的理论系统化，提出"唯天子受命于天，天下受命于天子"的"天人感应"之说。他把儒家礼仪具体概况为"三纲五常"。"三纲"即"君为臣纲，父为子纲，夫为妻纲。""五常"即仁、义、礼、智、信。汉武帝刘彻采纳董仲舒"罢黜百家，独尊儒术"的建议，使儒家礼教成为定制。

（六）衰落时期

满族入关后，逐渐接受了汉族的礼制，并且使其复杂化，导致一些礼仪显得虚浮、烦琐。例如清代的品官相见礼，当品级低者向品级高者行拜礼时，动辄一跪三叩，重则三跪九叩。清代后期，清王朝政权腐败，民不聊生。古代礼仪盛极而衰。而伴随着西学东渐，一些西方礼仪传入中国，北洋新军时期的陆军便采用西方军队的举手礼等，以代替不合时宜的打千礼等。

（七）现代礼仪时期

1911年末，清王朝土崩瓦解，当时远在美国的孙中山先生（公元1866—1925年）火速赶回祖国，于1912年1月1日在南京就任中华民国临时大总统。孙中山先生和战友们破旧立新，用民权代替君权，

图9.3 董仲舒画像

用自由、平等取代宗法等级制；普及教育，废除祭孔读经；改陋易俗，剪辫子、禁缠足等，从而正式拉开民国期间的现代礼仪，由西方传入中国的握手礼开始流行于上层社会，后逐渐普及民间。

辛亥革命以后，受西方资产阶级"自由、平等、民主、博爱"等思想的影响，中国的传统礼仪规范、制度，受到强烈冲击。五四新文化运动对腐朽、落后的礼教进行了清算，符合时代要求的礼仪被继承、完善、流传，那些繁文缛节逐渐被抛弃，同时接受了一些国际上通用的礼仪形式。新的礼仪标准、价值观念得到推广和传播。

（八）当代礼仪时期

新中国成立以来，逐渐确立以"平等相处、友好往来、相互帮助、团结友爱"为主要原则的具有中国特色的新型社会关系和人际关系，中国的礼仪建设从此进入一个崭新的历史时期，礼仪的发展大致可以分为三个阶段：

三、礼仪的分类

（一）传统礼仪

传统意义上的礼仪是一种涵盖一切制度、法律和道德的社会行为规范，在中国古代，礼仪是为了适应当时社会需要，从宗族制度、贵贱等级关系中衍生出来，因而带有产生它的那个时代的特点及局限性。时至今日，现代的礼仪与古代的礼仪已有很大差别，我们必须舍弃那些为剥削阶级服务的礼仪规范，着重选取对今天仍有积极、普遍意义的传统文明礼仪，如尊老敬贤、仪尚适宜、礼貌待人、容仪有整等，加以改造与传承。这对于修养良好个人素质，协调和谐人际关系，塑造文明的社会风气，进行社会主义精神文明建设，具有现代价值。

（二）现代礼仪

从交际的角度来看，礼仪可以说是人际交往中适用的一种艺术、一种交际方式或交际方法，是人际交往中约定俗成的示人以尊重、友好的习惯做法。礼仪可以大致分类为政务礼仪、商务礼仪、服务礼仪、社交礼仪、涉外礼仪等五大分支，但是由于礼仪产生和存在的特殊性，五大分支内容又是相互交融、共同存在的。

政务礼仪是公务员礼仪培训介绍国家公务人员在日常工作、学习、生活中所应遵循的基本礼仪，包括公务员个人形象礼仪、行政办公礼仪、政务活动礼仪、社交礼仪等，帮助公务员提升个人形象和综合素质，更好地为人民服务。

商务礼仪是在商务活动中体现相互尊重的行为准则。商务礼仪的核心是一种行为的准则，用来约束我们日常商务活动的方方面面。商务礼仪的核心作用是为了体现人与人之间的相互尊重。这样我们学习商务礼仪就显得更为重要。

服务礼仪是各服务行业人员必备的素质和基本条件。出于对客人的尊重与友好，在服务中要注重仪表、仪容、仪态和语言、操作的规范；热情服务则要求服务员发自内心地热忱地向客人提供主动、周到的服务，从而表现出服务员良好风度与素养。

社交礼仪是指人们在人际交往过程中所具备的基本素质，交际能力等。社交在当今社会人际交往中发挥的作用愈显重要。通过社交，人们可以沟通心灵，建立深厚友谊，取得支持与帮助；通过社交，人们可以互通信息，共享资源，对取得事业成功大有裨益。

涉外礼仪是涉外交际礼仪的简称。即中国人在对外交际中，用以维护自身形象、对外交对象表示尊敬与友好的约定俗成的习惯做法。

四、礼仪的特征

礼仪是在社会交往过程中人们的行为准则，人们以此来规范和约束自己的行为，协调和制约人际间的相互关系。与其他行为准则相比，礼仪具有以下特征：

（一）传统性

礼仪是一个国家、民族传统文化的组成部分。在我国，现代礼仪是以传统文化为核心，并不断吸收其他民族的优秀文化，在长期的社会生活实践中逐渐发展和完善起来的。它根植于传统文化这块沃土上，因而有着深刻的传统性。"礼仪之邦"几千年的文明史，中华民族修礼、崇礼、习礼的传统美德，深深地融入现代礼仪之中，约束和规范着现代人的行为。礼仪是将人们在长期生活及交往中的习惯、准则固定并沿袭下来，有着广泛的社会文化基础，礼仪这种传统性是根深蒂固的。在社会生活中，礼仪是人们约定俗成的行为规范，大都没有形成文字，无须刻意传播，它是在人们相互交往中传播、继承、相沿成习，积淀下来的。在这个过程中，传统礼仪的那些烦琐的、保守的内容不断被摒弃，只有那些体现了人类的精神文明和社会进步，代表着中华民族传统文化本质和主流的礼仪，才得以世代相传，并被不断完善和发扬。

（二）共同性

礼仪是在人类共同生活的基础上形成的，是同一社会中，全体成员调节相互关系的行为规范。礼仪随着社会生产、生存环境和生活形态的变化而不断充实完善，逐渐成为社会各阶层共同遵守的行为准则。礼仪的内容大都以约定俗成的民俗习惯、特定文化为依据，集中地反映了一定范围内人们共同的文化心理和生活习惯，从而带有明显的共同性特点。礼仪又被应用于人们的社会交往之中，其范围和准则必须得到广泛的认可，才能在相当的范围内共同遵守，这也决定了礼仪的共同性特点。由于交往范围不断扩大，原先由于地域和文化交流限制所造成的礼仪规范的差异逐渐被打破，许多礼仪形式被越来越多的人们接受和认可，礼仪的共同性特点将会日趋明显。

（三）差异性

礼仪作为一种约定俗成的行为规范，其运用要受到时间、地点和环境的约束，同一礼仪会因时间、地点或对象的变化而有所不同。这就是礼仪差异性的特点。礼仪的差异性首先表现为民族差异性，不同民族的礼仪多姿多彩，各具特色。各民族的习俗礼仪都凝结着本民族本地区人民的文化情结，人们严格遵循，苦心维护，难以改变。比如同是见面礼，不同的民族有着不同的表现形式。礼仪的差异性还表现为个性差异，每个人因其地位、性格、资质等因素的不同，在使用同样的礼仪时会表现出不同的形式和特点。比如同是出席招待会，男士和女士要有不同的表现风格。礼仪的差异性还表现在其时代变异性，它随着社会的进步而不断发展、丰富和完善。礼仪总是体现着时代要求和时代精神，因而会随着时代发展而产生差异。世界各国都很重视礼仪改革，现代礼仪发展变化的趋势是使礼仪活动更加文明、简洁和实用。

（四）自律性

礼仪是社会生活中约定俗成的习惯和规则，礼仪对人们的各种行为规范都有着广泛的约束力，但这种约束力不是强制性的。礼仪不像法律那样威严，也不像道德那样肃然，礼仪的实施无须别人的督促和监督，有人冒犯了礼仪规范，也不会受到法律的制裁。因此，礼仪的实施，主要是依靠人们自觉地利用礼仪规范来约束自己的行为，这就是礼仪的自律性。礼仪的这一特点，要求人们在实施礼仪的过程中，树立起一种内心的道德信念和行为修养准则，不断提高自我约束、自我克制的能力，在人际交往中自觉地遵守礼仪规范。礼仪的自律性并不是说礼仪是可以随意冒犯的，不注意礼仪的人在社会生活中会处处碰壁，孤独、尴尬、失意总是难以摆脱，而自觉地注重礼仪，与人交往就会一帆风顺，处处受人尊重。

（五）等级性

礼仪的等级性表现在对不同身份、地位的人士礼宾待遇的不同。在社会生活中，人们往往用长幼之分、男女之别来规范每个人的受尊重程度。而在官方交往中，则要确定有官方礼宾次序，确定官方礼宾次序的主要依据是担任公职或社会地位的高低。这种礼宾次序带有某种强制性，不同的人因此而得到不同的礼宾待遇，但这并不意味着尊卑贵贱，而是现代社会正常交往秩序的表现，反映了各级公务人员的社会身份和角色规范。礼仪的等级性在社会交往中还表现为双向对等性，即在不同地区、不同组织的交往中，双方人员在公职身份和社会地位上要相近，业务性质要相似，以此来表示对对方的尊重。双方的交往还应当是一种尊重互换、情感互动的过程，在礼节上要有来有往、相互对等。这是工作需要与礼仪要求的结合统一。

五、礼仪的原则

1. 宽容

宽容是指耐心而毫无偏见地容忍与自己的观点或公认的观点不一致的意见和行为，人们在交往活动中运用礼仪时，要严于律己，更要宽以待人，因为"人们应该彼此容忍：每一个人都有弱点，在他最薄弱的方面，每一个人都能被切割捣碎"。

2. 敬人

敬人者，人敬之，人们在社会交往中，要敬人之心长存，处处不可失敬于人，不可伤害他人的个人尊严，更不能侮辱对方的人格。

3. 自律

自律并不是让一大堆规章制度来层层地束缚自己，而是用自律的行动创造一种井然的秩序来为我们的学习生活争取更大的自由。自律，通过自己要求自己，变被动为主动，自觉遵守礼仪规范，从而来约束自己的一言一行，这是礼仪的基础和出发点。学习、应用礼仪，最重要的就是自我要求、自我约束、自我控制、自我对照、自我反省、自我检点。

4. 遵守

在交际应酬中，每一位参与者都必须自觉、自愿的遵守礼仪，用礼仪去规范自己在日常生活中言行举止。避免懂礼仪，却不去执行礼仪的情况发生，要充分做到知之且为之。

5. 适度

《中庸》说，过犹不及为中。"道之不行也，我知之矣。知者过之，愚者不及也。道之不明也，我知之矣。贤者过之，不肖者不及也。"因此在应用礼仪时要注意做到把握分寸，认真得体。

6. 真诚

以诚学习则无事不克，以诚立业则无业不兴。真诚能够使我们广结善缘，使人生立于不败之地，能够缔造幸福美满的人生。因此，运用礼仪时，务必诚信无欺，言行一致，表里如一，诚信待人。

7. 从俗

由于国情、民族、文化背景的不同，在讲究礼仪时要做到坚持入乡随俗，与绝大多数人的习惯做法一致，切勿目中无人、自以为是。

8. 平等

人和人之间的平等，不是指物质上的"相等"或"平均"，而是在精神上互相理解，互相尊重把对方当成和自己一样的人来看待。现代社会的进步，就是人和人之间从不平等走向平等的过程，是平等逐渐实现的过程，平等是礼仪的核心，要求我们尊重交往对象、以礼相待，对任何交往对象都一视同仁，给予同等程度的礼遇。

六、礼仪的意义

社会的发展是建立在物质文明与精神文明基础上的，物质文明为精神文明的发展提供了物质条件和实践经验，精神文明又为物质文明的发展提供精神动力和智力支持，为物质文明的发展方向提供思想保障。不能设想一个没有精神支柱的国家能够自强于世界民族之林，也不能设想一个没有礼仪修养的民族会得到世人的尊敬。礼仪具有较强的尊重、约束、教化和调节作用，因此，注重礼仪具有十分重要的意义。从一定意义上讲，礼仪修养水平反映了一个国家、一个民族的文明程度，影响着她的发展进程。

1. 注重礼仪是社会主义精神文明建设的要求

社会主义精神文明建设的根本任务是适应社会主义现代化的需要，培养有理想、有道德、有文化、有纪律的社会主义公民，提高整个中华民族的思想道德素质和科学文化素质。我们国家正处在改革开放的历史时代，在建设社会主义市场经济体制的过程中，加强精神文明建设是十分重要的。倡导文明风气，歌颂高尚行为，使每个公民都能自觉遵守社会公德，讲文明，有礼貌，懂礼仪，对于社会主义经济建设的发展，有着重要的现实意义和历史意义。礼仪看起来是日常生活和工作中极为普通的细小的事情，但它却代表着一种深刻的道德力量，这种道德力量潜移默化地体现在全体公民身上，它将会成为一种伟大的民族精神，它能够弘扬正气，增强凝聚力，陶冶情操，净化心灵。注重礼仪对于巩固和发展社会主义生产和生活秩序，推动社会进步，无疑有着非常重要的意义。

2. 注重礼仪是社会生活中应有的行为规范

作为一个文明公民，应当自觉地讲究礼仪。在社会生活中，每个人都希望得到别人的尊重，而要想得到别人的尊重，首先要从尊重别人做起。尊重别人就应当对别人有礼貌、讲礼仪，礼貌礼仪从来就是衡量一个人文明程度的标准。人们在见面时相互握手、行礼、拥抱、献花等，这是对对方表示尊重和友好的礼貌行为。一个人在与人交往时能够真诚热情，谦恭随和，耐心周到，这是讲究礼仪的表现，这些行为能够反映出一个人的精神风貌、道德情操、气质修养，以及处理问题的能力。有礼貌、讲礼仪的人才能受人欢迎，也才能受到别人的尊重。在社会生活中，人们必须按照社会公认的行为规范去交往，去生活，如遵守公共秩序，尊老爱幼，遵时守信，注重仪容仪表等。这些规范约束着人们的行为，创造出安定和谐的生活工作环境，实现着人与人之间的有效交往。

3. 注重礼仪有利于良好人际关系的建立

礼仪是人际关系的"润滑剂"。每个人都希望生活在一个安定团结、和睦友好的环境中，而这种环境需要礼貌礼节去创造和维持。一句热情的问候，一个亲切的微笑，都可以使你得到一个朋友，得到一份友情，生活会因此变得温馨和谐。一声"对不起"、"请原谅"，能够减少摩擦，转怒为喜；而横眉冷对，出言不逊，高傲冷漠，就可能造成气氛紧张，矛盾横生，生活会因此变得索然无味，工作中会困难重重。在社会生活中，礼仪就如同春风与美酒，滋润着人们的心灵，沟通着人们的情感，化解了人与人之间的矛盾，使人们彼此尊重，相互理解，达成共识。礼仪在协调人际关系方面有着难以估量的作用。

4. 注重礼仪有利于各种社交活动的开展

随着改革开放的扩大和深入，人与人的交往也在不断地加深。人与人的相识是借助礼貌礼仪开始的。在社交活动中，每个人总是以一定的仪表、装束、言谈、举止及某种行为出现的，这些因素作用于对方的感官，会给其留下第一视觉印象，这种印象能产生直接的效果，常常会使人形成一种特殊的心理定势和情绪定势，无形中影响着人们相互交往的进展与深度。得体大方的衣着，彬彬有礼的举止，良好的精神面貌，温文尔雅的谈吐，定会给人留下深刻美好的印象，从而取得信任，建立友谊，有效地进行社交活动。在与人交往的过程中，只有有礼貌、懂礼仪的人，才能够左右逢源，应付自如，才能够被周围的人所接受。在社交活动中，礼仪不仅起着媒介的作用，而且起着"黏合"和"催化"的作用，对于表达感情，增进了解，树立形象是必不可少的。

第二节　职场着装礼仪

服饰不仅有驱寒保暖、防风遮雨的实用价值，以及美化个人仪表的作用，且在一定程度上反映着一个社会政治经济、文化生活及科学技术的发展水平，同时也能相应地体现出穿戴者的身份、社会地位和思想、价值观念，反映一个人的学识、气质修养和审美情趣。服饰是一种能够传递信息的无声语言，但却往往能起到先声夺人的作用。它构成了人外在形象的重要组成部分，每个人都在有意无意地通过自己的服饰传递着一定的信息，借此让别人了解自己，也就是说"一个人其实就是服装！"

一、职场着装礼仪的重要性

在现代的社会里，每个人都不可避免地要和社会中的其他群体进行接触，在这种密集而短时间的接触中，一个人的个人形象直接决定了一个人的气质，代表了一个人的品味和价值观。形象是人们生活美满、事业成功的有力工具，良好的外表会为事业起着推波助澜的作用，可以说个人形象的好坏直接决定着人际交往的成败。形象可以看做一个人的一张名片，每一个人虽然是一个个体，可是一个人的综合形象严重影响着他的人际关系、升迁、收入和家庭。一个成功的形象，展示给人们的是自信、尊严、力量、能力，它不仅反映在别人的视觉印象中，它还让他对自己的言行有更高的要求，它能立刻唤起他内心沉积的优良素质，通过他的一举一动让其浑身都散发着成功者的魅力，从而带来更多的机遇。个人形象是通过自己的努力，不断地充实和提高自身的道德修养，通过他人而反映出来的。生活中我们常常听到这样的话：某某领导有很强的亲和力，某某个人人缘挺好，大家都愿意和他交往，这都是个人形象较好的一个表现。

职场着装礼仪不仅对塑造个人形象有非常重要的影响，而且是打开交际之门的钥匙，维系人际关系的纽带，促进事业成功的手段，形成完美人格的途径。人与人第一次交往中给人留下的印象，在对方的头脑中形成并占据着主导地位，这种效应在心理学上称之为首因效应，"给人留下一个好印象"，一般就是指第一印象，这里就存在着首因效应的作用。因此，在交友、招聘、求职等社交活动中，大家可以利用这种效应，展示给人一种极好的形象，为以后的交流打下良好的基础。当然，这在社交活动中只是一种暂时的行为，更深层次的交往还需要个人各方面的提升和进步。这就需要职场人士加强在谈吐、举止、修养、礼节等各方面的素质，不然则会导致另外一种效应的负面影响，那就是近因效应。要做到这一点，首先，要注重仪表风度，一般情况下人们都愿意同衣着干净整齐、落落大方的人接触和交往。其次，要注意言谈举止，言辞幽默，侃侃而谈，不卑不亢，举止优雅，定会给人留下难以忘怀的印象。

因此，职场着装礼仪会直接影响着别人对个人在人际交往中的第一印象，也就是直接影响着可以给别人最具有视觉冲击力的个人形象，而个人形象却进而影响着个人的成功。大学生自我销售是踏入社会门槛的第一个任务，如果形象不好，被拒绝的概率将直线上升。良好的形象可以使一个人魅力无穷、所向披靡。反之，不良的形象使人障碍重重、步履维艰。

二、职场着装礼仪的原则

依照社交礼仪，着装要赢得成功，进而做到品位超群，就必须兼顾其个体性、整体性、整洁性、文明性、技巧性。对这五个方面，一点都不能偏废，同时还需要遵循 TPO 原则。

（一）个体性

正如世间每一片树叶都不会完全相同一样，每一个人都具有自己的个性。在着装时，既要认同共性，又绝不能因此而泯灭自己的个性。着装要坚持个体性，具体来讲有两层含义：第一，着装应当照顾自身的特点，要作到"量体裁衣"，使之适应自身，并扬长避短。第二，着装应创造并保持自己所独有的风格，在允许的前提下，着装在某些方面应当与众不同。切勿穷追时髦，随波逐流，使个人着装千人一面，毫无特色可言。

（二）整体性

正确的着装，应当基于统筹的考虑和精心的搭配。其各个部分不仅要"自成一体"，而且要相互呼应、配合，在整体上尽可能地显得完美、和谐。若是着装的各个部分之间缺乏联系，"各自为政"，它哪怕再完美也毫无意义。着装要坚持整体性，重点是要注意两个方面。其一，要恪守服装本身约定俗成的搭配。例如，穿西装时，应配皮鞋，而不能穿布鞋、凉鞋、拖鞋、运动鞋。其二，要使服装各个部分相互适应，局部服从于整体，力求展现着装的整体之美，全局之美。

（三）整洁性

在任何情况之下，人们的着装都要力求整洁，避免肮脏或邋遢。着装要坚持整洁性，应体现于下述四个方面：首先，着装应当整齐。不允许它又折又皱，不熨不烫。其次，着装应当完好。不应又残又破，乱打补丁，至于成心自残的"乞丐装"，在正式场合亦应禁穿。再次，着装应当干净，不应当又脏又臭，令人生厌。以任何理由搪塞应付而穿脏衣，都没有道理。最后，着装应当卫生、对于各类服装，都要勤于换洗，不应允许其存在明显的污渍、油迹、汗味与体臭。

（四）文明性

穿着服装，是人类文明的一大进步。在日常生活里，不仅要做到会穿衣戴帽，而且要努力做到文明着装。着装的文明性，主要是要求着装文明大方，符合社会的道德传统和常规做法。它的具体要求，一是要忌穿过露的服装。在正式场合，袒胸露背，暴露大腿、脚部和腋窝的服装，切应忌穿。在大庭广众之前打赤膊，则更在禁止之列。二是要忌穿过透的服装。倘若使内衣、内裤"透视"在外，令人一目了然，昭然若揭，当然有失检点。三是要忌穿过短的服装。不要为了标新立异，而穿着小一号的服装。更不要在正式场合穿短裤、小背心、超短裙这类过短的服装。它们不仅会使大家行动不便，频频"走光"、"亮相"，而且也失敬于人，使他人多有不便。四是要忌穿过紧的服装。不要为了展示线条而有意选择过于紧身的服装，把个人打扮得像"性感女郎"，使自己内衣、内裤的轮廓在过紧的服装之外隐隐约约。

（五）技巧性

不同的服装，有不同的搭配和约定俗成的穿法。例如，穿单排扣西装上衣时，两粒纽扣的要系上面一粒，三粒纽扣的要系中间一粒或是上面两粒。女士穿裙子时，所穿丝袜的袜口应被裙子下摆所遮掩，而不宜露于裙摆之外。穿西装不打领带时，内穿的衬衫应当不系领扣等。这些都属于着装的技巧。着装的技巧性，主要是要求在着装时要依照其成法而行，要学会穿法，遵守穿法。不可以不知，也不可以另搞一套，贻笑大方。

（六）T.P.O 原则

T.P.O 分别是英文 Time、Place、Occasion 三个单词的缩写字头，意思是时间、地点、场合。着装 T.P.O 原则是指穿着服装时必须考虑时间、地点和场合这三个因素。

"T"原则，即时间原则，主要指着装时应考虑时代性、四季性、早晚性。所谓时代性是指着装要与时代合拍，过分超前或落后都会"不合时宜"。所谓四季性是指着装应考虑春、夏、秋、冬四季的气候环境，尤其是在色彩选择上应随季节变化。夏天的服装应简洁、凉爽、大方，避免使人感到闷热烦躁；冬天的服装应保暖、轻快、简练。所谓早晚性是指着装应根据一天里早、中、晚气温、光照的变化及所从事的活动不同而调整。早上、白天因户外活动或非正式活动较多，可以在穿着上稍微随便一些；晚上因宴请、舞会等活动较多，穿着就应比白天上班时更讲究些。

"P"原则，即地点原则，主要指着装应适合所处的环境。环境的概念较广，有办公室、码头、车站，有高级宾馆及公园、绿地，有繁华的大街及偏远的乡村等，公关人员应对即将到达的地点环境有所了解或估计，然后选择恰当的服装饰品。

"O"原则，即场合原则，主要指着装应与活动场合的气氛相和谐。例如，参加庄重的仪式或重要典礼等重大公关活动，着装应尽量正规。生日聚会、联欢活动等喜庆场合，服装的色彩可以丰富一些，男子若穿西装，可不系领带；参加郊游，可穿十分随便、无拘无束的休闲便装；参加亲友的丧礼，宜穿深色或素色服装，应使外表的肃穆与内心的沉痛相一致。

谋职、应聘时的衣着应以适宜的着装体现自身的修养、气质及能力。应聘着装首先应考虑应聘工作的性质，然后选择适合这一工作的合适的衣着。应聘职位较低的工作如业务内勤人员，着装要力求给人以勤勉踏实、利落大方、整洁的印象；应聘职位较高的工作，着装要给人以稳重、气派的感觉。蓝色在国际上被称为最佳的"应聘色"，常让人感觉处事稳健、踏实、认真、理性，被谋职者视为最稳妥的颜色。

三、职场着装礼仪的规范与技巧

（一）女士着装

1. 着装禁忌

"云想衣裳花想容"，相对于偏于稳重单调的男士着装，女士们的着装则亮丽丰富得多。得体的穿着，不仅可以显得更加美丽，还可以体现出一个现代文明人良好的修养和独到的品位。

成功的职业女性应该懂得如何适宜地装扮自己，但在日常生活中，职业女性的着装常会出现以下问题：

（1）过于时髦

现代女性热爱流行的时装是很正常的现象，即使其本人不去刻意追求流行。流行也会左右着她。有些女性盲目地追求时髦，例如有家贸易公司的女秘书在指甲上同时涂了几种颜色鲜艳的指甲油，当她打字或与人交谈时，都给人一种厌恶的压迫感，一个成功的职业女性对于流行的选择必须有正确的判断力，同时要切记：在办公室主要表现工作能力而非赶时髦的能力。

（2）过于暴露

夏天的时候，许多职业女性便不够注重自己的身份，穿起颇为性感的服装，这样她的才能和智慧便会被埋没，甚至还会被看成轻浮。因此，再热的天气，应注意自己仪表的整洁、大方。

（3）过于潇洒

最典型的样子就是一件随随便便的 T 恤或罩衫，配上一条泛白的"破"牛仔裤，丝毫不顾及办公室的原则和体制。这样的穿着可以说是非常不合适了。

（4）过于可爱

在服装市场上有许多可爱俏丽的款式，也不适合工作中穿着，这样会给人轻浮、不稳重的感觉。

2. 着装技巧

职业女士的着装仪表必须符合她本人的个性，体态特征、职位、企业文化、办公环境，志趣等等。女强人不应该一味模仿办公室里男士的服饰打扮，要有一种"做女人真好的心态"，充分发挥女性特有的柔韧，一扫男士武断独裁。女性的穿着打扮应该灵活有弹性，要学会怎样搭配衣服、鞋子、发型、首饰、化妆，使之完美和谐。最终被别人称赞，应该夸她漂亮而不是说她的衣服好看或鞋子漂亮。穿着好职业套装会更显权威，选择一些质地好的套装，要以套装为底色来选择衬衣、毛线衫、鞋子、袜子、围巾、腰带和首饰。每个人的肤色、发色、格调不同，所以适合她的颜色也不同，要选择一些合适自己颜色的套装，再根据套装色为底色配选其他小装饰品。

（1）化妆

化妆可以让女性更具魅力，但不宜浓妆艳抹。过度打扮，如妆太浓、香水味道刺鼻，会让人感到做作，过于简单会让人感到随便，总之有一个原则，每天的打扮必须要迎合职场女士当天要会见的人们，符合他们的身份和专业度，让自己不寒酸掉价。

（2）服装

庄重典雅的服装让女性更有职业气质。职业女装一般分为西服套裙、夹克衫或不成型的上衣，以及连衣裙或两件套裙三种。在这三种类型中，每一种都要考虑其颜色和面料。其中西服套裙是女性的标准职业着装，不论年龄，一套剪裁合体的西装、套裙和一件配色的衬衣或罩衫外加相配的小饰物，会使你看起来显得优雅而自信，可塑造出强有力的形象。裙子长度应在膝盖左右或以下，太短有失庄重。

服装颜色以淡雅或同色系的搭配为宜，穿着应有职业女性的气息，T 恤衫、迷你裙、牛仔裤、紧身裤、宽松服、高跟拖鞋等，不适合面试场合，会给人留下太随便的印象。 其中，套装、裙子、礼服、夹克选择当中稳重有权威的颜色包括：海军蓝、灰色、碳黑、淡蓝、黑色、栗色、锈色、棕色、驼色特别需要指出的是要避免浅黄、粉红、浅格绿或橘红色；衬衣选择中不宜穿 V 型衫。

需要注意的是，体型较胖的女性最好穿一身颜色一样的服装。

（3）鞋袜

传统的皮鞋是最畅销的职业用鞋。它们穿着舒适，美观大方。建议鞋跟高度三至四厘米为主。正式的场合不要穿凉鞋、后跟用带系住的女鞋或露脚趾的鞋。鞋的颜色应与衣服下摆一致或再深一些。衣服从下摆开始到鞋的颜色一致，可以使大多数人显得高一些。如果鞋是另一种颜色，人们的目光就会被吸引到脚上。推荐中性颜色的鞋，如黑色、藏青色、暗红色、灰色或灰褐色。不要穿红色、粉红色、玫瑰红色和黄色的鞋。在求职等场合不宜穿运动鞋或过高的高跟鞋。

在穿着裙装时最好要穿丝袜，在正式的商务场合，女性穿裙装不穿丝袜跟男士不扎皮带一样，视为轻浮的表现，丝袜颜色以传统纯色、黑色为宜，切忌颜色大紫大红、图案、切忌露出袜口，不要穿带图案的袜子，因为它们会惹人注意你的腿部。最好，随身携带一双备用的透明丝袜，以防袜子拉丝或跳丝。

（4）首饰

职业女性希望表现的是她们的聪明才智，能力和经验等，所以要带首饰就必须是佩带简单首饰，不要带摇摆晃动的耳环或一走路就会发出声响的项链，这样对专业形象的杀伤力极大。耳环是很重要的首饰，但不宜太长太大。

（5）眼镜

眼镜会让人感觉文气，也可能使一些人显得不协调。尽量选择适合自己的镜框，式样宜新为好。另外，千万不可戴太阳镜（护目镜）去面试，总之，眼镜会使一些人外表增色，但它抹杀了女性特有的亲和力，比较古板刻薄，尽量带隐形眼睛。

（6）手提包

女人对包的爱恋是一种难以言表的微妙感情，《欲望都市》中的凯丽大呼"我们都爱包包！"也许说出了女人的心声。作为一名职场女性携包时应注意，带一个即可，不要两个都带。其中在多数面试场合，携带公文包比手提小包体现出更多的权威。你可以把手提包的基本内容放进一个无带小提包，然后把它装进公文包内，但包不要塞得满满的。如果你个子较矮小，包则不宜过大，这样会极不协调。

除此之外，职场女士着装还应该注意三忌："忌露、忌透、忌短"，要与自身年龄相符合，树立一种最能体现自己个性和品位的风格。

（二）男士着装

服饰表达人们的心声。男士服饰的最终表现可以说是心理情感上体现。小时候父母给男孩的穿衣打扮，到了青年期对周围服饰环境的模仿及追求，中年期服饰日趋稳定、成熟。其中每一阶段都是整体搭配现象的完整化与男性情感的结合体。

在交际活动中，合乎场合的穿着，是社交礼仪的重要体现。职场男士着装要遵循如下几个基本原则"三色原则"——全套装束颜色不超过三种；"三一定律"——皮鞋、手袋、皮带的颜色保持一致；"三大禁忌"——A. 穿西装必须打领带，不可无领带，B. 西装上的标签必须拆除，C. 穿深色西装不可配白色袜子。总之要做到简约而不简单，个性而又和谐，让他人感觉到尊重、沉稳与尊重。

1. 服装与场合

根据"TPO"原则，不同场合需要不同着装与之相配，如在极为隆重的场合穿着大小礼服，在一般正式场合不用穿礼服，穿正规西装、中山装、唐装等，颜色可多样，与身体和谐，但要适合自己。除此，一般正式场合还比较流行夹克、衬衣、T恤衫与各式单西服等便服，这些便服在用于商务时需要注意如下几点：

（1）可不打领带，但衬衣第一个扣子应解开；

（2）可穿质地好带领的T恤衫，不要透明或上面有字；

（3）可穿非运动类的便装皮鞋，不能穿运动鞋和布鞋；

（4）最好不穿牛仔裤

2. 服装色彩

首先从色调入手，色调是表现整体色彩的表情，有鲜调、浅调、深调、灰调、中调。再次要注意到是同类色的搭配，还是对比色的搭配。同时还要考虑色彩在服饰中所占据的面积、位置，这也是影响男士服饰色彩的稳定性因素。黑白灰的整体色度在服饰色彩上的表现极为重要，如上重下轻、内轻外重，上轻下重，内重外轻等。它所散发的稳定性因素将始终贯穿男服。尤其是要注意的是色应当以主流颜色为主，如深蓝色，咖啡色、黑色、灰色等，不要穿格、条、花的，这样在各种场合穿着都不会显得失态。

3. 男士西装规范

（1）西装的选择

① 不同的西装适合于不同的人群，如美式西装适合稍微宽松的一些场合和身材高大魁伟，特别是肥胖一些的男士。欧式西装适合于身材高大且上身较长的男士，日式西装则适合于肩部不宽，身材不高不壮的亚洲人身材。

② 穿西装除要西装合体以外，还要注意颜色的选择，一般隆重、非常正式的场合会选择黑色，如婚礼等，一般场合推荐深蓝色、深灰色。需要注意的是，避免浅色西装，浅颜色给人轻浮的感觉，不适合正式场合，但是可以在休闲场合穿。

（2）扣子的系法

① 常见的西装，是双排扣，或者是单排扣，以两粒到三粒为主，为最多。

② 西装扣子可以不系，特别是一种单排款的西装可以不系（特别宽松的场合，表达自己的潇洒和自如的时候，完全可以不系）。

③ 各种款式的西装，最基本的原则就是下面的一个扣子永远是不系的，包括双排扣的西装。

（3）衬衫的搭配

① 以白色或浅色为主，经典白色衬衫永不过时，这样较好配领带和西裤。深色西装配上白色衬衫，给人以潇洒的风度；而蓝色衬衫是IT行业男士的最佳选择，能体现出智慧、沉稳的气质。

② 衬衫应该是硬领的，领子要干净、挺括，短袖衬衫和圆领衫在正式场合不宜等。

③ 衬衫下摆要放入裤腰内。内衣、内裤、衬衣等都不能露出

（4）领带的搭配

① 领带的颜色一定要比衬衫的颜色深

② 领带的长度，不宜过长也不宜过短，领带尖应该触及皮带扣，尽可能别上领带夹。

③ 穿毛衣或马甲时，领带应放在毛衣、马甲的里面即贴住衬衣。

领结要打得坚实、端正，不要松松散散，耷拉在一边。

（5）鞋袜、腰带的搭配

① 皮鞋以黑色为宜，黑色鞋好配服装。不要以为越贵越好，而要以舒适大方为度，穿时

鞋带要系牢。

② 皮鞋也尽量不要选给人攻击性感觉的尖头款式，方头系带的皮鞋是最佳选择。

③ 皮带和皮鞋应是同一质地的，如果不是，就要在颜色上找到统一。

④ 袜子的颜色也有讲究，穿西服时不要穿白色袜子，尤其是深色西装，一定要搭配同色系的袜子。如果没有配上，必须是深灰色、蓝色、黑色等深色，最好和鞋的颜色一致，这样在任何场合都不失礼。

⑤ 袜子保持足够的长度，以袜口抵达小腿为宜。

⑥ 一定是黑色皮腰带，腰带扣不要太花。

（5）穿着的禁忌

① 西裤过短，标准的西裤长度为裤管盖住皮鞋；

② 衬衫放在西裤外；

③ 不扣衬衫扣就佩戴领带；

④ 西服袖子长于衬衫袖，它应该比衬衫袖短 1.5 厘米；

⑤ 西服的衣、裤袋内鼓鼓囊囊；

⑥ 西服配便鞋。

图9.4 男士服装礼仪

"服装不能造出完人，但是第一印象的 80% 来自于着装。"良好的职场着装礼仪将会成为人们迈入职场、奋斗于职场的金拐杖。美国行为学家迈克尔·阿盖尔做过实验：当他以不同的仪表装扮出现在同一个地点，得到的反馈完全不同。当他身着西装以绅士姿态出现时，无论是问路者还是咨询事情者都会彬彬有礼，当他以流浪者形象出现时，接触他的都是借钱、对火的无业游民。尽管，现在强调不得以貌取人，但是在人际交往过程中职场着装礼仪表达的意义必然超过语言，他能够完全体现出一个人的内在品质，因此正式的着装、文明的着装礼仪会让职场人士在人际交往中不仅仅得到信任，还会助其迈向成功。

第三节　职场商务礼仪

在现代市场经济无处不充满竞争的情况下，每个人都渴望自己的职场生涯顺利、成功，可是诸多人将成功的理由局限于个人的专业技能，殊不知，职场商务礼仪是职场人的内在修养的外在表现，是赢得周围同事尊重与赏识、处理人际关系、推动事业成功必不可少的能力。"知礼而后作"，只有掌握职场商务礼仪知识，才能塑造职业人士形象，只有掌握职场商务礼仪知识，注重细节，才能迈向成功。

一、职场商务礼仪的内涵

1. 职场商务礼仪的概念

职场商务礼仪就是现代企业的从业人员在职场商务交往和经济活动中应遵循的行为规范。商务活动中对人的仪容仪表和言谈举止的普遍要求，是在商务活动中体现相互尊重的行为准则，核心作用是为了体现人与人之间的相互尊重。而在职场往来中，任何一个表现都可能会导致意想不到的结果，也许是一块手表，也许是一顿晚餐。

2. 职场商务礼仪的特点

职场商务礼仪具有以下几个特点：规范性、多样性、差异性、继承性。

（1）规范性

规范性，是指标准化要求。商务礼仪的规范是一个舆论约束，与法律约束不同，法律约束具有强制性。如，替别人介绍的先后顺序，不分男女，不分老少。工作中是平等的，先介绍主人，后介绍客人。理论上讲叫做客人有优先了解权，这是客人至上的体现。

（2）多样性

职场中不同场合都讲究礼仪，因此存在着多种多样的商务礼仪，如个人方面的礼仪，交际方面的礼仪，呈现出多样化。

（3）差异性

区分对象，因人而异，差异性就是对象性，跟什么人说什么话。宴请客人时优先考虑的问题是什么?便宴优先考虑的应该是菜肴的安排。要问对方不吃什么，有什么忌讳的，不同民族有不同的习惯，我们必须尊重民族习惯。西方人有六不吃：1. 不吃动物内脏；2. 不吃动物的头和脚；3. 1 不吃宠物，尤其是猫和狗；4. 不能吃珍稀动物；5. 不吃淡水鱼，淡水鱼有土腥味；6. 不吃无鳞无鳍的鱼（蛇、鳝等）。除了民族禁忌之外，还要注意宗教禁忌，比如穆斯林禁忌动物的血，佛教禁忌荤腥、韭菜等。不同的对象要安排不同的内容。

（4）继承性

礼仪规范将人们交际活动中约定俗成的程式固定下来,这种固化程式随着时间的推移沿袭下来，形成了继承性特点。人们对传流下来的礼仪规范应采取汲取精华，去其糟粕，古为今用的态度。例如：在重大活动中，座次以北为上，以右为尊的规则，就是继承了传统礼仪，成为现今人们仍沿用遵守的礼仪规范。

二、职场商务礼仪的原则

职场商务礼仪的原则是指从事某一具体职业的人，在其工作岗位上所遵循的与职业活动紧密联系的行为准则。

美国学者布吉尼教授提出的"三 A 原则"被公认为是商务礼仪的立足资本，"三 A 原则"就是三个以 A 开头的英语单词，其中文意思就是"接受别人（accept）"、"重视别人（attention）"、"赞美别人（admire）"。

同时，职场商务礼仪的"黄金法则"与"白金法则"在指导职场人处理人际关系时也与"三 A 原则"有着异曲同工之妙。这里，我们着重介绍职场商务礼仪的"黄金法则"与"白金法则"。

1. 黄金法则

"黄金法则"指的是你需要别人怎样对你，你就怎样对别人。《圣经·新约·马太福音》第 7 章第 12 节上说，"无论何事，你们愿意人怎样待你们，你们也要怎样待人，因为这就是律法和先知的道理。"这是一条做人的法则，又称为"为人法则"，它几乎成了人类普遍遵循的处世原则，人们往往将之简称为"你想人家怎样待你，你也要怎样待人。"

世界各民族文化中都有类似的训言，并且将其奉为精神生活的一条基本准则。

纽约广告巨头智威汤逊公司董事长曼宁先生曾向一群年轻的广告撰稿人作了一次演讲。这些二三十岁的青年男女在这个人才济济、竞争激烈的广告业中都是刚刚起步，每个人都渴望向广告界传奇人物——曼宁先生多学几招，曼宁先生位居广告界领袖人物的时间简直跟他们的年龄差不多长了。曼宁那天向这群才智不凡的听众说道："这是一场真正的竞赛，智能、才气与精力都只是这场竞赛的入场券。没有这些条件，你根本不具备进入这个行业的资格。"

曼宁又说："但是，要想赢得比赛，你还需要具备更多的条件。你必须懂得成功的诀窍，并把它贯穿到你整个人生之中。那么，什么是成功的诀窍呢？那就是：你希望别人怎样对你，你就先怎样对人。"

理论上，这可真是一条金科玉律，就连在"人吃人"的纽约麦迪逊大道上也管用。它可以说是超越了宗教、伦理、自我实现，甚至是非对错之上。正如曼宁先生所说的那样：金科玉律是永远不负众望的。但是，现代的角度来看，"黄金法则"也难以解决纷繁复杂的所有问题，我们需要根据实际情况来灵活应用。

📚 **小贴士**

JWT 的企业文化

JWT

智威汤逊广告公司（JWT，J. Walter Thompson）创始于 1864 年，是全球第一家广告公司，也是全球第一家开展国际化作业的广告公司。自成立以来，智威汤逊（JWT）一直以"不断自我创新，也不断创造广告事业"著称于世。JWT 首开先例的顾客产品调查、第一本杂志指南、第一本农业指南、提供给国际投资人的第一本行销指南、制作第一个电台表演秀、制作第一个商业电视传播、第一个使用电脑策划及媒体购买……。智威汤逊以品牌全行销规划（Thompson Total Branding），结合广告、直效行销、促销、赞助及公关活动，致力于协助客户达成短期业绩成长，并创造长期的品牌价值。

时至今日，140 周岁的 JWT 风采依旧，昂首跻身于世界 4 大顶尖广告公司之列。JWT 的大家庭有 300 多个分公司、办事处的 10000 多名成员，遍布在全球六大洲的主要城市，为客户提供全方位的品牌服务。目前智威汤逊隶属于全球最大的传播集团 WPP。

智威汤逊（JWT）的"第一"

全球第一家提出"广告不仅是卖产品讯息而是与消费者建立关系"理论的广告公司"

全球第一家提出并执行"Brand Idea"（品牌创意点）的广告公司

全球第一家以 Research（市调）来企划品牌的广告公司

全球第一家以 Sex（性）做为广告表现的广告公司

全球第一家运用电台广播剧及电视剧做置入性营销的广告公司

全球第一家设立 "品牌策略规划部门" 的广告公司

全球第一家与客户（联合利华）合作关系超过一百年的广告公司

2. 白金法则

"白金法则"指的是别人需要你怎样对待他，你就怎样对待他。白金法则是美国最有影响的演说人之一和最受欢迎的商业广播讲座撰稿人托尼·亚历山德拉博士与人力资源顾问、训导专家迈克尔·奥康纳博士研究的成果。白金法则的精髓就在于"别人希望你怎样对待他们，你就怎样对待他们"，从研究别人的需要出发，然后调整自己行为，运用我们的智能和才能使别人过得轻松、舒畅。

图 9.5 美国著名的市场策划和应用行为学家托尼·亚历山德拉博士

简单地说，就是学会真正了解别人——然后以他们认为最好的方式对待他们，而不是我们中意的方式。这一点还意味着要善于花些时间去观察和分析我们身边的人，然后调整我们自己的行为，以便让他们觉得更称心和自在。这当然就使得他们更容易对你产生认同。

"空中客车"飞机推销人才贝尔纳·拉弟埃，从 1975 年受聘以来业绩非凡。他成功地推销了 230 架飞机，价值 420 亿法郎。他动用的是一种"情感推销法"。拉弟埃来到印度推销飞机时，接待他的是印度航空公司主席拉尔少将，拉弟埃的第一句话便是"正因为你，使我有机会在我生日这一天又回到了我的出生地。"这句话直接向对方表明，感谢主人慷慨赐予的机会，使得他能在自己生日的日子里来到该国，而且最具意义的是该国乃是他的出生地。同时他又谈到他与印度的世交，并掏出了一张拉弟埃 3 岁时与印度伟人圣雄甘地的合影。这使拉尔少将大为感动，很快与之签订了合同。

贝尔纳就是成功运用了"白金法则"。在现今价值多元的社会里，大家的喜好需求也随着千变万化，莫衷一是。所以当我们在待人接物、处理人际关系的时候，再从自己的观点出发："我希望别人如何对待我，我就如何对待别人"时，往往只能达到"自己"猜测对方满意，而未必是"对方"真正的满意。如果想要达成对方 100％ 的满意，就必须从对方的立场来考虑；"别人希望我怎么对待他们，我就怎么对待他们"，现今大家耳熟能详的"以客为尊"、"顾客满意"其实就是这个道理。

"己所不欲，勿施于人"，这是人际互动的基本原理，至少不会冒犯别人。

"己之所欲，施之于人"，这只是人际关系的黄金法则，适用于价值需求一致的文化社会。

"人之所欲，才施于人"，是人际经营的白金定律，惟有如此，才能使我们在价值多元化的现代职场中里无坚不破。

我们每个人都有自己的传达个性风格的方式和途径，我们握手的方式，碰到不耐心的事时排解情绪的方式，我们办公室的布置方式，我们做决断的方式，打电话时我们或简捷利落或喋喋不休、絮絮叨叨的方式——以及诸如此类种种其他的方式方法，都可以传达出我们个性风格的信息。学会"读"懂这些信息的"符号"，准确识别他人的个性风格可算得上是一种本事，其目的是据此调整我们的行为方式，减少和避免冲突及不快的发生。在此基础上，"白金法则"指导你根据他人的性格特征、兴趣爱好，采取相应的行动，因此，在职场中与 100 个人进行商务社交，就必须用 100 种有针对性的礼仪方式去处理，只有这样才能使你的事业获得极大的成功。

三、职场商务礼仪的意义

1. 规范行为举止

礼仪最基本的功能就是规范各种行为。在商务交往中，人们相互影响、相互作用、相互合作，如果不遵循一定的规范，双方就缺乏协作的基础。在众多的商务规范中，礼仪规范可以使人明白应该怎样做，不应该怎样做，哪些可以做，哪些不可以做，有利于确定自我形象，尊重他人，赢得友谊。

2. 传递友好信息

礼仪是一种信息，通过这种信息可以表达出尊敬、友善、真诚等感情，使别人感到温暖。在商务活动中，恰当的礼仪可以获得对方的好感、信任，进而有助于事业的发展。

3. 增进彼此感情

在商务活动中，随着交往的深入，双方可能都会产生一定的情绪体验。它表现为两种情感状态：一种是感情共鸣，另一种是情感排斥。礼仪容易使双方互相吸引，增进感情，导致良好的人际关系的建立和发展。反之，如果不讲礼仪，粗俗不堪，那么就容易产生感情排斥，造成人际关系紧张，给对方造成不好的印象。

4. 塑造良好形象

一个人讲究礼仪，就会在众人面前树立良好的个人形象；一个组织的成员讲究礼仪，就会为自己的组织树立良好的形象，赢得公众的赞美。现代市场竞争除了产品竞争外，更体现在形象竞争。一个具有良好信誉和形象的公司或企业，就容易获得社会各方的信任和支持，就可在激烈的竞争中处于不败之地。所以，商务人员时刻注重礼仪，既是个人和组织良好素质的体现，也是树立和巩固良好形象的需要。商务礼仪是在商务活动中体现相互尊重的行为准则。

四、求职礼仪

求职礼仪，从每个细节改变打造自己的形象，不过这些不容易速成，很多都需要长期的修养磨练，甚至和自身所处的环境密切相关。其中求职礼仪中最重要的过程就是面试礼仪，在面试礼仪中需要注意以下的几个问题：

（一）时间观念

守时是职业道德的一个基本要求，提前 10-15 分钟到达面试地点效果最佳，除了可以熟悉一下环境，稳定一下心神之外，也可以从中体现出求职者本身对此次面试的重视程度以及对招聘人员以应有的尊重。提前半小时以上到达会被视为没有时间观念，但在面试时迟到或是匆匆忙忙赶到却是致命的，如果面试者面试迟到，那么不管你有什么理由，也会被视为缺乏自我管理和约束能力，即缺乏职业能力，给面试者留下非常不好的印象。而且大公司的面试往往一次要安排很多人，迟到了几分钟，就很可能永远与这家公司失之交臂了，因为这是面试的第一道题，万事开头难，所以求职者务必要把握好时间。

但招聘人员是允许迟到的，这一点一定要清楚，对招聘人员迟到千万不要太介意，也不要太介意面试人员的礼仪、素养。如果他们有不妥之处，面试者应尽量表现得大度开朗一些，这样往往能使坏事变好事。否则，招聘人员一迟到，面试者的不满情绪就流于言表，面露愠色，招聘人员对面试者的第一印象就大打折扣，甚至导致满盘皆输。因为面试也是一种人际磨合能力的考查，得体、周到的表现，自然是有百利而无一害的。

（二）形象塑造

面试时，招聘单位对你的第一印象最重要。你要仪态大方得体，举止温文而雅，要想树立起自己的良好形象，这就肯定要借助各种公关手段和方法。各种公关手段主要有言词语言公关、态势语言公关和素养公关。这些公关手段又包括数种方法，如：幽默法、委婉法等。还应掌握一些公关的基本技巧。只有在了解有关公关的常规知识之后，才能顺利地、成功地树立起自己良好的形象。如果你能使一个人对你有好感，那么也就可能使你周围的每一个人甚至是更多的人，都对你有好感。往往是风度翩翩者稳操胜券，仪态平平者则屈居人后。

在人际交往中，人们常常用"气质很好"这句模糊其意的话来评价对某个人的总体印象，似乎正是其模糊性才体现了较高的概括力。然而，一旦要把这个具体的感觉用抽象的概念作解释，就变得难以表达了。其实言谈举止就反映内在气质，从心理学的角度来看，一个人的言谈举止反映的是他的内在修养，比如，一个人的个性、价值取向、气质、所学专业……不同类型的人，会表现出不一样的行为习惯，而不同公司、不同部门，也就在面试中通过对大学生言谈举止的观察，来了解他们的内在修养、内在气质，并以此来确定其是否是自己需要的人选。面试能否成功，是在应聘者不经意间被决定的，而且和应聘者的言谈举止很有关系。而这些内在素质，都会在平常的言谈举止中流露出来。

如果说气质源于陶冶，那么风度则可以借助于技术因素，或者说有时是可以操作的。风度总是伴随着礼仪，一个有风度的人，必定谙知礼仪的重要，既彬彬有礼，又落落大方，顺乎自然，合乎人情，外表、内涵和肢体语言的真挚融合为一，这便是现代人的潇洒风度。每个人都有自己的形象风格，展现自我风采的另外一个重要因素便是自信，体现出一种独特的自然魅力，自我风采便无人能挡。

1. 待人礼貌

走进公司之前，口香糖和香烟都收起来，因为大多数的面试官都无法忍受你在公司嚼口香糖或吸烟；到了办公区，最好径直走到面试单位，而不要四处张望，显示出一种散漫的感觉；手机坚决不要开，避免面试时造成尴尬局面，同时也分散面试者自身的精力，影响成绩。一进面试单位，若有前台，则开门见山说明来意，经引导到指定区域落座，若无前台，则找工作人员求助。这时要注意用语文明，开始的"你好"和被引导后的"谢谢"是必说的，这代表你的教养；一些小企业没有等候室，就在面试办公室的门外等候；当办公室门打开时应有礼貌地说声："打扰了。" 然后向室内考官表明自己是来面试的，绝不可贸然闯入；假如有工作人员告知面试地点及时间，应当表示感谢；不要询问单位情况或向其索要材料，且无权对单位作以品评；不要驻足观看其他工作人员的工作，或在落座后对工作人员所讨论的事情或接听的电话发表意见或评论，以免给人肤浅嘴快的印象。

2. 坐姿得体

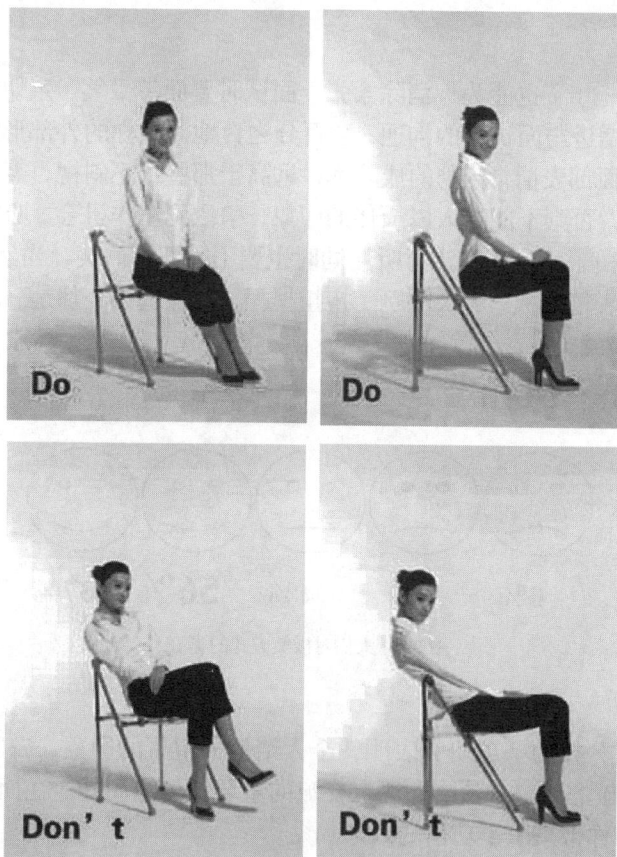

图 9.6 正误坐姿对比图

进入面试室后，在没有听到"请坐"之前，绝对不可以坐下，等考官告诉你"请坐"时才可坐下，坐下时应道声"谢谢"。坐姿也有讲究，"站如松，坐如钟"，面试时也应该如此，良好的坐姿是给面试官留下好印象的关键要素之一。坐椅子时最好坐满三分之二，上身挺直，这样显得精神抖擞；保持轻松自如的姿势，身体要略向前倾。不要弓着腰，也不要把腰挺得很直，这样反倒会给人留下死板的印象，应该很自然地将腰伸直，并拢双膝，把手自然地放在上面。

有两种坐姿不可取：一种是紧贴着椅背坐，显得太放松；另一种是只坐在椅边，显得太紧张。这两种坐法，都不利于面试的进行。要表现出精力和热忱，松懈的姿势会让人感到你疲惫不堪或漫不经心。切忌跷二郎腿并不停抖动，两臂不要交叉在胸前，更不能把手放在邻座椅背上，或加些玩笔、摸头、伸舌头等小动作，容易给别人一种轻浮傲慢、有失庄重的印象。

3. 眼神恰当

面试一开始就要留心自己的身体语言，特别是自己的眼神，对面试官应全神贯注，目光始终聚焦在面试人员身上，在不言之中，展现出自信及对对方的尊重。眼睛是心灵的窗户，恰当的眼神能体现出智慧、自信以及对公司的向往和热情。注意眼神的交流，这不仅是相互尊重的表示，也可以更好地获取一些信息，与面试官的动作达成默契。正确的眼神表达应该是：礼貌地正视对方，注视的部位最好是考官的鼻眼三角区（社交区）；目光平和而有神，专注而不呆板；如果有几个面试官在场，说话的时候要适当用目光扫视一下其他人，以示尊重；回答问题前，可以把视线投在对方背面墙上，约两三秒钟做思考，不宜过长，开口回答问题时，应该把视线收回来。

4. 微笑自信

微笑是自信的第一步，也能为你消除紧张。面试时要面带微笑，亲切和蔼、谦虚虔诚、有问必答。面带微笑会增进与面试官的沟通，会百分之百地提高你的外部形象，改善你与面试官的关系。赏心悦目的面部表情，应聘的成功率，远高于那些目不斜视、笑不露齿的人。不要板着面孔，苦着一张脸，否则不能给人以最佳的印象，争取到工作机会。听对方说话时，要时有点头，表示自己听明白了，或正在注意听。同时也要不时面带微笑，当然也不宜笑得太僵硬，一切都要顺其自然。表情呆板、大大咧咧、扭扭捏捏、矮揉造作，都是一种美的缺陷，破坏了自然的美。

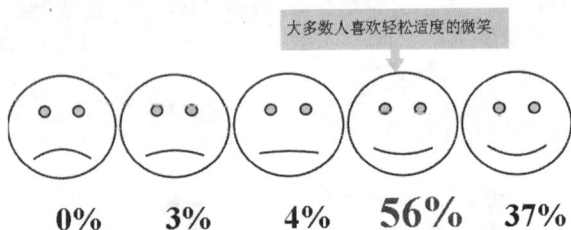

图9.7 人们对微笑方式的喜好

5. 手势适度

加州大学洛杉矶分校的一项研究表明，个人给他人留下的印象，7%取决于用辞，35%取决于音质，58%取决于非语言交流。非语言交流的重要性可想而知。在面试中，恰当使用非语言交流的技巧，将为你带来事半功倍的效果。

除了讲话以外，无声语言是重要的公关手段，主要有：手势语、目光语、身势语、面部语、服饰语等，通过仪表、姿态、神情、动作来传递信息，它们在交谈中往往起着有声语言无法比拟的效果，是职业形象的更高境界。形体语言对面试成败非常关键，有时一个眼神或者手势都会影响到整体评分。比如面部表情的适当微笑，就显现出一个人的乐观、豁达、自信；服饰的大方得体、不俗不妖，能反映出大学生风华正茂，有知识、有修养、青春活泼，独有魅力，它可以在考官眼中形成一道绚丽的风景，增强你的求职竞争能力。

说话时做些手势，加大对某个问题的形容和力度，是很自然的，可手势太多也会分散人的注意力，需要时适度配合表达。中国人的手势往往特别多，而且几乎都一个模子。尤其是在讲英文的时候，习惯两个手不停地上下晃，或者单手比划。这一点一定要注意。平时要留意外国人的手势，了解中外手势的不同。另外注意不要用手比划一二三，这样往往会滔滔不绝，令人生厌。而且中西方手势中，一二三的表达方式也迥然不同，用错了反而造成误解。交谈很投机时，可适当地配合一些手势讲解，但不要频繁耸肩，手舞足蹈。有些求职者由于紧张，双手不知道该放哪儿，而有些人过于兴奋，在侃侃而谈时舞动双手，这些都不可取。不要有太多小动作，这是不成熟的表现，更切忌抓耳挠腮、用手捂嘴说话，这样显得紧张，不专心交谈。很多中国人都有这一习惯，为表示亲切而拍对方的肩膀，这对面试官很失礼。

（三）面试表现

1. 耐心等待面试

应聘过程中，不应该把面试仅仅局限于与考官面对面的交流，其实包含等待面试、面试结束后等表现都在应聘单位的测试过程当中，因此等待面试也具有同样不可小觑的影响。进入公司前台，要把访问的主题、有无约定、访问者的名字和自己名字报上。到达面试地点后应在等候室耐心等候，并保持安静及正确的坐姿。不要来回走动显示浮躁不安，也不要与别的接受面试者聊天，因为这可能是你未来的同事，甚至决定你能否称职的人，你的谈话对周围的影响是你难以把握的，这也许会导致你应聘的失败。更要坚决制止的是：在接待室恰巧遇到朋友或熟人，就旁若无人地大声说话或笑闹，吃口香糖，抽香烟，接手机。

2. 把握进屋时机

如果没有人通知，即使前面一个人已经面试结束，也应该在门外耐心等待，不要擅自走进面试房间。自己的名字被喊到，就有力响亮地予以回答，然后再敲门进入，敲两三下是较为标准的。敲门时千万不可敲得太用劲，以里面听得见的力度。听到里面说："请进"后，要回答："打扰了"再进入房间。开门关门尽量要轻，进门后不要用后手随手将门关上，应转过身去正对着门，用手轻轻将门合上。回过身来将上半身前倾30度左右，向面试官鞠躬行礼，面带微笑称呼一声"你好"，彬彬有礼而大方得体，不要过分殷勤、拘谨或过分谦让。

3. 专业化的握手

有些面试过程中，握手是最重要的一种身体语言。专业化的握手能创造出平等、彼此信任的和谐氛围。你的自信也会使人感到你能够胜任而且愿意做任何工作。这是创造好的第一印象的最佳途径。怎样握手？握多长时间？这些都非常关键。因为这是你与面试官的初次见面，这种手与手的礼貌接触是建立第一印象的重要开始，不少企业把握手作为考察一个应聘者是否专业、自信的依据。所以，在面试官的手朝你伸过来之后就握住它，要保证你的整个手臂呈L型（90度），有力地摇两下，然后把手自然地放下。握手应该坚实有力，有"感染力"。双眼要直视对方，自信地说出你的名字，即使你是位女士，也要表示出坚定的态度，但不要太使劲，更不要使劲摇晃；不要用两只手，用这种方式握手在西方公司看来不够专业。而且手应当是干燥、温暖的。如果他/她伸出手，却握到一只软弱无力、湿乎乎的手，这肯定不是好的开端。如果你刚刚赶到面试现场，用凉水冲冲手，使自己保持冷静。如果手心发凉，就用热水捂一下。

4. 简洁有力表达

个人自我介绍是面试实战非常关键的一步，因为众所周知的"前因效应"的影响，这2-3分钟见面前的自我介绍，将是面试者所有工作成绩与为人处世的总结，也是你接下来面试的基调，考官将基于你的材料与介绍进行提问。将在很大程度上决定你在各位考官心里的形象，形象良好，才能让面试官重视你。

　　语言艺术是一门综合艺术，包含着丰富的内涵。一个语言艺术造诣较深的人需要多方面的素质，如具有较高理论水平，广博的知识，扎扎实实的语言功底。如果说外部形象是面试的第一张名片，那么语言就是第二张名片，它客观反应了一个人的文化素质和内涵修养。谦虚、诚恳、自然、亲和、自信的谈话态度会让你在任何场合都受到欢迎，动人的公关语言、艺术性的口才将帮助你获得成功。面试时要在现有的语言水平上，尽可能地发挥口才作用。对所提出的问题对答如流，恰到好处，妙语连珠，耐人寻味，又不夸夸其谈，夸大其词。自我介绍是很好的表现机会，应把握以下几个要点：首先，要突出个人的优点和特长，并要有相当的可信度。特别是具有实际管理经验的要突出自己在管理方面的优势，最好是通过自己做过什么项目这样的方式来叙述一下，语言要概括、简洁、有力，不要拖泥带水，轻重不分。重复的语言虽然有其强调的作用，但也可能使考官产生厌烦情绪，因此重申的内容，应该是浓缩的精华，要突出你与众不同的个性和特长，给考官留下几许难忘的记忆；其次，要展示个性，使个人形象鲜明，可以适当引用别人的言论，如老师、朋友等的评论来支持自己的描述；第三，坚持以事实说话，少用虚词、感叹词之类；第四要符合常规，介绍的内容和层次应合理、有序地展开。要注意语言逻辑，介绍时应层次分明、重点突出，使自己的优势很自然地逐步显露；最后，尽量不要用简称、方言、土语和口头语，以免对方难以听懂。当不能回答某一问题时，应如实告诉对方，含糊其辞和胡吹乱侃会导致失败。

第四节　职场社交礼仪

　　职场社交礼仪是指人们在人际交往过程中所具备的基本素质，交际能力等。社交在当今社会人际交往中发挥的作用愈显重要。通过社交，人们可以沟通心灵，建立深厚友谊，取得支持与帮助；通过社交，人们可以互通信息，共享资源，对取得事业成功大有裨益。

一、问候礼仪

　　英国谚语有云：善始者方能善终，第一印象具有不言而喻的重要性，职场上问候他人是否恰当，往往决定着一项合作项目是否继续下去的可能性，往往决定着一次面试是否成功。

　　如对方是熟人，作为职场成功人士，他们往往会主动向对方问候，让对方感觉到亲切和受尊重。如是陌生人，会采用"久仰"等客套话打开初次见面的僵局。整个问候过程中始终保持微笑，因为美学家认为：在大千世界中，人是最美的；在人的千姿百态中，微笑是最美的。除此会用善意的眼神注视对方，让对方产生信赖感，而且"指教""包涵""劳驾""打扰""借光"等体现个人修养的敬语连续不断。

　　职场中，问候他人时需要注意对他人的称呼，其中下列称呼是最普遍的适用的：称行政职务；称技术职称；行业称呼；时尚性称呼；先生、小姐、女士等。和外商打交道时，更习惯称呼先生、女士，慎用简称。

　　致意也是一种常用的问候方式，主要是以微笑、点头、举手、欠身等动作问候朋友；基本规范是男士首先向女士致意；年轻者先向年长者致意；学生首先向老师致意；下级应当首先向上级致意；当年轻的女士遇到比自己年岁大得多的男士的时候，应首先向男士致意。

二、握手礼仪

有一种礼仪，不用说话就能显示出热情、友好的待人之道，如果应用得当，他能进一步增添别人对你的信赖感，但是它也在不经意地举手投足之间，泄露你教养的秘密，它就是见面时最为普通的——握手礼仪。

握手是交际的一个部分。握手的力量、姿势与时间的长短往往能够表达出握手对对方不同的礼遇与态度，显露自己的个性，给人留下不同印象，也可通过握手了解对方的个性，从而赢得交际的主动，美国著名盲聋女作家海伦·凯勒说：我接触的手有能拒人千里之外；也有些人的手充满阳光，你会感到很温暖。

（一）握手的要求

握手时，上身稍微前倾，两足立正，伸出右手，四指并拢，虎口相交，拇指张开下滑，向受礼者握手。

神态方面要做到专注、热情、友好、自然，面含笑意，目视对方双眼。除此之外，只要有可能，就应起身站立。最佳距离为1米左右，因此握手时双方均应主动向对方靠拢。

为表示友好热情，应当稍微用力，大致握力在以两公斤左右为宜。时间应控制在三秒以内，握上一两下即可。

（二）握手的场合

1. 遇到较长时间没见面的熟人。
2. 在比较正式的场合和认识的人道别。
3. 在以本人作为东道主的社交场合，迎送来访者时；
4. 拜访他人后，辞行之时；
5. 被介绍给不认识的人时；
6. 别人给予你一定支持、鼓励或帮助时；
7. 对别人表示理解、支持和肯定时；
8. 向别人赠送礼品或颁发奖品时。

（三）握手的顺序

根据礼仪规范，握手时双方伸手的先后次序。应到遵守"尊者决定"的原则前提下，具体情况具体对待。具体设计的情况如下：

1. 年长者与年幼者握手，应当由年长者首先伸出手来；
2. 长辈与晚辈握手，应当由长辈首先伸出手来；
3. 老师与学生握手，应当由老师先伸出手来；
4. 女士与男士握手，应当由女士首先伸出手来；
5. 社交场合的先至者与后来者握手，应当先至者首先伸出手来；
6. 上级与下级握手，应当由上级首先伸出手来；
7. 职位、身份高者与职位、身份低者握手，应由职位、身份高者首先伸出手来。

（四）握手的禁忌

1. 不要用左手与他人握手；
2. 避免两人握手时与另外两人相握的手形成交叉状；
3. 不要在握手时带着手套、墨镜；
4. 不要在握手时将另外一只手插入衣袋里；

5. 不要在握手时另外一只手依旧拿着东西不肯放下；

6. 不要在握手时面无表情，不置一词或长篇大论，点头哈腰；

7. 不要在握手时仅仅握住对方的手指尖，好像有意与对方保持距离。正确的做法是握住整个手掌；

8. 不要在握手时把对方的手拉过来、推过去，或者上下左右抖个不停；

9. 不要拒绝和别人握手，即使有手疾或汗湿或弄脏，也要向对方表明歉意。

三、介绍礼仪

如果在职场中缺少介绍，双方或多方就无法深入谈话，无法迅速结识他人，因此介绍礼仪是职场社交中常见而重要的一环，简约而不简单，具有吸引力的介绍礼仪是每一个成功人士的利器，介绍礼仪的精髓在通过介绍、被介绍的动作体现出亲切、精干、值得信赖。

1. 介绍礼仪

根据介绍场合、对象的不同，介绍分为正式介绍、非正式介绍和自我介绍三种类型。介绍过程中要遵循先提到名字者为尊重的原则，要保持手掌五指并拢，掌心朝上，指向被介绍人的仪态。

正式介绍是指在较为正规、郑重的场合进行的活动。正式介绍中一般采取"请允许我向您介绍……"的方式，重点在于介绍结束后，介绍人最好不要马上离开，避免双方因初次接触而存在尴尬。

非正式介绍是指在一般地、非正规场合中进行的活动。非正规场合中气氛会较为轻松，大家无需过分拘于礼节，介绍人可以根据与双方关系的亲密性和当时情形，做让双方都觉得轻松的介绍，一般采用"这就是……"，"这是我朋友、同事……"等等方式。

自我介绍是在职场交际中较为常用。这种情况存在于主人无法抽身介绍、忘记介绍或想主动结识对方的场合。自我介绍时应该要先向对方打招呼，使对方有思想准备，语言组织要恰当，表述要清楚，使对方第一时间了解到自我介绍人的姓名、工作情况。在自我介绍中要做到明朗、爽快、速度稍慢、流畅而不可炫耀、镇定而有信心，要表示出渴望认识对方的热诚，在获知对方姓名后，不妨口头重复一次，以示尊重。

2. 被介绍礼仪

当在职场社交中，被介绍以后，首先要起立，尤其是给你介绍长辈之时，目视对方面带微笑，被介绍人的目光一定要注视着对方的脸部，不要让其他事情分散你的注意力，不要东张西望，以免给对方留下心不在焉，不重视或不欢迎的印象。

如果双方均为男性，握手绝对必要，这象征着信任和尊敬。如果把男性介绍给女生认识时，女性觉得有握手必要时，可以先伸出手来，表示愿意认识和热诚。

四、乘车礼仪

乘坐轿车时，应当注意的礼仪问题主要涉及乘车座次、上下车顺序、车上举止等三个方面。

（一）乘车座次

在比较正规的场合，乘坐轿车时一定要分清座次的主次，而在非正式场合，则不必过分拘礼。轿车上的座次，在礼仪上来讲，主要根据以下四个因素来考虑。

1. 轿车的驾驶者

主要适用于双排座，三排位轿车，由主人亲自驾驶轿车时，一般前排座为上，后排座为下；

以右为上，以左为下。乘坐主人驾驶的轿车时，最重要的是不能令前排座空着。一定要有一个人坐在那里，以示相伴。由专职司机驾驶轿车时，通常仍讲究右尊左低，但座次同时变化为后排为上，前排为下。

2. 轿车的类型

吉普车，大都是四座车。不管由谁驾驶，吉普车上座次由尊而卑依次是：副驾驶座，后排右座，后排左座。四排以及四排以上座次的大中型轿车，不论由何人驾驶，均以前排为上，以后排为下，以右为尊，以左为卑，并以距离前门的远近，来排定其具体座次的尊低。

3. 轿车上座次的安全系数

乘坐轿车要考虑安全问题。在轿车上，后排座比前排座要安全得多。最不安全的座位，当数前排右座。最安全的座位，则当推后排左座（驾驶座之后），或是后排中座。

4. 轿车上嘉宾的本人意愿

在正式场合乘坐轿车时，应请尊长、女士、来宾就座于上座，这是给予对方的一种礼遇。当然，不要忘了尊重嘉宾本人的意愿和选择，并要将这一条放在最重要的位置。嘉宾坐在哪里，即应认定哪里是上座。即便嘉宾不明白座次，坐错了地方，轻易也不要对其指出或纠正。

上面的这四条因素往往相互交错，在具体运用时，可根据实际情况而定。

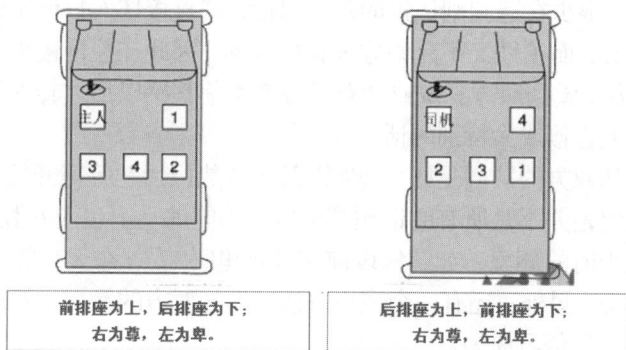

图 9.8　乘车座次示意图

（二）上下车顺序

基本要求是：倘若条件允许，须请尊长、女士、来宾先上车，后下车。

1. 主人亲自驾车

当主人亲自驾车时候，主人应后上车，先下车，以便照顾客人上下车。

2. 专职司机驾车

乘坐由专职司机驾驶的轿车，并与其他人同坐于后一排时，应请尊长、女士、来宾从右侧车门先上车，自己再从车后绕到左侧车门后上车。下车时，则应自己先从左侧下车，再从车后绕过来帮助对方。若左侧车门不宜开启，于右门上车时，要里座先上，外座后上。下车时，要外座先下，里座后下。总之，以方便易行为宜。乘坐多排座轿车，通常应以距离车门的远近为序。上车时，距车门最远者先上，其他人随后由远而近依次而上。下车时，距车门最近者先下，其他随后由近而远依次而下。

（三）举止

1. 动作要雅

在轿车上切勿东倒西歪。穿短裙的女士上下车最好采用背入式或正出式，即上车时双腿并拢，背对车门坐下后，再收入双腿；下车时正面面对车门，双脚着地后，再移身车外。

2. 要讲卫生

不要在车上吸烟，或是连吃带喝，随手乱扔。不要往车外丢东西、吐痰或擤鼻涕。不要在车上脱鞋、脱袜、换衣服，或是用脚蹬踩座位；更不要将手或腿、脚伸出车窗之外。

3. 要顾安全

不要与驾车者长谈，以防其走神。不要让驾车者听移动电话。协助尊长、女士、来宾上车时，可为之开门、关门、封顶。在开、关车门时，不要弄出大的声响，夹伤人。在封顶时，应一手拉开车门，一手挡住车门门框上端，以防止其碰人。当自己上下车、开关门时，要先看后行，不要疏忽大意，出手伤人。

五、交谈礼仪

在职场交际的言谈中，最低标准是让对方正确了解、领会自己所表达的含义，因此在职场交际的言谈礼仪中，除了要保证自己的言谈能准确表达自己的意思、还需要富有一定的幽默感、吸引力等其他技巧，因此还应掌握以下几个方面的言谈技巧：

（一）寻找共同话题

职场社交过程中，很少在遇到刚认识的对方以后，就直接切入目标主题，因为此时你往往不了解对方的性格爱好，而条件又不允许你去直接询问，因此往往慢慢引入，从平淡之处做起点，逐渐深入，在双方感觉到对方真诚或者对对方产生信赖感以后才转入目标，而不是一开始就冒昧提出太深入、太直接或太特别的话题。

因此一开始都会从双方的共同爱好、兴趣以及一些热门话题等等开始。几乎任何话题都可能成为良好的谈资，但是并不是所有的话题都可以成为能够马上引人入胜的话题。一般情况，最简单的是谈天气或当时的环境，如"您以前来过这里吗？""今天来的人真不少啊！""您是什么时间到的啊？"等。另外，还有一个惯用方法：询问对方的籍贯，然后从你所听所知谈论对方的一些风景名胜、风俗习惯等。

有一些话题在职场社交场合是不宜谈论的，如一些敏锐性较强的政治问题、对方忌讳谈论的问题、自己不完全了解的事情等。谈论这些问题不仅不会助于双方关系的进展，反而容易给对方留下虚浮的坏印象。

（二）学会倾听技巧

存在于任何场合、任何时间的沟通具有不言而喻的重要性，但是有效沟通的方式主要是说、问与听。在职场社交言谈中，倾听是非常重要的，倾听的基本原则是"换位思考""同理心"。

倾听过程中，主要包含两方面的内容：一是留心听自己的表述；二是留心听对方的谈话。留心听自己的表述，主要倾听自己所表述的内容是否恰当、自己所表述的意思是否清晰、自己表述时所用的方式是否恰当、自己表述时语速是否平稳等内容。留心听对方的谈话，主要倾听对方所表述的内容你是否理解。

倾听有着十分重大的意义，"人长着两只耳朵，却只长着一张嘴巴，就是为了少说多听"。用心倾听他人言谈能够加深理解，并能够在理解和判断的基础上，决定自己该怎么做和怎样引导对方做自己想做的事。

若要高明地倾听对方的谈话，需要掌握以下几个技巧：

1. 给予对方的言谈以鼓励。在倾听的过程中，采用提问、点头示意、复述对方话头、表示同意等方法引导对方说下去。适当通过"这个我能理解""我也遇到过这样的情况""想象得出你当时的心情"等方式积极引导、鼓励对方说下去。

2. 不要打断对方的表述过程。在对方言谈的过程中,打断对方是一种非常不礼貌的行为,所以不要贸然地打断对方。

3. 目视对方,以示尊重和真诚。在倾听的过程中,要面带微笑地注视对方,不要注视他方或交头接耳,在特殊情况如遇到紧急电话时,最好跟对方表示歉意后再接通电话。

4. 不要防卫式倾听、攻击性倾听。防卫式倾听是指在倾听对方表述伊始,就抱有对方可能会做出对我们不利的决定或对我们不好的想法。攻击性倾听是指在请对方表述时,抱有从对方所表述的内容中挑选不当之处予以攻击的倾听方式。这两种倾听方式从一定程度上都首先自我独断了对方所表述的意思。还有就是没有听完对方的表述,中途就贸然独断对方的意思,这些倾听方式都不能达到双方有效沟通的目的。

（三）恰当使用幽默

幽默总是与智慧并存的,每一个具有幽默感的人总会有着随和亲切的性情和洞察一切的聪明智慧,在职场谈论中善用幽默,不仅能表现出个人的良好修养,还往往能将一些尴尬或矛盾冲散在无形之中,使本来就融洽的氛围更加和谐、放松。

需要注意的是"过犹不及",做任何事情都有一个"度"的把握。场合与对象的不同需要在使用幽默时考虑是否合适。与初识之人或长辈言谈之时,幽默一定要慎用,否则很容易让人感到一种唐突或不礼貌,甚至有人会觉得你在玩弄聪明或戏谑讥讽,那就有失礼仪了。

（四）谈话自然得体

说话时可适当运用手势,但动作不要太过,切忌手舞足蹈,不要用手指指人。与人交谈,要把握双方距离,不宜近也不宜远,不要拉拉扯扯、拍拍打打。还要注意不要有不尊重他人的举动,如挖耳朵、摆弄手指、双手插在衣袋中,玩弄纽扣等等,以免让别人觉得你心不在焉、傲慢无礼。

（五）注意态度语气

交谈中,不要用夸张的语气来谈话,不要危言耸听,不要以自我为中心,完全不顾他人的感受,要适当留出一定的时间给倾听者,否则留给他人的只有傲慢、放肆与自私的感受。除此,在职场交往过程中,特别是人多的情况,不要把自己摆在中心位置,如告知他人"你等会再说,让我先说……"等很不礼貌的行为习惯。

（六）多用礼貌用语

在职场交际中一般不能高声辩论,也不能恶语伤人,出言不逊。当对方反驳自己观点时,要注意自己的风度和气量,不要恼羞成怒,应心平气和地与之讨论。

另外,参加他人的交谈时,要注意提前与他人进行招呼,不要自行凑前旁听,第三者参与谈话时,应以握手、微笑或点头等方式表示欢迎;发现有人欲与自己谈话,最好主动询问。

六、就餐礼仪

（一）餐前礼仪

餐前礼仪指的是准备用餐、等候用餐时所需要注意的符合礼仪规范的行为,主要注意点有如下几个方面:

1. 守时守信

应邀赴宴或者参加聚餐时,一定要准点到达约定地点。严格地讲,过早抵达或迟到到达都是失利的表现,过早到达也许会给主人措手不及的感觉,迟到的话会让其他人等待,是对其他人员的不尊重。

2. 各就各位

各就各位主要讲的是就餐时的座次、桌次方面，参加就餐时若有主人安排一定要按照主人的意思进行就坐，倘若无明确安排，则需要谦让务必不要争前恐后，不守礼仪，应按照长辈、领导或主人就坐之后与大家一起就坐。抢在他人之前就坐，是不合适的。如有他人因特殊情况迟到，在其到达后，要起立示礼，表示尊重。

3. 认真倾听

一般情况来说，聚餐或宴请之目的都是交流感情或工作交际，所以在用餐前务必要主人或他人对其他聚餐人员的介绍，用心倾听并记忆，记忆他人的姓名、职称或单位，以便在后面的就餐过程中更加有效地进行沟通。在正式就餐之时，领导或主人往往会进行致辞，致辞之时，切忌与人交谈或暂时离开，这是缺乏文明修养的一种表现。

（二）餐时表现

餐时表现主要是指在用餐期间的活动，也是用餐礼仪最重要的体现。综合国内外的礼仪要求，我们以"九要十不要"来提醒大家用餐时哪些行为是符合礼仪规范的，哪些是不符合礼仪规范的。

1. 九要

（1）要正襟危坐

就座时，应从左侧进入，并保持身体与餐桌一定的距离。在餐桌上保持良好的姿势，双手不要支在餐桌上，手脚不要乱伸，同时不要乱晃身体。

（2）要举止高雅

尤其是正式宴会时，此点尤其重要，在用餐时最好不要有就餐噪声，吃东西不要有喷喷作响之声；在咳嗽、打喷嚏时最好离开餐桌，自觉控制，不要当众出丑；另外就是不要随便挪动桌椅，也不要有敲打餐具等动作，

（3）要慎用餐具

在西餐中，正确使用餐具更为重要。如果不会使用，最巧妙的方式是模仿主人的使用方法。不宜主动拿餐具当教学材料来指点别人，也不要嘲笑别人错误使用餐具。

（4）要吃相干净

在就餐时注意自己的个性形象，不要吃得嘴角、身上都有"留痕"，也不要把餐具、餐桌搞得一塌糊涂。

（5）要礼待主人

在就餐时要时时帮助主人、以礼还礼，多加问候。

（6）要照顾宾客

客人之间也要相互照顾，不要互不搭理，致使场面尴尬、气氛不和谐。在就餐时，相互之间要帮助其存外套、拿调味品、碗筷等方面。男士更是要体现自身的绅士风度，对女士主动多加照顾。

（7）要尊重服务者

在一些宴会和聚餐中，要尊重服务者，给予其本人以及劳动应有的尊重和感谢，不要轻易就埋怨或责备，体现自身的素质修养。

（8）要积极交流

前面已经提过，宴请或聚餐的主要目的是工作交际或朋友交流感情，因此就餐时不要忘记

进行适当地交际活动，要主动与他人请教和交流。

（9）要自我控制

控制情绪、适度行动是就餐时尤其重要的方面。情绪方面，无论发生什么令自己气愤或委屈等方面的情绪，都要学会自我情绪控制，避免给领导或主人带来不必要的麻烦，从而也维护自身的形象和组织的形象。同时，在就餐时也不要表达自己对他人的不满情绪。适度行动，主要是指在就餐时不要狼吞虎咽，不要见自己喜欢的菜肴就将其移动至自己的位置或立马去夹，要有礼有节。

2. 十不要

不要违食俗，不要坏吃相，不要胡布菜，不要乱挑菜，不要争抢菜，不要玩餐具，不要在没人抽烟的情况下自我抽烟，不要频繁清嗓子，不要做过度修饰，不要乱走动。

（三）饮酒礼仪

中华民族五千年历史长河中，酒和酒类文化一直占据着重要地位，是绚烂的千年文化中浓墨重彩的一笔，亘古至今。在较为正式的场合，饮用酒水是颇有具体讲究的，在常见的饮酒程式中，斟酒、敬酒、干杯应用较多。

1. 斟酒礼仪

通常情况下，酒水应当在饮用前斟入酒杯，有时候主人为表示对来宾的尊重会亲自斟酒，有时候是服务者斟酒，有些特殊时候需要大家去斟酒。在此过程中需要大家注意如下几点：

（1）如果是主人为表示对你的尊重亲自斟酒，此时一般情况下大家需要端起酒杯致谢，必要时，还需要起身站立或欠身点头回礼。

（2）在服务人员斟酒时，勿忘道谢，但是一般情况下是不需要拿起酒杯的。

（3）若需要大家斟酒时，要注意这么几点：其一，要面面俱到，一视同仁，切勿有挑有拣，只为个别人斟酒。其二，要注意顺序。可以顺时针方向，从自己所坐位置之处开始斟酒，也可以先为尊长、领导或嘉宾斟酒。其三，斟酒要适量。白酒或啤酒均需要斟满，酒满敬人，但是不要溢出，溢出显然不合适而且是浪费，而洋酒则无此讲究。

2. 敬酒礼仪

敬酒，亦称祝酒，它具体是指在正式宴会中，为工作或生活中的某种理由而饮酒的行为，在敬酒时，通常要讲述一些祝愿、祝福之音。敬酒可以随时在就餐的过程中进行，频频举杯祝酒，会使现场氛围热烈而欢快。通常情况下敬酒时，其他在场者应停止用餐或饮酒，应坐在自己座位上，面向对方认真洗耳恭听，不要议论他人表达的祝福。

3. 适度饮酒

适度饮酒也是一种饮酒礼仪，无论在什么场合饮酒，都要有自知之明，并要好自为之，努力保持风度，做到"饮酒不醉真君子"，切忌争强好胜，故作潇洒，想着一醉方休，非得灌醉某人不可。醉酒行为不仅易伤身体，还容易出丑丢人，惹事生非，因此适度饮酒是对他人的尊重，是一种礼仪。

4. 以礼拒酒

假如因为生活习惯或健康等原因不能饮酒，可以采用合乎礼仪的方式拒绝他人的劝酒，如，讲明不能饮酒的客观原因，如酒精过敏、驾车等理由；或主动以其他饮料代酒。不得在他人为自己斟酒时采用推酒瓶、藏酒杯的方式，或者把酒偷偷倒掉或倒入他人酒杯中，这些均是失礼的表现。

同时，在职场宴会中不要强行劝酒，非要灌醉他人，看对方笑话不可，这样容易让对方觉得尴尬或不满，要做到已所不欲勿施于人。

七、电梯礼仪

电梯是大多数人生活中密不可分的交通工具，懂得电梯礼仪和乘坐电梯注意电梯礼仪让你在乘坐电梯时即安全又得体，给对方留下美好的印象，不仅体现了个人的素质水平，同时也会体现个人所代表的组织形象。

（一）搭乘电梯的一般礼仪

电梯门口处，如有很多人在等候，此时请勿挤在一起或挡住电梯门口，以免妨碍电梯内的人出来，而且应先让电梯内的人出来之后方可进入，不可争先恐后。

与不相识者同乘电梯，进入时要讲先来后到，出来时则应由外而里依次而出，不可争先恐后。先进入时应为后面进来的人按住"开门"按钮，当出去的时候，靠电梯最近的人先走。男士、晚辈或下属应站在电梯开关处提供服务，并让女士、长辈或上司先行入电梯，自己再随后进入。

在电梯里，尽量站成"凹"字型，挪出空间，以便让后进入者有地方可站，进入电梯后，正面应朝电梯口，以免造成面对面的尴尬。

（二）共乘电梯所要注意的礼仪

1．与上司共乘电梯

（1）身为下属的你最好站在电梯口处，以便在开关电梯时为上司服务。而上司的理想位置是在对角处，以使得两人的距离尽量最大化，并卸下下属的心理负担；

（2）在电梯里讲话时不宜盯着对方的眼睛不放，目光可适当下移，以嘴巴和颈部为限；

（3）因电梯空间很小，所以讲话时最好不要有手部动作，更不能指手画脚，动作过大；

（4）打破沉默并不是下属的专利，上司也可利用这几十秒钟增进对下属的了解；

（5）如果上司正在思考或明显不想开口，那也完全没必要非要找个话题；

（6）酒后或吃大蒜后，最好嚼块口香糖再上电梯，而香烟则应在上电梯前掐灭；

（7）上下梯时长者、女士优先。

2．与客人共乘电梯

（1）伴随客人或长辈来到电梯厅门前时：先按电梯呼梯按钮。轿厢到达厅门打开时，若客人不止一人时，可先行进入电梯，一手按"开门"按钮，另一手按住电梯侧门，礼貌地说"请进"，请客人们或长辈们进入电梯轿厢。

（2）进入电梯后：按下客人或长辈要去的楼层按钮。若电梯行进间有其他人员进入，可主动询问要去几楼，帮忙按下。电梯内可视状况是否寒暄，例如没有其他人员时可略做寒暄，有外人或其他同事在时，可斟酌是否必要寒暄。电梯内尽量侧身面对客人。

（3）到达目的楼层：一手按住"开门"按钮，另一手做出请出的动作，可说："到了，您先请！"。客人走出电梯后，自己立刻步出电梯，并热诚地引导行进的方向。

八、名片礼仪

名片，又称卡片，中国古代称名刺，是标示姓名及其所属组织、公司单位和联系方法的纸片。名片是新朋友互相认识、自我介绍的最快有效的方法，也是一个人身份、地位的象征，是使用者要求社会认同、获得社会尊重的一种方式。对于职场人员来说，它还是所在组织形象的一个缩影，所以交换名片应重视其礼仪效应，恰到好处地使用名片，会给人一种文明有礼的感觉。

交换名片是商业交往的第一个标准官式动作，也是人际交往中常用的一种介绍方式。一般情况下，交换名片宜适用于在与人初识时，自我介绍或他人介绍之后进行。

1. 递送名片礼仪

递送名片的先后没有太严格的讲究。一般是地位低的人先向地位高的人递送名片，男性先向女性递送名片。出于公务和商务活动的需要，女性也可以先向地位高的人递送名片。当对方不止一人时，先将名片递给职务较高或年龄较大的人，如分不清职务高低或年龄大小，则可以依照座次递送名片，应给对方在场的人每人一张，以免让人觉得厚此薄彼。如果自己这方的人比较多，则让地位高者向对方递送名片。

递送名片时，应起身或欠身面带微笑，正视对方，将名片的正面朝向对方，双手分别拇指食指捏两端，并表示感谢或"请多关照"等客气语言。

2. 接受名片礼仪

接受他人名片时，应起身或欠身，面带微笑，恭敬地双手接过名片，并表示感谢。对接到的名片要当着对方的面仔细把对方的名片看一遍，最好能将其名片信息简易表述一下以示尊重，随后将其放入自己的名片夹（或钱包）中。切忌随意乱放、用手把玩或漫不经心地随手向手袋里塞放。

九、电话礼仪

电话被现代人公认为便利的通讯工具，在日常工作中，使用电话的语言很关键，它直接影响着一个公司的声誉；在日常生活中，人们通过电话也能粗略判断对方的人品、性格。因而，掌握正确的、礼貌待人的打电话方法是非常必要的。随着科学技术的发展和人们生活水平的提高，电话的普及率越来越高，人离不开电话，每天要接、打大量的电话。看起来打电话很容易，对着话筒同对方交谈，觉得和当面交谈一样简单，其实不然，打电话大有讲究，可以说是一门学问、一门艺术。

（一）电话礼仪的基本理念

电话礼仪中必须要有同理心理念和随机应变的判断理念。同理心理念也就是指我们平时所说的换位思考、将心比心的观点。随机应变的判断理念是指在互通电话过程中，双方必须认真倾听对方所述、思考对方所想，从而进行自我的理解与判断。只有有此观点互通电话的双方才能充分利用电话进行互通，更有效地理解到对方的意思表达。只有不断磨练、长期培养这种理念才能更有效地进行有效沟通。

同时在电话礼仪中要遵循如下几个要点：

1. 语气语调要温和，音量适中，让对方觉得你在通过过程中，是面带微笑，乐意倾听和沟通的，让人觉得舒服和谐，从而能更想跟你沟通。

2. 口齿清楚，有节奏感，不可太快太慢，切记不管对方是否清楚，只顾以自我为中心进行表述。

3. 学会倾听，在电话交谈中，双方靠声音传递意思，倘若不认真听，就无法准确地交流信息。

4. 三分钟原则，无论是接听还是拨打电话，都要尽量把时间控制在三分钟以内，避免浪费自己和对方的时间。

5. 掌握分寸，根据与通话方关系的亲疏，合理把握自己的说话分寸。

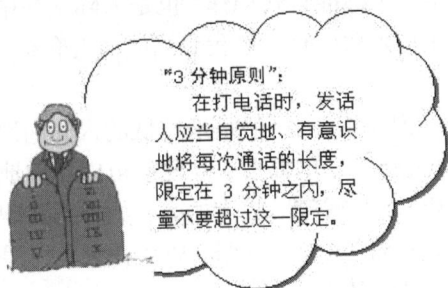

"3 分钟原则"：
　　在打电话时，发话人应当自觉地、有意识地将每次通话的长度，限定在 3 分钟之内，尽量不要超过这一限定。

图 9.9　3 分钟原则

（二）接电话的基本礼仪

接听电话时，要在电话铃声响后三声内接听电话，铃响一声立即接听电话会显得唐突，过久不接，会让对方觉得等得过久，影响情绪且觉得未得到应有的尊重。

在接通电话后，不要习惯性地说"喂"、"哪位？"、"谁"，一般情况下，都是要主动问候，先报家门，作下自我介绍，有必要时要报上部门，如"您好，我是×××……"，"您好，我是××单位××部门的×××，请问……"。然后再询问对方的姓名和对方要找的是谁，进而再表示问候。

在通话要结束时，最好将你所掌握的通话内容进行简单总结，以与对方进行沟通，看下是否有漏洞或理解不到位的地方，确认完毕以后，感谢对方来电，并礼貌结束通话，在对方挂掉电话后，再挂电话。

（三）打电话的基本礼仪

拨打电话时要实现准备内容，避免在通话后，忘记某件事情或某件事情表述不清。

拨打电话时除紧急事情，最好要在适宜时间内拨打对方电话，若是工作上的事情，最好在对方工作时间内拨打，不要占用别人的工作外私人时间。

在电话拨通之后，先行问候，视情况先做自我介绍，然后确认对方是否是通话对象。如果事情比较繁琐，最好先表述好整个通话中有几件事情或事情的主要内容然后在做详细介绍。整个通话过程中要注意自己的语言文明和态度文明。通话结束时，要答谢对方以后再挂掉电话。

（四）代接电话基本礼仪

代接电话有一个非常重要的关键点，要注重隐私，在代接过程中，千万不要热心过度，有着打破沙锅问到底的态度。

一般情况下，要准确记忆对方想表达的简易内容和对方叮嘱的关键点，最好认真做好笔录，在对方讲完以后，要略微把要点重复一下，以验证自己的记录是否足够准确，免得误事。记录的过程中最好详细记录通话对象的信息、通话时间、通话内容、是否要求回电，回电的时间等。

另外，转达信息除了准确还要及时，避免误事，不到万不得已，最好不要请他人代为转达内容。

总之，电话礼仪是非常重要的一门礼仪学问，请大家在与他人通过电话沟通时慎重把握自己的言行，多用"请"、"谢谢"、"对不起"、"辛苦您了"等词语，因为这十个字分别都时时刻刻体现着你的气质、感恩之心、素质修养和对他人的鼓舞鼓励。

本 章 小 结

1. 现代礼仪泛指人们在社会交往活动过程中形成的应共同遵守的行为规范和准则。从个人修养的角度来看，礼仪可以说是一个人内在修养和素质的外在表现。

2. 职场着装影响着个人形象，而个人形象又影响着事业是否成功，职场着装最主要的是要遵循"T．P．O原则"。

3. 职场商务礼仪是现代企业的从业人员在职场商务交往和经济活动中应遵循的行为规范。在职场商务礼仪中，职场人士应该遵循"黄金法则"、"白金法则"两大法则。

4. 职场社交礼仪是指人们在人际交往过程中所具备的基本素质，交际能力等。社交在当今社会人际交往中发挥的作用越显重要。通过社交，人们可以沟通心灵，建立深厚友谊，取得支持与帮助；通过社交，人们可以互通信息，共享资源，对取得事业成功大有裨益。

课 后 练 习

1. 与用人单位电话通信时，应该注意哪些细节？
2. 求职过程中怎么进行自我的形象塑造？
3. 请结合自己的理解，阐述对 "黄金法则"和"白金法则"的看法。

第十章　自我营销

自我营销是以个人为出发点，在个人成长发展过程中，完成自我定位、为自己设计规划 4P 营销组合、建立竞争优势的过程。本章主要介绍大学生在自我营销过程中最为关键的简历制作、面试技巧、自我销售等内容。

📖 **小贴士**　　　　　　　　　　**4P 营销组合**

4P 营销组合，市场营销人员综合运用并优化组合多种可控因素，以实现其营销目标的活动；可控因素即 4P（产品—Product；价格—Price；地点—Place；促销—Promotion）。其主要应用为：

1. 以产品为核心（Product），要根据企业自身的能力，确定以设计还是技术为产品的卖点，需要注意的是，产品要有实质上的创新，否则会适得其反；

2. 以价格为核心（Price），打价格战是中国企业热衷的方式，但打价格战需要一定的前提，即企业要有大规模的生产能力，行业要有规模经济性；

3. 以促销为核心（Promotion），应用这种模式要求企业的企划能力和品牌传播能力比较强，有管理能力和激励能力，需要产品的目标人群比较精准；

4. 以渠道（Place）为核心，要求企业对营销本土化有非常深刻的理解，对渠道结构、消费者特性都非常了解，也需要有很好的组织管控能力。

第一节　简历制作

简历，顾名思义，就是对个人学历、经历、特长、爱好以及其他有关情况所作的简明扼要的书面介绍。简历是个人形象，是对求职者资历与能力的书面表述，对求职者而言是一种非常重要的应用文。

一、简历制作的流程

简历的制作过程就是对自身情况进行梳理的过程，制作简历的具体流程如图 10.1 所示。

（一）定义求职意向

在制作简历之前，首先要定义自己的求职意向，定准求职目标，明确自己要找什么工作或应聘什么职位，简历的求职目标要随应聘职位的不同而作出相应改变，切忌同一个求职目标对应多个不同招聘岗位。

在定义自己的求职意向时，需要注意的是要结合自己的个人特征、实践经验、学历专业和其他兴趣特长，确定自己的职业兴趣（喜欢干什么）、职业能力（擅长干什么）、职业价值观（最看重什么）和职业性格（适合干什么），然后再确定自己的求职目标。

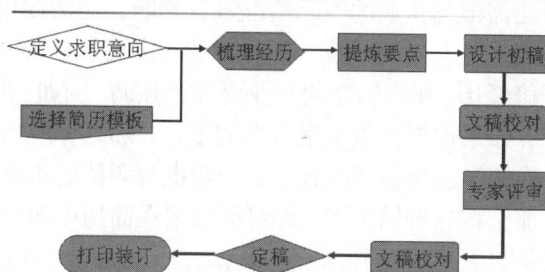

图 10.1 简历制作流程图

（二）梳理经历提炼要点

梳理经历提炼要点是简历制作过程中非常重要的一项工作，通过这项工作要分析自身的优点、挖掘自身的长处，寻找到能够支撑自己胜任某个岗位的重要依据。在这个过程中我们还需要完成简历初稿的制作，在初稿中需要交代清楚以下内容。

1. 写清个人信息

个人必备信息有：姓名、性别、出生年月、毕业院校、专业、学历、住址、联系电话和电子邮箱等内容；可选择添加的信息有民族、政治面貌、有效证件号码、健康状况、身高等。从而能让招聘人员通过简历对应聘者个人的基本信息有所了解。

2. 明确求职意向

求职意向中包含期望行业、求职岗位、目标地点、期望薪资和公司性质等。求职意向是求职者对工作的期望和对职业的规划，是简历中不可或缺的部分。如今用人单位更愿意招聘目标明确的求职者，这样的人才能在企业内稳定工作，伴随企业一同成长。因此提醒每位求职者，在求职前切忌盲目，认清自我，了解行业，了解不同岗位的工作内容，写简历的时候才能有的放矢。

求职意向模糊的应聘者，要明确分类，多手准备，避免一历通的情况。也就是说，将自己的求职意向分为几类，写在不同的简历上，实习实践、工作经验等要根据不同的求职意向有所改变。然后在现场针对不同的职位，给出相应的简历。有时，计划总赶不上变化。可以准备几份求职意向栏空白的简历，一旦在招聘现场发现了心仪职位，填写后递交。

3. 介绍教育背景

对于应届生来说，教育背景是简历中一个很重要的信息，一般按照时间逆序的写法来写，主要是个人从大学阶段到毕业前所获得的学历，时间上需要衔接。最近的学历放在最前面，即如果你现在是即将硕士毕业，那么要先写硕士再写本科。大学以前高中阶段、初中阶段经历一般不写，但如果有获得特别的奖励或者与众不同的经历也可适当表述。在应届生简历中，教育背景一般也包括必有信息和可选信息。必有信息：时间段、学校、学院或专业、学历等。可选信息：研究方向、主修课程、辅修课程、研究项目、成绩排名、活动等。

以下详细介绍教育背景中的每个项目应当如何书写：

（1）时间段：每段教育经历都应有起止日期的时间段，时间段有助于让招聘人员了解你的毕业日期，看到你接受教育的成长轨迹。

（2）学校：便于招聘人员能迅速识别你的学历，如果就读的是名校，校名可能对你应聘有所帮助，这种情况下，建议将学校校名加粗显示。如果你就读的是普通院校，则可以不用加粗显示，这个教育"硬伤"可以通过其他方式来弥补，例如强调实习经历、社会实践经历等。简历中是否对某些内容加粗还需根据企业的实际情况进行判断，灵活使用。

（3）专业：如果是应聘专业对口的职位，那么专业一定要加粗强调。若你是跨专业求职，有双学位或者有相关的辅修经历，那么辅修的专业要加粗强调。例如：你本专业学习的是生物，但你辅修了经济学双学位，如果你想从事金融方面的工作，那么你应当淡化生物学的背景，强调经济学的双学位。如果你的学校是普通院校，主专业也与职位要求不对口，且没有学习过相关的课程或者辅修经历，那么在这种情况下，你可能需要在简历中弱化教育背景，转而强调其他与职位相关的实习经历或者社会实践经历。总而言之，应根据职位和自身情况做到突出优势，规避劣势。

（4）相关课程：很多同学无论应聘什么职位都会将大学中学到的所有课程列一遍，这其实是不正确的做法。一般来说，如果专业符合应聘职位要求，那么可以不列课程，如果要列，那么只列7-10门与职位相关的主干课程。如果专业与应聘职位要求不符，但是有该专业的双学位或者选修过相关的课程，那么可以将相关的三四门课程列出来，如果成绩还不错的话，还可以再标注上相应的成绩，课程不宜列多，选择相关的核心课程即可。

（5）排名情况：通过相对数字来表示学习成绩也比较有说服力。如果你的排名在班级或者院系的前10%以内，一般可以直接写上，例如"排名：年级前5%"。如果排名比较居中，但所在的班级或者年级人数比较多，那么可将专业人数列出，如"排名：40/300"。

4．总结实践经历

在简历中，实践经历是能够说明应聘者实力的重要依据，因此要特别注意在这一部分的书写。

（1）使用倒叙的方法

写简历一定要采用倒叙的方法，从最近的时间写起。把与申请职位有关的实践（工作）经历，进行主要描述，适当时可采用加粗的方式，凸显重要信息。

写个人简历的一个原则是要有重点。如果简历的陈述没有工作和职位重点，或是把你描写成一个适合于所有职位的求职者，你将无法在求职竞争中胜出。

另一个原则是简历就是推销你自己的一份广告。要能够多次重复最重要的信息。在简历上陈述你性格上的最大优势，然后再将这些优势结合工作经历和业绩的形式加以叙述，以争取更大的成功机会。

（2）书写匹配的经验

一般来说，学生的职场经验最短缺。所以，很多学生在社会实践栏中列举自己在学校期间的所有校园实践内容，完全不顾自己的经验是否与招聘岗位中的职位需求是否一致，而盲目的书写上去，最终反而适得其反。应聘者应当积极寻找实践经历中与职位要求相配套的内容进行重点表述，以证明自身拥有胜任该职位的能力。

5．描述获奖状况

获奖状况是个人学习、实践中有所成就的记录单，因此获奖状况在简历中也是非常重要的，在描述获奖状况的时候，一般会采用两种方式，一是通过倒叙的方式，以时间为基准倒推罗列获奖状况，如"2011-2012学年，荣获……比赛一等奖；2010-2011学年，荣获……荣誉称号"；二是通过所获奖项的级别为基准进行描述，将所获奖项份量重、级别高的内容优先，按照从重到轻的顺序进行罗列，如"2009-2010学年，荣获全国……；2010-2011学年，荣获重庆市……；2008-2009学年，荣获校级……"。

除此，要在表述获奖状况时应明确所获奖励的名称、级别和获奖范围。

6. 完成自我评价

自我评价是对自身情况的一个高度概括,它应当能够让招聘者在看过后就对应聘者有一个大概的认识。在书写自我评价时候应当注意一下几个方面。

（1）重点突出

要找到自己真正的闪光点,结合实际经验,重点描述。很多人简历中的"自我评价"都是泛泛而谈,根本没有根据自身的优点来写,而且丝毫没有重点,即使招聘人员有心去看你的"自我评价",也会摸不着头脑,看完之后也不会留下什么印象,可以说这样的"自我评价"是多此一举了,甚至有可能会造成招聘人员的反感。

（2）实事求是

弄虚作假、夸大其词的自我评价,会让招聘人员感到浮夸,不着边际。这样的简历即使审查阶段侥幸过关,在面试的阶段,求职者也会被专业的招聘人员一眼看破。因此在作自我评价时应当本着实事求是的态度对自己进行总结、描述。

（3）科学描述

在标准简历中,自我评价部分应当尽可能地使用科学的模板将自己的优势介绍完整。一般情况下,评价内容要包括综合能力和专业技能两方面,其中能够使用数字量化的指标应当尽可能使用数字进行量化,以增加可信度。如:3 年学生会干部工作经验,2 年社会实践经历、打工工作经验,熟悉通信基础、简单局域网调测,熟悉项目操作各个流程及控制,良好的英文写作及表达能力。在这段描述中前半段是对综合能力的描述,中间部分是对专业技能的描述,最后是对个人特长的描述;在描述过程中还使用了"3 年""2 年"这样明确的数字,给人传递了一种充分的可信度。

（三）文稿校对

在初稿设计完毕以后,首先自己要认真校对,在校对的过程中主要针对于初稿内容的细节部分,主要包括:内容是否完整、是否有错别字、标点运用、语句是否通顺、罗列信息时是否先重后轻等,采用的方式主要有改正、删除、增补和对调等方式。在校对完毕以后,要请他人评审,如果有对简历制作知识掌握丰富的老师或朋友,则请他们以招聘人员的身份和心态帮助修正,通过不断地修正形成定稿。

（四）打印装订

ABB（中国）有限责任公司人力资源经理唐炜女士接受采访时曾表示:一份干净整洁、言简意赅的简历是最受 ABB 欢迎的,长度在 2 页到 3 页纸比较合适;个人信息、工作经验的叙述和招聘职位的要求越接近越容易赢得入围机会;那些越精美或者越花里胡哨的简历并不见得就越受欢迎。简历的真实内容才是考核重点。

对于毕业生来说,求职时携带的简历、证书、各种证明材料等有很多张,这就涉及到如何装订的问题。简历装订可以重点考虑使用抽杆夹进行装订,这种装订方式较为正规,并且便于招聘人员在搜集完简历后做二次处理,在实际应聘过程中使用较多。

同时,简历的设计也并非一定要很华丽才能受欢迎,尤其是简历的封面应当简洁大方。简历封面等于一个应聘者的脸,不能浓妆艳抹,也不能不加以修饰:浓妆艳抹容易给招聘人员一种华而不实的感觉;不加以修饰,容易给招聘人员一种不受尊重的感觉。因此要把握好分寸,充分做到"简约而不简单"。

此外,简历在打印方面也需要格外注意,由于简历会被经常翻动,所以在可能的情况下尽量选择柔韧度高的纸张进行打印。

小贴士　　　　　　　　　**ABB 企业文化**

ABB 集团位列全球 500 强企业，集团总部位于瑞士苏黎世。ABB 由两个历史 100 多年的国际性企业：瑞典的阿西亚公司（ASEA）和瑞士的布朗勃法瑞公司（BBC Brown Boveri）在 1988 年合并而成。两公司分别成立于 1883 年和 1891 年。 ABB 是电力和自动化技术领域的领导厂商。ABB 的技术可以帮助电力、公共事业和工业客户提高业绩，同时降低对环境的不良影响。ABB 集团业务遍布全球 100 多个国家，拥有 11.7 万名员工，2009 年销售额高达 320 亿美元。

ABB 发明、制造了众多产品和技术，其中包括全球第一套三相输电系统、世界上第一台自冷式变压器、高压直流输电技术和第一台工业机器人，并率先将它们投入商业应用。

ABB 拥有广泛的产品线，包括全系列电力变压器和配电变压器，高、中、低压开关柜产品，交流和直流输配电系统，电力自动化系统，各种测量设备和传感器，实时控制和优化系统，机器人软硬件和仿真系统，高效节能的电机和传动系统，电力质量、转换和同步系统，保护电力系统安全的熔断和开关设备。这些产品已广泛应用于工业、商业、电力和公共事业中。 ABB 与中国的合作开始于一百多年前的1907 年。当时 ABB 向中国提供了第一台蒸汽锅炉。1974 年 ABB 正式在香港设立了中国业务部，随后于 1979 年在北京设立了永久性办事处。1994 年 ABB 将中国总部迁至北京，并在 1995 年正式成立了 ABB（中国）有限公司。ABB 网络上与 ABB 电气有关图片（11 张）迄今在中国拥有 16300 名员工，在 80 个不同城市服务于 31 个本地企业和近 40 个销售与服务分公司。2010 年，ABB 在中国的销售额达 44 亿美元，继续保持了中国作为 ABB 全球第一大市场的领先地位。ABB 高度重视吸引、培养和保留人才，积极承担社会责任，是广受尊重的最佳雇主之一。

近年来，ABB 公司已与中国各主要部委和大客户建立了密切的关系。在中国和全球市场，ABB 都致力于成为一个能够帮助客户实现其业务目标的供应商。ABB 能够实现这一远大的目标，是因为它对客户的业务需求有着深刻的理解，能够预测风云变换的市场和客户需求，可提供创新的总体解决方案和强有力的金融和售后服务支持。

如今，ABB 公司在中国 38 个主要城市设有销售办事处、拥有 31 个独资和合资企业。在中国的员工总数达到 16,300 人。矢志不渝地提高客户满意度已成为 ABB 公司的文化内核。ABB 公司计划在近年内开设更多的分支机构，以便向客户提供更多先进、节能、可靠和环保型产品和服务。

二、简历制作的原则

在求职过程中，简历无疑是大学生向用人单位展示自己的第一机会。求职简历要想达到给人留下深刻印象的效果，要遵循五个原则：简明性、真实性、匹配性、针对性和严谨性，具体操作时候要考虑以下几个方面的内容。

（一）简历最好不超过两页纸

大学生制作简历时，往往抱着尽善尽美的心态，总觉得为了充分展示自己的才能，就要把简历制作得面面俱到，生怕疏漏一些用人单位比较关注的细节部分，从而使自己在最初步的竞争中处于下风位置。因此，制作精美、内容详实往往是大学生制作简历时普遍的心理标准。有很多学生为显得简历厚重，把自己有的东西全部附上，让用人单位去选，这样的简历给人的印象是没有重点，同时也缺乏竞争力。用人单位通常只是想通过个人简历能大概地了解应聘者的一些初步情况。大学生缺乏实际操作经验，他们的能力高低难以通过简历表现出来，写得再多再详细也是纸上谈兵。没有实际工作成果，不足以让用人单位信服。而且用人单位会收到许多应聘者的简历，长篇累牍式的简历让招聘者看得头昏眼花。所以建议求职简历最好不要超过两页纸，第一页是基础简历，第二页即是求职信。两页纸虽然简单，但那些真正用心制作的学生几乎每次投递都有机会去面试。在向外资或合资企业投递的简历中可附英文简历，国内的企业一般可不附带。

（二）经历描述简约而不简单

工作经历包括在学样工作经历和实习工作经历。经历中取得的突出成果，要着重表达，如：在某单位做过某工作，取得什么样的成果。而不是具体把这个工作中一些日常具体事务写清。因为，将来如果有面试机会，面试官对你的经历感兴趣，会进一步向你询问，你此时可以有机会详细地介绍自己，让别人也有机会进一步加强对你的了解和印象。所有有关能力信息的表达，都要与所求的岗位相匹配，包括知识结构、能力和经历，而不是把大学的各科成绩、四年所有经历，像流水账一样全部附加。

（三）不违背真实原则的变通

简历的真实性原则，是指真实地填写自己的各项信息，不能杜撰个人能力和经历。在不违背真实原则的基础上也可稍做变通。比如知识结构一项中可以包括你"学"过但是没有"考"过的各种课程。有的学生在得知某企业的招聘信息后，明知其岗位要求的知识结构自己还欠缺某部分，但是可以通过自学获得，可以在简历中先行填写这一部分，在投送简历以后再努力学习，这样并不违背简历的真实性原则。真实性原则基础上的变通，都必须在个人的可控范围之内。

（四）求职意向明确到岗位

求职意向一定要明确到岗位，而且要打印出来。一些学生职位的意向写得非常抽象或笼统，比如"企事业单位及政府机关"，还有的学生把求职意向一栏空出来到求职现场再添，这样非常明白地给用人单位的印象是：你其实并不明白你要做什么、能做好什么。

（五）求职简历要有针对性

要充分利用三段论的方法，进行简历的制作。核心论点就是求职岗位，其余通过五至七个模块，运用两至三个关键模块进行论证。首先说明是从哪个渠道获得的招聘信息，你要应聘其中的哪个岗位，你对这个岗位的理解，岗位的价值是什么，要做好这个岗位要具备哪些能力；再说明一下自己所学习和工作过的，有何业绩，工作过程中对岗位的认识，即表明自己能力与该岗位的匹配性；接下来要简单地写一下对企业的发展历史和文化的了解，如果能够有幸进入单位自己会以什么样的态度投入工作。总之一份简历要含有四层意思：我了解和认同这个企业的文化并愿意成为其中一员；我是可以胜任岗位工作的；我是愿意在工作中主动成长的；我愿意为企业的发展做出贡献。

三、简历制作的窍门

赵本山的一个小品里说：猫走不走直线取决于耗子。一个求职者简历好不好，完全取决于招聘人员。有些人觉得自己的简历做得不错，为什么一投出去就石沉大海，杳无音信？很大的原因是你的简历并没有吸引住招聘人员的眼球。没有吸引住招聘人员的眼球，又在很大程度上是因为你只从自己的眼光来看自己的简历，而没有从招聘人员的立场看待自己的简历。无论你的简历做得多么精美，你都要清楚一点，招聘人员在筛选简历时根本没时间把你的简历看个遍。因此简历设计时需要求职者发挥想象力通过思考抓住窍门，以吸引招聘人员，从而走向成功。

（一）用心写好实践经验

撰写简历是应届毕业生求职的第一课，在简历中，实践经验历来是重头戏，也是用人单位考量求职者的最重要一个部分。在书写实践经验时可使用以下两个技巧。

1. 选用关键词

关键词的选用主要含有动词、数字、对象、工具、流程方法与达成效果等方面。

（1）动词的选用

动词的选用除了能体现出语言艺术化、增加事务的形象性以达到传神作用外，在实践经验描述的过程中，最重要的是能起到充分体现出在相关实践中求职者所起到的作用。如"独立负责"的使用充分体现出求职者不仅仅能独当一面，不对周围环境有过多的依赖感，而且能体现出求职者的责任感是得到单位信赖的；如果实践经验中多次出现"协助配合""参与"则达不到如此效果，反而体现出求职者如果要独挡一面，为单位相关事务承担重任的话有待于锻炼和成长。

（2）数字的选用

数字的选用会让实践经验的描述简约、明显，能达到一目了然的效果，且数字的不同会让招聘人员把握到求职者是否具有足够的经验，从而判定求职者是否符合单位的需求。除此之外上述案例中第二名求职者的简历中描述到"对全国约 400 家重点高校就业网进行调研，确定200 多所目标院校就业办老师名单，并负责后续与这 200 多所目标院校就业处老师联系沟通及访谈，保证2-3 次后"中对数字运用还起到了一个更让招聘人员欣赏的作用，调研工作针对是的 400 家高校就业网，确定的就业办老师涵盖 200 多所目标院校，说明求职者在处理事情的时候尽职尽责而且能够做好详细记录。总之，实践经验描述过程中数字的选用具有非常多的意义。

（3）对象的选用

对象选用的关键点是在于选用的对象最好是与现在求职目标单位相吻合的单位，不要把思维局限于范围广、数量多等让招聘人员觉得大众化的感觉，要具有针对性，要做到有的放矢。如上述两名同学的简历过程中，第一名求职者在罗列社会实践过程中，有描述到"2007 年暑假，在××外语学校担任英语教师""2008 年暑期，在××电视台新闻频道实习"这种实践经验是与市场专员不具有相应性的，肯定不会让招聘人员感觉到吸引力。

（4）工具的选用

工具选用主要目的是要让招聘人员了解到求职者在完成工作任务时所采用的思维模式是否具有创新性，也就是达成工作目标时所采用的工作技术方式。面临同一工作任务、同一工作目标，不同人的会采用不同的思维模式和工作方式去达成目标，而往往就是这种不同的思维模式和工作方式最能体现出一个人的工作技能和所存在的潜力，也能体现出求职者是否具备在该公司工作时所应有的专业技能技术。在上述案例中第二名求职者的实践简历中描述到"制定分析模板，分析了 53 个企业的营运能力、偿债能力、盈利能力和获现能力"，可见，在分析企业的运营、偿债、盈利和获现四种能力时，求职者采用的工作是"分析模板"，这样的描述是能让招聘人员充分认知到第二名求职者是具有做市场专员的专业技能和潜力的。

（5）流程方法的选用

流程方法的选用主要目的在于体现求职者在做一项事情时的工作思路是否清晰、合理和科学。

（6）达成效果的选用

达成效果的选用主要描述求职者在实践过程中所获得成果，主要目的是对上面所有一切关键词的肯定，这也是在所有关键词里面最重要的关键所在。

2. 使用"STAR 原则"

STAR 原则，即 Situation（情景）、Task（任务）、Action（行动）和 Result（结果）四个英文单词的首字母组合。STAR 原则是结构化面试当中非常重要的一个理论，在对实践经验部分的描述中同样可以使用此原则：

S 指的是 situation，中文含义是情景，也就是在实践经验过程中要求应聘者描述在所从事岗位期间曾经做过的某件重要的且可以当作招聘人员考评标准的事件所发生的背景状况；

T 指的是 task，中文含义为任务，即是要考察应聘者在其背景环境中所执行的任务与角色，从而考察该应聘者是否做过其描述的职位及其是否具备该岗位的相应能力；

A 指的是 action，中文含义是行动，是考察应聘者在其所描述的任务当中所担任的角色是如何操作与执行任务的；

R 指的是 result，中文含义为结果，即该项任务在行动后所达到的效果。

通常，应聘者求职材料上写的都是一些结果，描述自己做过什么，成绩怎样，比较简单和宽泛。而招聘人员在阅读简历中的实践经验时，则需要了解应聘者如何做出这样的业绩，做出这样的业绩都使用了一些什么样的方法，采取了什么样的手段，通过这些过程，招聘人员可以全面了解该应聘者的知识、经验、技能的掌握程度以及他的工作风格、性格特点等与工作有关的方面。而 STAR 原则正是帮助招聘人员解决上述问题的有效工具。因此在进行实践经验描述时，采用 STAR 原则不仅能够让内容条理清晰，还能有效吸引招聘人员的注意力。

（二）适当体现个性色彩

市场竞争实质上是差异化的竞争，产品、价格、渠道、促销、服务、人事、形象等各个竞争要素都是差异化竞争的载体，市场竞争就体现在各个竞争要素在顾客面前的表现和由此给顾客带来的感受差异。个性化色彩，顾名思义，就是非一般大众化的东西。在大众化的基础上增加独特、另类、拥有自己特质的需要，独具一格、别开生面的一种说法，打造一种与众不同的效果。

作为招聘人员最不喜欢看那些太过于雷同的简历。有时候看了很多简历，格式、内容基本一样，这种千人一面的简历，看多了，会有让人厌倦甚至反感的感觉。大部分应届毕业生经常犯这样的毛病，把别人的简历拿过来，套个格式，改改内容就搞定了。此类简历的普遍化和数量化，让招聘者很是为难，看不出大家有与他人的不同之处，从而往往是批量淘汰招聘者。不过对于毕业生来说，简历雷同也是在所难免的，大家的经历相似，简历当然也差不多了。但是有些毕业生却能把一样的事，用不一样的方式写出来，这就是水平。

我们鼓励在简历的制作过程中进行创新，但创新也是需要适度的，只有在合适范围内的创新才能真正的体现应聘者的个性色彩，从而引起别人的兴趣。在创新的过程中，应当重点把握以下几点：

1. 简历创新要把握方向，切不可偏离目标。制作简历的目标是获得面试的机会，能实现目标的简历就是最好的简历。

2．简历创新要慎重，千万不要离谱，要以招聘者和常人都能接受的方式进行创新，否则会弄巧成拙，反受其累。

3．简历创新要结合企业和自己的具体情况，把两者有机结合起来，让所有的创新都为简历的主人服务，都从招聘人员的角度出发。

（四）巧妙使用专业术语

用人单位最关心的是应聘者的学历、经历、能力和潜力，学会用优势弥补劣势，应聘者的简历将不会石沉大海。但是在 1～2 页纸的简历上，如何将自己的特点和优势体现出来，还能别具一格抢眼球？那就是写简历前，把所有要写的内容全拿来，先合并同类项，再分门别类装好筐，大筐下面再分小筐。然后一小筐、一小筐写下去，每一小筐里又突出一个主题。最后从头到尾，梳理几遍，就会有因有果、由浅入深，由表及里，层层相扣。

除了把自己求学经历、实践尝试、爱好特长、得过奖项、技能水平，用动人的成绩，诚恳的态度、简练的语言、量化的数字列举之外，还要把所应聘职位的专业特点体现出来，生动地展现在招聘者的眼前。每个专业都有独特的专业特点和专业术语，适当引用应聘职位所需的技能和经验术语，以自己的专业语言来说话，来体现，来制作你的简历，并用你的专业语言来对简历进行处理；比如你去应聘财会，你就用"财务决算、利润分析，资金平衡表、资金周转率"等，你去应聘IT，就用"Java、Web、SAP、DBA、Lotus Notes，AS400 和 RS6000、嵌入式程序开发、Unix 后台进程的实现、MFC 的多文档模板的加载、数据库 SQL 语句查询"等。通过简历体现你的专业素养和专业水平，及对所求职位的深入理解，你的简历就会合适、合格、合理、合意，招聘单位就会把这无声的简历，看作是有声音的叙述，就像你已经在对面试官娓娓陈述、生动描绘自己的专业水平和工作能力，这将大大有利于应聘成功率的提高。

四、简历制作的禁忌

每发出一份求职简历，相信你的内心就多了一份期盼与渴望，但往往事愿人违，因为我们发出的简历，有时如同石沉大海，毫无音信，这会屡屡打击我们的求职信心，这很可能是由于我们的简历在制作的过程中触犯了某些禁忌。因此，在简历制作过程中，我们应当注意避免出现以下的错误。

1．简历出现低级错误

简历好比求职者的"脸面"，如果出现错字、时间顺序混乱或内容错误等情况，无疑会让人觉得连自己"脸面"都收拾不好的人，工作也好不到哪儿去。所以，简历填写完毕，作为求职者要反复查阅，核对无误。

2．不注明应聘岗位名称

有的简历不注明应聘岗位名称，对于每天接收成百上千封简历的招聘人员来说，可能这样的简历一下就被删除了，原因在于这些简历没有从招聘人员角度去思考简历的设计，而招聘人员是不会为你思考你想应聘什么岗位的。

3．简历与招聘岗位要求明显不符

有的简历呈现出来的工作经验与应聘岗位差异太大，也是瞬间被删除的对象。如企业招聘软件开发人员，求职简历里却呈现出做销售或客户开发的工作经历。求职者需要了解：什么都能干的人，可能什么都干不好。因为这样的简历没有突出任何方面的技能或专长，自己对自身的发展不清楚，如无头的苍蝇乱撞，这样的人企业不会感兴趣的。当然，对于刚毕业的学生，求职心切，需要企业帮他们来定位，希望多获得一份机会，可以另当别论，但对于有工作经验的人，出现这种情况是不应该的。

4. 简历呈现出"频繁跳槽"的经历

用人单位普遍不喜欢"频繁跳槽"者，往往因其频繁更换工作，而将其拒之门外，除非你本人所拥有的技能市场替代性很小。当然，求职者如隐瞒"频繁跳槽"经历，造成简历不真实，则更有可能弄巧成拙。

第二节 成功面试技巧

面试是公司挑选职工的一种重要方法。面试给公司和应聘者提供了进行双向交流的机会，能使公司和应聘者之间相互了解，从而双方都可更准确地做出聘用与否、受聘与否的决定。本章将从面试准备、面试过程、面试礼仪、面试结束、面试忌讳和应聘问答六个方面对面试进行讲述，从而为应聘者面试成功提供指导。

一、面试的准备

古代智者提出"不打没有把握的仗"，今天流行"不做准备的人，就是准备失败的人"。在求职道路上也应该尽力去做有把握的事情。所以在接到面试通知的那一刻开始，就应该抖擞精神去进行面试前的准备。可以准备的内容有以下几个方面：

（一）了解目标公司

要了解公司的经营，首先要了解公司所属的行业，以及公司背景。公司背景包括企业所属行业、产品、项目、发展沿革、组织结构、企业文化、薪酬水平、员工稳定性、发生的关键事件等，除此之外必须先了解公司的经营情况。而经营情况也是方方面面的，其中我们最应该关注的不外乎是两个方面：当前公司的盈利模式以及未来公司的发展蓝图。了解越全面、深入，面试的成功率就越高，同时，也有助于对企业的判断（人才和企业是双向选择的关系）。

（二）了解目标职位

面试前对应聘单位和应聘职位进行调查研究，是获取有用信息的必要和有效的手段。求职动机是面试过程中的一个重要的评价要素。主考官经常会问类似这样的问题：你对我们单位了解吗？你为什么来应聘？你对你要应聘的职位了解吗？你为什么应聘这个职位？假如你被录用后，你将如何开展工作？对于这样的问题，回答绝不仅仅是个技巧问题，从来也没有什么标准的答案。面试过程中，你回答每一个问题都要有根据，从客观实际出发。这个客观实际就是指应聘单位和应聘职位的实情，离开这一点，你的回答就失去了根基，你的成功也就失去了保障。

为了争取面试成功，需要调查了解以下几点具体问题：

1. 要调查研究应聘单位的性质、主要职能、组织结构和规模。

2. 要调查研究应聘单位的人员结构，如年龄结构、专业结构等以及人际关系状况。

3. 了解有关应聘职位尽可能全面真实的信息。如工作的性质、中心任务和责任，所需的知识结构、能力结构以及对兴趣爱好、个性特征、技术特长等的专门要求。

4. 了解单位主管、你所应聘职位的直接上司以及可能的面试考官的个人情况，如姓名、教育程度、专业、出生地、民族、信仰、家庭、兴趣爱好等。

5. 有关单位的新闻报导，有关可能出现面试考官的新近情况，以及针对与目标职位或所述的行业的政策或新闻信息。

（三）作好着装准备

俗话说"人靠衣装"，"先敬罗衣后敬人"，日常与普通朋友的会面中我们也会注意衣着打扮，更何况是重要的面试。仪态端庄，衣冠整洁体现了对面试官、对面试公司的尊重，表现出一个人的精神状态和文明程度，在面试时当然也成为衡量人品的标准之一。况且出色的衣着打扮还能增强自己面试时候的信心。所以在你的衣着达到最佳水平之前，请一定不要轻易罢休。正如网上流行语所说的："头可断，发型不可乱；血可流，皮鞋不可不擦油。"这不仅是一种内在的情绪反映，更是一种直观的现实。仪表形象是最先进入主考官评价范围的测评要素，因此应聘者应当重视自己的仪表形象。

（四）科学安排时间

面试时千万不能迟到，提前十五分钟到达并不是最好的预备时间，但至少这是时间底线。你必须要比通知面试的时间早十五分钟到达目的地，让自己的心态在面试前可以调整一下。如果有十五分钟，你大可稳步安静地进入面试公司，而不至于匆匆忙忙，满头大汗地闯进面试室。

如果你要面试的公司在市区，交通又比较方便，那么你需要考虑的是乘坐的公交线路是什么，高峰时段是否会堵车等，如果你面试的公司在郊区，那么你更需要准备充足的时间来应付路面上的突发情况。要知道，迟到给面试官的印象是非常差的。

（五）调节心理状态

自信心在面试中极其重要，要强化自信心主要是两方面，其一是对应聘公司的客观情况和业务面作充分的了解，有信心可以回答好业务面方面的问题。其二是曾经模拟过面试的所有过程，包括衣着模拟、问答模拟。在此建议你，在面试前要反复看个人简历，使之熟记于心，这样在自我介绍时则可以从容应付，在实践中不断强化自我信心。若你仍无把握，可在面试前组织部分同学朋友，做一次模拟面试，这样有助于你进一步掌握有关资料，增强对面试的自信心。在面试过程中，需要积极地去应对面试官可能提出的问题，既不要目空一切，也无需失去信心。

（六）充分思考业务

面试时候的问题通常会分为两大类，一是与业务有关的问题，二是与人事行政有关的问题，而我们思考重点当然是业务有关的问题，因为招聘的决定权通常都在业务主管手中，除非你应聘的是行政方面的工作。

既然重点是在业务部分，那么思考方向主要有两个，一是如何更好地维持公司当前的业务，应对竞争对手，降低运营成本、保持目前的竞争优势等。二是如何拓展公司当前的业务，增加盈利点以及扩大市场份额，扩大公司品牌优势等。这是对于业务层面的基本思考点，无论是哪个行业，思考点都应该是相类似的。

二、面试的过程

面试过程是整个面试的重中之重，在面试过程中，要把握好面试要领；能力在短时间内难以改变，但态度的展现却由自己把握。要遵循自信和诚信两大面试原则，并注意面试技巧和细节问题。

（一）消除紧张感

由于面试成功与否关系到求职者的前途，所以应聘者面试时往往容易产生紧张情绪，尤其是应届毕业大学生，往往由于过度紧张导致面试失败，所以紧张感在面试中是常见的。紧张是应聘者精神过度集中的一种心理状态，初次参加面试的人都会有紧张感觉，慌慌张张、粗心大意、说东往西、词不达意的情况最为常见。那么怎么样才能在面试时克服、消除紧张感呢？

1. 保持"平常心"

在面对竞争时，人人都会紧张，这是普遍规律；在面试时你紧张，别人也紧张，也许他人相比较你来说是有过之而无不及，这是客观存在的，要接受这一客观事实。这时你不妨坦率地承认自己紧张，也许会求得理解。同时要进行自我暗示，提醒自己镇静下来，常用的方法是坦言自己现在较为紧张，把面试官当成熟人对待，通过先听后讲来帮助消除紧张。

2. 看淡成败

"胜败乃兵家常事"要这样提醒自己，面试成功固然好，若这次不成也还有下次机会。而且要告知自己即使这次求职不成，也不是说你一无所获，只要认真分析这次面试过程中的失败，总结经验，从而以新姿态迎接下次面试就会成功。在面试时不要老想着面试结果，要把主意放在谈话和回答问题上，这样就会大大消除紧张感。

3. 准备充分

实践证明，面试时准备越充分，紧张程度就越小，面试官提出的问题对你来说全在意料之中，你自然就不会紧张了。而且在你应对自如的情况下，你反而会越来越自信。面试前除了进行知识、技能、心理准备外还要了解和熟悉求职的常识、技巧、基本理解，必要时同学之间可模拟现场，互指不足，相互帮助，到面试时紧张程度就会减少。

4. 增强自信

面试时应聘者往往要接受多方的提问，迎接多方的目光是造成紧张的客观原因之一。这时可将目光盯住主招聘者的脑门，用余光注视周围，既可增强自信心又能消除紧张感；在面试过程中，考官们可能交头接耳，小声议论，这是很正常的，不要将其当成精神负担，因为他们进行讨论的同时已经自然而然地对你进行默许，你要做的只是继续努力，提高面试的成功率。

（二）注意文明礼仪

1. 保持安静

在等候面试时，不要到处走动，更不能擅自到考场外面张望，应聘者之间的交谈要尽可能降低音量，避免影响他人的思考，最好的办法就是抓紧时间积极准备，或带一本专业书籍打发等候时间，这样也可以消除紧张感。

2. 讲求礼貌

进门时应主动打招呼："您好，我是某某……"。如果是对方主动约自己面谈，要感谢对方提供这样的机会；如果是自己约对方面谈，一定要表示歉意和谢意"对不起，打扰您了，非常感谢……"等。面试时要真诚注视对方，表示对他的话感兴趣，决不可东张西望，心不在焉，不停看时间，否则显得不尊重对方。另外，对面试官的问题的反应要适度，要有呼应。

3. 自然得体

表情越自然越好，在对方没有请你坐下时切勿急于坐下，请你坐下时，应表示感谢。在整个面试过程中，要注意自身动作，不要有挠头皮、扣鼻孔或跷二郎腿乱抖的情况，另外各种手势语也要恰当得体、自然。

（三）实现有效沟通

面试场上你的语言表达艺术标志着你的成熟程度和综合素养。对应聘者来说，掌握语言表达的技巧无疑是重要的。如何在面试的过程中善于倾听对方的语言，合理地使用自己的口头表达与肢体语言表达，是能否实现有效沟通、获得目标职位的关键问题。实现有效沟通的具体技巧可参考第四章《有效沟通》中相关章节的内容。

三、面试的结束

在求职的过程中，面试的结束并不意味着求职过程的结束。在面试结束的同时，我们应当积极为自己的应聘成功去再做一些努力。具体可以在以下两个方面做一些尝试：

（一）面试结束后的现场询问

当面试官在规定时间内完成了面试工作后，他总会礼貌地请应聘人回去等候通知。此时应聘者在礼貌的感谢对方的同时，可以再适当表露自己对这份工作的渴望，或者询问何时可以获得面试回应等。这样的努力也许会是打动招聘单位的一个契机。当然，是否适合再问，适合询问什么内容，这些都应当根据实际的情况来做判断，不能生搬硬套。

（二）面试结束后的跟进与选择

面试结束时招聘官总要说一句"有进一步的消息和安排我们会和你联系的。"很多人简单地界定为这样面试就结束了，其实不然，面试结束，应聘未完。当面试正式结束后，应聘者还应当及时跟进。据统计，用人单位接到过的询问电话不超过招聘量的5%，绝大部分人只是被动等待，一段时间没有消息就当做结束了。面试后，有时很快出结果，有时由于多种考虑纠结，不能立即决定，拖很长时间。后一种情况很常见，所以想进某单位的人即使一时没有机会，也不要着急，只要坚持下去，仍有峰回路转的可能性。

面试结束后进行应聘跟踪最常用的方式是电话联系，当电话打不通时亲自去问，也可以偶尔为之。发邮件是个好办法，将自己的感受、工作计划、迫切心情用书面表达出来，某些情形下能起到作用。

四、面试的忌讳

为提高求职面试的成功率，求职者应该了解求职面试中一些让面试官忌讳的事项，并且尽力避免不要让其出现在面试过程中。

（一）面试中，忌不良用语

1. 急问待遇

"你们的待遇怎么样？"工作还没干，就先提条件，何况还没被录用呢!谈论报酬待遇无可厚非，只是要看准时机，一般在双方已有初步意向时，再委婉地提出。

2. 报有熟人

"我认识你们单位的××"，"我和××是同学，关系很不错"等。这种话主考官听了会反感，如果主考官与你所说的那个人关系不怎么好，甚至有矛盾，那么你这话引起的结果就会更糟。

3. 不当反问

面试官问："关于工资，你的期望值是多少？"应试者反问："你们打算出多少？"这样的反问就很不礼貌，很容易引起主考官的不快。

4. 不合逻辑

面试官问："请你告诉我一次失败的经历。""我想不起我曾经失败过。"如果这样说，在逻辑上讲不通。又如："你有何优缺点？""我可以胜任一切工作。"这也不符合实际，自诩自大的态度会让面试官觉得你态度不够诚恳。

5. 本末倒置

例如，一次面试快要结束时，面试官问应聘者："请问你有什么问题要问我们吗？"这位应聘者欠了欠身，开始了他的发问："请问你们的单位有多大？招考比例有多少？请问你们在单位担当什么职务？你们会是我的上司吗？"参加面试，一定要把自己的位置摆正，像这位应聘者，就是没有把自己的位置摆正，提出的问题已经超出了应当提问的范围，使面试官产生了反感。

6. 缺少主见

在面试的过程中，一定要呈现出自己的主见所在，如面试官问应聘者："请问你是否有自己的职业规划"，应聘者答道："我从来没思考过职业规划问题，我以前都是听我爸的安排。"向这些问题会让面试官思考如果要了这位应聘者，他来不来还得要得到他家长的同意，自然会降低应聘者面试成功的几率。除此之外，现代职场人士都应该制定自己的职业生涯规划，因为个人只有依据各计划要点在短期内充分发挥自我潜能，并运用环境资源达到各阶段的生涯成熟，最终才能达到既定的生涯目标。

（二）面试中，忌不良习惯

面试时，个别应试者由于某些不拘小节的不良习惯，破坏了自己的形象，使面试的效果大打折扣，导致失败。

1. 手：这个部位最易出毛病。如双手总是不安稳，忙个不停，做些玩弄领带、挖鼻、抚弄头发、掰关节、玩弄考官递过来的名片等动作。

2. 脚：神经质般不住晃动、前伸、翘起等，不仅人为地制造紧张气氛，而且显得心不在焉，相当不礼貌。

3. 眼：或惊慌失措，或躲躲闪闪，该正视时，却目光游移不定，给人缺乏自信或者隐藏不可告人的秘密的印象，容易使考官反感；另外，死盯着考官，又难免给人压迫感，招致不满。

4. 脸：或呆滞死板，或冷漠无生气等，如此僵尸般的表情怎么能打动人？得快快改掉，一张活泼动人的脸很重要。

5. 行：其动作手足无措，慌里慌张，明显缺乏自信；反应迟钝，不知所措，不仅会自贬身价，而且考官会将你看"扁"。

总之，面试时，这些坏习惯一定要改掉，并自始至终保持斯文有礼、不卑不亢、大方得体、生动活泼的言谈举止。这不仅可大大地提升自身的形象，而且往往使成功机会大增。

（三）面试中，忌不良态度

凡参加面试的人，不管你素质如何，水平高低，一定不要忘记自己是在接受用人单位的挑选，以下态度应当注意：

1. 忌目空一切、盛气凌人

有的应试者笔试成绩名列前茅，各方面条件也较优越，于是就恃才傲物，目空一切。面试中态度傲慢，说话咄咄逼人。一是主考官对自己的回答不够满意或进行善意引导时，常强词夺理、拼命狡辩、拒不承认错误；二是总想占据面试的主动地位，经常反问主考官一些与面试内容无关的问题，如用人单位住房条件如何，自己将任何种职务，好像用人单位已决定录用他（她），面试仅仅是在谈条件；三是在被问及原单位工作情况时，不能保持冷静，常贬低原单位领导及工作，否定人家的成绩。因为面试中过分地贬低原单位领导的工作，会让人觉得你桀骜不驯，难以领导，好背后议论别人，合作精神差。

2. 孤芳自赏、态度冷漠

有的应试者平时性格孤僻，对人冷淡、心事较重，并把这种个性带进了面试考场，面试中表情冷漠，不能积极与主考官配合，缺乏必要的热情和亲切感。岂知所有用人单位的领导都希望自己的工作人员能够在工作中和睦相处、与人为善、团结互助、使人感到轻松愉快，这样才能提高工作效率。即使应试者平时性格孤僻，在面试的过程中，也要加以克服，否则气氛一定很沉闷，回答机械呆板，很难说你有中选的希望。

（四）面试中，忌不良表现

1. 准备不足

无论你学历多高，资历多深，工作经验多丰富，当主考官发现应试者对申请的职位知之不多，甚至连最基本的问题也回答不好时，印象分自然大打折扣。主考官不但会觉得应试者准备不足，甚至会认为他们根本无志于在这方面发展。所以，面试前应做好充分的准备工作。

2. 迟到失约

迟到失约是面试中的大忌。这不但会表现出应试者没有时间观念和责任感，更会令主考官觉得应试者对这份工作没有热忱，印象分自然大减。守时不但是美德，更是面试时必须做到的事。因此，应提前 10～15 分钟或准时到达。如因有要事迟到或缺席，一定要尽早打电话通知该公司，并预约另一个面试时间。另外，匆匆忙忙到公司，心情还未平静便要进行面试，面试表现也会大失水准。

3. 欠缺目标

面试时，千万不要给主考官留下没有明确目标的印象。虽然一些应试者的其他条件不错，但工作没有目标就会缺少主动性和创造性，给企业带来损失。主考官倒情愿聘用一个各方面表现虽较逊色，但有远大目标和热忱的应试者。

4. 逞强好胜

有的应试者一入面试考场，便无拘无束，神采飞扬，处处显示高人一筹。不管主考官愿不愿意，主动上前与他们一一握手，然后四平八稳地就座；对主考官所提出的各种问题，均表现出不在话下的样子，回答问题总喜欢用"我以为"、"我主张"这一类字眼开头，不管对错，均夸夸其谈。本来有些问题自己确实答不上来，但自作聪明，东拉西扯地乱讲一遍，宁可答跑了题，也不愿做个老实人。

五、面试的问答

面试问答是整个面试过程中的核心环节，也是应聘者最关心、最畏惧的一个环节，因为在这场"考试"中，很多人会认为成绩的好坏取决于此。实际上，整个面试过程都是应聘者被考核的过程，并非所有的成绩都会取决于此，但是面试问答仍旧有着非常重要的作用。在问答过程中，应聘者应遵循诚信、自信两大基本原则，尽可能在问题的回答过程中展现自己正面、积极的一面。

小贴士　　　　　　　　**常见的面试问答**

1. 请你自我介绍一下你自己？

回答提示：一般人回答这个问题过于平常，只说姓名、年龄、爱好、工作经验，这些在简历上都有。其实，企业最希望知道的是求职者能否胜任工作，包括：最强的技能、最深入研究的知识领域、个性中最积极的部分、做过的最成功的事，主要的成就等，这些都可以和学习无关，也可以和学习有关，但要突出积极的个性和做事的能力，说得合情合理企业才会相信。企业很重视一个人的礼貌，求职者要尊重考官，在回答每个问题之后都说一句"谢谢"，企业喜欢有礼貌的求职者。

2. 你觉得你个性上最大的优点是什么?

回答提示：沉着冷静、条理清楚、立场坚定、顽强向上、乐于助人和关心他人、适应能力和幽默感、乐观和友爱。

3. 说说你最大的缺点?

回答提示：这个问题企业问的概率很大，通常不希望听到直接回答缺点是什么等，如果求职者说自己小心眼、爱忌妒人、非常懒、脾气大、工作效率低，企业肯定不会录用你。绝对不要自作聪明地回答"我最大的缺点是过于追求完美"，有的人以为这样回答会显得自己比较出色，但事实上，他已经岌岌可危了。企业喜欢求职者从自己的优点说起，中间加一些小缺点，最后再把问题转回到优点上，突出优点的部分，企业喜欢聪明的求职者。

4. 你对加班的看法?

回答提示：实际上好多公司问这个问题，并不证明一定要加班，只是想测试你是否愿意为公司奉献。

5. 你对薪资的要求?

回答提示：如果你对薪酬的要求太低，那显然贬低自己的能力；如果你对薪酬的要求太高，那又会显得你分量过重，公司受用不起。一些雇主通常都事先对求聘的职位定下开支预算，因而他们第一次提出的价钱往往是他们所能给予的最高价钱，他们问你只不过想证实一下这笔钱是否足以引起你对该工作的兴趣。

6. 在五年的时间内，你的职业规划?

回答提示：这是每一个应聘者都不希望被问到的问题，但是几乎每个人都会被问到，比较多的答案是"管理者"。但是近几年来，许多公司都已经建立了专门的技术途径。这些工作地位往往被称作"顾问"、"参议技师"或"高级软件工程师"等。当然，说出其他一些你感兴趣的职位也是可以的，比如产品销售部经理，生产部经理等一些与你的专业有相关背景的工作。要知道，考官总是喜欢有进取心的应聘者，此时如果说"不知道"，或许就会使你丧失一个好机会。最普通的回答应该是"我准备在技术领域有所作为"或"我希望能按照公司的管理思路发展"。

7. 如果通过这次面试我们单位录用了你，但工作一段时间却发现你根本不适合这个职位,你怎么办?

回答提示：一段时间发现工作不适合我，有两种情况：①如果你确实热爱这个职业，那你就要不断学习，虚心向领导和同事学习业务知识和处事经验，了解这个职业的精神内涵和职业要求，力争减少差距；②你觉得这个职业可有可无，那还是趁早换个职业，去发现适合你的，你热爱的职业，那样你的发展前途也会大点，对单位和个人都有好处。

8. 在完成某项工作时，你认为领导要求的方式不是最好的，自己还有更好的方法，你应该怎么做?

回答提示：① 原则上我会尊重和服从领导的工作安排，同时私底下找机会以请教的口吻，婉转地表达自己的想法，看看领导是否能改变想法。② 如果领导没有采纳我的建议，我也同样会按领导的要求认真地去完成这项工作。③ 还有一种情况，假如领导要求的方式违背原则，我会坚决提出反对意见，如领导仍固执己见，我会毫不犹豫地再向上级领导反映。

9. 如果你做的一项工作受到上级领导的表扬，但你主管领导却说是他做的，你该怎样?

回答提示：我首先不会找那位上级领导说明这件事，我会主动找我的主管领导来沟通，因为沟通是解决人际关系的最好办法，但结果会有两种：① 我的主管领导认识到自己的错误，我想我会视具体情况决定是否原谅他。② 他更加变本加厉地来威胁我，那我会毫不犹豫地找我的上级领导反映此事，因为他这样做会造成负面影响，对今后的工作不利。

10. 谈谈你对跳槽的看法？

回答提示：① 正常的"跳槽"能促进人才合理流动，应该支持。② 频繁的跳槽对单位和个人双方都不利，应该反对。

11. 工作中你难以和同事、上司相处，你该怎么办？

回答提示：① 我会服从领导的指挥，配合同事的工作。② 我会从自身找原因，仔细分析是不是自己工作做得不好让领导不满意，同事看不惯。还要看看是不是为人处世方面做得不好，如果是这样的话我会努力改正。③ 如果我找不到原因，我会找机会跟他们沟通，请他们指出我的不足，有问题就及时改正。④ 作为优秀的员工，应该时刻以大局为重，即使在一段时间内，领导和同事对我不理解，我也会做好本职工作，虚心向他们学习，我相信，他们会看见我在努力，总有一天会对我微笑的。

12. 假设你在某单位工作，成绩比较突出，得到领导的肯定。但同时你发现同事们越来越孤立你，你怎么看这个问题？你准备怎么办？

回答提示：① 成绩比较突出，得到领导的肯定是件好事情，以后更加努力。② 检讨一下自己是不是对工作的热心度超过同事间交往的热心了，加强同事间的交往及共同的兴趣爱好。③ 工作中，切勿伤害别人的自尊心。④ 不在领导前拨弄是非。

13. 为了做好你工作份外之事，你该怎样获得他人的支持和帮助？

回答提示：每个公司都在不断变化发展的过程中，你当然希望你的员工也是这样。你希望得到那些希望并欢迎变化的人，因为这些人明白，为了公司的发展，变化是公司日常生活中重要组成部分。这样的员工往往很容易适应公司的变化，并会对变化做出积极的响应。

14. 你对于我们公司了解多少？

回答提示：在去公司面试前上网查一下该公司主营业务。如回答：贵公司有意改变策略，加强与国外大厂的 OEM 合作，自有品牌的部分则透过海外经销商。

15. 请说出你选择这份工作的动机？

回答提示：这是想知道面试者对这份工作的热忱及理解度，并筛选因一时兴起而来应试的人，如果是无经验者，可以强调"就算职种不同，也希望有机会发挥之前的经验"。

16. 你最擅长的技术方向是什么？

回答提示：说和你要应聘的职位相关的课程，表现一下自己的热诚没有什么坏处。

17. 你能为我们公司带来什么呢？

回答提示：① 假如你可以的话，试着告诉他们你可以减低他们的费用——"我已经接受过双体系卓越人才教育基地专业的培训，立刻就可以上岗工作"。② 企业很想知道未来的员工能为企业做什么，求职者应再次重复自己的优势，然后说："就我的能力，我可以做一个优秀的员工在组织中发挥能力，给组织带来高效率和更多的收益"。企业喜欢求职者就申请的职位表明自己的能力，比如申请营销之类的职位，可以说："我可以开发大量的新客户，同时，对老客户做更全面周到的服务，开发老客户的新需求和消费。"等。

18. 最能概括你自己的三个词是什么？

回答提示：我经常用的三个词是：适应能力强，有责任心和做事有始有终，结合具体例子向主考官解释。

19. 你的业余爱好是什么？

回答提示：找一些富于团体合作精神的，这里有一个真实的故事：有人被否决掉，因为他的爱好是深海潜水。主考官说：因为这是一项单人活动，我不敢肯定他能否适应团体工作。

20. 作为被面试者给我打一下分？

回答提示：试着列出四个优点和一个非常非常非常小的缺点（可以抱怨一下设施，没有明确责任人的缺点是不会有人介意的）。

21. 你怎么理解你应聘的职位？

回答提示：把岗位职责和任务及工作态度阐述一下。

22. 为什么要离职？

回答提示：①回答这个问题时一定要小心，就算在前一个工作受到再大的委屈，对公司有多少的怨言，都千万不要表现出来，尤其要避免对公司本身主管的批评，避免面试官的负面情绪及印象。建议此时最好的回答方式是将问题归咎在自己身上，例如觉得工作没有学习发展的空间，自己想在面试工作的相关产业中多加学习，或是前一份工作与自己的生涯规划不合等等，回答的答案最好是积极正面的。②我希望能获得一份更好的工作，如果机会来临，我会抓住。我觉得目前的工作，已经达到顶峰，即没有升迁机会。

23. 说说你对行业、技术发展趋势的看法？

回答提示：企业对这个问题很感兴趣，只有有备而来的求职者能够过关。求职者可以直接在网上查找对你所申请的行业部门的信息，只有深入了解才能产生独特的见解。企业认为最聪明的求职者是对所面试的公司预先了解很多，包括公司各个部门，发展情况，在面试回答问题的时候可以提到所了解的情况，企业欢迎进入企业的人是"知己"，而不是"盲人"。

24. 对工作的期望与目标何在？

回答提示：这是面试者用来评断求职者是否对自己有一定程度的期望、对这份工作是否了解的问题。对于工作有确实学习目标的人通常学习较快，对于新工作自然较容易进入状况，这时建议你，最好针对工作的性质找出一个确实的答案，如业务员的工作可以这样回答："我的目标是能成为一个超级业务员，将公司的产品广泛地推销出去，达到最好的业绩成效；为了达到这个目标，我一定会努力学习，而我相信以我认真负责的态度，一定可以达到这个目标。"其他类的工作也可以比照这个方式来回答，只要在目标方面稍微修改一下就可以了。

25. 说你的家庭？

回答提示：企业面试时询问家庭问题不是非要知道求职者家庭的情况，探究隐私，企业不喜欢探究个人隐私，而是要了解家庭背景对求职者的塑造和影响。企业希望听到的重点也在于家庭对求职者的积极影响。企业最喜欢听到的是：我很爱我的家庭，我的家庭一向很和睦，虽然我的父亲和母亲都是普通人，但是从小，我就看到我父亲起早贪黑，每天工作特别勤劳，他的行动无形中培养了我认真负责的态度和勤劳的精神。我母亲为人善良，对人热情，特别乐于助人，所以在单位人缘很好，她的一言一行也一直在教导我做人的道理。企业相信，和睦的家庭关系对一个人的成长有潜移默化的影响。

26. 就你申请的这个职位，你认为你还欠缺什么？

回答提示：企业喜欢问求职者弱点，但精明的求职者一般不直接回答。他们希望看到这样的求职者：

继续重复自己的优势，然后说："对于这个职位和我的能力来说，我相信自己是可以胜任的，只是缺乏经验，这个问题我想我可以进入公司以后以最短的时间来解决，我的学习能力很强，我相信可以很快融入公司的企业文化，进入工作状态。"企业喜欢能够巧妙地躲过难题的求职者。

27. 你欣赏哪种性格的人？

回答提示：诚实、不死板而且容易相处的人、有"实际行动"的人。

28. 你通常如何处理别人的批评？

回答提示：① 沉默是金，不必说什么，否则情况更糟，不过我会接受建设性的批评。② 我会等大家冷静下来再讨论。

29. 怎样对待自己的失败？

回答提示：我们大家生来都不是十全十美的，我相信我有第二个机会改正我的错误。

30. 什么会让你有成就感？

回答提示：为贵公司竭力效劳，尽我所能，完成一个项目。

31. 眼下你生活中最重要的是什么？

回答提示：对我来说，能在这个领域找到工作是最重要的，能在贵公司任职对我说最重要。

32. 你为什么愿意到我们公司来工作？

回答提示：对于这个问题，你要格外小心，如果你已经对该单位作了研究，你可以回答一些详细的原因，像"公司本身的高技术开发环境很吸引我。"、"我同公司出生在同样的时代，我希望能够进入一家与我共同成长的公司。"、"你们公司一直都稳定发展，在近几年来在市场上很有竞争力。"、"我认为贵公司能够给我提供一个与众不同的发展道路。"这都显示出你已经做了一些调查，也说明你对自己的未来有了较为具体的远景规划。

33. 对这项工作，你有哪些可预见的困难？

回答提示：① 不宜直接说出具体的困难，否则可能令对方怀疑应聘者不行。② 可以尝试迂回战术，说出应聘者对困难所持有的态度——工作中出现一些困难是正常的，也是难免的，但是只要有坚忍不拔的毅力、良好的合作精神以及事前周密而充分的准备，任何困难都是可以克服。

分析：一般问这个问题，面试者的希望就比较大了，因为已经在谈工作细节，但常规思路中的回答，又被面试官"骗"了。当面试官询问这个问题的时候，有两个目的。第一，看看应聘者是不是在行，说出的困难是不是在这个职位中一般都不可避免的问题。第二，是想看一下应聘者解决困难的手法对不对，及公司能否提供这样的资源。而不是想了解应聘者对困难的态度。

34. 如果我录用你，你将怎样开展工作？

回答提示：① 如果应聘者对于应聘的职位缺乏足够的了解，最好不要直接说出自己开展工作的具体办法。② 可以尝试采用迂回战术来回答，如"首先听取领导的指示和要求，然后就有关情况进行了解和熟悉，接下来制定一份近期的工作计划并报领导批准，最后根据计划开展工作。"

分析：这个问题的主要目的也是了解应聘者的工作能力和计划性、条理性，而且重点想要知道细节。如果像思路中所讲的迂回战术，面试官会认为回避问题，如果引导了几次仍然是回避的话，此人绝对不会录用了。

35. 你工作经验欠缺，如何能胜任这项工作？

常规思路：① 如果招聘单位对应届毕业生的应聘者提出这个问题，说明招聘公司并不真正在乎"经验"，关键看应聘者怎样回答。② 对这个问题的回答最好要体现出应聘者的诚恳、机智、果敢及敬业。③ 如"作为应届毕业生，在工作经验方面的确会有所欠缺，因此在读书期间我一直利用各种机会在这个行业里做兼职。我也发现，实际工作远比书本知识丰富、复杂。但我有较强的责任心、适应能力和学习能力，而且比较勤奋，所以在兼职中均能圆满完成各项工作，从中获取的经验也令我受益匪浅。请贵公司放心，学校所学及兼职的工作经验使我一定能胜任这个职位。"点评：这个问题思路中的答案尚可，突出自己的吃苦能力和适应性以及学习能力（不是学习成绩）为好。

36. 如果你在这次面试中没有被录用，你怎么打算？

回答提示：现在的社会是一个竞争的社会，从这次面试中也可看出这一点，有竞争就必然有优劣，有成功必定就会有失败。往往成功的背后有许多的困难和挫折，如果这次失败了也仅仅是一次而已，只有经过经验经历的积累才能塑造出一个完全的成功者。我会从以下几个方面来正确看待这次失败：① 要敢于面对，面对这次失败不气馁，接受已经失去了这次机会就不会回头这个现实，从心理意志和精神上体现出对这次失败的抵抗力。要有自信，相信自己经历了这次之后经过努力一定能行，能够超越自我。② 善于反思，对于这次面试经验要认真总结，思考剖析，能够从自身的角度找差距。正确对待自己，实事求是地评价自己，辩证地看待自己的长短得失，做一个明白人。③ 走出阴影，要克服这一次失败带给自己的心理压力，时刻牢记自己弱点，防患于未然，加强学习，提高自身素质。④ 认真工作，回到原单位岗位上后，要实实在在、踏踏实实地工作，三十六行、行行出状元，争取在本岗位上做出一定的成绩。⑤再接再厉，成为贵公司中的一员一直是我的梦想，以后如果有机会我仍然会再次参加竞争。

第三节　自　我　销　售

一、自我销售的概念

自我销售就是狭义的自我营销，是一种由个人或者团体作为主体参加的活动（本文以个人作为自我销售的主体），个人或者团体通过自我介绍履历表等形式手段，采用包括惊奇性、创意性、幽默性等策略，展示自我形象、人品以及情感，以达到个人或团体预期目的的活动。

2006年11月，哈佛商学院的两位助理教授史汀博格(Thomas Steen burgh)与诺顿(Michael Norton) 向即将毕业的学生，出了最后一道习题：在课堂里，两位老师先要学生重新阅读，过去以来，所有学过的营销理论与知识，加以融会贯通，再以"自己"为商品，把自己卖出去(Sell Yourself)。

现在的就业形势严峻，人才市场已经成了典型的买方市场，普遍存在供求失衡的情况。这是一个开放的、个性化的时代里，"营销"已经不再是企业、国家、公众人物与演艺明星的专利了。产品需要营销，人自身也需要营销。

自我销售会给团体和个人带来附加价值，例如自我销售有助于提高魅力问题。尤其对于个体而言，涉及的如何提高个人魅力问题在实际人际交往和工作中是有指导意义的，我们应该认识到这个共识，作为一个团体或者个人，在成功推销产品或服务之前，一定要确保成功地推销自己。自我销售有益于影响他人的行为，帮助自我销售的主体通过一定的手段方式实现一定的目的。自我销售对于个体而言，可以帮助主体形成良好的人际关系，有利于人际交往的发展。

人生离不开自我销售。自我销售的意义在于：运用好的表情、表达方式，能让别人对自己形成好感；通过正确方式使别人消除戒备，使其接受自己的信息；确立信任感。

二、自我销售的原则

自我销售是有一些基本原则的，只有坚持这些原则才能做好自我销售，简单概括，自我销售有三项基本原则，第一是自信，第二是学习，第三是包装。

（一）自信

在做自我销售时首先要自信，因为自信是做营销的基础。在自我销售的过程，经常会遭到拒绝，会产生挫败感，这是不可避免的，所以在进行自我销售时要有此心理准备，只有这样你才会充满自信地干下去，正是因为失败是不可避免的，所以自我销售的过程也就充满了挑战，这也给我们在进行自我销售时提供了不断超越自我的机会。

世界级销售大师哥特曼曾说过"推销从被拒绝开始"，不接受拒绝就不可能学会销售自己，更不会去销售产品。所以对社会上的每一个人，尤其是在做自我销售的人来说，自信不能是一个空洞的口号，而应该是一个必备的素质，需要让其扎根在灵魂深处，跟随自己的心脏和血液一起跳动和流淌。

（二）学习

读书期间我们是进行学校功课的学习，而当我们踏入职场进行自我销售时还要做好社会功课。要进行自我销售就一定要学会做功课，就是把自己做成一个商品、一个体系、一个系统对自己进行充分的认知，然后再不断训练自己才能达成销售目的。在自我销售的过程中，学习是持续不断的，只有通过不断地学习才能够让自己跟上时代的步伐，符合企业的需要，在自我销售的过程中占据主动的位置。

（三）包装

就像包装是产品必不可少的一部分，自我包装也是自我销售不可或缺的一部分，包装就是要在进行自我销售时要做一些相应的准备和相应的表现，来显示你真实的优势。营销学上有这么一句话"一个有缺口的碗，一面是缺的，另一面是圆的，你要把圆的那一面对着他人，这样你才能把自己卖出去，才能把自己卖个好价钱。"

三、自我销售的方法

（一）明确产品定位

在自我销售中，产品定位也就是自我定位，指的是产品在未来潜在"顾客"心目中占有的位置。其重点是对未来潜在顾客心智下功夫，为此要从产品特征、包装、服务等多方面做研究，并顾及到竞争对手的情况。通过市场调查掌握市场和消费者消费习惯的变化，在必要时对产品进行重新定位。

在自我销售时，产品就是自己，应届毕业生首先应该对个人与其他竞争者做深入分析，这是定位的良好起点。同时，找出差异性，比较作为产品的自身和其他竞争者，以所竞聘的岗位要求为目标进行正面及负面的差异性，这些差异性必须详细列出更适合目标岗位要求的优劣势所在。列举负面作用的原因在于有时候，表面上看来是负面效果的差异性，也许会变成正面效果。

有时候，自我销售必须在自身和目标岗位特征之间，画上许多条线，以发觉自身尚有哪些最重要的特征，未满足目标岗位要求。简单讲，做为计算机科学专业的学生，你与他人相比你的专业优势到底积累了多少，作为一名大学毕业生，经过锻炼之后与他人相比，能直接运用到职场上的能力又是什么？与同专业的人相比你在专业技术方面是不是具有更大的特殊优势？都是需要思考的问题，只有充分理解和认知自我，才能挖掘出自身的优势，从而确定自己的职业兴趣，职业特长和职业价值观。

（二）做好产品升级

产品升级，指的是在自我销售过程中要坚持终身学习，尽力将自己塑造成高附加值人才。大家生活在一个信息时代，知识结构每时每刻都在发生着变化。现在产品更新换代的频率逐渐加快，表现得最典型的就是软件产品，基本上每个月都会有升级，每天都会有数据库更新，有各种补丁下载，只有保持最快的更新速度，软件产品才会有生命力。作为职业人士也是如此，大家必须时刻保持空杯心态，养成学习的习惯，才能让自己跟上时代的步伐。努力提高自身的业务素质，提升自己的思想，做好自身的知识更新，使得自己符合公司发展的要求。否则应聘人员就会像过时的产品一样，面临着退市的危险。

（三）塑造自我品牌

产品成功营销的结果就是形成自己的品牌，在自我销售中也是一样。只有有了自己的品牌，产品的市场竞争力才会得到极大地加强，才能摆脱低层次的恶性竞争，提高自己的盈利水平。可口可乐的总裁曾骄傲地说过，即使是可口可乐公司的工厂有一天被大火烧掉，他有信心在一天内重建。这讲的就是他对自己品牌的自信。

自我销售的终极目标就是拥有自我品牌，甚至是自我的名牌。也就是说你自己成为业内的知名人物，像联想的柳传志，网易的丁磊等就是这样的人物，拥有着对业界的强大影响力。当你达到了这个程度，你的职业生涯就到达了顶点，你的人生梦想也就得到了实现。这时的你再也不会为寻找就业机会而担忧了，当你选择实现自我价值的平台时，是你选企业而不是企业选你了。

1. 品牌定位——个人品牌的形成

所谓"个人品牌"是指一个人的外在形象和内在素质所构成的一种特质，是一个人名字的载体与灵魂。由于每一个人的学识和经历存在差距，必然致使"个性"的存在，作为一个刚进入职场的人，认清自己和找准定位是关乎职业生涯成功的重要一环，首先要清楚自己是否适合做这一行？自身有什么优势与缺点？如何去修正和完善？将这些问题罗列在一张白纸上，仔细分析判断与思考。给自己定位往往是一件比较难的事情，现在很多大学生对自己的定位不清甚至漠视，找不准自己的定位，工作牢骚满腹必定黯然离去。

我们可以简单地把个人品牌定位分为：

（1）内在气质的定位

也就是一个人在同事、上司、客户心目中的形象，譬如老好人、正直公证等个人特征。

（2）企业位置的定位

找准自己在公司内的位置，不能随着自己的性子乱来，不能把你在跨国公司的做法态度和做事风格等全盘照搬到民企中来，这样你往往会犯形而上学的错误。在单位没有满足自己想法的时候，也许总是怀才不遇，实际上是没有认清形势找准在企业的位置。

（3）职业生涯的定位

销售代表、销售主任、销售经理、省级经理、总监等每一发展阶段的定位是不一样的，这是一种职业规划上的定位，不要祈望一步到位、一步登天。在每一个岗位上都要脚踏实地。在不同的环境、企业和职业生涯阶段，个人的定位都不一样，找准自己的定位，是树立个人品牌的基础。

2. 品牌内核——个人核心竞争力的建立与提升

明确自己的定位后，一定要强化"个人品牌"的内功修炼，丰富"个人品牌"的内涵，内功修炼来自"学习力"的提高。学习一般分为书本学习和实践学习，优秀的人不能仅停留在拥有一些最基本的成功学、心理学、营销学等方面的基础知识上，要尽可能地博览群书，经济、历史、金融、体育、组织行为学等都需知晓，要视读书为自己最大的知识之源和乐趣，这是因为日常工作中你要与许多专业和非专业的人士进行沟通与交流，要有与"妇孺"沟通的知识面。

但读书不能简单地停留在"书里"，要做到能进能出，不能老是一说话就是 XX 书上说的，这是一种不能从书中走出来的典型表现，好比一个小偷进了房子偷了很多珠宝，后来才发现门给锁死了，无法出来一样，不光要读书还要善于读书。在读书的同时要强化对实践经验的总结与互动，将实践与你所学习的书本知识进行对照，反复研究判断，锤炼自己的竞争优势和核心竞争力，使别人无法复制或一段时间内无法与你并肩比齐。

3. 品牌宣传——善于促销自己

现在职场中存在一部分这样的人，他们有很强的实战经验和理论水准，但为人低调与内敛，不善于褒扬自己，同事和上司对其印象不是很深，长期处于"自然销售状态"，最终被迫退出"市场"。作为一个当代职业人士，要有很强的自我推销能力，善于在不同的场合、人群进行自我推销。可以通过撰文、人脉介绍、演讲等方式进行自我"促销"，扩大自己的影响面，推动"个人品牌"的发展，灵活运用"推"、"拉"等方式进行自我"促销"宣传，扩大自己的知名度。

小贴士　　　　　　　　**郭德纲的自我销售**

粉丝的根本意义在于让别人来帮助自己实现梦想，对于相声爱好者来说，郭德纲已经不是一个普通的相声演员，他还寄托着人们对相声复兴的理想。所以这也造成了郭德纲如鱼得水，千载难逢的市场环境。

郭德纲不是一个营销人，但这样一个"非著名"相声演员的迅速窜红，却不能说不是一种营销现象。

如果以营销的观点去看郭德纲现象，郭德纲的火爆并非偶然，这可以说是营销的结果，而且是一次相当成功的营销。

首先，郭德纲具备了进行营销的先决条件，他将相声视为一种产品，一种需要销售，需要市场认同的产品，这使得他能够区别于那些"著名"相声演员，能够专心地生产、经营自己的相声产品，这让郭德纲的相声真正进入了市场经济。

一个品牌要想在市场上获得成功，产品力是至关重要的。郭牌相声从不知名到一票难求的火爆场面，产品力在其中起到了很大的作用。现在的一些主流相声，高举着"创新"大旗不断改变着表现形式，最终使相声面目全非，迷失了自我，也丧失了相声真正的魅力。郭的相声则不同，他从未抛弃相声的传统形式，而是在这种形式中加入了内容的创新去吸引观众，去卖掉更多的笑声。郭的相声可以在十分钟之内让观众笑 10 次，没有足够强的产品力是不可能完成的任务。

其次，郭牌相声的定位很巧妙。"非著名"相声演员这一称谓到底给他带来了什么呢？

严格地说，郭的定位实际上是被动定位，因为他没有名气，甚至成名前他的相声表演连电视也没上过，所以"非著名相声演员"的定位本无可厚非。但巧妙的是他把这无可厚非的定位放在了被观众关注的位置上，而且他越在名气变大时越是强调他的"非著名"，在他自己以及媒体的反复强调下，"非著名"相声演员已经成为了郭德纲特有的定位。

凭借这几个字，他有效地实现了差异化。如今电视上充斥的"著名"相声演员、相声表演艺术家们的表演已经让观众们倒足了胃口。而"非著名"给观众带来了全新的感觉，同时也迎合了现代人反主流、反权威的心态。这使得郭成为了又一个草根文化潮流的代表人物。

第三，郭德纲充分地利用了渠道的特点。网络即是其中一个重要的渠道。可以说，郭德纲的火爆离不开网络传播的贡献。他在网络上开办"相声公社"，并自任版主，他在新浪有专区，他还有自己的博客，通过这些网络资源，他上传了许多自己的作品，免费提供给网民，这使得通过网络了解郭德纲的人在呈几何倍数增长着，他的很多"纲丝"最初都是在网上接触到他的相声的。这种成本低，效率高的病毒营销手段正在变成弱势品牌崛起的最佳渠道。

成就郭牌相声的另一条渠道就是郭德纲所坚守的小剧场。不知道是郭德纲成就了剧场相声，还是剧场相声成就了郭德纲。总之，郭德纲将相声回归到剧场，演员和观众直接面对面，这让演员可以在表演的同时随时观察台下观众的反应，并及时调整自己的表演。而观众置身于这种环境中，也会被互动的气氛所感染，就好像去现场看球、看演唱会一样，观众得到的不仅是简单的欣赏。而近几十年相声的电视化，很难说是给了相声一个更大的，还是更小的舞台

第四，郭牌相声之所以卖得好，宣传在其中的作用同样功不可没。应该说，郭德纲是很懂得宣传的。他当初在网络免费上传自己作品的举动，不但没有影响到他剧场相声的票房，反而让人们在接触后产生了去现场观看的更强烈的冲动，这就好像商家常用的试用装促销一样，是用来吸引人气的。事实也证明，这些散落在网络上的火种成为今天现场火爆的一个重要助动力。

同时，郭德纲很会用相声跟观众沟通，用相声为自己的品牌进行宣传。有两件事，是郭德纲经常在段子里提及的。一个说的是传统相声总共有一千多段，经过相声演员这些年不断地努力，到现在还剩下200段。而郭德纲也说过自己会600多段相声。这种不言自明的宣传让观众们形成了听传统相声，就找郭德纲的品牌认知；另一个事件流传更广，说的是在一次演出中，台下只坐着一位观众，但郭德纲和他的同伴们还是坚持为他说完了整台节目。我不由想起来一个故事，1998年10月25日，一架英国航空公司的客机从东京飞往伦敦，偌大的飞机只载了一名乘客。原来，这架飞机因机械故障而推迟了起飞时间，其间，其他乘客都被劝说改乘了别的航班，唯独一位老年乘客非这趟班机不乘。在此情况下，英国航空公司毅然决定为这位乘客创造了一次绝佳机会，赢得了无数乘客的赞赏和青睐。"一名观众"这个故事对提升郭德纲美誉度的贡献不可小觑。不管是有意无意，最终这些事件都起到了树立品牌形象的作用。

除了自身的宣传外，在这个营销事件中，媒体起到了推波助澜的作用。在春节前后，各大媒体的访谈等节目给了郭德纲足够的曝光率。而这些节目也围绕着他的相声展开，更体现出郭德纲实实在在的形象。当然这其中也包含了一些负面的报道，但这也不一定就是坏事。炒作就好像是炒鸡蛋，只炒正面或者只炒反面都会把鸡蛋炒糊，只有兼顾了两面，火候得当，才能炒出好蛋来。

四、自我销售的关键点

（一）自我销售无绝招

金庸笔下的英雄侠客最强的绝招往往都是简单招式，而就是主角们将其练到极致就是绝

招，不出手则已，一出手对方未进行任何反应就倒下去，在困惑中死亡。

武术中是这样，人生中很多事情又何尝不是如此？自我销售也是一样，自我销售的绝招是什么，技巧是什么，答案是没有！要是非得强调那就是最基本的等于最有效的，所以我们不需要去拼命寻找技巧，我们只需要实实在在地做下去，真正地去了解进行自我销售的规范然后去执行就可以了。

（二）把握好说话的时机

西方有句谚语：沉默是金。中国也有句古话叫做"讷于言而敏于行""言多必失"。因此在进行自我销售的时候，话要讲，但是要遵循少而精，尽可能少说。古希腊有一句话说"聪明的人借助经验说话，更聪明的人根据经验不说话"。喜欢多言者，经常我怎么怎么，天上明白一半，地上知晓全部，但是更聪明的人，根据经验，知道自己经常说错什么，所以少说或者不说。在进行自我销售时，要坦诚地与对方进行交流，不可以似聊天般夸夸其谈，因为话多就会存在水分，有水分就会自觉或不自觉地骗人，就会让自己的缺点暴露得越来越多，这等于给自己挖陷阱，因此需要注意，须讲则讲。

（三）运用好赞美的艺术

赞美是一种艺术，是一种展示优点，掩饰缺点的艺术，我们进行自我销售时应掌握这门技术，因为赞美是一种有效拉近与对方关系的手段，适当地、体面地称赞别人，会使双方交谈的气氛融洽，有利于双方有效沟通，所以，在销售自己时赞美是需要的。

本 章 小 结

1. 自我营销是以个人为出发点，在个人成长发展过程中，完成自我定位、为自己设计规划 4P 营销组合、建立竞争优势的过程。

2. 简历的制作过程就是对自身经历梳理的一种过程，制作简历的主要流程为：定义求职意向→提炼经历要点→文稿校对→打印装订。

3. 面试是一个全面而有序的系统过程，我们需要处理好面试准备、面试过程、面试礼仪、面试结束等环节。

4. 自我销售需要遵循三项基本原则，第一是自信，第二是学习，第三是包装。

课 后 练 习

1. 请设计一份应聘某 IT 企业销售助理职位的简历，并在班级内部进行讨论。

2. 请在班级内部就某 IT 企业销售助理的招聘进行模拟面试。

3. 请认真思考如何形成自身的品牌，同时如何进行合理的自我销售；同时在班级内部进行讨论。

第十一章　准备，赢得一切

在从在校学生迈向职业人的这一转变过程中，往往会有一段适应的过程，如何缩短这一过程的时间，顺利地进入职业人的状态，则需要从心理到生理上都积极进行调整。本章从大学生与职业人的区别、大学生转变为职业人的渠道与方法等方面进行讲述，让大学生朋友们做好转变的准备，迈向努力赢得一切的光明征程。

第一节　大学生与职业人

大学生毕业后无非面临两种选择：一种考取研究生继续深造，另一种就是就业，但无论是选择哪条路，最终都必须要完成从大学生到职业人的转变，即学生角色到职业角色的转变。根据社会心理学的角色理论，大学毕业生从学生角色到职业角色的转换，必须伴随着角色冲突、角色学习和角色协调等一系列过程。因此，大学生在开始自己的职业生涯之前，应该学习一些相关的知识，对自我，对社会，对即将从事的职业进行深入细致的认知，作好上岗前的各项准备，顺利地实现角色转换。

一、心理学上的角色转换理论

（一）社会角色

就像演员在舞台上扮演不同的角色一样，人处在不同的社会地位，从事不同的社会职业（或中心任务）都要有相应的个人行为模式，即扮演不同的社会角色。因此，社会角色就是个人在社会关系体系中处于特定的社会地位、并形成符合社会要求的一套个人行为模式。大学生和职业人则分别扮演是社会角色中的学生角色和职业角色。

（二）角色转换

通常一个人会经常变换自己的角色，比如说下班回家，就要从职业角色变换为家庭成员角色。这种经常性的由上级到下级、由领导到子女、由学生到老师、由主人到客人等杂乱无章的变换即为角色转换。从事职业（或中心任务）的变化，职务的升迁，家庭成员的增减等，都会产生新旧角色的转换。新旧角色转换的过程中必然伴随着新旧角色的冲突。

角色冲突是普遍存在的。不过，可以通过角色协凋使得角色冲突尽可能地降至最低限度。协调新旧角色冲突的有效方法是角色学习，即通过观念培养和技能认知，以提高角色扮演能力，使角色得以成功转换。

二、学生角色与职业角色的区别

（一）学校与职场的区别

个人的发展离不开周围环境的影响，因此在寻找大学生与职业人的区别时，我们先来寻找学校与职场的不同。

1. 发展目标不同

学校，是一个为职场输送人才的组织，它的最终目标是要培养人才。而职场中，任何组织都有自己的发展方向和组织章程，成员之间恪守共同的规则，以此推动组织与个人的共同发展。在职场，任何公司的目标首先是完成工作、是生存、是获得经济利益。

2. 客观环境不同

学校，学生之间彼此没有直接的利益关系，是一个互助互利的短期结合。而职场是各种为了特定目标集合在一起的组织的聚合体，职场以利益往来和利益交换为存在基础。

学校是一个"熟人型"的小社会，教师，同学就像是一个和谐的大家庭，使得学生毕业时还恋恋不舍。而职场如战场，是一个"陌生型"的社会，每天必须面对不同的事情，面对陌生的客户，让学生短期内难以适应。

3. 工作方式不同

在学校里学生基本是单兵作战，独立完成作业、毕业设计等，学习的开展靠个人的努力就可以完成。而在职场几乎所有的任务都需要团队协作才能完成，在职场上要善于交流、善于沟通、善于团结合作，才能取得好得工作业绩。

在学校，不管用什么学习方式，只要完成任务就行。但在职场有种种规则和惯例，强制你用特定的方式去做。在学校你可以一个人闷头读书，不向老师请教，也能轻松通过考试；但工作后如果你还闷头做事，没有向领导和同事请教的习惯，你不仅很难完成工作任务，而且还可能捅出漏子，给自己和单位带来意想不到的麻烦。

（二）大学生和职业人的区别

大学生和职业人在人际关系和权利义务等方面有着较大的不同，除此之外在下列几个方面也存在较大区别。

1. 社会规范不同

大学生是以学习、探索为主要任务，万事都可以去创新去尝试，因为即使是做错了也不用承担过多的社会责任。对于大学生而言，社会对他们的规范内容主要体现在教育部出台的《大学生行为规则》和各个高校所制定的《学生手册》中，对于大学生行为规范主要还是以说服、引导、教育为主。

对于职业人来说，在职场的任何行为都需要自己为之负责；违背了相关社会规范就要承担一定的社会责任，甚至法律责任。一旦出现错误，就很有可能对整个职业生涯产生影响。

2. 活动方式不同

学生更多的是在接受外界的给予，即接受和输入。在多年的学习生活中，学生往往养成了"要"的心态和习惯，他们习惯于向父母要，向老师要，向学校要，向社会要，把"要"当成了一种理所应当。

职业人则是需要运用自己的知识技能向外界提供自己的劳动成果，即运用和输出。成为职业人后，更多的是要转变成"给"的心态。在做了20多年社会财富和家庭财富的消费者和享用者后，要尽快成为社会财富的创造者和供给者。

3. 生存环境不同

学生时代主要生活在教室、宿舍和食堂三点一线的简单而安静的校园文化氛围中；而职业人则完全不同，所面临的社会环境是高频率的生活节奏，紧张的工作和繁重的任务，让职业人自由支配的时间更少，从而感觉生活、工作压力显著增加。

比如有个大学生刚工作时，公司让他印一批材料，他什么人也没问就去了，结果不仅价钱比公司定点的打印社高出很多，发票还无法报销，给自己的部门还带了不小的麻烦，最后费了不少周折才算解决此事。学校的管理相对来说是松散的，你有很大的自由度；公司更多的是服从、遵从、按规章办事，违规即罚，制度严格，必须执行。

三、学生角色向职业角色转换的两个过程

大学毕业生从学生角色转换到职业角色的过程中必然伴随着角色冲突。只有尽早做好准备，形成职业角色观念，提高职业角色技能，增强角色扮演能力，才能使自己的职业生涯有一个良好开端。因此，充分把握好毕业前后的两个阶段至关重要。

（一）毕业前夕的角色转换

目前，我国大学毕业生在每年 7 月初离校，奔赴工作岗位，但是就业工作一般从前一年的 11 份就开始了，前后共有半年多的时间。可以说，这一时期是毕业生转换角色的重要阶段，主要表现在以下两个方面：

毕业前夕是择业的黄金季节。毕业生通过与用人单位"双向选择"的过程，可以加强对用人单位的了解，进而通过签订就业协议书来确定自己的职业角色。

毕业生在与用人单位接触的过程中，能够比较全面地了解到用人单位的基本情况，切身体会到社会对自己的认可程度，并依据自身感受调整职业期望值，实事求是地定位自己的职业。这是从学生角色向职业角色转换的第一步，这为大学生的职业角色确定了一个基调，对角色的转换将产生深远的影响。

一般来说，在校学习期间的学习环境，学习条件都是较为理想的。因此，从就业协议书签订到毕业离校这段时间，是有针对性地学习知识、培养能力进而转角色的最佳时期。在这段时间内，除了按照学校正常教学计划完成课程的学习、实习实践和毕业论文外，还应该进行如下学习和训练：

1. 学习工作相关的知识与技能

大学的课程设置总体上偏重于基础知识的学习和基本技能的培养，而不一定涉及特定岗位上所需要的专业知识和技能。因此，在毕业前夕，应当抓紧时间学习与未来工作岗位有密切联系的专业知识和专业技能，以提高自身的专业能力从而更符合工作岗位的需求。同时，通过学习和训练，还可以加深对未来职业岗位的认同，培养职业兴趣。

2. 进行非智力因素技能的训练

大学毕业生智力上的相差并不太大，而非智力方面的技能却是影响毕业生择业、就业和创业的重要因素。毕业生要敢于表现自己，克服在公众面前"害羞"和"胆怯"等人格心理方面的不良现象，这是给人留下良好印象的前提和关键；还要善于表现自己，主要是书面表达能力和口头表达能力的提高。在与人交往的过程中要诚恳而不谦卑，自尊而不居傲，不急不躁，以富含感染力的幽默语言来展示自己的意图和信誉。

3. 做好必要的工作心理准备

大学毕业生大都很有才华，但并非都能在自己的工作岗位上实现成功。过硬的职业技能对职业成功固然重要，充分的心理准备更是不可缺少的，特别是要有"受挫"的心理准备。一般来说，事业不会是一帆风顺的，如果心理准备不足，就会产生过激情绪，导致能力低下，在愤世嫉俗的言行中使得自己的才华混灭。因此，在校期间要调整心态，充分做好心理上的"受挫准备"。在事业顺利的时候不沾沾自喜，以平常心对待工作上的平淡。在屡试屡挫的境地中屡挫屡试，不

懈追求。在似乎"一文不名"的地位上奋发向上，一鸣惊人，这是事业成功者的必备素质。

（二）见习期内的角色转换

大学生参加工作后的一年或半年为见习期，之后转为正式员工，与大学相比，都有很大区别。高校大多位于大中城市，学习和生活条件比较优越，空闲时间和自由支配时间比较多，节奏也比较缓和，压力较小；而众多的职业岗位不一定在城市里，有的在偏僻的山沟里，有的在茫茫的戈壁滩上，有的环境相当艰苦。由于工作繁忙，经常需要加班，属于自己的时间越来越少。从大学学习环境到职业环境的变化，往往会加剧角色冲突，为此，大学毕业生应该加强见习期内的角色学习，使角色转换顺利实现。

一般来说，大学生要在较短的时间内获得同事的认同和领导的肯定，应当从以下三个方面提高和锻炼自己。

1. 要善于展现自己的知识

大学毕业生因为具有新知识而受到同事的青睐和尊敬，但为此也使一些人与同事之间容易产生一定的距离。因此，大学生在同事面前一定要表现得谦虚、随和，在尊重同事丰富经验的同时，适时适度地展现自己的知识。例如，可以利用工作机会，特别是当同事在工作中遇到麻烦时，以谦虚诚恳的态度从理论上提出自己的见解，共同商讨，共同解决问题。也可以利用业余娱乐机会、发挥自己的知识优势，在交流中让同事了解你的为人和性格，表明自己的世界观、人生观和价值观，缩短与同事间的距离，成为大家的朋友。要切忌以文凭自居自傲，那样只能使得同事对你产生反感，使得自己越来越脱离群众，变得孤立无助。

2. 要树立工作的责任意识

大学生对未来都有美好的愿望，都想在事业上大干一场，建功立业。但是多数人在走上工作岗位之初，一般不会被委以重任，而是先从最简单的辅助性工作做起，这也符合人才成长的基本规律。但是，有不少人凭着对工作的新鲜感和学识上的优越感，认为自己被大材小用了，对一些工作不愿意干，甚至开始闹情绪。其实，这是缺乏责任意识的表现，干任何一项工作，都要有足够的热情，更要有丰富的经验和随机应变的能力。这种经验和能力的获得并非一朝一夕之功，它需要在平时的工作中来积累和训练。显然，凭借热情和情绪只能是对工作的不负责任。因此，不管工作的大小，分工的高低，大学生都要以满腔的热情、高度的事业心和责任感认真对待，圆满完成。

3. 要培养实事求是的工作作风

大学毕业生具有较强的自尊心和自立意识，在工作上总想独挡一面，取得成就。尽管很多人对待工作的态度是认真谨慎的，但在很多时候，工作中还是难免出现失误。工作失误并不可怕，可怕的是不能正确地认识失误，不能实事求是地去承认失误。如果工作中一旦出现了失误，就要认真地分析原因，总结经验教训，找准失误点；同时要敢于向领导和同事承认，开展批评和自我批评，并勇于承担责任，以获得领导和同事的理解；此外，要虚心学习、请教，总结经验教训，防止避免类似失误再次发生。另外，大学生要重视岗前培训这样的重要环节，因为岗前培训对于刚刚走上工作岗位的大学生的角色转换是非常重要和必要的。它不仅仅是让新员工了解单位的基本情况，熟悉规章制度和工作程序，更重要的是通过岗前培训来树立集体主义观念，培养人际协调能力和奉献精神。从某种意义上讲，岗前培训可以直接反映出新员工的素质高低，因此单位都非常重视，并依此择优录用，分配岗位。毕业生一定要以认真的态度把握好这样一次充实自己、表现自己和提升自己的良机。事实证明，很多毕业生就是因为在岗前培训期间显露才华，表现出色而被委以重任。

四、角色转换的原则

角色转换是一个艰苦而长期的过程，需要坚持不懈地努力。同时，在角色转换过程中需要注意以下几条原则。

（一）热爱本职工作，培养职业兴趣

刚刚走上工作岗位的大学生，应当尽快地从学生学习生活的模式中解脱出来，全身心地投入到工作岗位中去。如果"身在曹营心在汉"，经过几个月甚至一年的适应还静不下心来，那不仅对角色转换不利，而且会影响职业兴趣的培养和工作成绩的取得。甘于吃苦是角色转换的重要条件，只有甘于吃苦，才能实事求是地分析和对待角色转换中遇到的种种困难，并自觉地加以克服。

（二）虚心学习知识，提高工作能力

由于专业课程设置的相对狭窄和大学生活的短暂，一个人在校期间学习到的东西毕竟是有限的，尤其是随着科学的发展和技术的进步，新的知识和技能不断地出现，很多知识和能力需要在工作实践中去学习、锻炼和提高。大学毕业生在学校期间虽然学到了不少知识和技能，但面对全新的职业，还需要像小学生那样从头学起，虚心向有经验的技术人员、领导、师傅和同事学习，学习他们观察问题、分析问题和解决问题的方法，不断丰富自己的专业知识，提高自己的专业技能，最终达到自我完善。

（三）勤于观察思考，善于发现问题

大学毕业生进入职业角色，只有发现问题；只有运用自身掌握的知识去努力解决问题，才能掌握大量的第一手资料；只有分析研究职业对象的内部规律，也才能培养自己的独立见解。

（四）勇挑工作重担，乐于无私奉献

大学毕业生走上工作岗位以后，应当从一开始就严格要求自己，树立主人翁意识，增强社会责任感，培养无私奉献的精神，任劳任怨，不计较个人的得失，努力承担岗位责任，主动适应工作环境，促使自己更好、更快地完成角色转换。

五、角色转换过程中容易出现的问题

大学生在从学生角色向职业角色转换的过程中，往往会面临着新旧角色的冲突。有些人由于受到社会因素、家庭因素尤其是自身认知能力、人格心理发展、意志品质以及情绪情感等因素的影响，不能正确认识角色转换的实质，或者在角色转换中不能持之以恒，于是在从学生角色到职业角色的转换过程中容易出现以下问题。

（一）对学生角色的依恋

一些毕业生在角色转换过程中容易依恋学生角色，出现怀旧心理。经过十多年的读书生涯，对学生角色的体验可以说是非常深刻了，学生生活使得每一位学生在学习、生活和思维方式上都养成了一种相对固定的习惯。因此，在职业生涯开始之初，许多人常常会自觉或者不自觉地把自己置身于学生角色之中，以学生角色的社会义务和社会规范来要求自己、对待工作，以学生角色的习惯方式来待人接物，来观察和分析事物。

（二）对职业角色的畏惧

面对新环境，一些大学生在刚走进新的工作环境时，不知道工作应该从何入手，如何应对工作，怕担责任，怕出事故，怕闹笑话，怕造成不良影响。于是工作上就放不开手脚，前怕狼后怕虎，缺乏年轻人的朝气和锐气。

（三）主观思想上的自傲

有一些毕业生对人才的理解不够全面和准确，认为自己接受了比较系统正规的高等教育，拿到了学历，学到了知识，已经是比较高层次的人才了。因而，往往看不起基层工作和基层工作人员，甚至认为一个堂堂的大学毕业生干一些琐碎的不起眼的工作是大材小用，有失身份。于是就轻视实践，眼高手低。

（四）客观工作上的浮躁

一些人在角色转换的过程中受社会环境的影响，表现出不踏实的浮躁作风和不稳定的情绪情感。一阵子想干这项工作，一阵子又想干那项工作，不能深入工作内部了解工作性质、工作职责以及工作技巧。近年来，毕业生要求调整单位的人数增多，就是因为一些学生就职很长时间后还不能稳定情绪，进入职业角色，反而认为单位有问题，没有适合自己的职位。事实上，如果不能静下心来踏踏实实地学习，适应工作，不管什么样的单位都不会适合。

第二节 准备，赢得一切

一、做好角色转换的准备

（一）尽快度过职场适应期

每位学生从学校走向职场，都要经历"职场适应期"。有的学生在短期内不能适应工作环境，不能很快进行角色转换，在很多时候的表现比较学生气。这时还不能称之为真正的职业人士。

其实在踏上工作岗位后，每个人都是这个社会机器的一颗螺丝钉，应学会尽快适应这个新身份，使自己成为一名真正的职业人士。为此，上海职业介绍松江分中心的朱美忠老师建议，要缩短适应期，融入职场。首先，心理上要做好准备。学生刚进入职场大多是从基层做起，要学会适应艰苦、紧张而又快节奏的基层生活。学生一般缺少社会经验，可能不习惯一些制度、做法，这时，千万不要用习惯去改变环境，而是要学会入乡随俗，适应新的环境。其次，做事要积极主动有耐性。在一个行业准备好从底层做起，不断积累经验提升能力，就能为今后的职业发展打下一个良好基础，俗话说："良好的开端是成功的一半"。

（二）努力找到职业契合点

既然步入了职场，就已经从一个学生转换成了一个社会人，原来的许多生活习惯都得改变。在学校的时候，喜欢睡懒觉，经常上课迟到，也许不会带来什么严重的后果，可是在工作期间，每一次失误都可能给你带来非常严重的后果。

很多应届毕业生反映，自己也做了入职前的准备，可是为什么进入企业后仍然感到力不从心，特别是觉得所学与所从事的岗位之间找不到契合点？朱美忠老师表示，学生容易将事情看得简单化理想化，在跨出校门之前，对未来充满憧憬，初出校门的学生不能适应新环境，大多与其事先对新岗位估计不足、不切实际有关。他们按照学校书本上的知识去理解这个行业、这个岗位，那是远远不够的，现实的岗位实践使新人们发现似乎所学与所用不是一回事，由此而产生的困惑、不解让他们在初入职场时就走了弯路，往往会产生一种失落感，处处不如意、事事不顺心。

要避免这种情况的产生，首先应明确自己的职业角色，即了解"我该做什么"，其实就是要了解岗位的具体工作内容。接下来，就是"怎么做"和"怎么做好"的问题。第一，必须要积极主动。第二，要树立目标。第三，重要事情先做。一个职业人士在工作中会遇到各种零零碎碎的事情，在这个过程中必须分清哪些是重要的，哪些是次要的，养成一种习惯，重要的先做。

（三）不断调整理想与现实的距离

第一份工作对大学生们的冲击是巨大的，从高高的象牙塔走下来的他们怀抱的是理想化的思维方式，是指点江山的做事方法。然而就业压力大，选择余地小，能够专业对口，就已经很不容易了，让他们感到理想与现实之间的落差太大，一时难以接受。先前宏大的理想，在现实面前已经失去目标，失去动力，只感到实现是遥遥无期的事情，因此而情绪低落。

当务之急需要的是把理想转化为职业目标，并制定出切实可行的方式方法，去实现职业目标。搭起一座桥梁让自己从理想走入现实。实现职业目标有很多的途径，要结合自己的综合因素去选择一条最适合自己的途径，更快地实现职业目标，从而最终实现职业理想。从实现职业理想的角度看，我们所做的工作一定要与职业目标有密切的相关性，否则，所做的工作将不会对职业理想产生支持，那实现职业理想就会再次成为空想。

（四）从单纯的处理问题方式向复杂的人际关系转换

新到一个公司，崭新的生活方式、陌生的社会环境、复杂的人际关系，都让他们感到不习惯。没有耐心去思考一些细节上的问题，因此，难以适应、四处碰壁。

在做人方面，首先要揭掉自我标签，低调做人。现代大学生的特点是张扬个性，彰显自我风格，追求与众不同。这种风气与氛围培养了不少"特别"的大学生。但工作岗位不是上演个人秀的舞台，因此，刚刚迈上工作岗位的大学生们一定要注意自我形象问题，做事一定要低调。少说多看，尽快熟悉人际关系，融入环境；要锐气藏于胸、和气浮于脸、才气见于事、义气施于人；对上司要先尊重后磨合、对同事要多理解慎支持、对朋友要善交际勤联络。复杂的人际关系是社会构成的一部分，亲和力太小，摩擦力太大。一不小心，天时、地利、人和都离你而去。融入环境的手段之一是要学习基本的礼仪知识。职场有职场的规则，单纯的讲礼貌是不够的。身处其中，一言一行，一举一动都要符合职场规范。礼仪是构成形象的一个更广泛的概念，包括了语言、表情、行为、环境、习惯等等，相信没有人愿意因为自己在社交场合上，因为失礼而成为众人关注的焦点，并因此给人们留下不良的印象。

对大学生来说，礼仪是一门必修课。免得在职场上碰了钉子才想去补课。

（五）从系统的理论学习向多方位的实际应用转换

学校里学习，都是系统的理论，一科连接一科，科科有现成的教科书，有教授讲解，有助教辅导。到了工作岗位，实际动手能力靠培养、练习，而且，实际应用是多角度、全方位的。没有人告诉你哪个该学，怎么学习，知识积累全靠自己探索。从而导致做了事却没有实现目标，甚至偏离了目标，或者不知从哪里入手，学些什么。

在应届毕业生进入公司的时候，企业都会对职场新人进行新员工入职培训，要多学多看，多虚心请教，才能积累工作经验。大学生缺乏实践经验就很难提到发展，公司的人都服有经验的人，没有经验，则只能打下手，心理又不平衡，就会越搞越糟，使自己境地尴尬，甚至不懂装懂，让人笑话。以谦逊的态度去向别人请教，这并不是什么难事，放下架子，虚心请教，你会发现别人身上值得你学习的地方有很多，你自己身上也有别人值得学习的优点。虚心求教，进步很快，又能建立良好的人际关系，把自己很快融入到集体中去，既受益匪浅，又让人喜欢。

（六）从散漫的校园生活向紧张的工作模式转换

悠闲的校园生活方式被紧张的职场打拼所代替，使这些处于在家里备受呵护的独苗进入

"断乳期"，像是在奶奶、姥姥娇惯下自由淘气的孩子，一下被送到幼儿园，受到纪律、时间的约束，感到浑身不自在，迟到、请假成家常便饭，总想找个借口，编个理由请上一次假去外面玩一玩。

每当新生力量进入单位，都会带来新的气息，同时也会带来一些新的问题。对于大多数刚刚走上工作岗位的大学毕业生来说，除了工作能力之外，还要有实干精神、懂得人际沟通。不但要完成好属于自己的每一项工作，还要做自己不愿做的事情。能否做好那些自己不愿意做的事情是一个人是否成熟的标志，也是一个人能否取得人生成功的主要因素。做好自己不愿做的事，学会妥协，向职场妥协、向现实妥协。

（七）从浮躁的心态向理性的工作转换

转型需要时间，与企业的磨合需要时间，积累经验也需要时间，具备竞争力同样需要时间。企业会给大学生时间和机会，但我们自己不能以此为借口，要积极努力，从浮躁的心态中走出来，尽快进入符合企业要求的状态，这是理性化的成熟表现。

企业看重大学生，主要就是看到了隐藏在这些年轻人身上的"发展基因"。实习是一个大学生走向社会的阶梯，如果实习好了，机遇也就会随时光顾你，或者拿到实习单位的 Offer，或者把实习经验当成跳板。不管什么用人单位，他们都需要一个谦虚谨慎、好学上进的员工；勤奋刻苦，把远大志向落到实处、树立责任感、执着追求事业的态度。对待实习就业业，最后就能留在实习单位。在现实生活中，有些学生自以为不会留在实习单位，或者这山望着那山高，敷衍了事地对待实习工作，领导安排的工作不能完成，还总想搞点猫腻，偷偷出去应聘，结果，新的公司没聘上，实习的公司又丢掉。

（八）从家长呵护向自我保护转换

许多大学生在进入就业大军时，往往对就业的相关期限、实习权益，一知半解。原来依赖家长，现在需要自立。需要自己判断、自己选择。如果选择去一个根本不了解的公司，这是一种冒险，不要轻易决定第一份工作，一般来说，新人的第一次对职场的体验是刻骨铭心的，它会使新人对职场产生一种固定印象，形成固定心理状态，从而影响到今后的职业心态和职业规划。因此，走好职场的第一步，能够使大学生更好地为企业及社会服务，更大地发挥自己的潜力，若是为了在毕业前找到一份工作，或者迫于其他同学签约带来的压力而草率接受一份自己并不满意的工作，都是不可行的。

对于一家自己向往的公司，作为实习生当然应该全力以赴地做好自己的工作，争取最终能被录用。但是我们也要警惕，一些用人单位制度由于不完善而让我们有苦难诉，是不是侵犯了我们自己的权益？在毕业以前，我们作为在校生，无法享受《劳动法》的保护，但一旦我们毕业了，就要懂得维护自己，以防一些不法的公司将自己作为廉价劳动力使用。学会在社会上独立地站立，学会保护自己。面对人生的种种挫折，学会应对，学会维权。

二、努力去赢得一切

当我们做好从大学生到职业人角色转化的准备，那么接下来需要做的就是通过自己的努力，在工作中不断地提升自己，凭借自己的才华去赢得属于自己的生活与未来。

（一）努力的方向

1. 立足工作岗位，努力转换意识

在工作岗位上，按照所从事岗位的实际情况，努力树立适应岗位需求的相关意识，将学生角色的意识转换为职业角色的意识。

（1）独立意识

学生角色的经济不独立性及社会责任的不完全性，决定了大学生的依恋性。走上工作岗位后，大学生已经成为具有独立资格的社会人，在生活上要自理，尤其是在工作上要独当一面，承担一定的社会责任。

（2）团队意识

社会的发展与进步离不开人们的密切协作。但由于学生角色中心任务的特殊性以及学校环境的相对封闭性，使得一些大学毕业生的协作精神和团队意识远远不能满足职业的要求。实践证明，在社会联系高度紧密的今天，一项大型工程的开展、一项科研项目的完成、一个生产过程的组织与管理，单靠某个人的力量显然是不够的，必须是几个、几十个甚至成百上千个人共同劳动、互相配合、互相协作才能完成。这就要求每一个成员都要有互相协作的团队意识，从整体利益出发，个人利益服从整体利益，顾全大局，并建立和谐的人际关系，创建一个友好的合作氛围。

（3）主人翁意识

大学毕业生多数要参与生产、管理和决策等实践活动，对所在的单位和部门承担更多的社会责任和义务。一个人工作成绩的好坏，不仅和自己的前途有着密切的关系，而且与单位和部门的兴衰荣辱休戚相关。因此，大学毕业生要牢固树立主人翁意识，以国家兴旺、民族强盛和单位发展为己任，做好工作。

2. 坚持学习求教，努力完善自我

（1）提高专业技能

大学毕业已经具备了获得职业技能的基础条件，即比较扎实的基础知识和专业知识。但是社会角色的适应过程是一个自我不断学习、不断完善的循序渐进的过程。初到工作岗位，自身的知识量不一定足够大，知识结构并不一定合理。因此，大学生要根据职业的特点、性质、工作程序及其相互关系，不断学习新知识，增强自身素质和能力，提高工作技能和业务水平。研究数据显示，在大学期间所掌握的知识，30%左右是在工作中能用得上的，70%左右属于备用的知识。因此，大学生在工作岗位上所用的知识大部分需要随时学习和充实。随着知识经济时代的到来，知识更新和产生步伐的加快，毕业生必须不断地更新知识，开阔视野，以适应新的形势。

（2）提高职场能力

除了根据自身情况需要补充和学习必需的专业知识外，职场能力也是影响大学毕业生工作成就的重要因素。在实际的工作过程中，我们应当树立起充分的自信，学会对自我的情绪管理与调节，培养寻找解决问题的能力，用平行思维去判断和梳理所遇到的困难。通过自身在工作实践中的学习与积累，努力提高自身的职场能力，从而获得在工作上的不断进步。

（二）赢得属于自己的一切

正如俞敏洪在北京大学2008年开学典礼上的发言中所说的：人的一生是奋斗的一生，但是有的人一生过得很伟大，有的人一生过得很琐碎。如果我们有一个伟大的理想，有一颗善良的心，我们一定能把很多琐碎的日子堆砌起来，变成一个伟大的生命。但是如果你每天庸庸碌碌，没有理想，从此停止进步，那未来你一辈子的日子堆积起来将永远是一堆琐碎。

当我们做好了充分的准备，并付出了相应的努力后，我们终将迎来属于自己的美好生活。在职场生涯中不断成长成熟，实现事业理想和抱负，赢得幸福的未来，用自己的双手为身边的亲人带来家庭的稳定与富足，为社会发展贡献智慧和力量。

本 章 小 结

1. 大学生在开始自己的职业生涯之前，应该学习一些相关的知识，对自我，对社会，对即将从事的职业进行深入细致认知，作好上岗前的各项准备，顺利地实现角色转换。

2. 从学生到社会人角色转换时应当学会热爱本职工作，虚心学习知识，勤于观察思考，善于发现问题，勇挑工作重担，乐于无私奉献。

课 后 练 习

1. 请简述学生和职业人的区别。
2. 请简述角色转换过程中容易出现的问题并思考应该如何克服？
3. 请谈谈大学生进入职场后，如何尽快度过职业适应期？